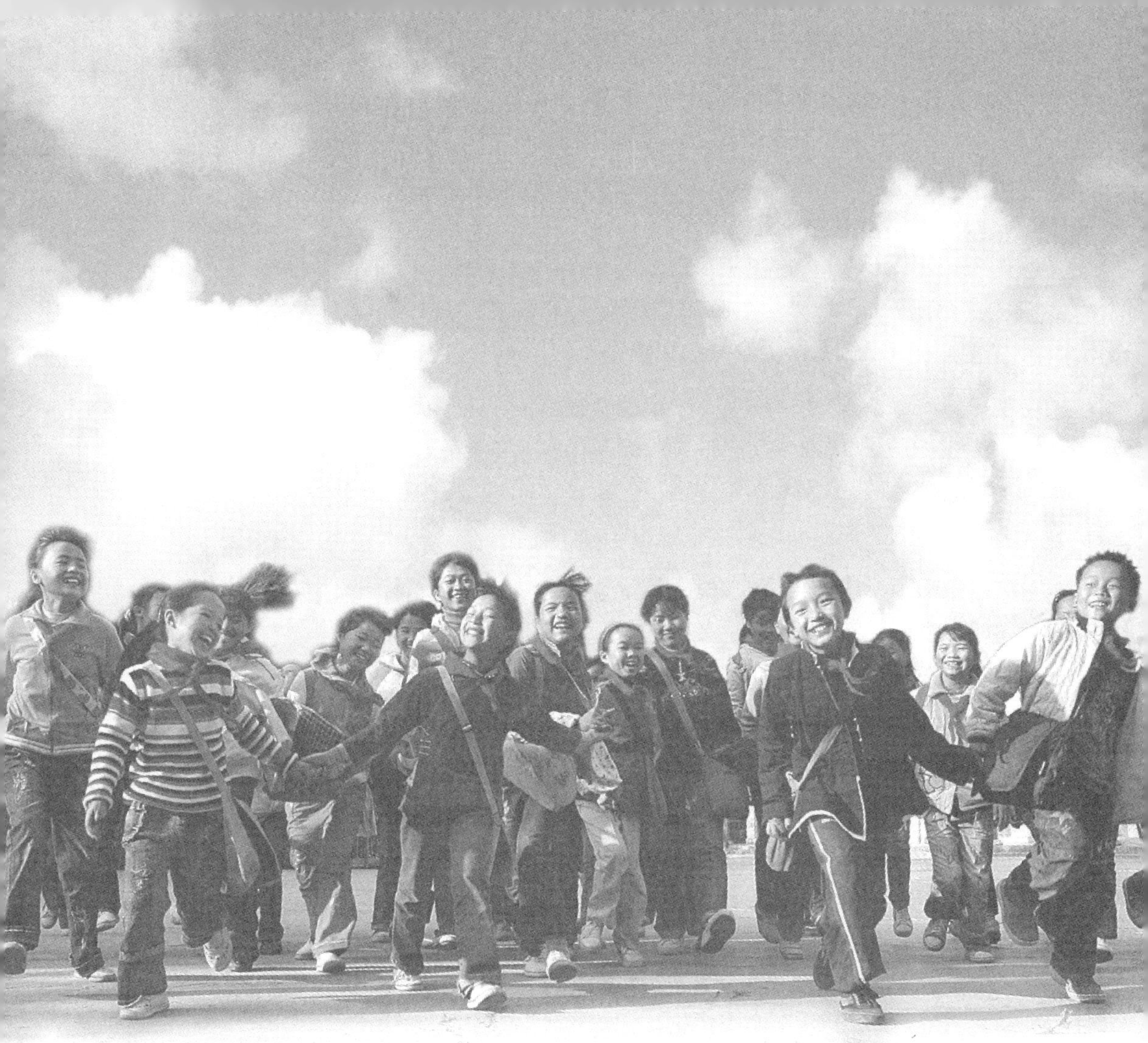

教育公平论

周洪宇 等 著

人民教育出版社
PEOPLE'S EDUCATION PRESS

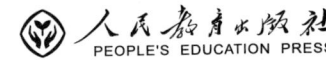

图书在版编目(CIP)数据

教育公平论/周洪宇等著.
—北京：人民教育出版社，2010
ISBN 978-7-107-22367-9

Ⅰ.①教…
Ⅱ.①周…
Ⅲ.①教育理论
Ⅳ.①G40

中国版本图书馆CIP数据核字（2010）第020942号

人民教育出版社 出版发行

网址:http://www.pep.com.cn
中国农业出版社印刷厂印装　全国新华书店经销
2010年3月第1版　2010年3月第1次印刷
开本：787毫米×1 092毫米　1/16　印张：33
字数：400千字　印数：0 001～3 000册
ISBN 978-7-107-22367-9　定价：57.00元
如发现印、装质量问题，影响阅读，请与本社出版科联系调换
（联系地址：北京市海淀区中关村南大街17号院1号楼　邮编：100081）

序 言

◎ 周洪宇

这本书的写作多少有点偶然。2006年10月，我到北京参加教育部袁贵仁同志主持的"教育公平与教育体制改革"重大课题调研座谈会。人民教育出版社刘立德编审知我来京，特邀见面，相谈甚欢。席间聊起时下社会各界普遍关注的教育公平这个热门话题，他认为我一直关注教育公平问题，既做学术研究，又搞教育行政和实践探索，与纯粹做理论研究的同志还不同，有自己的特点，应尽快将多年来的研究成果整理成一本有特色的《教育公平论》，争取早日出版，以推进教育公平的实施。

立德同志的建议引起了我的思考，感到确实有意义，也很有必要。我从20世纪90年代撰写第一篇关于教育公平的论文开始，对国内外教育公平现状有了较多了解和研究，特别是2001年起先后担任武汉市、湖北省教育行政领导工作和被选为第十届全国人大代表之后，经常有机会深入基层调研，深感由于种种原因，目前一些地区教育不公平的问题还相当严重，急需改变。于是，我一方面在地方中小学进行探索和改进，另一方面向全国人大提交了不少相关建议，呼吁尽快实行农村九年义务教育全免费，建立贫困生资助体系，完善国家对大学生的助学贷款政策，改革高校招生考试制度，加强教师队伍建设，促进城乡义务教育均衡发展，等等。这些理论思考、政策建议和实践探索的成果，如能整理出来，与更多的同仁分享，或许会对改变教育不公平的现象，产生一些积极作用。于是在回到武汉之后，我就开始着手这件工作。

但一旦动起手来，我才发现此事殊不容易。一方面，我过去的有关研究成果虽然不少，有许多单篇论文和人大议案，也有论文集《教育公平是和谐社会的基石》和访谈录《乐为教育鼓与呼》作为写作基础，但要形成一本体系完整的全新的专著，还要花费很大的功夫；另一方面，个人目前身兼数职，既要处理日渐繁重的行政工作和民主党派工作，又要承担多项重大课题研究，指导多名博士生，还担任全国人大代表等职务，各方面事务应接不暇，难以集中时间和精力，专注此事。好在我的学生樊艳艳博士和申国昌博士理解我的难处，主动表示愿意协助我做些工作。我们的大致分工是：我主要负责整理第一、五、六、七、八、九、十章和附录；樊艳艳博士重点负责整理第二、三、四章；申国昌博士重点负责协助我修改完善第二、三、四章；最后由我对全书统改定稿。经过两人一年半的艰苦努力，在原有研究成果基础上，我们终于完成了任务。摆在读者面前的这本《教育公平论》，就是我们放弃休息时间共同工作的结果。

本书名为《教育公平论》，细心的读者也许会发现，它的体例、内容与过去出版的有关论著只局限于纯粹的现状描述、理论分析或政策建议明显不同。本书以教育公平问题为主线，不仅探讨了教育公平的基本理论和指标体系，对国内外教育公平的现状进行了比较分析，提出了自己的政策建议和立法建议，还介绍了笔者近年来在中小学从事教育公平实践探索的情况，力图将理论与实践、宏观与微观、国内与国际、历史与现实结合起来，做到既是思的结晶，又是行的结果，知行合一，知行并进，以形成自己的特色。目标是否达到，有待读者评论，但可以问心无愧地说，我们尽力了。

在此书即将付梓之际，我要深切感谢教育部袁贵仁同志、陈小娅同志给予我参与教育部"教育公平与教育体制改革"、"教师教育改革"等重大课题调研的机会,感谢课题组袁振国教授、朱小蔓教授、董奇教授、王善迈教授、范先佐教授、张力研究员、韩民研究员、韩进司长、姜沛民司长、管培俊司长、杨光司长、孙霄兵司长、高洪司长、郑富芝司长等的赐教;感谢我开展教育公平实践探索的武汉市第25中学、第4中学、关山中学、傅家坡小学、民办春苗学校以及浙江芝村中心小学、山东南洋学校和广东信孚康乐小学等校师生们的支持;感谢胡志坚、广少奎、蔡幸福、汪丞、邓猛、刘国卫、陶双文、张云芳等同志的热情帮助;感谢樊艳艳、申国昌博士的倾力协助;特别是要感谢人民教育出版社魏运华、吕达、邹海燕、王莉、刘立德、韩华球、刘建霞同志的鼓励、支持及细心编审,没有上述各位的鼓励、帮助和支持,这本专著就难以面世。在撰写过程中,笔者还参考了一些中外学者的研究成果,除在书中标明出处外,在此一并表示谢意。

最后,需要说明一点,本书第六章至第九章关于义务教育免费的政策建议和立法建议,是笔者所承担的教育部社会科学司人文社会科学研究"十一五"规划项目"我国实行全面免费义务教育制度前瞻性研究"(06JA880032)的成果,也是笔者近年作为全国人大代表和地方教育行政官员在全国人大及湖北省、武汉市所一直呼吁建议与积极推动的工作内容(包括2003年3月6日向到全国人大湖北代表团参加座谈的温家宝总理面呈尽快实施农村九年义务教育全免费的建议,以及此后数年连续在《人民日报》、《光明日报》、《中国教育报》和《教育研究》等重要报刊杂志撰文呼吁并向全国人大提交议案建议等)。之所以保留这方面内容,一方面是考虑到目前我国义务教育阶段学生学费、杂费虽被免缴,但教科书费尚未完全免缴(农村学生及城市少数贫困生除外),实现全面、彻底的义务教育学费、杂费和教科书费"三费"全免,还有半步之遥——对义务教育阶段所有城市学生也免缴教科书费，故仍有继续呼吁和推动的必要。而且，2006年新修订颁布的《义务教育法》在教科书免费问题上仍未松口，故法律上也有再次修订的必要。另一方面，也是考虑到保持全书逻辑体系相对完整的需要，毕竟义务教育免费事涉每个适龄儿童基本的受教育权利和受教育机会。从某种意义上说，义务教育全免费是整个教育公平的重要前提和基础。缺少这部分内容，无论如何，也不能说是一部全面、系统的《教育公平论》。

再次感谢各位领导和同仁，也谢谢各位读者！

2007年12月20日初稿于武汉华中师范大学
2008年11月30日再改于北京旅次
2009年12月22日核定于北京全国人大会议中心

目 录

第一章 绪 论 1
一、研究宗旨与内容 2
二、研究视角与方法 3
三、基本认识与观点 10
（一）教育公平是一个有丰富内涵的重要概念 11
（二）教育公平是社会公平的重要基础和核心环节 13
（三）教育公平是实现和谐社会的重要途径 14
（四）义务教育均衡发展是政府的基本职责 15
（五）教育公平是现代教育发展的基本原则，同时也是
一个渐进过程 18

第二章 教育公平的基本理论 19
一、西方公平与平等思想溯源 21
（一）西方古代的平等思想 21
（二）西方近代的平等思想 22
（三）西方当代公平理论 24
二、教育公平观的内涵与分类 27
（一）教育机会均等思想的内涵及其发展 28
（二）两种教育公平观：精英主义与平等主义 34

三、国外教育公平理论的主要代表及流派 …………………… 38
　　　（一）贺拉斯·曼：教育是促进人类平等的伟大
　　　　　　平衡器 …………………………………………………… 38
　　　（二）科尔曼：校外因素是影响学业成绩的主要原因 … 39
　　　（三）T. 胡森：平等是学校和社会政策的目标 ………… 41
　　　（四）詹克斯：教育难以达到公平的目标 ……………… 44
　　　（五）帕森斯：教育产生了新的不平等 ………………… 45
　　　（六）布迪厄：教育通过文化再生产复制代际不平等 … 46
　　　（七）鲍尔斯：教育不平等是社会阶级作用的结果 …… 47

第三章　教育公平的指标体系 ………………………………… 50

　　一、金融视域内的教育公平指标 ………………………………… 51
　　　（一）教育投入：教育质量公平的保障 ………………… 55
　　　（二）入学率：衡量教育机会均等的指标 ……………… 57
　　　（三）教育效率：衡量教育过程公平的指标 …………… 60
　　　（四）教育成果：衡量教育总体发展水平的指标 ……… 63
　　二、以人类发展为导向的教育公平指标 ………………………… 64
　　　（一）人类发展指数：国力竞争的综合指标 …………… 68
　　　（二）增加教育支出：世界各国的必然追求 …………… 71
　　　（三）识字率：世界HDI位次的重要指标 ……………… 73
　　　（四）性别发展指数：教育公平的制衡器 ……………… 75
　　三、现代化进程中的教育公平新指标 …………………………… 77

第四章　世界各国对教育公平的不同探索 …………………… 82

　　一、各国教育公平的发展历程 …………………………………… 82
　　　（一）美国开展的教育机会均等运动 …………………… 82
　　　（二）英国力倡教育机会均等的行动 …………………… 88
　　　（三）日本力求基础教育均衡发展 ……………………… 92

（四）巴西的教育公平行动步履蹒跚 …………………… 101
　　（五）印度实现教育公平的曲折道路 …………………… 106
　　（六）追求种族平等的南非教育 ………………………… 113
　　（七）堪称典范的古巴教育公平 ………………………… 117
　　（八）越南以制度为依托确保教育公平 ………………… 121
　　（九）11年义务教育展现朝鲜教育公平 ……………… 125
二、国外教育公平理论与实践的启示 ………………………… 128
　　（一）政府是促进教育公平的主导力量 ………………… 128
　　（二）普及义务教育是教育公平的首要追求 …………… 129
　　（三）促进教育均衡发展是教育公平的重要内容 ……… 129
　　（四）向弱势群体倾斜是教育公平的基本要求 ………… 130
　　（五）教育质量公平是衡量教育公平的重要标尺 ……… 131
　　（六）教师定期流动有助教育均衡发展 ………………… 132
　　（七）实现教育公平是一个长期的历史过程 …………… 132

第五章　中国教育公平的现状分析 ………………………… 134

一、中国促进教育公平的积极努力 …………………………… 135
　　（一）促进义务教育均衡发展 …………………………… 138
　　（二）高中入学率得到大幅度提高 ……………………… 146
　　（三）高等教育入学机会持续增加 ……………………… 150
　　（四）初步建立高校贫困生资助政策体系 ……………… 152
　　（五）职业教育持续快速发展 …………………………… 154
二、教育公平方面存在的突出问题 …………………………… 155
　　（一）城乡义务教育发展不均衡 ………………………… 155
　　（二）普通高中教育择校问题突出 ……………………… 162
　　（三）高等教育入学机会不均等 ………………………… 168
　　（四）高校贫困生资助体系不够完善 …………………… 171
　　（五）进城务工农民子女接受教育难 …………………… 174

(六) 中等职业教育发展困难重重 ················ 178
二、现实教育不公平的表现及其原因 ·················· 184
　　(一) 历史形成的巨大发展差距 ···················· 185
　　(二) 城乡二元分割的社会经济结构和户籍制度的影响 ··· 187
　　(三) 现实公共政策取向的偏差导致不公平 ············ 188
　　(四) 政府职能"错位"和"越位" ················ 192
　　(五) 教育法规体系缺失，执法不力 ················ 194
四、怎样更好地促进我国的教育公平 ·················· 194
　　(一) 政府应充分履行教育公平"第一责任人"的职责 ··· 195
　　(二) 促进城乡义务教育的均衡发展 ················ 195
　　(三) 努力扩大优质高中资源 ···················· 198
　　(四) 确保高等教育机会和质量的公平 ·············· 201
　　(五) 确保进城务工农民子女的受教育权 ············ 204
　　(六) 加大对中等职业教育的投入 ················ 207
　　(七) 完善促进教育公平的教育财政制度 ············ 208
　　(八) 建立促进教育公平的教师人事制度 ············ 210
　　(九) 构建促进教育公平的监管机制 ················ 212
　　(十) 加强教育法治建设，强化依法治教 ············ 212

第六章　促进教育公平的若干政策建议（上） ······ 213

一、提前实行义务教育全免费 ························ 213
　　(一) 提前实行义务教育全免费的必要性和紧迫性 ······ 214
　　(二) 提前实行义务教育全免费的可行性 ············ 216
　　(三) 提前实行义务教育全免费的实施步骤：分步
　　　　推进，分类实施 ·························· 222
二、免除教科书费应在全国全面尽早实施 ················ 225
　　(一) 免除义务教育阶段学生教科书费的必要性 ········ 225
　　(二) 免除义务教育阶段学生教科书费的可行性 ········ 226

三、教科书应当实行循环使用 ………………………… 228
　（一）实行教科书循环使用制度的必要性 …………… 228
　（二）实行教科书循环使用制度所面临的问题 ……… 230
　（三）实行教科书循环使用的可行性 ………………… 231
四、义务教育采用教育支票制 ………………………… 234
　（一）当前义务教育经费使用存在弊端 ……………… 235
　（二）设立"教育支票制" …………………………… 236
五、高中生资助体系亟待完善 ………………………… 237
　（一）高中生资助体系现状 …………………………… 237
　（二）建立并完善高中生资助体系 …………………… 237
六、职业教育还有待大的发展 ………………………… 238
　（一）中等职业教育如何发展 ………………………… 239
　（二）高等职业教育怎样发展 ………………………… 240
　（三）职业教育前景如何 ……………………………… 240

第七章　促进教育公平的若干政策建议（中） …… 243

一、高考公平从招生公平开始 ………………………… 243
　（一）要明确高校招生指标改革的基本原则 ………… 243
　（二）要确定高校招生指标改革的正确思路 ………… 244
　（三）要用科学的方法步骤确保高招指标改革成功 … 246
二、高等教育改革仍有较大空间 ……………………… 248
　（一）改革高校考试录取制度 ………………………… 249
　（二）改革高校招生制度 ……………………………… 251
　（三）改革贷款还贷与就业制度 ……………………… 253
　（四）改革高校评估制度 ……………………………… 254
三、民办高校招生制度急需规范 ……………………… 256
　（一）规范招生管理是维护人民群众根本利益的具体体现
　　　　………………………………………………… 256

（二）规范招生管理是维护民办高等教育良好声誉的重要
保障 ·· 257
（三）规范招生管理是维护民办高校和社会稳定的重要
途径和手段 ·· 257

四、尽快完善大学生医保制度 ·································· 259
（一）大学生医疗保障制度目前存在的突出问题 ········ 261
（二）大学生医疗保障困难的原因何在 ·················· 263
（三）构建我国大学生医疗保障制度的思路和建议 ······ 265

五、建立国家教育公务员制度 ·································· 267
（一）我国教师队伍建设的现状与问题 ·················· 267
（二）建立国家教育公务员制度的政策建议 ·············· 268

六、实行国家统一的教师资格考试 ····························· 270
（一）实行国家统一教师资格考试的必要性和迫切性 ··· 271
（二）实行全国统一教师资格考试的可行性 ·············· 274

七、师范生免费制度亟需推广 ·································· 277
（一）师范教育全免费的必要性 ·························· 278
（二）师范教育全免费的可行性和建议 ·················· 280

八、尽早启动强师三大工程 ···································· 282
（一）在农村贫困地区设立"百万国家教师岗位"，解决
农村教师严重不足问题 ······························ 283
（二）实施农村"百万在职教师培训工程"，加大农村
在职教师培训力度 ···································· 284
（三）实施城乡"百万在职教师交流工程"，有效提高
农村教育质量 ··· 285

九、实行教师定期轮换制度 ···································· 285
（一）实行教师定期流动轮换制的必要性和可行性 ······ 286
（二）建立教师定期流动轮换制的建议 ·················· 288

第八章　促进教育公平的若干政策建议（下）⋯⋯ 292
一、教育投入还需大力加强 ⋯⋯⋯⋯⋯⋯⋯⋯⋯⋯⋯ 292
（一）国家财政性教育经费投入尽早达到GDP4％的必要性⋯⋯⋯⋯⋯⋯⋯⋯⋯⋯⋯⋯⋯⋯⋯⋯⋯⋯⋯⋯ 293

（二）国家财政性教育经费投入达到GDP4％的可能性⋯⋯⋯⋯⋯⋯⋯⋯⋯⋯⋯⋯⋯⋯⋯⋯⋯⋯⋯⋯⋯ 300

（三）国家财政性教育经费投入达到GDP4％的实施建议⋯⋯⋯⋯⋯⋯⋯⋯⋯⋯⋯⋯⋯⋯⋯⋯⋯⋯⋯ 304

二、教育乱收费要标本兼治 ⋯⋯⋯⋯⋯⋯⋯⋯⋯⋯⋯ 307
（一）产生教育乱收费现象的主要原因 ⋯⋯⋯⋯⋯⋯ 308

（二）治理教育乱收费应标本兼治，综合治理 ⋯⋯⋯ 310

三、重新建构农村教育体系 ⋯⋯⋯⋯⋯⋯⋯⋯⋯⋯⋯ 312
（一）大力发展农村教育的重要性 ⋯⋯⋯⋯⋯⋯⋯⋯ 313

（二）我国农村教育存在的主要问题 ⋯⋯⋯⋯⋯⋯⋯ 317

（三）促进我国农村教育发展的对策 ⋯⋯⋯⋯⋯⋯⋯ 322

四、积极支持中部地区教育发展 ⋯⋯⋯⋯⋯⋯⋯⋯⋯ 329
（一）中部教育在中国教育发展史上具有独特的作用和地位⋯⋯⋯⋯⋯⋯⋯⋯⋯⋯⋯⋯⋯⋯⋯⋯⋯⋯⋯⋯⋯ 330

（二）中部教育发展存在的差距 ⋯⋯⋯⋯⋯⋯⋯⋯⋯ 333

（三）中部教育滞后的原因分析 ⋯⋯⋯⋯⋯⋯⋯⋯⋯ 339

（四）振兴中部教育的若干建议 ⋯⋯⋯⋯⋯⋯⋯⋯⋯ 342

五、建立教育政策咨询委员会 ⋯⋯⋯⋯⋯⋯⋯⋯⋯⋯ 347
（一）教育决策的公开性、公正性和科学性要求成立教育政策咨询委员会 ⋯⋯⋯⋯⋯⋯⋯⋯⋯⋯⋯⋯⋯⋯ 347

（二）政策目标与政策实效相背离的社会现实要求成立教育政策咨询委员会 ⋯⋯⋯⋯⋯⋯⋯⋯⋯⋯⋯⋯⋯ 348

（三）争取群众理解和支持、减少新政策实施的阻力需要成

　　　　立教育政策咨询委员会 …………………………………… 349
　六、完善教育督导评估制度 ……………………………………… 351
　　（一）我国教育督导评估制度的现状与问题 ………………… 351
　　（二）完善我国教育督导评估制度的政策建议 ……………… 352
　七、实施教育公平监管制度 ……………………………………… 353
　　（一）受教育机会不均衡迫切需要建立专门的
　　　　　监管机构 ……………………………………………… 353
　　（二）办学主体多元化与办学条件不均衡需要建立专门的
　　　　　监管机构 ……………………………………………… 356
　　（三）发展不平衡与经费投入不足需要建立专门的监管机构
　　　　　………………………………………………………… 357

第九章　关于教育公平的若干立法建议 …………………… 360
　一、义务教育法 …………………………………………………… 360
　　（一）建立义务教育经费投入保障机制 ……………………… 362
　　（二）进一步完善义务教育制度，发挥政府职能 …………… 363
　　（三）关注困难群体，保障受教育权利 ……………………… 364
　　（四）加强统筹规划，促进全国义务教育的均衡发展 ……… 365
　　（五）关于《义务教育法》的修改建议 ……………………… 366
　二、教师法 ………………………………………………………… 369
　　（一）《教师法》的一些条款与教育现状不相适应 ………… 369
　　（二）修改《教师法》的具体建议 …………………………… 369
　三、教育督导法 …………………………………………………… 375
　　（一）制定《教育督导法》是实现依法治教的现实要求 …… 375
　　（二）制定《教育督导法》是完善教育督导制度的迫切需要
　　　　　………………………………………………………… 375
　四、反就业歧视法 ………………………………………………… 376
　　（一）就业歧视严重导致社会矛盾加剧 ……………………… 377

（二）国家应尽快制定《反就业歧视法》……………… 380
　五、特殊教育法 ……………………………………………… 381
　　（一）国内外特殊教育立法现状 ……………………… 381
　　（二）制定《特殊教育法》的建议 …………………… 384
　六、终身教育法 ……………………………………………… 385
　　（一）制定《终身教育法》的必要性与紧迫性 ……… 385
　　（二）制定《终身教育法》的建议 …………………… 386
　七、学位法 …………………………………………………… 387
　　（一）制定《学位法》是建设创新型国家的迫切要求 … 387
　　（二）发达国家学位立法为我们提供了有益借鉴 …… 389
　　（三）制定《学位法》的主要条件已经基本成熟 …… 389
　八、民办教育促进法 ………………………………………… 390
　　（一）落实《民办教育促进法》刻不容缓 …………… 390
　　（二）落实《民办教育促进法》的建议 ……………… 390

第十章　阳光教育：促进教育公平的现实探索 …… 392
　一、阳光教育的基本理念 …………………………………… 393
　　（一）阳光教育论 ……………………………………… 393
　　（二）意商论 …………………………………………… 398
　　（三）合育论 …………………………………………… 404
　二、阳光教育在小学的实施 ………………………………… 419
　　（一）浙江省芝村中心小学构建"阳光校园" ………… 419
　　（二）武汉市傅家坡小学开展"阳光教育"活动 …… 425
　三、阳光教育在初中的实施 ………………………………… 426
　　（一）武汉市第25中学实施"阳光教育评价体系" …… 426
　　（二）武汉市第25中学阳光教育实践 ………………… 428
　四、阳光教育在高中的实践 ………………………………… 432
　　（一）武汉市关山中学阳光教育实践 ………………… 432

（二）武汉市第4中学阳光教育实践 …………………… 434
五、阳光教育在民办学校的实施 ……………………………… 437
（一）阳光教育走进青岛南洋学校校园 ………………… 437
（二）广州信孚康乐小学阳光教育校本课程的开发 …… 440

附录一　新中国教育公平大事记………………………………… 443
附录二　中国全民教育国家报告………………………………… 464
附录三　《不让一个孩子掉队》法案 …………………………… 471
附录四　《不让一个孩子掉队》：美国NCLB法案修订意见出台
　　　　………………………………………………………… 493
附录五　《反就业歧视法》立法建议稿 ………………………… 498

主要参考文献……………………………………………………… 507

第一章 绪 论

随着教育改革的不断深化和素质教育的全面推进，我国教育事业取得了举世瞩目的成就。国民受教育程度和科学文化素质大幅度提高，这不仅为社会主义现代化建设第二步战略目标的实现提供了有力的人才支持和智力保障，也为我国教育的进一步发展奠定了坚实基础。然而，从总体上来看，现阶段我国仍处于向市场经济体制转轨的过程中，低水平、不全面、不均衡的教育资源供给与经济及社会发展的多元化需求，特别是与人民群众日益增长的对教育"足量优质"需求之间的矛盾成为当前我国教育的主要矛盾。"人人有学上"、"人人上好学"，是当前人民群众对教育公平的强烈呼声。随着人民群众文化素质的不断提高、平等意识的逐渐增强和参政议政热情的日益高涨，教育公平问题成为全社会普遍关注的焦点。分析导致教育不公平的原因，既有历史的、文化的、地域的和经济的原因，也有社会转型的原因。因此，找出深层原因，探寻解决思路，研究社会主义初级阶段稳步推进教育公平的对策，成为教育学、社会学等诸多领域研究的热点问题。

一、研究宗旨与内容

教育公平是实现全民教育的必由之路,是世界各国教育发展共同追求的目标。20世纪90年代以来,更加重视"有质量的教育公平"成为世界各国和地区教育发展的共同趋势。教育规模的扩大和有限的教育资源之间的矛盾,迫使我们更加关注教育公平问题,"有质量的教育公平"也成为我国教育政策关注的焦点。作为教育工作者,我们有责任正视这些困难和矛盾,并对人们普遍关注的热点和难点问题作出自己的思考。

自20世纪90年代初我国学术研究者开始关注教育公平问题以来,论及教育公平的文章日见其众,但主要集中在对相关概念的辨析或对现实问题的阐述方面。本书注重理论与实践、宏观与微观、国内与国际、历史与现实的结合,在进行中外教育比较的基础上从历史和现实的角度对其现状和原因进行剖析,进而提出发展思路和政策建议,并结合笔者多年来在体现教育公平的"阳光教育"方面的实践探索,试图为推进教育公平,构建和谐社会,作出自己的努力。

本书的内容主要包括:教育公平的基本理论、教育公平的指标体系(国际比较)、世界各国对教育公平的不同探索、中国教育公平的现状分析、促进教育公平的若干政策建议与立法建议以及促进教育公平的现实探索。第一章绪论介绍了本书的研究宗旨与内容、研究视角与方法、基本认识与观点。第二章在对公平基本理论的系统阐述中,追溯了西方平等与公平的思想渊源,分析了不同教育公平观的历史演变,论述了国外教育公平理论的主要代表和流派。第三章探讨了教育公平的指标体系,针对一些权威性国际组织或机构,如世界银行(World Bank)、经济合作与发展组织(OECD)、联合国教科文组织(UNESCO)、联合国开发计划署(UNDP)等所提供的关于教育公平方面的信息和数据进行了比较分析,并与中国科学院中国现代化研究中心所提供的现代化指数(SMI)进行对比研究,进而分析教育公平方面世界发展状况和我国目前存在的差距。第四章重点选取了美国、英国、日本、巴西、印度、南非、古巴、越南、朝鲜九个发展状况不同的国家为典型,介绍了各国教育机会均等状况及致力于教育公平的实践,通过对以上发展程度不同国家教育公平的发展历程和发展模式研究,总结其经验和教训,为我国深化教育体制改革和解决教育公平问题提供有益借鉴。第五章对我国教育公平的现状作了全面分析,在有关教育公平调研的基础上,使用翔实、权威的数据对我国为促进教育公平所做的积极努力作了充分肯定,揭示了现阶段和今后一段时期内仍然存在的突出问题和矛盾,对教育公平问题背后的原因作了深入分析,并提出了促进我国教育公平发展的基本思路。第六、七、八、九章进一步提出了全面促进教育公平的若干政策建议和立法建议。作为全国人大代表,这些建议的提出既是出于责任与义务,也是多年来的思考所得。最后一章是对建立在阳光教育论、意商论、合育论基础之上的"阳光教育"的现实探索,这是笔者为实现教育公平而作出的现实努力。有关新中国教育公平大事记、中美两份推进教育公平的国家报告,以及笔者所参与拟定的《反就业歧视法》立法建议稿,则以附录的形式呈现,力求使本书较此前出版的有关论著更为系统和全面。

二、研究视角与方法

本书采用不同于其他教育公平专著的研究视角与方法,力求体现自身的研究特色。就研究视角而言,主要从以下几方面入手。

第一,理论与实践相结合的研究视角。

在本书第二章中,笔者阐述了公平和教育公平的基本理论及教育公平问题的一般性与特殊性。从教育哲学的角度来看,教育公平观主要表现为精英主义（elitism）教育观和平等主义（egalitarianism）教育观两种；反映在社会层面上，则对是选择以个人资质或社会经济背景优异的少数精英的受教育模式，还是选择以实现大众化的教育机会均等为目标的受教育模式作了理论分析。精英主义教育观主张依据个体的需求、能力、贡献或功绩来分配不相同或不平等的资源，通过集中有限的社会资源，来培育最优秀最上进的学生，使他们成为各行各业的精英分子和领导阶层。他们认为，这样做既有利于整个国家，又能为多数人民造福。就其哲学上而言，这种教育观是符合一定的正当性的，但平等主义者并不同意这种看法。平等主义者认为，一个平等的社会必须体现人与人之间的公平，使其成员均能得到政治、经济等各种社会平等权利。由于个体的自然因素（比如智力、外貌等）差异造成的不平等是应该被社会接受的，事实上个体社会条件（社会背景、阶层、种族等）差异造成的不平等则必须通过教育资源的重新分配来消除。人类的理性应该尽可能矫正那些自然和社会历史中偶然的不平等，关注处于不利处境的人群受教育机会的实现。因此他们主张采用积极的差别待遇和种种优惠来体现社会的公义，罗尔斯（John Rawls）、德沃金（Ronald Doworkin）等人关于公平与补偿的原则常常构成平等主义者的理论基础。第二章对这两种理论进行了对比和分析，进而为第三、四章中的国际比较和国外教育公平发展历程分析作了铺垫。

在形成分析教育公平问题的理论框架之后，本书结合实践，开展了相应的研究。例如，在第五章中概述了我国促进教育公平的积极努力及取得的成就，揭示了我国当前和今后一段时期内不同利益群体在教育公平问题上的主要矛盾和突出问题，进而指出应着力解决义务教育阶段城乡、地区教育差距问题、重点学校与择校问题、教育不合理收费问题、高校招生与就业问题、弱势群体问题（贫困家庭学生、进城务工农民子女、农村留守儿童、残疾儿童、少数民族儿童)等,探讨了社会主义初级阶段稳步推进教育公平的策略。

又如,在本书第六、七、八、九章中,笔者提出了促进教育公平的若干政策建议和立法建议,具体包括义务教育应免费、免费应自农村始、教材使用宜循环、教育支票异地行、资助体系待完善、教育投入须加强、标本兼治乱收费、高考改革不容缓、高考公平招生始,等等,这些体现出本书关注社会现实,融学术研究与政策建议于一体的追求。

再如,本书最后一章介绍了笔者促进教育公平的现实探索。以阳光教育论、意商论、合育论为基本内容的"阳光教育"教育理念,不仅系统构建了"阳光教育"理论体系,也为教育实践提供了理论支撑。"阳光教育"通过在小学、初中、高中不同阶段的实验,以及在公立学校和民办学校的实施,"用阳光之心育阳光之人",通过给孩子一种平等、关爱、愉快的教育,切实实现了理论与实践、理想与现实的有机结合。这些对"阳光教育"广泛而系统的探索,为教育公平在现实教育中的推进,提供了一种新的思路和途径。

第二,宏观与微观相结合的研究视角。

本书在力求较为准确地把握我国教育公平的历史和现状、成绩和经验、矛盾和问题的基础上,对影响教育公平的诸多地区性因素作了探究与思考。不仅考虑到宏观的政策,而且分析了微观的措施,从而使面与点得到了有机结合。

从微观的层面来看,影响教育公平的因素甚多。既有教育投入不够、教育资源配置不合理、教育自身存在的多种原因,也有各地政府由于认识上的差异而表现出的不同态度的作用,还有为实现教育公平所作出的努力程度也对教育公平实现造成影响。此外,教育体制自身机制不灵活,教育经费多元筹措体制不完善,公办教育与民办教育相互促进的办学格局没有形成等因素,以及来自教育以外的导致教育不公平的社会原因也不容忽视。如对大学生的助学贷款政策就需要政府有关部门、经办银行、高等院校一起贯彻落实，职业教育的发展需要企业界的支持，教育的理念尚需全社会的理解和大众传媒的正面引导等。微观层面的分析能够使我们从多角度进行具体研究，将导致教育不公平的各种复杂因素呈现出来。

　　从有微观层面的分析，还无法使人们看到历史与现实之间的必然联系。只有站在宏观的高度，结合微观问题分析，各种复杂的问题才能在人们面前呈现出清晰的脉络。历史上形成的巨大发展差距是构成地区经济发展水平现实差距的重要因素之一，也直接导致了教育质量、学生受教育机会等方面的差距。这些历史原因中，主要有自然环境、地理位置、历史传统、教育理念以及资源投放在历史上的差异等因素，例如改革开放以前重工业优先发展战略和改革开放初期支持和鼓励东部沿海一部分基础较好、具有地缘优势的地区优先发展政策，使得境内外资金主要流向东部沿海地区和城市，使得东部与中西部经济发展差距进一步拉大。除了与历史形成的经济、社会、文化的不平衡密切相关，我国现实公共政策取向和偏差导致的教育资源配置不公平，也加剧了教育的不公平。当前种种教育政策和规则的不公平，突出体现在重点学校政策、高考和高校招生制度等问题上。此外，教育宏观政策未及时转轨，以及注意采取配套措施也造成了教育上的诸多不平等。

　　新中国成立以来，国家为了保障城市的稳定，快速推进工业化进程，加快国民经济发展速度，在公共服务方面采取了城乡分割的"城市优先"的资源配置方式，即城乡二元分割的社会经济结构。在这种大背景下，鉴于教育资源的极度短缺，采取的是高度集中的"城市优先"的教育资源配置模式，政府对教育的投入以及办学条件、师资配备等一直向城市倾斜。这种先城市后农村的教育资源配置制度,在制度安排上使城乡教育投入很不均衡,直接导致了我国城乡之间教育资源配置的差距。此外,在计划经济体制下形成的户籍制度也成为一种影响教育公平的体制性障碍。它的形成有着特殊的历史原因,甚至可以说有特定的历史价值与意义,但它带来的消极影响与作用也同样不可低估。如进城务工农民子女教育公平问题的出现,就与长期实行城乡分割的户籍制度密切相关。而我国区域间经济与财政发展的严重不均衡和重城市轻农村的财政政策是导致教育尤其是义务教育在区域间、城乡间发展不均衡和公平缺失的另一个深层次原因。本书努力从宏观和微观两种不同角度来作细致分析,力求点面结合,以探究解决我国教育公平问题的对策与思路。

第三,国内与国际相结合的研究视角。

20世纪80年代,美国知名学者库姆斯(P. H. Coombs)指出,世界范围内的教育不平等一般是指由于差别而造成所受正规教育的不平等。它主要表现在:首先是地区的不平等。其中包括发达国家和发展中国家之间的不平等、农村地区和城市地区之间的不平等、城市中不同居住区之间的不平等。其次是性别的不平等。事实上这种性别的不平等几乎在所有国家都长期普遍存在。一是女生的入学率不高;二是高等教育中性别不平等明显;三是不同高等院校和不同学习领域中性别不平等情况各异;四是高等教育中某些领域存在性别歧视现象;五是性别的不平等与每一特定社会的传统文化、风俗习惯有关。教育中的性别不平等有日趋缩小的趋势,但速度比较缓慢。最后是社会经济、种族和民族的不平等。一般情况下高收入家庭以及家长受过教育的家庭子女享有比其他家庭子女更好的教育优势。①

---

① 库姆斯著:《世界教育危机:八十年代的观点》,单中惠、杨汉麟主编:《西方教育学名著提要》,江西人民出版社2004年版,第789页。

世界银行涉及教育投入、受教育机会、教育效率、教育成就等方面的发展指标以及联合国开发计划署（UNDP）的综合性评价指数——人类发展指数（HDI），向人们展示了每个国家存在的地区间、性别间、种族间等教育不平等的具体情况。同时，可以看出经济发展对一国社会与教育发展事业中所起的作用。在经济合作与发展组织（OECD）的教育指标中，则包括教育背景、教育投入、教育过程、教育结果等方面的数据，并对反映教育质量的指标进行了探索。笔者采用了以上几个权威机构的代表性指标，选取了处于高、中、低不同收入经济体的若干国家进行对比，既考虑到国家之间的不同，也关注地区之间的差距。最后，立足于我国国情，对我国现代化进程中的知识创新经费投入（R&D 支出占 GNP 比例）、中国与部分发达地区和中等发达国家的现代化程度以及两次现代化进程中国内地区间差距等指标进行了分析。

　　通过对九个经济发展程度不同国家的教育公平发展历程和发展模式的研究，可以看出，在发达国家初等教育早已普及，发展高等教育已成为这些国家的主要目标；而在发展中国家，主要是普及初等教育，扩大教育机会。教育不公平问题集中的领域，与教育发展的阶段是相适应的。从世界教育发展的普遍规律中我们可以看出，免费义务教育是国际通行的促进教育公平的手段。被选取作为研究和比较对象的九个国家中，既有经济实力雄厚的发达国家，也有中低收入的发展中国家；既有社会主义国家，也有资本主义国家。在实施教育公平的过程中，它们无一例外都非常重视教育的公益性。很多国家来自政府的公共经费都占到义务教育投资总额的 85%～90%，充分体现了义务教育应由政府举办、其经费应由政府公共经费承担的基本原则。以美英为代表的发达国家近年来的改革更是将义务教育的投资权逐渐上移或保持高位，呈现出义务教育财政支出以中央投资为主的趋势。这种举措的真正目的是通过对教育的经济基础的把握,来加强中央对课程、教学内容等教育内部因素的控制,以确保和提高教育的国家质量和水准。同样,日本也明确把提高义务教育的质量作为与"外交和国防"一样的新的国家发展战略,并切实给予教育经费保障。

以政府公共经费负担义务教育的重要意义在于,能够通过政府公共资源的再分配,排除各种因素对义务教育的制约和干扰,切实保证一国范围内义务教育的实际需要和均衡发展,并为每个适龄儿童接受义务教育创造较为平等的机会。国外关于义务教育均衡发展的经验对完善我国义务教育财政体制,保证义务教育的公平、质量、效率和目标的实现具有重要的启示意义与借鉴价值。20世纪80年代以来,国际上关于教育公平的讨论已大多集中于高等教育领域的教育资源合理配置以及对教育品质与教育质量的强调。对于国内而言,高等教育公平问题很大程度上是高中教育、义务教育阶段教育公平问题的延伸与拓展。高中教育成为影响高等教育入学机会最直接、最重要的因素。① 第五章对国内不同教育发展阶段存在的不公平现象和突出问题作了详细分析和论述。

本书采用的主要研究方法如下。

第一,理论分析法。主要对公平、平等、公正、教育公平等范畴进行了理论界定,特别是从宽阔的理论视域对教育公平理论作了深层次分析,重点介绍并分析了国外众多著名学者关于教育公平理论的论述,力求提升本书的理论层次。

第二,比较研究法。为了更加清晰地展现出教育公平推进的实践脉络,主要采用了比较研究的方法,选取了三种类型的国家作比较,就发达国家美国、英国和日本,发展中国家印

---

① 杨东平:《试论教育公平的教育公共政策》,载《人民教育》2005年第7期。

度、巴西和南非以及社会主义国家越南、朝鲜和古巴等国的教育公平实施状况作了世界范围的比较，从中得出可供我国借鉴的经验与做法。

第三，历史研究法。无论研究国外教育公平理论，还是研究不同国家的教育公平发展历程和模式，均采用了回溯发展历程的方法，对各国在教育公平理论与实践发展过程中积累的经验与教训作了历史的分析。

第四，调查研究法。在研究"阳光教育"实践活动时，重点对浙江省桐乡市崇福镇芝村中心小学、武汉市傅家坡小学、武汉市第25中学、武汉市关山中学、武汉市第4中学、青岛南洋学校、广州信孚康乐小学等学校实施"阳光教育"的情况作了深入调研，进而对其进行理论总结。

三、基本认识与观点

平等是文明社会追求的共同目标，是衡量一个国家文明程度的基本指标之一。教育平等是指人们不受政治、经济、社会地位和民族、种族、信仰及性别差异的限制，在法律上都享有同等受教育的权利。尽管它强调了公民受教育权利或机会的相同性、一致性，但是"平等"的概念仍不能取代"公平"，公平是对利益关系调整和资源配置合理性的价值判断，公平的本质是合理性。尽管对"合理性"的评价因人而异，对教育公平问题或者教育资源配置的合理性问题，人们持有不同的观点，但对于教育在促进人类平等中的重要作用却普遍存在共识。国际21世纪教育委员会主席雅克·德洛克曾指出，当人类面临未来种种挑战和冲击时，教育将成为人类追求自由、和平与维持社会正义最珍贵的工具。历史实践证明，大多数国家和政府制定的种种利于教育平等的方针，都在一定程度上成功地削弱了教育方面的不平等。教育在促进人类的平等方面，与文化机会与经济机会的均等一样，在全球化的世界中具有深远的意义。在本书的写作过程中,笔者形成了以下几点基本认识和观点。

(一)教育公平是一个有丰富内涵的重要概念

教育公平既有平等的含义,又有公道和正义的内涵。教育公平指的是每个社会成员享有同等的受教育权利和机会,享有同等的公共教育资源服务,享有同等的教育对待,享有同等的取得学业成就和就业前景的机会。受教育机会和公共教育资源向社会弱势群体倾斜。教育公平包括受教育权利和受教育机会公平、教育过程公平和教育结果公平。从本质上看,受教育权利和受教育机会公平属于"起点公平"。教育过程公平强调的是整个教育过程中的教育制度或安排要平等地对待每一位社会成员,以消除外部的经济障碍和社会障碍对社会成员学业的影响。教育结果公平则通过向社会成员提供使个人在入学时存在的天赋得以发展的各种机会,使不同社会出身的社会成员获得进步,进而获得平等的教育效果,也可视为教育质量公平。三者的关系是:起点公平(受教育权利和受教育机会公平)是教育公平的基本前提,过程公平(教育对待和公共教育资源享有公平)是教育公平的重要保证,结果公平(教育效果和教育质量公平)是教育公平的最终目标。三者相辅相成,不可或缺。

也有学者将教育机会平等界定为教育起点平等和教育过程平等,没有把教育结果平等列入教育机会平等的范围。他们认为,教育结果平等是不可能实现的,要求出现同样的教育结果只是一种乌托邦,教育结果的差距将永远存在;追求结果公平在公共政策层面是不可能的,事实上也不可行。科尔曼甚至在对"教育机会均等"概念所作的补充说明中指出:如果我们以教育的产品或结果来界定"均等",则教育机会均等是个永远无法实现的理想。

然而,教育结果的公平是存在的。教育结果的公平实质是指同等条件下获得同等成功的一种可能性(即有平等的收入、大致相同的社会地位、平等的政治权利和地位等），也就是说，教育结果的公平追求的是在同等条件下接受同等教育水平和程度的人，其获得成功的机会和希望相近或相同。

法雷利（J. B. Farrell）也曾将教育平等设计为这样一个模式：包括准入的平等、过程的平等、输出的平等、结果的平等。[①] 在这个模式中，最初一般认为国家的职责是保证所有儿童进入学校，包括免除入学的费用，提供相似的设备和课程，至少使儿童完成义务教育阶段的学习，是一种"准入的平等"。越来越明显的情况是，由于他们的社会出身不同，大量的儿童不能有效地利用教育机会。把教育平等的概念由"准入的平等"逐渐向"过程的平等"延伸。这意味着，来自不同社会团体的儿童不仅要有平等进入学校系统的机会，而且在受教育的过程中，他们能够完成一定阶段完整的学制并达到一定的水平。"输出的平等"与质量相关，例如富国和穷国之间学生的"学习差距"，以及在提高教育准入和教育过程平等进程中可能牺牲的教育系统中最低限度的学习输出量，都是"输出的平等"所要关注的问题。"结果的平等"指的是作为接受学校教育的结果，他们最终能够获得与接受教育的其他儿童相似生活的可能性。法雷利认为，只有当接受教育者具有相对平等的生活机会时，以上所谓的准入平等、过程平等才被认为是具有社会效益的。其中，教育公平包含了教育资源配置的三种合理性原则，它们分别是平等原则、差异原则和补偿原则。

从历史经验的角度看，教育结果公平更多地表现为"教育效果和教育质量公平"。尽管在整个过程中，受教育权利和受教育

[①] J. B. 法雷利：《发展中国家的社会平等与教育扩张》，[瑞典] T. 胡森、[德] T. N. 波斯尔斯韦特主编，张斌贤等译：《教育大百科全书》第1卷，西南师范大学出版社2006年版，第489页。

机会与教育过程公平相对容易做到，而教育结果公平，即让人人受到较高质量的教育，并使受教育者有同样成功的机会则难以做到。由于存在不同的阶段，加上差别性的校外影响，教育公平只可能是一种接近，永远也不可能完全实现。从某种意义上说，教育公平既是一个原则，又是一个理想，也是一个逐步减少不公平现象的渐进过程。

（二）教育公平是社会公平的重要基础和核心环节

第一，教育公平是社会公平的重要基础。胡锦涛总书记在十七大报告中指出，教育公平是社会公平的重要基础，要大力推进教育公平。教育公平是社会公平的一个子系统，根据公平理念所适用的社会领域，广义的社会公平可以分为经济公平、政治公平、教育公平、文化机会公平，等等。可以看出，教育公平不仅是社会公平重要的一部分，也是其他公平的前提和基础，是保障人的发展的起点公平。因此，教育公平是重要的社会公平，是体现社会公平的一面旗帜，没有教育的公平，就谈不上社会公平。

第二，教育公平对于推进社会公平具有重要作用。对个人来讲，教育公平是社会公平（经济公平与政治公平）的起点和基础。经合组织（OECD）所做的一项国际性的学生学业成绩比较研究表明，一些国家和地区的学校教育系统可以有效地缩小家庭社会经济地位的差距（社会不公平）对学生学业表现的影响，有效促进了社会公平。[①] 教育公平对于促进经济公平、就业公平同样意义重大。当今时代，劳动这一生产要素在参与分配中的作用更多地取决于劳动的质量。劳动质量的提高又在很大程度上取决于教育。因此，改善低收入人群的教育状况，就成为结果上缩小收入差距的一个重要前提。通过教育，特别是通过公平的教育，

---

① 褚宏启：《关于教育公平的几个基本理论问题》，载《中国教育学刊》2006年第12期。

可以提升人的生产能力，促进就业，带来社会（经济）公平，促进社会稳定与和谐。当然，教育还能够培育学生公平、平等、民主的精神，促进政治文明建设，为政治民主、政治公平奠定思想基础。① 从政治意义上看，教育公平也是实现现代政治民主化的重要条件。

第三，教育公平是社会公平的核心环节。胡锦涛总书记将和谐社会的基本特征概括为"民主法治、公平正义、诚信友爱、充满活力、安定有序、人与自然和谐相处"六大方面，它们相互依存，缺一不可，从而全面体现了和谐社会的本质要求。这里"公平正义"的"公平"，指的是社会公平，而教育公平是社会公平之本，是实行社会公平最伟大的工具。教育公平是一定社会给予全体社会成员自由、平等地选择和分享公共教育资源的一种权利和发展状态。它为每个人提供相同的充分发展的机遇，让每个人内在的潜质充分展现，从而为构建和谐社会创造必要的条件。教育公平是社会公平的重要内容，是社会公平在教育领域的延伸，也是社会公平的基础和核心环节。坚持用科学发展观统领教育工作全局，努力促进教育的公平公正，使教育事业发展惠及更广大的人民群众，应始终成为我们奋斗的方向。

（三）教育公平是实现和谐社会的重要途径

历史和现实表明，凡有人群并有利益分配的地方，就会产生公平问题。公平问题直接关系到社会凝聚力的大小，实现公平是社会的基本要求。教育公平属于社会公平的范畴，实现教育公平直接关系到社会公平的实现，关系到社会主义和谐社会的建设。我们必须通过教育公平的实现来促进社会公平的实现和社会主义和谐社会的构建。教育公平与和谐社会主要有以下

---

① 褚宏启：《关于教育公平的几个基本理论问题》，载《中国教育学刊》2006年第12期。

三重关系。

第一，教育公平是和谐社会的重要内容。社会主义和谐社会是一种公平正义、民主法制、诚信友爱、充满活力、安定有序、人与自然和谐相处的社会。包括教育公平在内的社会公平是和谐社会首要的、内在的、基本的内容。没有或者缺少公平正义（包括教育公平）的社会谈不上是一个正常的社会，更谈不上是一个和谐的社会。和谐社会不能少了社会公平（包括教育公平）这一重要内容。

第二，教育公平是和谐社会的重要基础。和谐社会的建设，是以包括教育公平在内的社会公平为重要基础和重要前提的。抽掉了这个基础和前提，就抽掉了和谐社会这个"大桶"最重要的一块板，和谐社会就无法建成，无法持久。所谓的和谐社会就不过是在沙滩上盖高楼，随时有坍塌的可能。因此，要振兴民族大业，建立和谐社会，教育公平的基础性、先导性、全局性地位和作用将更加突出。

第三，教育公平是和谐社会的实现途径。有了教育机会的均等，有了教育过程的公平，有了教育质量的公平，社会弱势群体才有可能与社会其他阶层在同一起跑线上起跑，才有通过知识改变命运的可能，社会各阶层才能有正常流动、分化的可能。只有依靠正常的阶层流动，社会各个阶层、各个群体之间保持相互开放及平等进入，各个群体和阶层之间才能够实现互利互惠。全社会才能充满活力、安定有序，进而实现"天下大同"，这是一个终极的理想，也是人们追求的目标。在历史发展进程中，教育在促进社会阶层合理流动和稳定社会秩序方面起着十分重要的作用。因此，教育公平是实现和谐社会的重要途径。

（四）义务教育均衡发展是政府的基本职责

由于中西方社会制度、价值体系和教育信念的不同，目前国际上实现教育公平的基本路径既有侧重于通过教育市场化来实现的，也有通过加强政府干预来实现的。历史经验表明，在整个社会向市场经济转型过程中，教育公平是不能完全通过市场机制实现的，而最应该关注的是政府的职能，如果政府没有高举公平大旗的话，社会成员就难以自然而然地求得公平。正如瑞典教育家T.胡森（T. Husen）所言，争取平等或削弱不平等，应该成为所有政府和社会共同认可的一个目标。政府应当考虑为每一个社会成员均衡提供教育总量和质量、阶段和速度，其中，政府制定相关政策，采取有力措施，确保教育均衡发展以及提供数量更多的优质教育资源，与教育公平的实现程度息息相关。

教育的均衡发展既不是平均主义，也不是限制发展。它指的是在条件相对均衡的情况下，办好义务教育，为每一个孩子的发展留有他自己的发展空间。对于政府的责任而言，具体包括以下几个层面。

第一，实施义务教育均衡发展是政府的首要职责。近年来，政府努力保障人民群众享有接受良好教育的机会，把促进教育公平作为国家的基本教育政策。义务教育作为政府为全民提供服务的一种公共产品，其公共性决定了必须由政府免费向社会提供。在对义务教育资源和权利进行分配的过程中，还必须遵循公平原则，保障义务教育均衡发展，以使每个儿童都能够享有平等地接受义务教育的权利。它是面向所有国民的普惠性和普适性教育，它的均衡发展是教育公平的最根本要求。

义务教育均衡发展决定着教育起点公平的实现，也影响着更高层次教育公平的实现。从世界教育发展的普遍规律来看，免费义务教育是国际通行的成功经验。世界各国都把接受义务教育当做公民的基本权利，通过颁布政策法律对经费予以保障。各国政府都把实行免费义务教育，保障义务教育公平当做首当其冲的责任。通过美英等九国教育的比较可以看出，凡是教育公平成就突出的国家都是优先保障义务教育的均衡发展。义务教育阶段的学生占到受教育人口的80%左右,免费义务教育可以消除因地区经济发展水平、家庭经济条件、父母社会地位等因素对儿童受教育权所造成的不利影响,从而最大限度地保障所有儿童平等的受教育权。在财力有限的情况下,我国可以先农村、后城市,分阶段实现全国的免费义务教育,进而实现全国义务教育的均衡发展,以促进教育公平这项国家基本教育政策的实施。

第二,政府要努力实现区域、校际之间的教育均衡。实现区域、学校之间的教育均衡,既包含不同地区或城乡之间均衡发展的问题,也包含一个区域内学校与学校之间均衡发展的问题。保障一国之内教育发展的区域之间、学校之间的均衡是政府的基本责任之一。在对各国的比较中我们可以看出,各国的国情不同,政策也不尽相同,但无一例外地都非常重视教育的公益性。各国对于教育的财政性经费投入、落后地区教育补偿计划的实施以及其他有助于实现区域教育均衡的措施都非常重视。我国长期以来城乡二元社会结构所形成的东西部之间、城乡之间教育发展水平的巨大差异,是导致我国教育不公平的重要原因,也是我国政府在相当长的时期内要面对和解决的问题,政府必须进一步加大对教育的投入。

第三,政府要关注弱势群体的受教育权利。只有保障弱势群体的受教育权利,才能实现全面的教育公平。来自经济落后地区、低收入家庭子女、少数民族子女、移民子女和女童都是受教育者中的弱势群体,保障他们的受教育权利和受教育机会才是真正实现教育公平的根本所在。实行免费义务教育以及对弱势群体采取倾斜的政策,是保障弱势群体受教育权利的基本措施。在这方面,我国可借鉴其他国家通过政府干预实现弱势地区和群体优先发展的有益经验。例如,为落后地区和弱势群体提供专项经费资助,建立完善的贫困学生资助系统,使各民族、各阶层人群都有机会获得良好教育,这些都是非常有益的经验。

（五）教育公平是现代教育发展的基本原则，同时也是一个渐进过程

正因为教育公平具有以上特性，加之教育本身具有成效延时性和滞后性，因此，实现教育公平不可能一蹴而就，更不能急功近利。在国外教育公平实践的发展历程中，也曾出现过由于旨在消除教育不平等的教育措施在短期内并未达到预期效果而受到质疑，因而教育公平的理想曾一度被评论为"纯粹是一种迷思，甚至是一种讽刺的来源"。① 但是，国际上更多成功的例证表明，正是通过政府果断、坚定地贯彻平等的政策和措施，那些由于历史或贫穷造成的教育不平等才逐步地得以改变。政府干预是实现教育公平的重要手段，教育公平作为现代教育发展的基本原则，它的实现需要经历一个相当长的过程。总之，我们应更加清晰地认识到当前各级政府及教育行政部门的主要工作和重要责任。如何满足人民群众日益高涨的对于接受优质教育的迫切需求，进而实现教育公平，不仅是教育系统的一项长期、艰巨而光荣的任务，而且是对我国党和政府执政能力的严峻考验。政府应该遵循最大限度地发挥资源优势的原则，大力推进教育均衡发展，办好教育事业，真正履行好教育公平"第一责任人"的职责。

---

① 杨莹著：《教育机会均等——教育社会学探究》，台湾师大书苑有限公司1995年版，第170页。

第二章　教育公平的基本理论

当我们论及"教育公平"的时候，首先应对"公平"一词进行相应的探讨。自古及今，"公平"一直是社会各界关注的焦点。在中外历史的各种社会运动中，我们不难发现，许多抗争活动都是以争取公平为诉求的。由于"公平"的概念源于"平等"与"正义"，在对"公平"、"平等"、"公正"的认知过程中，这些概念往往交织在一起。因此，我们在关注"公平"的时候又不得不首先对这些不同的概念作深入研究。对于"公平"和"平等"这两者，它们的概念并不完全相同或一致，有时"平等"完全体现着"公平"，互为表里；有时又表现出冲突与差别。

有的学者认为，针对公正、公平、平等这几个概念各自不同的含义、适用的范围以及不同的功能，公平、平等皆应以公正为归属，依归于公正，并对此不同的概念进行了厘清，以避免将公正与公平、公正与平等混为一谈。

吴忠民教授认为，在英文当中，公正为 justice，公平为 fairness，写法的不同说明了两者之间有细微的差别：英文 justice（公正、正义）一词尽管也包括公平尺度的意思，但其重点是在公正、正义的价值观方面；英文 fairness（公平）一词的侧重点则在于公平尺度。

广义上的公正和公平的概念可以通用，而狭义上的也就是严格意义上的公正和公平这两个概念，则各自有着明确的含义，两者之间存在明显的差别。(1) 公正和公平的最为重要的区别是，公正带有明显的"价值取向"，它所侧重的是社会的"基本价值取向"，并且强调这种价值取向的正当性；而公平带有明显的"工具性"，所强调的是衡量标准的"同一个尺度"，用以防止社会对待中的双重（或多重）标准。(2) 只有在现代社会才有可能实现真正意义上的公正，传统社会则是在一定程度、一定范围内存在着公平的可能性。(3) 相比之下，公正的"应然"成分更多一些，而公平则带有更多的现实成分。由于公正侧重于一个社会的基本价值取向，侧重于社会的基本制度，同人们具体的日常生活之间有时存在着一定的距离，所以，在公正具体化的过程中需要借助于公平这一有效的、可操作化的工具。

实际上，公正与平等这两个概念的差别，比起公正与公平之间的差别还要大一些。主要表现在：(1) 平等存在着"过度"的可能性，而公正则不存在"过度"的可能性，所以，合理的平等才具有公正的性质；(2) 相较而言，公正所涉及的范围要更为宽泛一些，平等所涉及的范围则明显小得多；(3) 相对来说，公正概念往往倾向于认同现实社会，而平等概念则往往存在着一种抵触现实社会的倾向。[1]

笔者认为，"公平"，就是不偏袒，指公正、平等地对待一切人和事。公正与平等是两个相互联系和区别的概念，公正更关注过程与规则，侧重于价值层面和"应然"方面，而平等则主要是

---

[1] 吴忠民：《关于公正、公平、平等的差异之辨析》，载《中共中央党校学报》2003 年第 4 期。

就结果而言，侧重于工具层面和"实然"方面。

教育公平既有平等的含义，又有公道和正义的内涵。教育公平指的是每个社会成员享有同等的受教育权利和机会，享有同等的公共教育资源服务，享有同等的教育对待，享有同等的取得学业成就和就业前景的机会。受教育机会和公共教育资源向社会弱势群体倾斜。教育公平包括受教育权利和受教育机会公平、教育过程公平和教育结果公平。它们相应对应于起点公平、过程公平和结果公平。从本质上看，受教育权利和受教育机会公平属于"起点公平"，从历史经验的角度看，教育结果公平更多地表现为"教育效果和教育质量公平"。在整个过程中，受教育权利和受教育机会公平与教育过程公平相对容易做到，但教育结果公平，即让人人受到较高质量的教育，并使受教育者有同样成功的机会则难以做到。从某种意义上说，教育公平既是一个原则，又是一个理想，同时也是一个渐进过程。

一、西方公平与平等思想溯源

公平是一个历史概念，要构建富有现代意义的教育公平理论，必须首先追溯西方古代、近现代与当代平等思想的渊源及其发展历程，通过梳理"平等"思想的发展历程来反观"公平"的内涵。

（一）西方古代的平等思想

古希腊的柏拉图（Plato）在其政治学巨著《理想国》里，曾对"公平"和"平等"有过相关论述。他认为，国家领袖人才并非凭借出身和财富掌握权力和管理国家，而是通过严格和公正的选择性教育制度产生。让优秀的人才通过适当的教育和训练，成为专家来从政，这种做法才真正符合人民的旨意。他批评建立在自由、民主与多元三项原则基础上的"雅典民主"，认为人天生下来就存在着聪明才智的不平等，要求绝对的、齐头式的平等不仅是错误的，而且是违反自然的。在他的观点中，真正的公平与正义应该是人尽其才，给予各种不同天赋资质的人以不同的且适合各自能力的教育与训练，使其各得其所、各司其职。在另外一部古希腊著作《尼各马科伦理学》第5卷中，哲学家亚里士多德（Aristotle）对"平等"与"公正"也作了精辟的论述。他指出，"关于公正以及与此相应的公正事情，一类表现在荣誉、财物以及合法公民人人有份的东西的分配中（因为这些东西中，人们相互之间存在着不均等和均等的问题），另一类则是在交往中提供是非准则。"[①]"公正就是比例，要根据各自价值分配才是公正。"[②]即无论分配利益或分担责任，都应该和接受者的价值（功绩或能力）成比例。以相同的方式来对待彼此间有差异的人，并不合乎正义的要求。亚里士多德主张的是一种"形式平等"，即"以相似的方式对待相似的案例"，意指在某方面有相同地位的人，才在形式上给予相同的对待。在此基础上，他把"平等"分为"无差别平等"（numerical equality）和"按比例平等"（proportional equality）两种，又称"数目平等"与"比例平等"。所谓"数目平等"是指对所有人一视同仁，给予每个人相同数量的各类资源；而所谓"比例平等"，则是依据价值和才德，按比例适当分配资源的方式。他认为二者虽然针对的是不同情况，但这两种平等都是公平的体现。他把"平等"的内涵和外延从字面上的"平均分配"扩大至"按比例"分配的层面，认为在教育活动中针对个别差异的对象实施差别待遇，其实并不违反公平和正义。

（二）西方近代的平等思想

到17世纪，英国政治思想家霍布斯（T. Hobbes）提出了人

---

①② ［古希腊］亚里士多德著，苗力田译：《尼各马科伦理学》，中国人民大学出版社2003年版，第97、98～99页。

的"自然平等（natural equality）"概念。在他的著作《利维坦》中，他假想人类是曾处于原始的自然状态的"自然人"，彼此自由平等，无主从关系。此时的人类是"个别"的存在，可以无限伸张"自然权力"，即个人意志与权力，从而导致战乱不休。人类要想得到和平，就应有一种理性法则使无限的自由权利得以放弃，彼此让渡以"订立契约以成立政府"，这种思想成为后来现代西方民主法制社会的理论依据。倡导人人"生而平等"的现代西方"平等"概念，正是从霍布斯的"自然平等"中衍生而来的。此后，英国思想家、教育家洛克（J. Locke）在霍布斯的基础上有所发展，他认为人类原始的自然状态是社会群居的，而不是如霍布斯所说的"孤立"的状态；同时人类处于自然状态时，人人平等，自由而互助，并不会彼此攻伐；平等、生命、财产、自由等权利，正是"天赋人权"。1690年，法国思想家卢梭（J.-J. Roussean）吸收与继承了霍布斯和洛克的理论，认为人生而平等，彼此间处于独立、自由的中性状态，并无财产问题和长久关系，也没有战争和和平可言，此种状态下不可能成立国家。然而当"自然人"一旦由"自然状态"进入"社会状态"，人类就会出现分配不均、压迫和不平等。只有订立社会契约，建立"主权在民"的政府，才能建立符合自然、人本原理的道德社会，实现在法律与政治权利面前人人平等。与霍布斯、洛克的自然平等观不同，卢梭持有的这种观点属于一种政治平等观。承袭上述思想，德国哲学家康德（I. Kant）在他的哲学观点中则认为，人生而为具有自由意志的道德主体，其良心必须听从道德；就人之为理性自由的道德存在而言，人是自由和平等的。1785年，他从道德伦理、宗教理想与普遍价值的立场出发，肯定人在人性尊严上的平等，提出了一种不同于自然平等、政治平等的"道德平等"观，对霍布斯、洛克、卢梭等人的平等思想又有了新的发展。

(三) 西方当代公平理论

1971年,美国哲学家约翰·罗尔斯(John Rawls)在《正义论》中,明确将"平等"与"正义"联系在一起。他认为就一个社会的基本结构而言,正义的原理就是本着平等的"原初地位"人人平等,不能因社会阶级的相异、财富分配的不公、聪明才智的悬殊、心理兴趣的不同而受到不公平对待。罗尔斯提出了"一般的"正义观:"所有社会价值——自由与机会、收入与财富以及自尊的基础——都应平等地分配,除非对其中一种或所有价值的一种不平等分配合乎每一个人的利益"。① 并从这个"一般的"正义观可以推演出正义原则及优先原则。(1)平等的自由原则。每一个人都有平等的权利去拥有与别人所拥有的类似的自由权。(2)差别原则和机会平等原则。社会和经济不平等应当这样安排,使这种不平等在和正义的储存原则一致的情况下,不但可以适合于最少受惠者的最大利益,而且与向所有人开放的地位和职务联系在一起。他还指出,"公平机会的优先意味着我们必须给那些具有较少机遇的人以机会",② 主张对处于社会不利地位的群体在资源分配方面进行补偿,通过对先天不利者和有利者使用不同的尺度,使两者最终能获得相同的生活。这就是被后来广泛用于经济、教育等各种社会领域的"补偿原则"的理论基础。

美国哲学家罗纳德·德沃金(Ronald Doworkin)同罗尔斯一样,都主张在公平的法律机制下,将多余的资源分配给社会群体中较弱势的人,他还认为罗尔斯的理论强调通过"程序正义"建立公道社会,只考虑平等概念的"政治"层面,而未涉及人生价值更普通的层面。因此,他提出两项基本原理作为平等理论的支柱:一是同等重要原理;二是特殊责任原理。同等重要原理要

---

①② [美] 约翰·罗尔斯著,何怀宏译:《正义论》,中国社会科学院出版社 2003 年版,第 7、290 页。

求人在某些情况下给予某群人同等的关怀；而特殊责任原理是相对于公民所处的物质、文化或教育环境，致使公民对其人生作出不同选择。据此，德沃金提出了他的"平等"理论，即"福祉平等"（equality of welfare）和"资源平等"（equality of resources）。原则上"福祉平等"作为意义上的"数量平等"，追求人人享有平等快乐和幸福；而"资源平等"近于意义上的"比例平等"，但意在根据人的相对差异来分配资源，使人人在基本资源上得到平等分配。① 德沃金较支持后者，认为它是合乎正义的。他还指出，社会资源的分配要做到"公平"，就必须让努力者能够得到补偿，而减少对运气或意外等非努力因素的依赖。

美国当代哲学家、教育家莫提默·艾德勒（M. J. Adler）在探讨平等与公平的关系时，把"平等"或"不平等"分为两类：一类是人群或个人的平等或不平等；另一类是被环境制约的平等或不平等。而前者又可分为由先天的遗传和后天努力的程度分别造成。他认为这两者对所有人来说必居其一，人的平等与不平等，不是先天的就是后天的。被环境制约的平等或不平等，又可以分为：由条件制约和机会制约两种类型。所谓"机会平等"，就是所有人都有相同的机会和出发点参与某项活动。所谓"条件平等"，指的是不受机会平等影响的结果平等，这种平等只有通过立法程序和社会规范的作用才能够达到，所以条件平等也叫结果平等。艾德勒认为，只有机会均等是不够的，势必还会产生结果的不平等，就像从同一起点赛跑的选手，结果却是不同的。因此，如果认为机会平等就是平等含义的全部的话，就会犯荒谬的错误。艾德勒主张采取差异对待原则，即具有不同条件的人应当

---

① 俞懿娴著：《平等理论与教育均等原理》，载《2006年全国教育哲学年会暨教育哲学国际研讨会论文集》。

不同对待。"我们面临的差别可以归纳为：在环境平等的领域内，拥有某一条件的人们之中存在着平等，而拥有某一条件的群体和不拥有这一条件的群体之间，却存在着不平等。这就是拥有者之间的平等和拥有者与非拥有者之间的不平等。"① 他反对片面追求结果平等而不加限制的极端平均主义。艾德勒认为，当机会均等的概念被最大限度地扩大到平均意义上时，会在许多方面侵犯个人自由，而且并不能体现公平。只有在公平的支配下，平等才可以和谐地扩展。

此外，现代美国经济学家阿马蒂亚·森（Amartya Sen）认为，当代世界只有通过教育和培训，才能培养人们的交往和交换所要求的基本生活能力，促进文化机会的公平与经济机会的公平，这在一个全球化的世界中具有深远的意义。他所提出的"公平"观，即每个人应该按照其某方面公认的能力水平受到相应的对待，获得追求不同生活方式的实质自由的能力平等，是一种能力上的公平观。

通过以上介绍我们可以看出，历史上众多学者都曾提出了关于平等和公平的理论，尽管这些理论在某些方面还存在着较大的差异，但在追求依据人的"自然权利"平等这一点上却是相同的，即认为人类在基本权利上的原则是"完全平等"的。但在非基本权利上，柏拉图、阿马蒂亚·森持依据能力的差异进行公平分配的能力或功绩公平观，主张在"比例平等"的原则下，注重"差异对待"，罗尔斯、德沃金等则是倾向于对处于不利地位人群的关注，通过更多的补偿进行"差异对待"，"以不平等对不平等"进行资源的合理分配，使得整个社会能够更多地体现正义与公平。所以均等或不均等、公平或不公平，通常都是比较之下的

---

① ［美］艾德勒著，郗庆华译：《六大观念》，生活·读书·新知三联书店1998年版，第196页。

产物，是相对的而不是绝对的。基于各自时空的不同或社会文化、历史背景的差异，各种公平观都有自己存在的理由。因此，我们在谈到是否公平或均等时，往往需要知道比较哪些对象以及进行哪一方面"均等"与否的比较。正如英国学者席威尔（H. Silver）在其1973年撰写的《教育机会均等》一书中所指出的那样，学者在从事教育方面的探讨时，如果未在"均等"一词后冠以明确的范围界定，则"均等"就无异于一个毫无意义的名词，并无实质的意义。

英国学者特纳（B. Turner）在其1986年出版的《均等》（*Equality*）一书中指出："要将'均等'一词作明确的定义，就像要使社会中每一个人在政治上的权利都均等一样，是一件不可能的事。"[①] 在他看来，人们关注的均等有四种类型：第一种均等是指个人基本的平等，常见于宗教或道德生活的层面；第二种均等是期望达到某种目标下要求的机会的均等，此种通常与民主社会所强调的功绩主义相关联；第三种均等是指情境或条件的平等，即不同的社会团体为求生活条件或情境的均等分享而追求的均等；第四种均等是所谓"结果"或"产出"的均等。通常学者对第四种均等的研究大多希望通过立法或政治改革，来改变不利处境中人们的地位，在出发点不同的情况下，以期获得与其他人相等的结果。至此，关于均等的概念有了一个全面的、清晰的诠释。从古代至现代，这些关于"公平"或"平等"的理论，在多个领域对社会公平的研究作出了重要贡献。

二、教育公平观的内涵与分类

教育公平既有平等的含义，又有公道和正义的内涵。从概念

[①] 杨莹著：《教育机会均等——教育社会学探究》，台湾师大书苑有限公司1995年版，第147页。

上说,"公平"作为一个价值范畴,反映了一种人们以某种特定的标准去衡量"应得"和"实得"是否相符的一种评价及体验。19世纪末以来的教育机会均等运动的兴起,已经将"平等"的内涵和外延延伸到了教育公平的层面。因此,我们可以通过此阶段对"机会均等"及其反对理论的研究,透视整个西方的教育公平问题。

(一)教育机会均等思想的内涵及其发展

当我们考察教育公平所蕴涵的意义、回顾教育公平理论的发展时,我们发现,在现代开放社会中,教育的成就不仅成为个人就业的重要资本,而且是决定个人社会地位的重要因素,被人们视为向上层社会流动的主要途径。在由传统社会向现代社会转变的民主化浪潮中,教育机会均等成为各个民主国家为保障基本权利而竞相追求的目标。"均等的"教育机会,不但成为实现民主的基本途径,而且是全社会为开发人力资源而积极努力的目标。正如瑞典教育家T.胡森所言,在这个为实现教育公平的历程中,更多出现的是"教育机会均等"这样的概念。而且就"教育机会均等"这个概念而言,虽然"机会均等"有悠久的历史渊源,但"教育机会均等"概念的发展可以说是现代社会的产物,是在学校制度正式形成后才产生的。到19世纪以后被明确提出,而普遍制定实现这一目标的政策是在20世纪,到20世纪下半叶有关这个论题的研究则成为了焦点。

第一次世界大战以前,在一些工业国里比较盛行的教育机会均等的观点是起点均等论。这种观点认为,在民主的基础上,法律应保证人人受教育的权利,让所有的人都有相同的机会和出发点参与此项活动,即所有的参赛者都能站在同一起跑线上,起跑时的条件应平等。到了20世纪50~60年代,过程均等论开始在欧洲一些国家中产生影响,其主要观点是:学生学业成败的责任不完全在于学生,而是与学校、教育制度和社会制度有关。教育制度的安排要平等地对待每一位儿童，让他们有机会享受同样的教育。教育的作用正是帮助儿童消除外部的经济障碍和社会障碍。

1965年由美国、英国及联邦德国等21国组成的"经济合作与开发组织"（OECD）在有关报告中提出"教育机会均等"至少有三方面的内涵：（1）能力相同的青年，不论其性别、种族、地区、社会阶级等的差异，均具有相等的机会，接受非强迫性的教育；（2）社会各阶层的成员，对于非强迫性的教育均具有相等的参与比率；（3）社会各阶层的青年，均具有相等的机会以获取学术的能力。很显然，该组织注意到了在非强迫性教育各阶段中的不同社会阶层的教育机会均等的问题。同时，过程均等论还强调不同能力的人接受不同性质的适当的教育。联合国教科文组织国际教育发展委员会在1972年发表的报告《学会生存》中指出，教育上的平等，"并不等于把大家拉平"，而是"要求一种个人化的教育"；并指出，"给每一个人平等的机会，并不是指名义上的平等，即对每一个人一视同仁，如目前许多人所认为的那样。机会平等是要肯定每一个人都能受到适当的教育，而且这种教育的进度和方法是适合个人特点的"。①

这一阶段的教育机会均等理论较为丰富和深入。美国芝加哥大学教授安德森（C. A. Anderson）在分析教育机会均等时认为，该概念有以下四种含义：（1）教育机会均等意指提供每个人同量的教育；（2）教育机会均等意指学校教育的提供，足使每个儿童达到既定的标准；（3）教育机会均等意指教育机会的提供，足使每个个体充分发展其潜能；（4）教育机会均等意指提供继续教育

---

① 联合国教科文组织国际教育发展委员会编著，华东师范大学比较研究所译：《学会生存——教育世界的今天和明天》，教育科学出版社1996年版，第105页。

的机会，直至学生学习结果符合某种常模者。①

如果说在这里安德森的四项标准的含义还不是很清楚的话，那么美国教育家科尔曼（James Coleman）以下的观点不但强调了入学机会的均等，而且注意到学校特征的差异对儿童教育的影响。②科尔曼在其报告《教育机会均等的概念》中指出教育机会均等应满足以下四个条件：(1) 要提供所有儿童免费教育至某一年龄水准；(2) 无论儿童背景如何，要提供他们共同的课程；(3) 无论儿童出身如何，皆进同类的学校；(4) 同一学区内的教学机会要绝对平等。科尔曼认为，教育机会均等观念是多变的、不断更新的、非稳定性的，经历了以下几个演变的阶段。第一个阶段，主张争取所有儿童必须在同样的学校学习同样的课程。第二个阶段，基于儿童不同的职业前景，教育机会均等必须向每种类型的学生提供不同的课程。由于持反对意见的人向"机会均等"基本思想的挑战，这一观念进入了第三和第四阶段。第三个阶段，被认为从 1896 年南方各州"隔离与平等"的公共设施的提议到 1954 年联邦最高法院裁定合法的种族隔离必定会产生机会不均等。这期间的思想认为，即使种族隔离学校具备同样的设备，发放同样的教师薪金，在某种程度上，仍不存在真正的教育机会均等。其实质是，这种种族隔离学校有着（或可能有）不同的教学效果。第四个阶段，注重教育效果的机会均等观念开始形成，它引起人们从宏观上去评价不均等现象，例如双轨制产生的教育机会不均等，从此"种族合校"就作为教育机会均等观念的新型理论基础问世。

从 20 世纪 60 年代后兴起的不仅注重形式上的入学机会，还希望通过提供各种机会使不同出身的儿童获得进步，最终获得平

---

①② 陈奎熹著：《教育社会学研究》，台湾师大书苑有限公司 1980 年版，第 65、68 页。

等的教育效果的观点也被称为结果均等论。但是，基于这一阶段为教育机会均等所做的教育改革的成效不明显，以及各种反对理论的风行，20世纪70年代，科尔曼重新对"教育机会均等"概念作了说明。他指出，不仅教育机会均等的内涵在历史上缺乏"稳定性"，而且这个概念根本上就是一个"错误的和容易使人产生误解"的概念。如果我们以教育的产品或结果来界定"均等"，则教育机会均等是个永远无法实现的理想。这再次说明了由于存在着校外差别性影响，机会均等只可能是一种接近，结果上的平等永远不可能完全达到。他甚至要求此类相关研究的标题用"减少教育的不平等"来取代"教育机会均等"的说法，这也反映了20世纪70年代西方学者在对教育机会均等问题的研究中更为保守或现实的态度。

T. 胡森在科尔曼的总结基础上，把教育面前机会均等在概念上的演变分为三个主要阶段，其中每一个阶段的概念分别符合各自多少有所区别的社会哲学，即保守主义阶段、自由主义阶段和可以称为激进的新观点阶段。① （1）保守主义阶段。教育面前机会均等概念主张入学机会上的均等，其哲学是上帝使所有的人具有不同的能力，而尽可能充分地利用这种能力则是个人自己的事情。此阶段学者大多主张建立一种综合教育制度，满足不同阶级的需要，使每个儿童有机会以最佳方式发展他所具有的才能。（2）自由主义阶段。其概念主张入学机会和学业成就机会的均等，要求实施单轨制和相同的基础教育，认为每个儿童都具有某些相应的天赋和能力，教育制度的重要功能就是消除经济或社会等外部障碍，强调在策略上采取各种补救措施。这一阶段教育机会均等的概念的修正在政策上产生的影响是，把学业成败的责任

---

① ［瑞典］T. 胡森：《平等——学校和社会政策的目标》，张人杰主编：《国外教育社会学基本文选》，华东师范大学出版社1989年版，第207页。

归之于学生的观点已被认为不很积极,而将之落在教育制度或整个社会制度之上。(3)激进的新观点阶段。仅仅消除物质障碍以及把学习能力作为民主化的标准,实现入学机会上的形式平等,被认为是不能实现教育机会的均等的。更加激进的新观点认为,学生学业的成功与失败应该归因于学校状况尤其是教学组织,需要重新审视教学法,因而强调教育制度内部的改革,特别强调学前教育机构的建设,向每个儿童提供使个人在入学时存在的天赋得以发展的机会。这并不是完全同样的均等,而是提供有所补偿,在社会差别上区别对待的均等机会,以实现在生涯和生活质量上更大的平等。

从教育机会均等思想的内涵及其发展过程中我们可以看出,尽管同样主张教育机会均等,但各种理论对其内涵的定义和侧重点不尽相同。有的主张入学机会的均等,有的主张过程的均等,有的主张结果的均等,也有的主张除了消除以性别、种族、社会地位或其他限制以外更积极地提供弥补缺陷的机会,以促进立足点的平等。除了入学机会的平等外,还有的主张要包括教育内容和教育情境的均等。但总的方向都是指学生不但应有上学的机会,而且入学后,应在同等条件下接受适当的教育。这些条件中,既包括学校经费、师资、设施的均等,又包括对家庭与社会环境以及其他影响学业成就的不利因素的改善,这样可使出生在不利环境中的儿童与出生在优良环境中的孩子相比,不会因为教育环境的限制,使他们的发展在各方面都存有差距。因此,即使"公平"本身是一个难以充分实现的理想,整个社会也应当为此而努力,以减少不公平的现象。事实上,一些不平等的现象确实是可以通过社会和政府的努力而减少的。T.胡森认为,社会的责任就是想尽一切办法,保证使合适群体中的每一个成员都能均等地得到质量均等的教育机会。

教育本身能够造成生活机遇方面的差异,因为只要我们面对

"教育机会"或"教育机会是否均等",就意味着面对人类社会有限的资源而在既定的规则下彼此竞争,因此,人们所关切的除了能力之外,还蕴涵着对这种竞争的规则或输赢判断的公平性检视。我们把这种概念用在教育机会的分析时,就要检讨社会中现实存在的教育制度是否能够让所有的成员都有充分发展其能力的机会。从这个角度来看,不同类型、不同阶段的教育机会就常常成为教育公平问题所关注和考察的对象,看它是否向社会中所有的成员开放,并将这一点作为衡量机会均等与否的标准。雷温(H. M. Levin)1976 年在《西欧教育机会与社会不均等》一文中,以操作性定义为标准,对以往的教育机会均等理论和研究进行了分类,指出了一般理论研究考量的四个方面①:一是探讨入学机会是否合乎均等的原则,尤其是早期的教育机会均等研究,如《罗宾斯报告》、《OECD 报告》;二是注重教学参与的均等或有关教育内容与教学互动的探讨;三是分析学校教育的结果或产出是否均等,如《科尔曼报告》、《普洛登报告》;四是注重教育对个人日后生活经验影响均等的研究,这一类研究重点突出了对阶级的探讨。T. 胡森就指出在阻碍"机会均等"的因素中,除了物质上的因素外还有心理状况的综合影响等,把社会阶级作为一个变量去研究,并将之作为改善社会处境不利儿童命运的行动计划的基础。

综上所述,我们可以发现"教育机会均等"概念的形成与内涵演变的过程,在不同的时空中,往往依照个人所在社会结构性质的差异和历史文化背景的不同有所出入,内涵在不断地丰富;而且"教育机会均等"这一概念的发展,往往还与该社会结构与教育选择制度也有密切联系。教育机会均等往往不是一个静态的

---

① 转引自杨莹著:《教育机会均等——教育社会学探究》,台湾师大书苑有限公司 1995 年版,第 194~195 页。

概念,而是随着时代的要求而演化的,并表现出具体不同的内容,呈现出历史性、发展性和差异性的特征。① 因此,我们将在第四章中结合各国教育公平的实践过程,对"教育机会均等"概念的演变作进一步阐释。

(二)两种教育公平观:精英主义与平等主义

在教育公平观的演变过程中,一度流行着两种主要的观点:一种是精英主义(elitism)教育观;另一种是平等主义(egalitarianism)教育观。这两种教育公平观反映在社会整体层面上,即是选择以个人资质或社会经济背景优异的少数精英的受教育模式,还是选择实现大众化的教育机会均等为目标的受教育模式,这两种观点对教育公平的含义有不同的诠释。

精英主义的本意是指只容许少数出身优异者独享较丰沛的资源、特权与地位,而将大多数人排除在享有这些资源与特权之外的主张或做法。这部分人可能会凭借其特殊的社会地位、经济地位、能力优势等多项标准挤占大多数民众的机会。在这些不同的标准之中,"能力"这一项由于劳工阶级能够参与,似乎比其他项显得更公平,历代都有学者认为这是促进社会下层优秀人才往社会上层流动的最有效途径。"教育上的精英主义正是基于知识、学习或其他能力,将大部分的教育关怀、资源或经费,分配给在某一特殊领域中表现最杰出的学生,而其他大多数一般的学生被认为不是那么值得关怀,或值得作特殊的教育投资。"②

因此,精英主义教育观主张依据个体的需求、能力、贡献或功绩来分配不相同或不平等的资源。持这种观点的人认为,如果懒惰者所获得的酬劳与勤劳者一样多,便是不公平;需求多者和

---

① 董泽芳、张国强:《社会公平与教育机会均等》,载《教育与经济》2007年第2期。

② 黄藿:《精英主义与平等主义教育观的哲学反思》,载《2006年全国教育哲学年会暨教育哲学国际研讨会论文集》。

需求少者得到同样补助，也是不公平；同样的机会与其提供给那些不知把握的人，倒不如给那些会好好把握机会的人，否则造成了浪费，也是一种不公平。公平的分配并不意味着平均的分配。因此，他们反对硬性规定单一而平均的做法，即不分需求、能力与贡献，都给予等量资源的分配方式。例如，柏拉图为理想城邦的政治健全运作而设计的一套教育制度，就是通过多级的严格筛选方式，最终培养出崇尚知识、追求智能的军人和执政者，这两种人在全体民众中占少数，是民众中的少数精英和城邦的栋梁，这就是精英主义教育观的原型。而按照亚里士多德的"数量平等"和"比例平等"的概念，当我们选用某一标准时同样会对平等作出取舍，如其所言，分配笛子，应该只分配给会吹笛子的人。同样，统治权力的分享也只能分给有统治能力的人。根据他的原则，在教育资源有限的情况下，通过公正的筛选机制将教育机会分配给那些资质优异且努力上进的人，依照的是个体的能力或已有的成绩，而不是依照权力或地位将教育机会分给世袭的社会阶级，因而是公正的。在这种为教育系统选择最有智慧的人的公正筛选机制下，底层阶级本来是拥有机会的却没有抓住它。

　　精英教育观反对平等主义。它们认为，一个公正的社会并不是所有的方面都要均等，而是存在着多种差异，比如合法的财富拥有上可能人与人就会有差异，但同时存在富人和穷人的社会仍可以是一个公正的社会，只要财富的差距有助于生活最差的一群人可以获得最大的利益。因此，精英主义者认为，社会资源是有限的，必须将有限的资源集中起来以栽培最优秀、最努力上进的学生，使他们成为各行各业的精英分子和领导阶层，使国家在军事、科技、经济各个领域都走在世界前列。既有利于整个国家，又能为多数人民造福，使国家在全球化的浪潮下具备国际竞争力，也是各国政府所要面临的课题。而就其哲学上而言，它也符合一定的正当性。在历史的传统教育中，直到20世纪，大部分国家学制的设计与安排都是通过学制的层层筛选、选拔来培养精英阶层，努力维持"为知识而求知"的让少数人实现卓越的目标，确实也成就了少数人事业的成功或实现了国家的目标。但由于在"公平筛选"的幌子下，与主流社会群体竞争同一资源的时候，劳工阶级的子女很难有出线的机会，因此被指责以看似公平的表象掩盖了不公平的事实，进一步扩大了阶级的对立与贫富的差距。因此，我们必须来审视另一种教育公平理念，即教育上的平等主义观。

平等主义者认为，一个平等的社会必须体现人与人之间的公平，使其成员人人均能得到政治、经济、文化与教育等各种平等权利。他们承认个体的自然因素（如智力、外貌等）是有差异的，这种差异造成的不平等是可以接受的；但事实上个体的社会条件（如社会背景、阶层、种族等）的差异，才是造成不平等的更为主要的原因。因此，主张必须通过教育资源的重新分配来消除这种由社会条件的差异造成的教育不公平，认为人类理性应该尽可能地矫正自然和社会历史中偶然的不平等，主张关注处于不利处境的人群受教育机会的真正实现来体现社会的公平与正义，并采用积极的差别待遇和种种优惠，罗尔斯、德沃金等人关于公平与补偿的原则常常构成他们的理论基础。例如，英国教育家穆尔（Moore）认为，"我们真正需要的，不是平等的待遇，而是公平的、恰当的待遇，也就是儿童不同需求的正当理由，换言之，也就是教育上的公平。这中间有许多深刻的内涵，它暗示着为低能或者超常儿童开设特殊的班级和学校，以及与教育公平有关的成绩、测验、淘汰、教育环境等方面的公平。事实上，任何人都很难否认应该依据儿童不同的教育需求来施教，所以如果有人坚持教育上的绝对平等，那么这个人是有怪癖的。"[①] 这一阶

---

① ［英］穆尔著，刘贵杰译：《教育哲学导论》，台湾师大书苑有限公司1989年版，第86～87页。

段平等的内涵自然也反映在教育中对于机会的主观诉求和政策安排中，但并不是简单的、不承认个别差异的"平均主义者"。在经济匮乏与教育资源有限的情况下，平等的观念是一种"权利的平等"，即它的出发点是无论每个人出身背景，或天赋能力高低，都拥有平等的受教育权，这一点成为反映这一时期教育公平的重要核心内容。它不仅反对精英主义以及通过严格筛选制度让少数人受教育的方式，还反对有限的教育经费向个别重点院校或研究性大学的过度倾斜，以及在各类学校中实施的根据能力或成绩划分重点班等有违教育公平的种种具体行为。20世纪末，平等主义的影响力逐渐扩大，并随着各国的教育改革扩大到教育的不同领域，在这个过程中，"平等的受教育机会思想"对高等教育走向大众化起了积极的推动作用。

　　精英主义与平等主义这两种主张在教育上各有支持者，对于教育上的公平各有各的立场。就像瑞典教育家T.胡森所言，"英才教育就其假定唯才是举而言，是与平等一致的；但就其含有才不尽同，因而举不尽等而言，则是与平等背道而驰的。"①因此，各国的教育改革与教育政策拟订尤其是高等教育，经常在这两种思潮之中来回调整。也有学者认为，对于教育资源的公平分配，一方面要考虑对高等教育"门户开放"政策的广泛要求，顾及并保障一般学生的基本受教育权；另一方面，又要致力于卓越目标的追求与品质的提升，因为经济增长的目标与精英教育紧密相连。而只有在前项权利获得保障之后，才能容许少数精英在享有充分资源的情况下去追求个人与整个社会的卓越。由此看来，美国的高等教育正是如此，当它普及了高等教育，即拥有最高比率的大学毕业生时，它又回到了精英主义的思维模式上，思

---

① ［瑞典］T. 胡森、［德］T. N. 波斯尔斯韦特主编，张斌贤等译：《教育大百科全书》第3卷，西南师范大学出版社2006年版，第431页。

考着如何让部分大学能够出类拔萃，在国际上获得最佳排名。

三、国外教育公平理论的主要代表及流派

在欧美开展教育机会均等运动中曾出现过多种有关教育机会均等的理论，研究者主要通过学校与社区环境、家庭背景与家庭出身、父母教育与家庭收入等方面的主客观因素，去探究这些因素对学生教育效果的影响，以及对个人本身的能力发展、城乡之间的教育差异的影响。而对其教育成就产生的影响的诸多方面的研究，结果却并不一致，结论也不尽相同。现将西方教育公平理论的主要代表及流派概述如下。

（一）贺拉斯·曼：教育是促进人类平等的伟大平衡器

19世纪初期，美国教育家贺拉斯·曼（Horace Mann）在马萨诸塞州领导的教育改革以及公立学校制度的建立，标志着美国社会历史的重要转折。贺拉斯·曼认为，教育不平等是社会不平等的产物，在民主国家中，不能使人民享有这种民权便是政府的失职。他充分肯定了人人应该享受教育的权利，视享受教育是人的"天赋民权"，不分男女、不分民族、不分教派、不分贫富，公民都应享有平等的教育机会①。贺拉斯·曼曾经说过，"如果一位政治家在他的全部计划中，没有包括所有人都应该享有的教育的话，那他就配不上政治家这个称号"。

在《十二年度报告》中，贺拉斯·曼指出，教育必须是普及的，普及教育的重要性首先表现在政治意义上。教育是促进人类平等的伟大平衡器，也是社会机器必不可少的平衡轮。通过普及教育，使得他们都能够发展他们的天赋能力和社会责任感，使得每一个儿童都能够被训练成为准备从事所有职业和促进经济发展

---

① 滕大春著：《美国教育史》，人民教育出版社2001年版，第303页。

的人①。他斥责了美国当时的奴隶制度是实现公共教育理想的大敌，积极提倡由政府举办免费的世俗学校，实施非教派的公共教育；指出普及教育的最佳途径就是设立公立学校，而这种公立学校是对所有人开放的，应受到公共税收的支持；学校本身就是平等化机器，具有追求机会均等的平等的作用。贺拉斯·曼是美国公共教育的旗手，他创立了具有普及性的普通学校，容纳一切不论性别、肤色、宗教和出身的儿童。他毕生为公共教育事业而献身，竭力使号召变为现实，被称为"美国初等教育之父"。他的许多重要论点，如提供某一水平的免费教育；为所有儿童提供普通课程；争取公共税收的支持等，代表着同时代美国教育改革的主要方向。

（二）科尔曼：校外因素是影响学业成绩的主要原因

1966年，美国教育家科尔曼与其助手在联邦总署的授权下，对60万名不同种族、宗教信仰和家庭背景的儿童进行了为期两年的调查，发表了调研报告《教育机会均等的概念》，被人们称为当代关于教育机会均等的三项最重要的研究报告之一。通过对公立学校隔离程度问题、学校教育机会均等问题、学生学业成绩问题、学生学业成绩与学校类别的关系问题四项内容的调研，他们得出了这样的结论：美国公立学校中存在着严重的种族隔离情况，非白人儿童成绩一般低于白人儿童，但学校条件的差别并不太大，学校内的社会因素即学生家庭的经济背景、学生的社会经济背景是影响学生成绩的主要原因。科尔曼提倡不只是通过补偿教育，还要通过种族的融合来提高非白人学生的学业成绩和自我评价，最终减少教育上的机会不平等。对于实现教育平等，克服种族隔离仅仅是第一步，种族融合是学校的最终目标。

在报告中，他还对涉及投入资源和教育结果的五种类型的

---

① 滕大春著：《美国教育史》，人民教育出版社2001年版，第303页。

"不均等"进行了相应界定：第一种是以社区投入资源的多少来衡量，包括每一位学生单位成本、学校设施、图书馆、师资等；第二种以学校学生结构种族分布的比率是否适当来界定；第三种以学校内各种无形或抽象的特征以及由社区对学校资源的投入而追溯的各种因素来考量；第四种是以学校对具有"相同"能力与背景学生的影响为标准；第五种则是衡量学校对具有"不同"能力及背景学生的影响。其中，前三种注重"投入"，后两种则是评价"效果"，因此，教育机会均等不仅仅意味着资源均等，还包括效益均等问题。科尔曼认为，其中一个最令人瞩目的转变就是教育机会均等在概念上从"学校资源投入的均等"演变为"学校教学效果的均等"。在对"教育机会均等"的概念中，他还指出，民众心目中教育机会均等四大要素中实际蕴涵了某些假设，第一项是假设免费教育的提供可以消除经济资源上的不均等。而事实上，免费教育并不等于所有家庭的子女其教育成本都为零，尤其是贫困家庭子女入学就会减少劳力和收入，因此往往还隐含着就业的机会成本问题。此特殊含义中的第二项假设，是所谓的教育机会均等，指所有的儿童均有机会接受某一特定的课程。据此推理，只要学校提供了机会，使用此机会的责任者便是家长或儿童，儿童自己有责任去自己把握机会并求得较好成绩。直到强迫义务教育实施之后，才转变了这一观点，将此项责任由儿童转向政府。由此分析出这两项假设都是很难成立的。

在《科尔曼报告》之前，有国会议员曾经假定种族间教育成就的高低主要是由教育资源分配不均而导致的，并实施了一些相应的保障教育平等的法律、法规。随后将调查任务交给科尔曼，希望得到政策落实情况和预期的结果，然而调查的结果正好相反。科尔曼认为，由于存在着校外影响的差别性，机会均等可能只是一种接近，永远也不可能完全实现。这样教育机会均等的观念就演变为一种近似的机会均等观念。这种近似性不仅是由教育投入的均等来决定的,而且是由学校的影响与校外的差别性影响的相对强度来决定的。换言之,产出的均等不完全由资源投入的均等所决定,还由这些资源对学生成就产生的效力来决定。这也是现在的教育机会均等观念的立足点,当教育机会均等观念从学校资源投入的均等演变为学校教学效果的均等时,学校的责任也发生了转变。学校的责任从公平地增加与分配它的"均等",转变为增加学生学业成就的均等,这正是科尔曼研究的最大贡献。

科尔曼在报告中提出的观点,对此后教育实践领域内公平的发展产生了深刻影响。需要强调的是,在众多对《科尔曼报告》的引用中,大多简单地将《科尔曼报告》结论概括为:在影响学生学业成就的各种因素中,家庭比学校更为重要,学校资源差距与学生学业成就无关。实际上,这种概括和引用有失简单和偏颇,科尔曼也曾纠正此观点,认为不平等的学校资源使学生学业成就差距更大。也正如哈佛大学托马斯·彼得格罗(Thoms Pettigre)教授所评论的,科尔曼并不是想说学校没有意义,他所想表达的意思是,在决定学生学业成就的因素中,金钱不是万能的。[①]

(三)T. 胡森:平等是学校和社会政策的目标

T. 胡森是瑞典当代教育学家,他对于教育机会均等问题进行过深入的研究。他认为平等不仅是指起点,还包括连续不断的阶段和最后的目标。首先,"平等"是一个起点。所谓"平等",是指每个人都有不受任何歧视开始学习生涯的机会,至少是在政府所办的教育中开始其学习生涯的机会。从遗传学的观点看,显然不会得出这样的结论。但我们至少可以从理论上设想,使所有儿童从出生起都能真正地享有同样的生活条件。其次,"平等"可以是一个中介性的阶段。换言之,"平等"这一主张还可以适

---

① 转引自马晓强:《科尔曼报告 40 年评述》,朱小蔓主编:《对策与建议——2006~2007 年度教育热点、难点问题分析》,教育科学出版社 2007 年版,第 409 页。

用于对待。也就是说，可以考虑各种不同但都以平等为基础的方式对待每一个人——不论其人种和社会出身情况如何。在这方面，可以使所有人在法律面前一律平等；也可以制定相应的社会政策，以确保每个人都有收入或者有最低限额的生活补助；还可以建立统一的学前教育系统或学校教育系统，以便不加歧视和没有其他限制地对所有儿童一视同仁。最后，"平等"可以是一个总目标。教育面前机会平等可以被视为一项目标，或者被看做一组指导原则。在制定和施行教育政策时应列入一些措施，以使教育机会更加平等。

  为了更清晰地阐释"教育机会均等"的概念，T.胡森曾用六个因素解释了教育上的"不平等"现象。第一个因素是社会问题，诸如财富、收入、社会地位、政治权力等分配形式和程度的不平等，没有任何一个国家可以消除；第二个因素是基于第一个因素而来，诸国家或社会力图对不平等进行削弱，即关于平等主义的思想和平等主义的强烈要求的表述；第三个因素是关于英才教育和社会升迁这两个孪生概念，贤良与否要用公正客观的标准来衡量；第四个因素是从教育提高人的素质这个方面来解释，它往往使一个民族具有社会和个人两方面的利益；第五个因素是教育与社会经济地位之提高、职业资格之间的联系；第六个因素是由学历决定的职业地位对于社会地位产生重大影响，获得受教育的资格证明已成为一个重要的政治问题，需要为此制定种种政策。教育体制本身是从属于社会中的其他力量的，后者影响前者，前者却不大能影响后者。因此，制定教育平等的方针有可能成功地削弱教育方面的不平等，但是它却不能被当做削弱经济和社会不平等的一种手段来对待。①

---

  ① [瑞典] T.胡森、[德] T.N.波斯尔斯韦特主编：《国际教育百科全书》第3卷，贵州教育出版社1990年版，第437～439页。

T. 胡森将教育不平等的焦点从个别学习者和社会群体转移到了教育制度之间的种种不平等上,他认为其中有以下四个要素。第一个要素是受教育的意愿扩展到用政治权力来保证,对教育本身而言是一个外在的因素。第二个要素是教育机构之间资源分配上的不平等。比如在某些国家,一所中学可以得到相当于两所小学所得到的资源;大学与小学的比率悬殊从1∶10到1∶200不等,这一悬殊也是受教育程度和质量差异的反映。第三个要素是教师能力方面的不平等。第四个要素在某种程度上是第三个要素的产物,它是学校之间在不同的效益指标和能力标准方面的不平等。此外,学校教育的直接成本和机会成本也往往同时造成了受教育机会的不平等,如果一些政府甚至对负担小学的费用都感到困难的话,就会使很多穷困家庭止步于教育的门外。因此,T. 胡森认为,争取平等或削弱不平等应该成为所有政府和社会共同认可的一个目标。当教育上的这种不平等,仅仅是由于历史或贫穷造成的不平等时,是不难通过果断、坚定地实施平等的政策和措施来加以逐步改变的;而当这种不平等是由于根植于政治与社会的价值观和利益造成时,也只有通过政治的和社会的改造或变革来革除。对于教育平等政策,政府要考虑教育提供、教育机会、教育利用和教育成果四个方面的问题。① 诸如,政府需要为每一个社会成员提供的教育总量和质量以及教育提供的阶段和速度,还有当平等被作为一种最低水平时,教育政策如何处理平等与优秀的关系等。

T. 胡森还提出了教育机会均等的不相容性概念。他认为,在同一个教育机会均等的概念中,存在着不相容性。首先,从遗传学的观点着眼,人与人之间的不平等生而有之。况且,他们出

---

① [瑞典] T. 胡森、[德] T. N. 波斯尔斯韦特主编:《国际教育百科全书》第3卷,贵州教育出版社1990年版,第343页。

生后的最初几年里，是在遗传和社会地位方面都有所区别的父母的抚养下成长的，所以要实现教育机会均等是极为困难的。鉴于平等与遗传性差异之间的不相容性，同样地对待每一个儿童并不是平等。而真正的平等应该使每个儿童都有相同的机会得到不同方式的对待。T.胡森指出，正因为如此，创立个别化教育的努力就具有了现实的必要和可能。其次，他认为现今社会对分工要求的过高、过细及专业性过强，与教育机会均等明显地形成了一种"不相容性"。① 因此他主张教育结构应该力求统一。

（四）詹克斯：教育难以达到公平的目标

美国社会学家詹克斯（Jencks）等人撰写的《不平等：对美国家庭和学校教育的影响再评估》（1972）一书，是美国关于教育与不平等关系的最重要研究成果之一。该书对教育机会不平等的各种研究进行了深刻反思，认为学校在纠正由于阶级差别而造成的社会和经济不平等方面并不是强有力的部门，教育措施无法使成人的地位达到均等的目标，这一观点发表后一度引起强烈的社会反响。如果说以贺拉斯·曼为代表的学者们主张"教育是促进人类平等的伟大平衡器"，认为教育能促进社会公平，导致民众对政府教育措施抱有种种期望；詹克斯等人则从社会学角度就教育资源的分配、学生对课程的选择、遗传及环境对认知能力的影响等方面研究了学校教育在美国的影响，得出了相反的结论，即学校和教育无法达到公平的目标，给民众对政府改革的"适当性"添了一个大问号。

在研究的基础上，詹克斯总结了学校教育改革效果之所以有限的三个主要原因：一是儿童受到家庭生活、邻里环境或电视的影响，要大于他们在学校教育所受的影响；二是由于教育改革者

---

① ［瑞典］T.胡森：《平等——学校和社会政策的目标》，张人杰主编：《国外教育社会学基本文选》，华东师范大学出版社1989年版，第193页。

对足以影响儿童的学校生活控制力微弱,因此,即使将资源重新分配,重新分班或重编课程教材,也很难改变学校内师生间朝夕相处的互动行为;三是即使学校生活经验或教育过程对学童具有巨大的影响,此种影响在后来成人生活中也很难继续维持下去。

詹克斯还强调,现行公共教育制度中的官僚体制对教育的过分计划化也会导致教育不公平,从保障处境不利群体的利益出发,他提出一种"补偿教育凭证制度"(voucher plan)。该制度主要内容是:设置教育凭证机构作为专门发行教育凭证的行政机关;凭证的基本金额与其他地区公立学校的平均教育费等额;用于补偿教育的费用为基本金额的两倍;免费提供校车接送服务等。这就是"排富性"教育券模式,这种教育券用于帮助低收入家庭的学生克服上学的困难,进而避免不同阶层之间造成社会经济的隔离,考虑到了入学机会的公平问题,更多地强调将教育机会均等作为社会的政策目标。教育决策部门通过公共政策的有效控制,帮助低收入家庭、弱势群体获得公平的受教育机会。教育券在这一时期将教育的社会公平和教育的效率公平有机地融为一体,成为实现社会公平的一种新的尝试。

(五)帕森斯:教育产生了新的不平等

20世纪60年代中期,美国社会学家帕森斯(T. Parsons)从功能主义角度完整地表述了关于教育与平等的思想。他认为,在19~20世纪资本主义社会中发生的与资产阶级革命和工业革命同样重要的教育革命,已经开始改变现代社会的整体结构,使一个没有任何学历的人仅想靠个人在市场上的努力就想获得经济上的成功成为神话。在《作为社会系统的学校》一文中,帕森斯认为,教育革命的一个重要特点是极大地扩大了教育机会的均等。而由于存在个人能力、家庭对于教育的不同期望和态度,以及个人学业上努力的程度不同,使得教育机会上的均等必然又带来成就上的差异。也就是说,学校是一种机会均等的竞争场所,学生学业上的差异产生了由差异性教育资格所构成的自致性地位,在向社会置换角色的过程中受到教育成就的影响,并构成未来社会地位的分配标准,即教育产生了新形式的不平等。教育的社会化功能,正是通过灌输"由于教育成就上的差异而造成的不平等是合理的"观点,使新形式的不平等变得合理化或合法化。

教育的主要功能是社会秩序的维护,这是以帕森斯为代表的功能主义的主要观点。主张这一观点的还有功能主义的另外两位代表人物:拉尔夫·特纳(Ralph Turner)和厄尔·霍普尔(Earl Hopper),他们的主要观点是强调教育所产生不平等的合理性,但是忽略了统治集团内部的冲突及教育制度以外的机构赋予教育的目的与教育制度内部人们所认定的目标之间的区别。例如拉尔夫·特纳曾运用功能主义框架去说明美英教育制度的差别:在美国,吸收精英分子、保持精英分子的忠诚是两个相互关联的过程,其方式是鼓励人人争取精英地位,只是在获取精英地位的过程中,确保人人都能得到平等的对待;英国则是根据某些秘而不宣的标准,未来的精英从很小的时候就被挑选出来,然后通过对他们进行各种精英的职责和行为准则教育,对于非精英分子则教育他们能够意识到才不胜职,安心于自己的位置。在他们的视野中,并没有考虑到嵌入在社会体制中的各种教育选择实际还存在多种权力结构的运作,比如为解决各种利益对立的国家政策、学校对国家政策的解释与调整,等等。

(六)布迪厄:教育通过文化再生产复制代际不平等

当代法国社会学家布迪厄(P. Bourdieu)从文化再生产的角度分析了教育的不平等。他通过大量的实证研究,形成了一个完备的理论体系。在他的教育、文化和再生产模式中,教育系统通过运用符号暴力灌输社会的主导文化,在阶级之间再生产出一种文化资本的分配结构,从而传递社会阶级之间的权力关系,复制代际性的社会不平等结构。在布迪厄看来，学校所传递的文化是统治阶级文化，并非具有普通意义的社会文化遗产，而且在教学过程中通过符合暴力过程的强制性途径来传递。被支配阶级的子女常常是教育活动中的失败者，无法取得足够的合法文化资本，这样就产生了一个文化资本分配的不平等结构，造成教育不平等。布迪厄指出，教育系统已趋于具有"再生产"功能，是对现有社会结构的加强和再维护，而不是在促进因天赋能力所引起的社会流动。学校只不过是借助一些表面的标准，如成绩、智商或其他能力将学生分类，实际上是以社会阶级出身为基础将学生进行分层。1970年，经济合作与发展组织关于教育发展政策会议的基本报告在某种程度上证实了这一点。该报告的调查结果显示，对某一年龄组全体儿童实行教育开放政策以及扩大免费的中等教育、高等教育入学政策，其结果并没有使学生总的队伍结构发生重大变化。那些得益于新的入学机会而成为学生者，总体上说，是拥有特权或半特权的人。可见，在实现教育公平方面，除了个人的能力——才能外，不能完全排除社会——经济的影响。

（七）鲍尔斯：教育不平等是社会阶级作用的结果

新马克思主义代表、美国政治经济学家鲍尔斯（Samuel Bowles）在其《不平等的教育和社会分工的再生产》中，用社会再生产理论阐述了有关教育平等与社会公平的观念。他认为，教育成就和以后职业成功之间的密切关系造成了一种天才教育的假象，掩盖了那些一代代重现阶级制度的作用过程。就像在学校教育中奖励优秀一样，考虑到上层阶级的子女更容易取得优异成绩这一点，这种原则一方面造成不平等的结果，另一方面却保持着一种教育公平合理、一视同仁的假象。因为学校从表面上看是向所有人开放的，这样一来就可以把一个人在社会分工中的地位描绘成不是其出身所造成的结果，而是由于他的努力和才能造成的结果，它通过成功原则将学校教育中的不平等合法化了。因此，他认为，学校的关系结构与资本主义经济的关系结构存在着对应关系，教育的结构正是一种生产关系的反映。教育不平等的根源是在学校制度本身所产生的活动中阶级亚文化群和社会阶级偏见相互加强的结果，立足于社会经济的基本制度。因此，教育的不平等不能只通过改变教育制度来改变。他认为，在再现这种现代形式的阶级结构并使之合法化方面学校起着重要的作用。①

通过对上述教育公平理论的分析可以得知，正是在西方教育机会均等思想的演变过程中，产生了各种教育公平理论，形成了诸多流派。它们从不同角度对教育公平理论的产生背景、教育机会均等的实现及教育公平结果的获取等问题作了深入思考，并提出了各自的主张。在这些理论中，基本上都是把"平等"作为分配的原则，把"机会"作为分配的对象。不论是从教育机会均等的内涵演变来讲，还是从不同阶段的公平理论来看，"平等"首先指的是个体的起点，然后才到中介性的过程阶段，第三是最后的目标，或者是三者的综合。贺拉斯·曼指出教育是促进人类平等的伟大平衡器，强调了教育对于公平的重大作用。科尔曼则认识到学校内的社会因素是影响学业成就的主要原因，教育机会的不平等除了个人的资质以外，家庭背景的影响也很重要。T.胡森提出了平等是学校和社会追求的目标，主张通过取消学费、全部开支由公共资金承担、提供必要的交通工具等措施，使全体儿童能够进入某种学校受到教育，并能够继续完成其学业。这不仅考虑到了每个人都有不受任何歧视地接受教育的机会，而且考虑到了要以平等为基础的方式对待每一个不同人种和出身的人，制定相关的政策和采取相应的措施，力求入学机会更加平等。而詹克斯提出了相反的理论，认为即使教育地位的取得独立于其个人

---

① ［美］鲍尔斯：《不平等的教育和社会分工的再生产》，张人杰主编：《国外教育社会学基本文选》，华东师范大学出版社1989年版，第225页。

家庭出身背景之外，也不一定代表着教育机会的均等，学校和教育根本无法达成公平的目标，教育机会均等的实现远不止是消除物质资源上的影响，也不能只通过改变教育制度来达到。帕森斯从文化资本的角度提出教育产生了新的不平等，认为个人教育成就的达到除了来自家庭的影响因素以外，还常常包括学校和社区人际间互动的无形影响，文化对社会阶级权力的传递以及社会不平等与教育不平等的密切关系。鲍尔斯则认为教育不平等的根源是社会阶级作用的结果。只有在没有剥削的社会中，人与人在教育上才能实现完全平等。从中我们也可以得出结论，教育公平只可能是一种接近，不可能完全实现，尤其是作为一个社会主义初级阶段生产力发展水平还不高的国家，由于城乡差别、地域差别和阶层差别等不可能在短时期内消除，教育不公平现象仍将长期存在。但是，社会主义制度的确立为实现教育公平提供了必要的制度保障，在政府对包括教育公平在内的社会公平的积极推动下，教育不公平现象必将逐步减少，社会将越来越有可能为每个成员提供与其能力相适应的教育机会。

第三章 教育公平的指标体系

由于"公平"本身的概念涉及价值判断，个人关于"公平"或"平等"的评判可能会出现种种差异。"一个给定的观察教育不平等的等级在一个社会中被认为是相当合理的或公正的，在另一个社会中则被认为不是这样的。"① 因此，如何检视一个国家或地区的教育发展和教育公平问题，需要一些相对的标准来衡量。为此，笔者将选择一些在教育与经济领域的相关数据作为教育公平的指标体系，对不同国家进行比较，努力在一个客观、公正的框架内进一步讨论教育公平问题。

在一个大的国际环境下，相对于其他国家所作出的努力，一国的教育政策应如何有计划地提升社会平等？相比而言，哪一个国家教育公平的措施更有效？这些问题不仅要考虑到国际可比性，还要考虑到本国自身的特点。笔者通过对各国有关教育公平各项指标的比较，力求使人们对这一概念理解得更清晰。一些国

---

① ［瑞典］T. 胡森、［德］T. N. 波斯尔斯韦特主编，张斌贤等译：《教育大百科全书》第1卷，西南师范大学出版社2006年版，第489页。

际组织、国际权威机构，如世界银行（World Bank）、联合国开发计划署（UNDP）、经济合作与发展组织（OECD）、联合国教科文组织（UNESCO）等提供了专门的数据和统计信息，为进一步研究我国的教育公平问题提供了有益的参照。

一、金融视域内的教育公平指标

1944年，世界银行集团在美国新罕布什尔州布雷森林召开的世界首脑会议上宣告成立。作为世界发展援助最大的资金来源，它利用自己的金融资源、训练有素的工作人员、广博的知识帮助每一个发展中国家加快发展。同时，还通过调查研究，力图反映出发展中国家所面临的诸如卫生保健、人民福利、环境保护等方面的问题，教育是其最为关注的领域之一。我们可以从它们的调查和统计数据中得到重要的资料和信息，这将有助于我们在各个相关领域进行监督、决策和资源配置，而且对我国教育发展具有重要的参考价值。

据世界银行对发展中国家总体状况的调查，至世纪之交，在全世界60亿人口中，仍有12亿人生活在贫困线以下，每天的生活费不足1美元。1999年，每年仍有1 000万名5岁以下儿童死于可预防的疾病。在教育方面，尽管入学率在上升，仍有1.13亿小学适龄儿童不能入学，其中约97％的儿童生活在发展中国家，60％是女童。撒哈拉以南非洲失学儿童的比例最高，为40％。在实现教育公平的过程中，增加受教育机会将是我们始终要面对的一个重要问题。需要注意的是，提高入学率仅仅是问题的一个方面，教育质量也非常重要。为了实现所制订的目标，更好的教师、得到改善的学校条件和能够吸引学生的课程，将在这个过程中起到至关重要的作用。同时，教育中的性别差距仍然是教育不公平的一个突出问题。目前，世界范围内男童与女童入学率的差距在缩小，如东亚、中东、北非和南亚都取得了相应的成就，但撒哈拉以南的非洲，仍然面临很大的困难。该地区不利于女童入学的障碍一直高于其他地区，许多女童入学后仍然会中途辍学。如何让学校聘用更多的女教师，如何使父母懂得让女孩接受教育的好处，努力使她们获得更多的受教育机会，更多地参与社会公共生活仍然还是一些难题。而新的问题是，在2000~2015年，由于总体上出生率的下降，发展中地区小学学龄儿童人数仅仅会增加1 400万，教育机会面临着人口方面的挑战。在东亚和太平洋地区，学龄儿童的数量将下降2 400万，使普及全民小学教育的难度相对降低，但在撒哈拉以南的非洲，学龄儿童将增加3 300万。由于该地区未能入学的儿童已达4 600万，因此，为了使所有儿童入学，必须新增8 000万张课桌。如何增加入学机会成了该地区教育面临的一个重要问题。此外还需要新教师、新教室和新课本。而艾滋病造成的教师流失又使一些地方造成师资缺乏，从而影响了教育的质量。

因此，联合国在20世纪90年代召开的一系列世界性会议上，通过了关于国际发展目标的协议和决议。在教育方面为我们定下了今后努力的方向，也为我们衡量教育取得的成就提供了标准。2000年9月，上述衡量标准许多被写入由149个国家元首参加的千年首脑决议中。其中，在教育方面的两项具体目标为：一是确保到2015年，所有孩子，无论男女都将能完成初等教育的全部课程；二是消除初等和中等教育中存在的性别不平等现象，并在2015年以前在各级教育中消除性别不平等现象，并以此来提高妇女的地位。但实现这些目标并非易事，它要求公民、政府和国际机构下决心和采取一致的行动，才能使所有的承诺变为现实。

对于具体的各项数据，世界银行为了便于操作和比较分析，把世界各经济体划分为低收入、中等收入和高收入三个组别，依据的主要标准是人均国民总收入。① 在本节的诸多表格中，全部按照世界银行的这一标准来划分：高收入经济体是指人均国民总收入为 9 266 美元以上者；中等收入经济体是指人均国民总收入为 755 美元以上，但低于 9 266 美元者，其中下中等收入和上中等收入经济体以人均国民总收入 2 995 美元为界限划分；低收入经济体是指 1999 年人均国民总收入为 755 美元以下者。11 个欧洲货币联盟伙伴成员国作为高收入组别中的一个亚组列示。由于每一个经济体随着时间的推移，人均国民总收入会发生变化，因此收入组别的国别构成会发生变化，根据收入作出的分类只能反映一定时期内发展的状况。在世界银行的发展指标中，某一年的分类一旦确定，则所有的历史数据就都根据同一组别中人均国民总收入数据的最近一年（此处是 1999 年）的数据计算。我们将以相关数据作对比来说明不同国家的教育投入和教育成果。

　　世界银行对全世界凡是可以得到统计数字的二百多个国家按上述标准进行了分类，笔者重点选取了其中一些分布在不同收入经济体中的国家，以此作为分析的对象。例如，1999 年日本的人均国民总收入（GNI）为 32 030 美元，国际排名为第 7 位；美国的人均国民总收入（GNI）为 31 910 美元，国际排名是第 8 位；英国的人均国民总收入（GNI）为 23 590 美元，国际排名是第 23 位。它们均属于高收入经济体国家。巴西的人均国民总收入（GNI）为 4 350 美元，国际排名为第 73 位；南非的人均国民总收入（GNI）为 3 170 美元，国际排名为第 88 位。它们均属于上中等收入经济体国家。而中国当年的人均国民总收入（GNI）为 780 美元，国际排名为第 142 位，属于中低收入国家。印度和越南的人均国民总收入（GNI）分别为 440 美元和 370 美元，国际排名分别为第 163、170 位，属于低收入经济体国家。

① 国民总收入，本书中常用英文缩写 GNI 表示。

当年全世界高收入国家平均 GNI 为 26 440 美元，而低收入国家平均 GNI 只有 420 美元（见表 3-1）。

表 3-1 部分国家和地区人均国民总收入及国际排名（1999 年）

不同经济体	1999 年人均国民总收入（GNI）（美元）	国际排名
埃塞俄比亚	100	207
老挝	290	181
赞比亚	330	175
肯尼亚	360	172
越南	370	170
印度	440	163
中、低收入分界值	755	
中国	780	142
菲律宾	1 050	133
泰国	2 010	103
秘鲁	2 130	101
中上、中下等收入分界值	2 995	
南非	3 170	88
巴西	4 350	73
墨西哥	4 440	72
智利	4 630	70
韩国	8 490	54
中、高收入分界值	9 266	
英国	23 590	23
法国	24 170	21
中国香港	24 570	19
芬兰	24 730	17
瑞典	26 750	12
美国	31 910	8
日本	32 030	7
瑞士	38 380	3

资料来源：世界银行：《2001 年世界发展指标》，第 12～14 页。

由上可知，就世界范围而言，各个国家的经济实力悬殊必然对教育、文化等社会各个层面造成影响。总之，了解一个国家的经济发展状况，有助于我们理解该国在教育领域的政策，也可以使我们更好地分析一国在特定的背景下，它的教育投入、教育成果及在教育方面所作出的努力。

（一）教育投入：教育质量公平的保障

关于教育投入，世界银行常常用以下指标来进行衡量：每个学生的支出、用于教师津贴的支出、具备必需的教学资格的小学教师比例、小学师生比率。每个学生的支出，指的是当前公共教育支出除以不同年级的学生数占人均GNI的百分比。在这里具体分为三项：小学占人均GNI的百分比、中学占人均GNI的百分比及大学占人均GNI的百分比。例如：1997年在全世界高收入国家每个学生人均支出的平均值中，这三项指标平均值分别为19.3、21.9、37.5，而中国当年这三项指标分别为6.8、11.7、66.3（见表3-2）。可以看出，从人均水平来看，我国小学、中学阶段公共教育的投入比率明显低于发达国家，而在大学阶段的投入比率却比发达国家还要高出近30个百分点，存在着经费分配结构的不合理现象。

表3-2　部分国家的教育投入比较

	每个学生的支出						小学师生比率 小学生/教师 1997
	小学 占人均GNI 的百分比		中学 占人均GNI 的百分比		大学 占人均GNI 的百分比		
	1980	1997	1980	1997	1980	1997	
低收入国家	——	——	——	——	——	——	
老挝	——	5.0	——	12.9	——	63.8	30
赞比亚	10.6	5.0	——	——	605.5	356.2	39
肯尼亚	15.4	——	——	——	928.1	——	31
越南	——	7.7	——	8.0	——	77.9	33

续表

	每个学生的支出						小学师生比率
	小学 占人均 GNI 的百分比		中学 占人均 GNI 的百分比		大学 占人均 GNI 的百分比		小学生/教师 1997
	1980	1997	1980	1997	1980	1997	
印度	——	9.2	——	17.7	88.2	99.8	62
下中等收入国家	——	——	——	——	67.4	——	
中国	3.8	6.8	——	11.7	246.2	66.3	24
菲律宾	——	9.8	4.3	9.4	13.8	14.4	35
泰国	8.8	12.2	——	10.9	60.1	26.2	——
秘鲁	7.2	4.5	11.3	6.8	5.2	15.4	27
上中等收入国家	——	——	——	——	58.7	38.6	
巴西	9.6	11.1	11.0	——	58.7	——	24
墨西哥	4.4	11.9	——	17.9	26.4	46.8	28
智利	9.6	10.9	16.8	11.8	112.0	20.6	30
韩国	11.7	17.9	9.3	12.9	16.1	6.0	31
高收入国家	——	19.3	——	21.9	44.4	37.5	
英国	——	17.8	22.1	20.5	79.8	40.7	19
法国	12.0	15.8	20.2	26.8	29.3	28.0	19
芬兰	20.4	22.8	——	27.5	37.3	45.6	18
瑞典	43.0	29.5	15.8	34.1	35.0	72.4	12
美国	——	19.1	——	23.9	48.2	24.7	16
日本	14.8	18.9	16.6	19.0	21.0	13.9	19
欧盟	——	16.8	——	24.7	37.4	35.8	16

资料来源：世界银行：《2001 世界发展指标》，第 82～85 页。

用于教师津贴的支出是指教师总薪水及其他收入占当前公共教育支出的百分比。受过良好培训、忠于职守的教师是教育的关键所在，但这需要相应的支出，尤其是大部分教育经费被用作教师补贴（工资及其他福利）时。这里，教师包括专职兼职教学人员、管理人员和教辅人员。

具备必需的教学资格的小学教师比例，指的是具备至少各国政府要求的在小学任教的最低教学资格的小学教师所占百分比。具备必需的教学资格的教师所占比例可用于评价小学教员的素质，但它没有考虑教师在职业生涯和自学中获得的能力，也没有考虑诸如工作经历、教学方法和材料、教室条件等可能影响教学质量的因素。该指标是以最低资格标准为基础的。我们注意到除高收入国家以外，一些中上等收入国家如韩国，中下等收入国家如菲律宾，这一项指标大都接近100%，我国2007年以来具备必需教学资格的小学教师比例为99%以上。

小学师生比率指的是入学小学生数除以小学教师（无论其承担何种教学任务）数之比。尽管各国师生比的可比性受教师的定义、教师是否承担非教学职责，以及各年级班级规模大小和教学时数不同的影响，师生比还是通常用于比较各国学校质量的有力数据之一。关于学生学业成就的跨国比较研究表明，在多数的低收入国家，学生获得的有限的资源过少，使得在初等教育结束时制造出非常不一样的教育情形，即便在准入平等方面消除了障碍，他们学习的整体水平也普遍低于高收入国家的学生。

（二）入学率：衡量教育机会均等的指标

根据各国教育主管部门向联合国教科文组织（UNESCO）呈交的报告，世界银行整理和得出了有关学校入学学生的数据。入学率是衡量受教育机会的重要指标之一。例如：判断一个国家的小学教育是否普及就意味着检验该国小学入学率是否能够达到100%。入学率中两个具体的指标还有助于监控普及小学教育这一国际发展目标所涉及的两个重要问题：其一，总入学率有助于评估一个教育系统是否有足够的能力满足普及小学教育的需要；其二，净入学率能够充分显示小学适龄儿童入学者与未入学者的比例，从而反映一个国家受教育机会的大小与是否均等的情况。

总入学率指的是不考虑年龄的总入学人数占与其所表明的教育层次相对应的年龄组人口的比率。以国际标准教育分类（ISCED）为基础，总入学率中包括三项：（1）学前教育占相应年龄组的百分比；（2）小学教育占相应年龄组的百分比；（3）中学教育占相应年龄组的百分比及高等教育占相应年龄组的百分比。

学前教育的主要目的在于把非常幼小的孩子引导到教学环境中的有组织施教的初期阶段，主要指幼儿教育。小学教育向孩子们提供基本的读、写、算技能，同时使他们具备历史、地理、自然科学、社会科学、艺术和音乐等学科的基本知识。中学教育要在小学水平的基础上学完基础教育的必备知识，目的在于通过专业化的教师来提供更多的学科或以技能为导向的教学，为终身学习和人力开发打下基础。高等教育无论其能否使学生具备将来进行研究的资格，作为进入研究领域的最低条件，一般要求其在中学基础上成功地完成教育。以人口大国印度为例，1997年学前教育占相应年龄组的比例仅为5%，高等教育占相应年龄组的比例仅为7%，与美国分别为70%、81%有很大的差距，说明印度在学前教育和高等教育阶段都存在入学机会的严重不公，该国的教育系统没有提供足够的机会让更多的学生受到教育。古巴1997年学前教育占相应年龄组的比例达到88%，高于英、美、日三国，这些成效与它长期重视学前教育，政策上给予大力支持是分不开的。

净入学率是官方规定的学龄入学的人数与相应的官方学龄人口之比。净入学率目前有两项：一是小学教育占相应年龄组的百分比；二是中学教育占相应年龄组的百分比。在我们选取的可参照样本中，日本和古巴保持了较高的小学教育净入学率，而巴西相对较低，与日本同年相比，差距超过13个百分点。巴西 1997 年总入学率中小学教育占相应年龄的百分比，与净入学率中小学教育占相应年龄的百分比相比，相差达 35 个百分点（见表 3-3）。这是因为在儿童受教育的过程中，常会有一些超龄或不足龄入学的情况，尤其当父母亲出于文化或经济的原因，没有让孩子按官方规定年龄上学时，情况更是如此。父母可能会通过高报孩子的年龄来让不足龄儿童进入小学，造成入学年龄可能不准确。这些儿童被排除在年龄之外，官方统计无法对该情况是超龄或不足龄入学还是复读进行区别，从而在其他条件相同的情况下低估复读者或高估辍学者。因此，总入学率虽然能够展示教育系统中每一层次的教育能力，但是高入学率并不一定就能说明办学成就，也无法显示超龄或不足龄入学的发生率。净入学率主要是通过排除超龄儿童，来精确地反映学校系统的覆盖范围和效率。

表 3-3 部分国家受教育的机会比较

	学前教育占相应年龄组的百分比	总入学率						净入学率			
		小学教育占相应年龄组的百分比		中学教育占相应年龄组的百分比		高等教育占相应年龄组的百分比		小学教育占相应年龄组的百分比		中学教育占相应年龄组的百分比	
	1997	1980	1997	1980	1997	1980	1997	1980	1997	1980	1997
美国	70	99	102	91	97	56	81	—	95	—	90
英国	30	103	116	84	129	19	52	97	99	79	92
日本	50	101	101	93	103	31	41	101	103	93	99
巴西	59	98	125	34	62	11	15	80	90	14	20
秘鲁	40	114	123	59	73	17	26	86	91	—	55
印度	5	83	100	30	49	5	7	—	—	—	—
南非	35	90	133	—	95	—	19	—	—	—	58
古巴	88	106	106	81	81	17	12	95	101	—	—
越南	40	109	114	42	57	2	7	95	—	—	—
中国	29	113	123	46	70	2	6	—	102	—	—

资料来源：世界银行：《2001 世界发展指标》，第 86～89 页。

(三) 教育效率：衡量教育过程公平的指标

来自不同社会团体的儿童完成某一阶段完整学制的可能性，被视为教育过程平等的保障。据世界银行调查，在中等收入的发展中国家有40%进入初等学校的学生无法完成初等教育的学业，在低收入国家能够完成学业的学生比例更低。在一些非常贫困的国家，由于高复读率和高辍学率的双重影响，初等教育完成率低于50%。在这里，世界银行把教育效率作为衡量教育过程是否平等的重要指标，具体细化为四项：一年级新生入学率占同年龄组人口的百分比、读到五年级的人数占同龄组人口的百分比、复读率、教育效率系数。需说明的是，有关学生在校期间升级的指标采用的是由联合国教科文组织估计数字，该组织经过评估，努力为教育系统在保持学生从一个年级向下一个年级流动和进行某一特定水平教育的成功与否提供一种衡量尺度。

表3-4 部分国家的教育效率比较

	一年级新生入学率占同年龄组人口的百分比		读到五年级的人数占同年龄组人口的百分比		复读率		效率系数	
					小学占总入学率的百分比	中学占总入学率的百分比	年	毕业的理想年份对实际年份的百分比
	男性	女性	男性	女性				
	1994—1999[a]	1994—1999[a]	1997	1997	1997	1997		
巴西	——	——			18.4	10.8	1998	78.0
秘鲁	92	93			15.2	9.0	1998	80.3
印度	74	61			3.7	——	1997	66.6
中国	115[d]	117[d]	93	94	1.6	0.2	1995	94.2
古巴	93	93			3.1	1.7	1997	94.8
越南	95	95					1997	79.6

续表

	一年级新生入学率占同年龄组人口的百分比		读到五年级的人数占同年龄组人口的百分比		复读率		效率系数	
					小学占总入学率的百分比	中学占总入学率的百分比	年	毕业的理想年份对实际年份的百分比
	男性	女性	男性	女性				
	1994—1999[a]	1994—1999[a]	1997	1997	1997	1997		
中下等收入国家的平均值	106[d]	107[d]	91	92	3.0	1.5		

注：d 净入学率超过100%表明学龄人口的估计数与报告的入学率有差异。

a 为可获得的最近年份的数据。

注：以下对本节来自世界银行表格中各经济体的分类、符号的使用及数据表示的惯例作简单说明：".."表示该数据不详，或由于该年度数据遗漏无法计算合计数值。"0"或"0.0"表示零或不足计量单位的一半。"/"用于日期中表示一阶段时间（通常是12个月）跨两个日历年，并指一个收成年，一个调查年，或者是两个财政年，如1990/1991年。空格表示不适用，或在合计数中表示没有分析上的意义。数据截止日期为2001年2月1日。

资料来源：世界银行：《2001世界发展指标》，第90～93页。

一年级新生入学率，即符合官方规定的小学一年级的入学年龄的新生入学数，表示为占相应年龄段人口的百分比。低的新生入学率反映出这样一个事实，尽管在大多数国家里，至少在整个小学教育阶段，到学校接受教育是强制性的，许多孩子还是没有在官方规定的年龄入学。之后每一年要测定的是升级率，有时也叫坚持就读率或持留率，是通过在单一年份最后达到学校教育的特定年级学生群体来度量的。升级率接近100%表明较高的持留水平和较低的辍学水平。学生可能因各种原因造成了辍学，包括成绩太差而失去信心、上学费用以及上学所花费时间的成本太高，等等。此外，学生向更高年级的升级还可能受到教师、教室和教材等限制。因此，它衡量的是一个教育体系的吸引力和内在效率。

　　表 3-4 只给出了读到五年级而不是其他年级人群组的百分比。读到五年级的人数所占同龄组人口的百分比，指的是最终读到五年级的小学入学儿童所占百分比。它描述了从入学到五年级时，有关学生持留或相反辍学量的情况。一般认为，五年级的孩子应具有基本的识字和计算能力，这是使其能够继续学习所必备的能力。然而，该指标没有提供有关学习成果的信息，只能间接反映教育质量。评价学习成果需要确定其他一些标准，并对达到这些标准的情况加以衡量。一般来说，国家级的评价考察不会只是单个学生的成绩，而是整个教育系统或其中一部分的成就。复读率是指与前一年在相同年级注册的学生人数占所有在该年级注册学生的比例。复读率通常也被用来衡量教育体系的内部效率。复读者不仅增加家庭和学校的教育成本，同时也消耗有限的校方资源。各国对复读和升级有不同的政策，有时复读者的数量因为学校容纳量的限制而受到人为控制。

　　效率系数是指某个特定年龄组学生毕业所需要学年数的理想值（即不出现复读和辍学的情况）与得到同等数量毕业生所用实际学年数的比率。效率系数是一个教育系统内部效率的综合指标，能反映出复读和辍学对效率的共同影响。该系数的理想值是 100%，对应的情况是所有学生都全部完成学业，既未留级也未辍学。低于 100% 的系数表明有某种程度的资源浪费。如果孩子未复读或辍学就完成了学业，那么该教育系统的效率系数就是 100%。各国和各地区间效率系数的差别很大，在 66 个有数据的国家中，40 个国家的系数在 70% 以上。1997～1999 年，欧洲和中亚的教育系统的效率系数已接近 90%，东亚和太平洋地区、中东和北非地区还不到 40%，而撒哈拉以南非洲则更低。[①] 但在

[①] 世界银行编：《2001 年世界发展指标》，中国财政经济出版社 2002 年版，第 93 页。

各国国内和地区内教育系统内部效率上的性别不平等不大,且大多数情况下女孩处于有利地位。

(四)教育成果:衡量教育总体发展水平的指标

很多国家政府都收集了他们各自教育系统运行和发展的统计资料,如学生入学情况、师生比率、复读率以及群体升级率等,世界银行系统地收集了有关数据,为我们提供了重要的信息。基本的在校教育成果指的是根据既定标准测定学生基本识字和计算能力的提高。这里沿用的是联合国教科文组织确立利用国际认可的文盲率,作为教育成果的衡量指标。主要有以下三项:成人文盲率、青年文盲率和预期受教育年数。成人文盲率指15岁或15岁以上不能从事简单的日常生活读写的人口比例。青年文盲率指的是15～24岁的文盲比率,这一范围能较好地把握一个正规教育系统的参与者的能力,正好是对初等教育过去十年里累计成果的测算,它显示了通过初等教育(或从未上过学)而未获得基本识字和计数能力的人口比例。有青年文盲的原因可能是由于入学困难或在五年级前辍学,从而未获得基本读写能力。在图3-1中,我们对一些发展中国家的青年文盲率作了直观的比较,可以看出,印度保持了较高的青年文盲率,而女性青年文盲率尤其远高于其他样本国家;巴西则是男性青年文盲率高于该国的女性青年文盲率,其他国家青年文盲率男女比例相对均衡。预期受教育年数指一个儿童预期接受正规教育的平均年数,包括大学教育和复读年数,是不同年龄小学、初中和高等教育入学率的总和。它是一个一般学龄儿童将接受在校教育的总年数的估计值,包括当前入学形式下所能获得的全部教育资源的总和的指标,或一个教育系统的总体发展水平的指标,也反映了教育的效率问题。

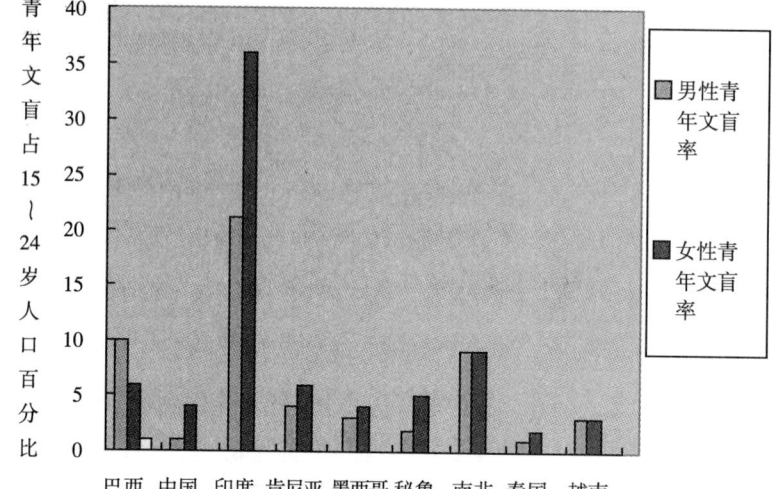

图 3-1 不同国家的青年文盲率 (1999 年)

资料来源：世界银行：《2001 世界发展指标》，第 94~97 页。

二、以人类发展为导向的教育公平指标

联合国开发计划署（UNDP）是世界上最大的多边技术援助机构，也是联合国促进发展活动的中心协调组织，于 1966 年 1 月成立，总部设在纽约。开发署的宗旨是"帮助发展中国家和地区加强经济和社会发展，向它们提供系统的、持续不断的援助，促进发展中国家的自力更生"。作为联合国技术援助方面的计划管理机构，它援助的主要内容包括提供、派遣专家进行咨询服务、资助受援国的境外考察、培训活动，提供少量设备和仪器。

经过调查，联合国开发计划署表示，在近年来虽然发展中国家儿童入学率有所提升，但目前仍有 1.15 亿儿童失学，其中 6 200 万为女童。从 1990 年开始，全世界成人扫盲指数呈上升趋势，已从过去占总人口的 75% 上升至 82%，其中妇女文盲的比例一直与过去持平，与 20 世纪 90 年代相仿，目前妇女文盲的比例仍占成年文盲人数的 2/3 左右。报告举例指出，在布基纳法

索，儿童受教育平均不足 4 年，而发达国家儿童超过 15 年。在发达国家大部分接受了初等教育的儿童都能继续学业，但在撒哈拉以南非洲地区能够继续学业的儿童不足一半。它提醒人们关注发展中国家的教育失败以及高等教育领域的不平等现象。"在乍得、马拉维和卢旺达，能够完成整个初级教育的学生人数不足40％。"此外，它还指出，全世界有 37 个国家（其中 26 个在撒哈拉以南非洲地区）的中学入学率低于40％。世界范围内总的教育状况呈现出不平等。2006 年 11 月 11 日，联合国开发计划署报告根据其所调查的教育状况再次发出警告说，世界教育状况不平等"值得警觉"。①

2004 年联合国开发计划署的《人类发展报告》列举了历史上曾经因为不同群体在教育及社会其他方面的不平等，有的甚至引起一些冲突事件。20 世纪 80 年代的斯里兰卡内战，就是由于该国的多数族群僧伽罗族上台后不断在教育机会、招考公务员和语言政策方面加强对少数种群泰米尔族的排挤，使少数族群以前所享有的优越地位发生急剧变化，造成族群之间的不平等引发的。1994 年以前的南非，由于在国内占到多数人群的黑人在政治、经济和教育各方面的平等权利遭到了严重损害，导致了 1976～1993 年权力转移之间的多次暴乱。在玻利维亚和秘鲁进行的调查显示，由于官方语言使用的障碍和当地语言不能在教育中使用的原因，土著居民往往得不到充分的受教育权。由于对土著教育不够重视，它获得的支持非常少，资金缺乏，教育质量难以保证。土著孩子同时还面临居住区缺少学校设施，以及缺乏合格教师的困难。在肯尼亚进行的一项研究表明，一个地区的民族越是种类多，小学得到的被提供资金就越少。撒哈拉以南非洲的许多国家口头语言众多，但很多人缺乏通过本民族语言接受初等

---

① 《世界教育状况不平等"值得警觉"》，载《参考消息》2006 年 11 月 11 日。

教育的机会。例如，2002年拉美和加勒比地区共使用1 086种语言，总人口中有机会通过本民族语言接受初等教育的人口比例为91%；高收入OECD国家共使用1 299种语言，总人口中有机会通过本民族语言接受初等教育的人口比例为87%；而撒哈拉以南非洲地区共使用2 632种语言，总人口中有机会通过本民族语言接受初等教育的人口比例仅为13%。① 由于在教学中，语言和使用的课本没有被标准化，很多儿童都因为学习中面对的障碍复读或辍学，造成土著居民、少数民族和移民的教育程度低下，在社会生活的各个方面受到排斥。

联合国开发计划署认为，人类发展的首要目的，就是让人们过上他们所选择的生活，并且向他们提供进行这种选择的手段和机会。现实社会生活中各种机会的不均等，对少数民族、土著居民、移民等边缘化群体的排斥，恰恰反映了长久以来征服和殖民的历史根源和根深蒂固的等级制度，而这种机会上的劣势是因文化的排斥而产生的。文化自由是人类发展的重要部分。因此，当今社会要将重心导向全民健康、教育等优先领域，首先要营造一个兼容并包、多元文化的社会。通过采取尊重多样性，承认文化差异的政策，即多元文化政策来建立更包容的社会，使拥有共同价值观和文化纽带的群体产生认同和归属感，增加少数民族、土著居民、移民等相对弱势群体相应的政治参与权，改善其教育、医疗等方面享有的公共服务。

联合国官员认为，促进教育公平的政策对于纠正不平等状况是至关重要的。相对处于劣势的少数民族或群体需要有利的公共政策，以避免他们被剥夺各种机会。平权行动是教育中经常采取的有利于劣势群体的措施。教育中的平权，即提供均等教育机会

---

① 联合国开发计划署编：《人类发展报告：当今多样化世界中的文化自由》，中国财政经济出版社2004年版，第34页。

的行动，是以劣势群体成员为基础，对教育机会特别是高等教育机会进行分配。当机会上的劣势是因文化排斥而产生时，尤其需要这种政策。要采取更多的措施，调整公共投资，将基本服务的目标定为健康状况和教育水平较低的人群，但仅仅依靠公平增长的总体政策来消除这种群体不平等现象需要经历很长一段时期，因此，联合国开发计划署重点强调了在当今多样化世界中的文化自由，制定承认群体差异的多元文化政策，在教育领域尤其强调学校中的语言政策，用以解决历史上形成的根深蒂固的种种社会不公正现象。在一个多元文化国家，官方语言的选择，包括学校上课使用的语言、立法辩论和公民参与的语言、商业语言，它确定了个人在生活中要面对的政治的、社会的、经济的和文化的阻碍和优势。承认一种语言不仅仅意味着能够使用该种语言，而且代表着对使用这种语言的人民，对其文化的尊重以及社会对他们的充分包容。因此，仅仅向土著儿童的教育加大投资还不够，因为如果学校教育只使用官方语言，他们依然处于不利地位，应该让双语教育发挥作用。在这种情况下，提供双语教育不仅承认了他们的文化传统，还能够促进学习，减少教育不平等现象——扩大人们的选择范围。使用母语教育时，儿童的学习效果最好，特别是在早期。在玻利维亚、巴西、危地马拉、墨西哥、巴拉圭和秘鲁进行的研究都表明了这一点。双语教育使复读率大大降低，还降低了辍学率，在本土儿童中会取得更好的教育效果，在非洲的研究也获得了相同的结果。但是由于印量较少，生产当地语言教材的单位成本通常要高一些，在印度，当地语言教材的生产使总的经常性费用增加了5%~10%。但是根据危地马拉土著人双语教育成本和收益的一项调查估计，由于复读率下降，将节约500万美元的成本，相当于为大约10万名学生提供一年初级教育的成本。这些相应的财务成本，与教育不平等和不公正造成的社会和政治成本相比，因为可以减少辍学和复读率，对一个国家和全社会来说，收获应该是巨大的。因此，只有提供更多的财政支持来发展当地的语言教育，给予当地语言平等或更高的地位，才能有助于减少复读和辍学的重负，给予儿童平等的受教育机会。

（一）人类发展指数：国力竞争的综合指标

经济增长是实现人类发展的重要手段，许多经济学家认为国民收入是人民福祉的一个重要指标，可以直观地以量化的方式来反映一个国家或地区的发展情况。虽然两者之间确有很强的相关性，但是人类发展成果并不仅仅取决于经济增长和国民收入水平，它还取决于这些资源如何得到应用——例如，用于研制武器还是生产食品，建造宫殿还是提供清洁的水。另外，像民主参与决策、男女权利平等等人类发展的成果，也不仅仅取决于收入。联合国的报告提出了一组涵盖范围广泛的指标，能够反映世界各国所取得的重要的人类发展成就。例如，出生时预期寿命或5岁以下儿童死亡率反映出人们存活的能力，识字率反映人们学习的能力。这些众多的指标为评估人类发展在诸多领域所取得的进步提供了标尺。

人类发展指数（HDI）[①] 是联合国开发计划署用来衡量人类

[①] 人类发展指数（HDI）是对人类发展成就的总体衡量。它衡量一个国家在人类发展的三个基本方面的平均成就：健康长寿的生活，用出生时预期寿命来表示；知识，用成人识字率（占2/3的权重）以及小学、中学和大学综合毛入学率（占1/3的权重）来表示；体面的生活水平，用人均GDP（PPP美元）来表示。在计算HDI之前，需要先生成以上三个方面分别对应的指数。为计算这三个方面的指数（预期寿命、教育和GDP指数），必须选定每个基本指标的最小和最大值（阈值）。通过下面的一般公式，把每个方面的成就表示成0到1之间的数值：分项指数＝（实际值－最小值）/（最大值－最小值），HDI则是这三个内容指数的简单平均值。计算HDI的阈值：

指标	最大值	最小值
出生时的预期寿命（岁）	85	25
成人识字率（%）	100	0
综合毛入学率（%）	100	0
人均GDP（PPP美元）	40 000	100

发展状况的综合指数，它从以下几个方面来衡量一个国家在人类发展的三个基本方面所取得的平均成就：健康长寿的生活（以出生时的预期寿命来衡量），知识（以成人识字率和初等、中等和高等学校的综合毛入学率来衡量），体面的生活水平（以人均GDP衡量，用购买力平价（PPP）美元计）。这个指数是用目前在全球都可获得的指标建构而成。它并非单纯地衡量收入，而是综合考量了预期寿命、入学率、识字率和收入等方面，以便人们看到一国发展的更全面的情况。人类发展的概念比任何单个的综合指数所能衡量的内涵都更广泛，它提供了一个有力的收入替代工具来概略衡量人类福祉，清楚地展现了收入与人类福祉之间的区别，通过衡量在健康、教育和收入方面取得的平均成就，能够提供一国发展状况的更为完整的画面。

表 3-5　部分国家人类发展指数表

HDI 位次排名与国家	出生时预期寿命(岁) 2002	成人识字率（占15岁以上人口的百分比）200[b]	小学、中学和大学综合毛入学率（%）2001/2002[c]	人均GDP（PPP）美元 2002	预期寿命指数	教育指数	GDP指数	人类发展指数（HDI）2002	人均GDP（PPP美元）位次减去HDI位次[d]
高人类发展水平国家									
1　挪威	78.9	——[e]	98[f]	36 600	0.90	0.99	0.99	0.956	1
8　美国	77.0	——[e]	92[h]	35 750	0.87	0.97	0.98	0.939	—4
9　日本	81.5	——[e]	84[h]	26 940	0.94	0.94	0.93	0.938	6
12　英国	78.1	——[e]	113[f,g]	26 150	0.88	0.99	0.93	0.936	8
52　古巴	76.7	96.9	78	5 259[f,s,u]	0.86	0.91	0.66	0.809	39
53　墨西哥	73.3	90.5[l]	74[h]	8 970	0.81	0.85	0.75	0.802	5
中等人类发展水平国家									
72　巴西	68.0	86.4[l]	92[h]	7 770	0.72	0.88	0.73	0.775	—9

续表

HDI 位次排名与国家	出生时预期寿命(岁) 2002	成人识字率(占15岁以上人口的百分比) 200[b]	小学、中学和大学综合毛入学率(%) 2001/2002[c]	人均GDP（PPP）美元 2002	预期寿命指数	教育指数	GDP指数	人类发展指数（HDI）2002	人均GDP(PPP美元)位次减去HDI位次[d]
94 中国	70.9	90.9[l]	68[f]	4 580	0.76	0.83	0.64	0.745	5
96 斯里兰卡	72.5	92.1	65[h]	3 570	0.79	0.83	0.60	0.740	16
112 越南	69.0	90.3[f,l]	64	2 300	0.73	0.82	0.52	0.691	12
119 南非	48.8	86.0	77	10 070[q]	0.40	0.83	0.77	0.666	—66
127 印度	63.7	61.3[l]	55[f]	2 670[q]	0.64	0.59	0.55	0.595	—10
低人类发展水平国家									
142 巴基斯坦	60.8	41.5[f,l]	37[f]	1 940	0.60	0.40	0.49	0.497	—7
160 几内亚	48.9	41.0[w,x]	29[f]	2 100	0.40	0.37	0.51	0.425	—30
162 坦桑尼亚	43.5	77.1	31[f]	580	0.31	0.62	0.29	0.407	12
全世界	66.9	——	64	7 804	0.70	0.76	0.73	0.729	——

注：e 为计算 HDI，使用了 99.0%，f 是一年而不是标明时的数据，g 为计算 HDI，使用了 100%，h 为 UNESCO 的估计数，I 由于有部分学生在邻国学习而往往被估低，l 人口普查数据，j 为计算 HDI，使用了 40 000PPP 美元这一数值，q 为回归数估计，w 与标准定义不同，x 为 UNICEF 2003b。

资料来源：《2004 人类发展报告》，第 139~142 页。

《人类发展报告》根据人类发展指数（HDI）把国家分成三组：高人类发展水平国家（人类发展指数大于 0.800）、中等人类发展水平国家（人类发展指数为 0.500~0.799）、低人类发展水平国家（人类发展指数小于 0.500）。人类发展指数（HDI）成为衡量人类发展的重要指标之一。从表 3-5 中我们看到，居于高人类发展水平的有挪威、美国、日本、英国、古巴、墨西哥等国家；居于中等人类发展水平的有巴西、中国、斯里兰卡、越南、南非、印度等国家；居于低人类发展水平的有巴基斯坦、几内亚、坦桑尼亚等国家。可以看出，HDI 的排名与分类与该国的经济发展状况并不是正比的关系。例如，古巴的人均国内生产总值远远低于巴西，但 HDI 却较高，这是因为它为把收入转化成人类发展作出了较大努力。坦桑尼亚是世界上最贫穷的国家之一，但它的 HDI 可与几乎有它四倍富有的几内亚相当。反过来说，同等收入水平的国家其 HDI 可能差别很大——越南的收入水平与巴基斯坦差不多，而 HDI 却高得多，原因是国民的预期寿命和识字率都比较高。这样，HDI 指数就为相邻或情形相似国家营造了一种良性的竞争氛围。该指标还把 HDI 排名与人均 GDP 排名作了比较，以另一种方式突出地表现了这些差别。斯里兰卡的 HDI 在 177 个国家中排名第 96 位，远高于它居第 112 位的 GDP 排名。这些例子凸显了把财富转化成人类发展的政策的重要性。更具体地说，即使没有高水平的收入或经济增长，依靠设计完善的公共政策以及政府、地方社区和公众社会提供的服务也能够推进人类的发展。不过，这并不是说经济增长不重要。经济增长是人类发展的一个重要手段，如果增长在相当长的一段时间里陷于停滞，人类发展持续前进是很难实现的。

（二）增加教育支出：世界各国的必然追求

联合国对教育承诺的考察数据包括：公共教育支出占 GDP 的百分比、公共教育支出占政府总支出的百分比、各级教育的公共支出占所有教育支出的百分比。我们选取了 HDI 位次不同的部分国家，将其公共支出数据进行比较（见表 3-6）。从表中我们可以看出，1990～2000 年不同人类发展水平国家的公共教育支出，无论是占 GDP 的百分比还是占政府支出的百分比，大都是呈上升的趋势。例如，美国 1990～2001 年的公共教育支出占 GDP 从 5.2％上升为 5.6％，而占政府的支出从 12.3％上升为 15.5％；智利、南非、印度等国这两项指标也都在某种程度上升。其次，除低于人类发展水平国家以外，高人类发展水平和中等人类发展水平国家的公共教育支出占GDP的百分比，都保持着较高的比率。例如，美国公共教育支出占GDP的比率为5.2%，英国为4.9%，南非为6.2%，印度为3.9%，但同年中国公共教育支出占GDP的比率仅为2.3%，比低人类发展水平的赞比亚还低0.1个百分点。此外，在各级教育公共支出在不同级别的分配中，不同国家对学前和小学教育、中学教育、大学教育支出的比例存在一定的差异。例如日本对大学级别的公共支出比例为15.1%，美国为26.3%，印度则为20.3%。但是在1990~2000年基本都提高对学前和小学教育的支出比例，而大学教育的公共支出都有所下降，表现出基础教育投入加大的共同趋势。

表3-6 部分国家对教育的承诺（公共支出）比较

HDI 位次	公共教育支出[a]				各级教育的公共支出[b]（占所有教育级别的百分比）					
	占 GDP 的百分比		占政府总支出的百分比		学前和小学教育		中学		大学	
	1990[c]	1999~2001[d]	1990[c]	1999~2001[d]	1990[c]	1999~2001[d]	1990[c]	1999~2001[d]	1990[c]	1999~2001[d]
高人类发展水平										
8 美国	5.2	5.6	12.3	15.5	—	39.2	—	34.5	—	26.3
9 日本	—	3.6	—	10.5	—	37.8	—	39.8	—	15.1
12 英国	4.9	4.6	—	—	29.7	34.4	43.8	48.4	19.6	17.2
43 智利	2.5	3.9	10.4	17.5	60.1	51.2	17.3	34.3	20.3	14.5
52 古巴	—	3.6	—	10.5	—	37.8	—	39.8	—	15.1
中等人类发展水平										
72 巴西	—	4.0	—	10.4	—	38.7	—	37.6	—	21.6
94 中国	2.3	—	12.8	—	—	—	—	—	—	—
112 越南	—	—		7.5	—	—	—	—	—	—
119 南非	6.2	5.7	—	—	76.2	47.2	—	31.3	21.5	14.5
127 印度	3.9	4.1	12.2	12.7	38.9	38.4	27.0	40.1	14.9	20.3

续表

HDI 位次	公共教育支出[a]				各级教育的公共支出[b]（占所有教育级别的百分比）					
	占 GDP 的百分比		占政府总支出的百分比		学前和小学教育		中学		大学	
	1990[c]	1999~2001[d]	1990[c]	1999~2001[d]	1990[c]	1999~2001[d]	1990[c]	1999~2001[d]	1990[c]	1999~2001[d]
低人类发展水平										
164 赞比亚	2.4	1.9	8.7	——	——	——	——	——	——	——
170 埃塞俄比亚	3.4	4.8	9.4	13.8	53.9	——	28.1	——	12.1	——

注：a 为对教育的总公共支出数据，包括经常性支出和资本性支出。b 为对教育的经常性公共支出数据。c 数据收集方法改变，不能比较。d 为所指时期内可获得的最近年份的数据。

资料来源：《2004 人类发展报告》，第 172~175 页。

（三）识字率：世界 HDI 位次的重要指标

读写能力与入学状况的数据，是这个国家或地区教育程度的代表性指标。常使用的反映读写能力与入学状况的指标有成人识字率、青年识字率、净入学率等。成人识字率被定义为 15 岁及以上的人口中能读并会写有关日常生活的简短用语的人所占的百分比。联合国开发计划署使用的这些数据一般从每 5 年或 10 年举行一次的全国人口普查中收集，或者从对家庭的调查中获得。许多高收入的 OECD 国家已经实现了全民普及初等教育，在国家人口普查或家庭调查中不再搜集有关读写能力的统计数字。因此，它们没有被包含在联合国教科文组织的数据中。联合国开发计划署在计算 HDI 时，这些国家的识字率一律采用 99.0%。中等人类发展水平的国家，也大多保持在 90% 左右，例如 2002 年中国的青年识字率为 98.9%，高于同年的中等人类发展水平国家的平均值 93.0%。但低人类发展水平国家的青年识字率和高、中等人类发展水平国家相距甚远。UNDP 还提供了反映入学状况的小学净入学率、中学净入学率和读到五年级儿童的百分比。入学率计算用初、中、高等学校的入学总人数除以官方规定的该级教育适龄总人口数得出。

表3-7 不同HDI位次国家的读写能力与入学状况

HDI位次	成人识字率[a]（占15岁及其以上人口的百分比）		青年识字率[a]（占15岁及其以上人口的百分比）		小学净入学率（百分比）		中学净入学率（百分比）		读到五年级的儿童	
	1990	2002	1990	2002	1990/91	2001/2002[d]	1990/91	2001/2002[d]	1990/91	2001/2002[d]
2 瑞典	—	—	—	—	100	102[g]	85	99[g]	100	—
8 美国	—	—	—	—	97	93[g]	85	85[g]	—	—
16 法国	—	—	—	—	101	100[f]	—	92[f]	96	98[i]
52 古巴	95.1	96.9	99.3	99.8	92	96	69	83	92	95[h]
59 马来西亚	80.7	88.7[g]	94.8	92.7[j]	94	95[g]	—	69[g]	98	—
72 巴西	82.0	86.4[j]	91.8	94.2[j]	86	97[g]	15	72[g]	—	—
94 中国	78.3	90.9[j]	95.3	98.9[j]	97	93[f]	—	—	86	99[i]
96 斯里兰卡	88.7	92.1	95.1	97.0	90	105[g]	—	—	94	—
119 南非	81.2	86.0	88.5	91.8	88	90	—	62[f]	75	65[h]
127 印度	49.3	61.3[j]	64.3	—	—	83[f]	—	—	—	59[h]
164 赞比亚	68.2	79.9	81.2	89.2	79	66	—	20	—	77

注：a 为UNESCO 2002年7月估计数。b 净入学率指官方规定的某一教育层次年龄的入学儿童占该年龄儿童的总数。c 根据97年新国际教育标准分类，与过去的不能比较。d 净入学率为2001/2002的数据。g 为UNESCO初步估计数，需修订。f 为2001/2002学年的数据。h 为1999/2000学年的数据。j 为1998/1999学年的数据。

资料来源：《2004人类发展报告》，第176～179页。

尽管联合国开发计划署将入学率作为衡量教育程度的代表性指标，它同时解释了综合毛入学率并不能反映教育成果的质量。即使在用来反映对教育机会的拥有程度时，入学率也可能掩盖了国家之间的重大差异，而且它没有把一个国家海外受教育的学生计算在内。联合国开发计划署是对1990年和2002年的读写能力与入学状况进行了相关调查，相比而言，世界银行所做的调查更早一些，它是对1980年和1997年世界各国总入学率和净入学率给予数据统计,对发展中国家的文盲率、复读率则给予了更多的关注。尽管它们分组的标准不同,世界银行是按收入组别来进行比较,联合国开发计划署是按 HDI 位次进行分类对比,但同样都反映了一个国家受教育机会和教育效率的高低。

（四）性别发展指数：教育公平的制衡器

性别不平等是教育中不公平现象的表现之一,尤其在一些发展中国家。在反映教育中的性别不平等时,尽管 HDI 可以衡量一个国家的平均成就,但它没有把性别不平等的程度考虑到这些成就中。两个成人平均识字率相同的国家（比如说都是 30%）,其男女识字率之间的差距可能不同（一个国家可能女性识字率为 28%,男性识字率为 32%,而另一个国家可能女性识字率为 20%,男性识字率为 40%）。这种性别差距上的不同不会体现在两个国家的 HDI 中,《1995 年人类发展报告》提出了性别发展指数（GDI）[①]。GDI 是对平均成就进行调整,以衡量相同领域的成就,目的是反映男女之间在成就上的不平等。简而言之,它

---

① 性别发展指数（GDI）的计算方法。HDI 反映的是人类发展的平均成就,而 GDI 是对平均成就进行调整,以反映在如下方面男性和女性间的不平等：健康长寿的生活,用出生时预期寿命来表示；知识,用成人识字率以及小学、中学和大学综合毛入学率来表示；体面的生活水平,用所得收入的估计值（PPP 美元）来表示。GDI 的计算分三步进行。首先,根据下面的一般公式计算女性和男性在每一方面的指数：分项指数=（实际值-最小值）/（最大值-最小值）。其次,每一分项的女性和男性指数要通过体现男女之间成就差距的方式综合在一起,得到的就是平均分布指数。第三,将三个平均分布指数通过不加权平均综合得到 GDI 的值。计算 GDI 时的阀值：

指标	最大值	最小值
女性出生时预期寿命（年）	87.5	27.5
男性出生时预期寿命（年）	82.5	22.5
成人识字率（%）	100	0
综合毛入学率（%）	100	0
所得收入的估计值（PPP 美元）	40 000	100

注：考虑到女性的预期寿命比男性长,女性预期寿命的最大和最小值（阀值）多加了 5 年。

是根据性别不平等的程度往下调整后的 HDI。一个国家的性别发展指数越小，说明该国存在的性别差距就越大。例如，挪威的性别发展指数（GDI）最高，为 0.955；美国的性别发展指数（GDI）为 0.936，位居第 8 位；沙特阿拉伯的性别发展指数（GDI）为 0.739，位居第 77 位；而中国的性别发展指数（GDI）为 0.741，位居第 94 位（见表 3-8）。而且，人类发展中的性别差距越大，一个国家的 GDI 相对其 HDI 而言就越低。在该表中最后一列，提供了部分国家"HDI 位次减去 GDI 排名"的具体数据。此外，GDI 和 HDI 值差距大的国家有沙特阿拉伯、阿曼、巴基斯坦、也门，这表明它们需要提高对性别平等的关注。瑞士、丹麦、澳大利亚、拉脱维亚和保加利亚的 HDI 和 GDI 值最为接近，说明这些国家的性别差距相对较小。①

表 3-8　与性别相关的发展指数

	HDI 位次	性别发展指数值	性别发展指数排名	HDI 位次减去 GDI 排名[d]
高人类发展水平				
挪威	1	0.955	1	0
美国	8	0.936	8	0
日本	9	0.932	12	−3
英国	12	0.934	9	3
德国	19	0.921	19	0
韩国	28	0.882	29	−1
中等人类发展水平				

---

① 世界银行编：《2001 年世界发展指标》，中国财政经济出版社 2002 年版，第 217～220 页。

续表

	HDI 位次	性别发展指数值	性别发展指数排名	HDI 位次减去 GDI 排名[d]
巴西	72	0.768	60	-1
沙特阿拉伯	77	0.739	72	-9
中国	94	0.741	71	5
印度	127	0.572	103	-1
低人类发展水平				
巴基斯坦	142	0.471	120	-6
多哥	143	0.477	119	-4
也门	149	0.436	126	-5

注：[d]本列的 HDI 位次是为有 GDI 排名位次的国家重新计算的，与第 2 列不完全相同。

资料来源：《2004 人类发展报告》，第 217～220 页。

多数国家教育的性别不平等在小学阶段并不突出，尤其在高、中人类发展水平国家，小学男女入学比率接近 1。但在性别不平等比较明显的国家，教育中的性别不平等在小学阶段已有差异，例如，印度、巴基斯坦、多哥、也门等国的小学净入学率女性与男性入学率之比均低于 1，女童难以拥有与男童相同的入学机会。而高等教育中的性别不平等问题也相应突出，据对不同国家大学毛入学率女性与男性入学率之比的调查显示，除了上述国家女性的高等教育入学机会比男性要少得多以外，一些经济发达国家如韩国的高等教育毛入学率，女性也比男性更难获得受教育的机会。

三、现代化进程中的教育公平新指标

"现代化"指的是 18 世纪以来人类社会所发生的深刻变化，具体包括：从传统社会向现代社会、传统经济向现代经济、传统

政治向现代政治、传统文明向现代文明转型的历史过程及相应的变化过程。根据中国社会科学院中国现代化研究中心以世界现代化进程为对象所作的分析,把18世纪到21世纪的世界现代化进程分为第一次和第二次现代化两个阶段:第一个阶段即第一次现代化,是以发展工业经济为特征的经典现代化;第二阶段即第二次现代化,则是以发展知识经济为特征的新现代化。第二次现代化理论不仅是一个现代化理论,而且是一种人类文明理论,它与第一次现代化理论的结合,使现代化理论与人类文明理论形成了一个有机的整体。

具体来看,第一次现代化指的是从农业社会向工业社会、农业经济向工业经济、农业文明向工业文明的转变过程。这一阶段的主要特点是工业化、专业化、城市化、福利化、流动化、民主化、法治化、分化和整合、理性化、世俗化、大众传播和普及初等教育等。在第一次现代化过程中,经济发展是第一位的,物质生产扩大物质生活空间,满足人类物质追求和经济安全,社会发展具有工业化趋同的倾向。第二次现代化指的是从工业社会向知识社会、工业经济向知识经济、工业文明向知识文明的转变过程及其深刻变化,第二次现代化的主要特点是知识化、分散化、网络化、全球化、创新化、个性化、多样化、生态化、民主化、理性化、信息化和普及高等教育等。在第二次现代化过程中,生活质量是第一位的,知识和信息生产扩大精神生活空间,在保证物质生活需要的基础上,满足人类幸福追求和自我表现;物质生活质量趋同,精神和文化生活高度多样化。在同一个国家,第一次现代化奠定了第二次现代化的物质和社会基础;第二次现代化既是对第一次现代化的部分消除和"反向",也是对第一次现代化的部分继承和发展。还有一部分是新出现的,是两次现代化的协调发展,是一种综合现代化。

那么,如何衡量一个国家或地区的现代化进程,又该依据什么样的标准？据中国现化化研究中心经过大量的定性和定量分析，制定了反映现代化程度的主要指标，即第二次现代化指数（SMI）①，并据此标准将世界上的131个参加评价的国家分成三个不同的组：发达国家、初等发达国家和欠发达国家。其中，发达国家指的是那些SMI指数大于80c的国家，中等发达国家指的是SMI指数在46～79.9c的国家，初等发达国家指的是SMI指数在30～45.9c的国家，欠发达国家指的是SMI指数小于30c的国家。从2000年世界现代化的总体水平来看，在参加评价的131个国家中，有24个国家进入第二次现代化，约占国家样本总数的18%，其中有12个已进入发展期，走在世界前沿；27个国家全面完成第一次现代化，34个国家基本实现第一次现代化，已经完成和基本实现第一次现代化的国家约占国家样本总数的47%；49个国家分别有1～5个指标达到第一次现代化标准，约占国家总数的37%；21个国家没有一个指标达到第一次现代化标准，约占国家总数的16%。同时有一些国家处于传统农业社会，还有若干民族生活在原始社会。结果表明，世界现代化的发展呈现出阶段性和不平衡性。

  2000年，中国也出现了两次现代化并进的现象。中国第一次现代化实现程度达76%，世界排名为第61位。第二次现代化获得长足进步，现代化指数达31点，世界排名第58位。与世界发达国家的差距仍然很大，但与中等发达国家的差距在缩小。2000年在中国34个地区中，有香港、澳门和台湾3个地区已经完成第一次现代化，有26个地区分别有1～5个指标达到第一次现代化标准，有6个地区第一次现代化程度超过世界平均值。同时，香港、澳门已经进入第二次现代化的发展期。根据第二次现代化指数分组，2000年中国有1个发达地区，5个中等发达地

---

① 因SMI是中国现代化中心经过数学模型评估而来，计算方法在本节不再另附。

区、11个初等发达地区和17个欠发达地区。在分析大量数据后,该中心认为,和世界平均值相比,我国和世界的整体差距正在缩小。但是由于我国地区现化化进程具有阶段性,尽管地区间第一次现化化的差距缩小了,第二次现代化的差距却在拉大,并且中国地区现代化的不平衡性在增加。比如,中国6个比较发达地区现代化水平已经达到世界中等发达国家水平,个别已经达到发达国家水平。而其他11个初等发达地区只能接近或达到世界初等发达地区水平,欠发达地区和发达地区之间的差距非常大。

知识创新经费投入(R&D/GNP的比例)也是一项很重要的指标,以2000年为例,瑞典当年的知识创新经费投入名列第一,比例为3.8%。① 其次是芬兰、日本、韩国、美国、瑞士等国。中国当年知识创新经费投入为1.0%,比世界知识创新经费投入平均值2.1%低1.1个百分点,在参评国家内总体排名第28位。我国国内地区知识创新经费投入指数的数据揭示了国内各地区发展的严重不均衡。2000年中国知识创新人员投入指数为16,不仅远远低于当年高收入国家的平均知识创新人员投入指数100,而且低于当年中等收入国家平均知识创新人员投入指数24。尽管全国的平均值较低,国内各地区之间表现出极大的差距,北京2000年的知识创新人员投入指数为120,高于高收入国家的平均水平,而海南、贵州等地只有5或3,呈现出极不均衡的状态。②

在对1970～2000年世界第二次现代化进展评价数据中,中学普及率指数和大学普及率指数也体现了国家间教育发展的差距。1998年世界平均中学普及率指数为60,其中高收入国家中

---

①② 中国现代化战略研究课题组,中国科学院中国现代化研究中心编:《中国现代化报告 2003现代化理论、进程与展望》,北京大学出版社2003年版,第171、242页。

学普及率指数已达100，中等收入国家和低收入国家平均值分别为67和42。我国1998年中学普及率指数为63，与我国按收入划分的中下等收入组别并不相称。在大学普及率指数的比较中，差距更为明显。我国1998年大学普及率指数为12，世界排名第90位。高收入国家中学普及率指数为100，中等收入国家平均值分别为32。低收入中学普及率指数为10，世界平均值为32。[1]我国的大学普及率不仅远低于高、中收入国家的平均水平，还远远低于世界平均水平，远落后于南非、阿根廷、巴西、越南等国。学校普及率的低下，反映了入学机会的相应较少和教育发展相对落后，这也是造成教育不公平的主要原因之一。

需要说明的是，由于我国政府对教育事业的高度重视，近年来中学和大学的发展状况有了很大变化。截至2008年，初中普及率达到95%以上，初中阶段毛入学率达到98.5%，高中阶段毛入学率达到74%，高等教育毛入学率达到23.3%，反映出我国的教育公平得到了切实的推进。

---

[1] 中国现代化战略研究课题组、中国科学院中国现代化研究中心编：《中国现代化报告 2003 现代化理论、进程与展望》，北京大学出版社2003年版，第177~180页。

第四章
世界各国对教育公平的不同探索

教育公平问题，无论是在资本主义国家还是在社会主义国家，无论是在发达国家还是在发展中国家，都已经或正在得到重视。只是不同国家"教育机会均等"的发展历程和实践方式各不相同。我们这里仅选取美国、英国、日本、巴西、印度、南非、古巴、越南、朝鲜九个国家作为代表，这些国家中既有发达国家，也有发展中国家；既有资本主义国家，也有社会主义国家。通过介绍不同性质的各国致力于教育公平的实践，总结其经验和教训，以期为我国的教育公平实践提供借鉴。

一、各国教育公平的发展历程

（一）美国开展的教育机会均等运动

从美国独立到 20 世纪 60～70 年代，美国教育史上曾发生过三次重大的变革：第一次是 19 世纪早期兴起的由贺拉斯·曼领导的公立学校运动；第二次是 19 世纪末 20 世纪初兴起的由帕克、杜威等人领导的进步教育运动；第三次是 20 世纪 60～70 年代兴起的免费学校运动。虽然每一次教育变革的重点都不同，分别侧重于初等教育、中等教育和高等教育，但是每一次教育变革都是把"机会均等"作为自己的口号，并试图通过制定一些平等的教育政策以改变社会不平等现象。尤其是20世纪60~70年代开始的教育机会均等运动，更是直指教育公平问题。

在南北战争后的一百多年里，美国曾广泛设立"隔离"学校，这种为黑人提供的"平等但隔离"的学校公共设施和服务被法律所默认，民间几乎也没有任何公开的对抗。随着经济发展和民权运动的呼声日益高涨，种族问题与贫困问题成为美国20世纪60年代最具爆炸性的问题。1954年5月17日，美国最高法院关于"布朗法案"的判决认为，如果一个州执行公立学校种族隔离政策，这个州就违反了宪法，以前"平等但是隔离"的信条在教育领域遭到质疑。此事在美国全国上下引起震撼，民主主义者认为这是向"所有人都享有平等的教育机会"迈出的一大步。1964年民权法案为解决公立学校种族隔离问题提供技术和财政支持，并要求取消种族隔离；1966年3月，美国教育署发表了"学校反对种族隔离计划修订政策"，其中涉及公立学校设施反隔离的措施，指出学校有责任在教师、专业人员等分配或再分配中纠正过去歧视性的行为。随着美国社会对贫困家庭和贫困儿童的关注，美国政府提出"向贫困开战"的口号，提出补偿教育，试图通过对贫困家庭和少数民族家庭的幼儿进行早期补偿教育，使之得到平等的入学机会和未来就业机会。例如，1954年的黑人儿童补偿计划、1956年的更高视野计划等。

1966年，科尔曼《教育机会均等》调查报告结果显示，"教育机会不均等"在美国仍显著地存在，原来单纯的补偿法案效果并不明显。这一结果使美国"教育均等"的内涵发生了革命性的变化。所谓教育机会的"均等"，由资源投入的"相等"在"平等"与"正义"的原则下，开始指向对弱势群体更多的资源"不平等"投入。这一时期各种"补偿教育"（compensatory education)、"积极肯定行动"（affirmative actions）在美国蔚然成风。据美国官方报告，到1966～1967学年末，共有16 400个学区在第一条款方面开支了10亿美元，资助了920万名儿童。最有代表性的补偿教育政策，如1965年的"中小学教育法"试图通过对低收入家庭的特殊需要，以及由于低收入家庭的集中对学校造成的影响要求额外的财政资助。同年，名为"发端计划"（Head Start Plan）的由联邦政府资助、地方学区管理的儿童早期教育计划也开始实施。对象是处于贫困线以下家庭的3～5岁儿童，特别是黑人、印第安人、爱斯基摩人及有缺陷儿童的改善健康、发展认知，给贫穷家长提供众多的免费培训项目，使之积极参与计划，帮助他们最大限度地使用社区资源。还有免费午餐计划、双语教育计划、残疾儿童补偿计划，力争给每个儿童提供平等竞争和发展的机会，使他们有一个相对平等的起点和良好的入学准备。但由于资金不足，导致被称为"创可贴式的计划"。[①]

除了补偿计划，为有效促进教育公平，美国政府的另一个重要举措是在促进教育"种族融合"方面充分发挥学校的作用。为了实现教育机会的真正均等，一些具体的措施开始施行，如在全国范围内实施"校车计划"，用校车接送不同种族的儿童上同一所学校；有的地方则采取了把非白人儿童按定额方式分配到白人学校；有的采取重新划分就近上学的范围，有的对两个不一定相邻的学区重新分组，根据分数段来分配学生（普林斯顿计划）；还有用开放注册的形式，允许非白人学校的成绩优良的学生转学至白人学校；还有以某一些为适应学校反对种族隔离而出现的新的中等教育机构类型，如自由学校、替代性学校、无墙学校及以专业特色或高质量来吸引学生的磁石学校，给民众提供择校自

[①] 顾明远、梁忠义著：《世界教育大系·美国教育》，吉林教育出版社2000年版，第165页。

由等。

同时期，美国有的州还启动了教育券实施计划。该计划是在詹克斯"补偿教育凭证制度"理论基础上，为帮助低收入家庭、弱势群体获得公平的受教育机会和实现择校自由而设计的，它在实施中结合州政府对贫困家庭的资助，事实上这是一种结合补偿政策的选择制度。例如，威斯康星州的密尔瓦基教育券计划，自1990年9月起实施，到1991年已有1 000名低收入家庭的儿童进入了私立学校读书，1992年又增加了500名。教育凭证制度使家长有了更大的选择权，体现了一种多样化教育并重的平等理念。

值得注意的是，在美国教育制度充满火药味的20世纪60～70年代，不仅美国黑人提出了教育机会均等的要求，其他的社会群体也受到鼓舞，向权力机构要求公正。女性主义与文化多元主义的兴起，也充分反映在教育机会均等运动中，要求教育中性别、多元文化的平等成为教育公平呼声中的一部分。女性主义论者认为要想使妇女获得真正的平等地位，必须通过平等的教育，全面改革传统的以男性为中心的各种社会与文化机制，包括家庭在内。因此要求女性能获得和男性同等的受教育机会，并对学校教材中有性别歧视的内容与教学的过程进行批判。对于美国的多文化背景，文化多元主义则提出移民、少数民族的文化适应问题，要求在社会中所有文化都应该得到理解和尊重，反对"大熔炉"对其不平等的"同化"。按照美国社会理论家路易斯·沃斯的观点，"正在兴起的少数民族群体日益觉醒其种族身份，其起始目标是寻求主流社会对其文化差异的宽容。"[①] 文化多元主义要求了解不同种族的外来移民、少数民族的文化内涵，在教育中

[①] 顾明远、梁忠义著：《世界教育大系·美国教育》，吉林教育出版社2000年版，第177页。

除了在教材中穿插少数民族历史或文化、去掉原有歧视的内容之外，还要通过对教育过程进行整合，进行不同文化间的互动，打破学校教育内容环绕"优势文化"的价值观念，使少数民族和移民群体的子女在学校中能够享有美国多数民族学生"受到同等尊重"的教育机会。

  联邦政府对于民众的要求采取了积极的措施，主要以调查报告、宏观目标的形式及战略法规来促进教育公平的进一步实现。美国联邦政府还将"保证教育机会均等，提高教育质量"这两句话作为座右铭，镶嵌在教育部总部的大理石墙上。1983年，《国家处在危机之中：教育改革势在必行》报告通过对美国教育质量的调查指出，公平而又高质量的学校教育这个双重目标，对经济和社会有着深刻的含义。政府对优质教育质量的承诺，并不意味着要牺牲各种居民公平教育待遇。因此，"无论在原则上还是实际中，都不能允许一个屈从另一个"。号召全民关注教育，关注教育质量，特别是教育公平和教育机会均等。老布什总统在1991年签发的《美国2000年教育战略》中，提出了迈向21世纪的全国六大教育目标。1993年克林顿总统宣布《美国2000年教育目标法》，将其教育目标由六个增加到八个，成为美国著名的教育八大目标。这些目标的核心思想就是要全方位地提高教育质量和实现教育公平。1998年美国副总统戈尔公布了以"对所有学生提出高标准"为口号的一项教育行动计划，主要针对处于弱势的青年群体和拉美裔的美国人，并给予6亿美元的教育资助。2002年小布什总统签署的《不让一个孩子掉队》法令（全文见本书附录三），也旨在提高美国公立中小学教学质量，进一步促进公民享受平等教育权利。该法令规定，各校必须缩短穷人与富人、白人与少数民族裔学生的分数差距，并扩大学生和家长对学校的选择权，促使学校之间均衡发展，以确保核心课程和智育教育的机会均等。此外，联邦政府还通过制定一些专门法律来保证并促进教育公平和教育机会均等的发展，如《国防教育法》、《中小学教育法》、《天才教育法》、《成人教育法》等。除此之外，其他的法规，如1862年《莫雷尔赠地法》的颁布掀起赠地学院运动，建立了很多新型农工学校，并促使大学从贵族才能享受的教育向大众开放；二战后《退伍军人权利法》，旨在"不荒废一代人"，使这批人进入学校接受高等教育，使大学教育进一步朝大众化的平等方向发展。还有美国的一些民间协会，如智囊机构兰德公司，于1999年提出《教育公平，能够给政府创造巨额的财政收入，给社会带来巨大的经济效益》的调查报告，从经济效益和社会效益的角度倡导社会关注教育，也推动了教育公平的发展。

随着美国教育民主化的发展，美国的教育公平问题集中体现在接受高等教育的机会上，即进入竞争性大学的机会问题。劣势群体的学生因为录取标准高和学费高难以进入高选拔性大学[1]，表现出这一阶段的教育不公平。为此，政府采取了"肯定行动计划"，增加了劣势群体进入高选拔性大学的机会，在大学招生政策上给予这些学生一定的优先权，但入校学生由于基础差而表现出学习成绩和质量难以令人满意，事实上的效果并不理想。政府就政策及时作了调整，对于"教育机会"和"教育质量"二者之间表现出的对立和依赖，在具体政策的制定和实施上有所区别，在其资助计划中，既有增加入学机会的，又有以提高质量为基础的，更多的是二者并举，即通过改进低收入群体的教育从而提高整体水平，同时通过缩小不同学区、不同学校的生均经费差距等措施来缩小教学质量的差距；并提早行动，从中小学阶段就设法提高这些处于不利处境儿童的学业成绩，使他们在高中毕业时能具有同等的竞争力，而不是只给处于劣势的群体提供上学机会。

---

[1] 顾明远、梁忠义著：《世界教育大系·美国教育》，吉林教育出版社2000年版，第331页。

例如，为提高低收入学生的中学毕业率并帮助他们上大学，1998年2月克林顿总统公布的"上大学有希望"计划，拨款1.4亿美金以改善低收入社区中大学与中学的伙伴关系，至此为扩大高等教育机会的努力已延伸至中学。总之，社会的不平等与教育机会的不平等以及教育质量的问题交织在一起，是21世纪美国高等教育公平要努力解决的主要问题之一。

（二）英国力倡教育机会均等的行动

英国对教育机会均等问题的探讨可以追溯至19世纪皇家委员会的若干调查报告。从1870年《英国初等教育法》的颁布到1918年《费舍教育法》的实施，英国国民教育得到了较大的发展。当时的教育制度建立了为全民开放的"免费公立基础教育"，在民众眼中可说是教育机会均等在很大程度上的体现，社会上并没有出现对"教育不公平"的对抗。学校教育体系中的"基础教育"以劳工阶级为主要对象，"中等教育"以中产阶级为服务对象实施教育，由于民众普遍得到入学的机会，这种为不同阶级提供的教育被认为是合理的。直到1922年，汤尼（R. H. Tawney）通过《为所有人提供的中等教育》一书，从恶劣的环境、特定的课程等多个方面揭示了基础学校的儿童并没有得到与其他儿童平等教育机会这一现实，指出现实中存在的教育不公平，从而使得原来被普遍认为合理的观念正式受到挑战。汤尼在《均等》一书中进一步指出，英国的教育组织从来就是与阶级相连的，教育机会与财富和社会地位也紧密联系，劳工子女在基础学校中并没有受到平等的教育，存在着"人才浪费"。此书的出版引起了社会对"社会公平和正义"与权利意识的关注，加上学者对"教育机会均等"的重视和社会主义政治人物的争论，20世纪初期英国对"教育机会均等"问题的讨论从此开始。

其后，英国政府组成哈都委员会（Hadow Committee）对

"教育机会"问题进行了专门研究。该委员会于 1926 年在其发表的《青春期青少年的教育》的研究报告中建议：一方面通过设置奖学金为劳工阶级子女提供进入文法中学的机会，另一方面广泛设立现代中学。英国政府采纳了哈都委员会的建议。从报告及建议中可以看出，当时关注"教育机会均等"问题的焦点在于努力改善公立"初等教育"的条件，对所有通过"11 岁中学入学考试"的儿童，不论其出身，免费提供直至 16 岁为止的中等教育机会。随后又通过《1944 年教育法》，进而延伸至"免费中等教育政策"的实施，这样所有儿童接受中等教育的权利从而得以保障。此后，英国教育中原有的名词"基础教育"也被"初等教育"取代。考虑到"均等中有其殊异"（equal but different）的原则，作为一种平衡的结果，著名的三分制中学体系就在这个时期奠基。在这个原则下，"教育机会均等"就是人人有机会进入中等学校学习，学校性质种类不同，但彼此地位相当，学童是根据其能力选择合适的学校就读。由于在三分制中等教育制度下，不同种类的中学享有的声望和尊重程度有很大差异，因此，这一时段学者对"教育机会均等"关切的重点开始转向"集中于确保'进入'中学受教之机会是开放给所有的儿童，以及检视儿童进入不同类型中学时，其'选择'过程是否也秉持公平的原则。"①

20 世纪 50 年代，由于进入文法中学的激烈竞争，民众越来越关心选择的公平性问题。在"教育机会均等"概念的本质上，英国学者讨论的重点开始转向学校教育是否在"标准化"的形式下进行。早期偏重智商的"11 岁考试入学制度"的公平性受到了质疑。有学者认为，学校应为所有学生提供共同的教育经验，

---

① 杨莹著：《教育机会均等——教育社会学探究》，台湾师大书苑有限公司 1995 年版，第 155 页。

每个人不但应有接受免费中等教育的权利，而且应有相同的机会接受共同的综合教育，竭力主张打破中等教育三分制，以改变劳工子女在学校受教育的不利地位和教育成效不佳的状况。60~70年代，工党执政时设立综合中学取代了三类中学并存的状况，以保证社会中下阶层子女也可进入像文法中学这样质量高、设备优越的学校，以体现教育机会均等，这一时期的"教育机会均等"在政治中被给予了最高优先权。

1963年英国《罗宾斯报告》（The Robbins Report）明确指出，国家办学的指导方针是"创造上学机会，使有能力、有条件、有愿望接受高等教育的人都有机会接受高等教育"。此报告的发表大大促进了英国高等教育的扩充，英国高等教育中的"精英教育"和"大众教育"双轨制由此奠基。但因为在一定程度上出现的精英主义色彩，引发了人们对高等教育入学机会与选择过程问题的关注。直到20世纪60年代末"开放大学"的设立，为过去由于种种原因失去接受大学教育机会的广大成年人提供学习机会，这成为半个世纪以来英国教育为扩大教育机会的一项重大改革。开放大学被称为"第二次机会大学"向全社会开放。1971年开放大学正式开学，第一学年就有24 000名学生，成绩斐然，为后来许多国家所效法。

1967年，英国另一项研究《普洛登报告》指出：年龄越小的儿童受环境的影响越大，教育贫乏现象基本上不是贫困所造成的，而是受父母态度的影响，它比经济水准和社会阶层的影响更为重要，因此力倡"积极差别待遇"，主张政府通过提供"学前教育"，尽早扭转那些由家庭环境所造成的劣势。[①] 这促使民众对机会均等的关注由中等教育向高等教育和学前教育阶段转移。

---

① 杨莹著：《教育机会均等——教育社会学探究》，台湾师大书苑有限公司1995年版，第166页。

同一时期，另一位研究者牛津大学的贺尔西（A. H. Halsey）则在《普洛登报告》的基础上提出了政策性改革计划——《教育优先改革地区方案》（Educational Priority Areas Scheme），强调教育资源的分配应优先考虑物质条件上较为欠缺或处于"文化贫乏"环境下的儿童。自此，英国对"教育机会均等"内涵的关注，已由单一的入学机会扩大至使来自"社会—经济"背景处于不利的学生有得到补偿文化经验不足的机会。这一时期英国"教育机会均等"的衡量重点，也开始由教育资源的投入转向教育过程的产出，与美国学者科尔曼的研究结果不谋而合。

英国的义务教育与中等教育经过长期的发展和完善后，教育机会均等问题已经基本得到解决，目前教育公平问题主要集中于高等教育方面。一方面，英国政府采取各种措施，尽量使高等教育实现大众化和多样化，以体现教育公平，诸如英国政府在分配用于扩充高等教育系统的基金时，优先考虑那些能够承诺扩大入学机会的院校，并把入学机会策略、进展的监督机制以及绩效管理机构的审查制度放在重要位置，同时对那些致力于招收弱势群体学生的院校进一步追加基金。[①] 但从中也可以看出，由于英国社会根深蒂固的阶级意识，"教育机会均等"这一概念同样囿于"阶级"，虽然它指的是"所有人"都有权接受中等教育，但"教育机会均等"的信念中长期暗含了在"所有人"中"成绩合格者"才能拥有同等的入学机会。实际上，严格的筛选制度一直作为一种"秘而不宣"的选择标准，而未来的精英分子很少能被挑选出来，通过教育进入精英阶层的途径一直为部分社会阶层所垄断。尤其对于英国这样一个高度工业化社会，英才教育与民主制度是它面对的两难选择。

---

① 杨春梅：《国外高等教育公平问题与改革趋势》，载《外国教育研究》2006年第1期。

另一方面，英国政府又致力于精英教育，高等教育入学仍有严格筛选的影子。高等教育入学机会问题、学校与专业选择问题、学业保持及贫困学生资助问题等，都存在较多的教育不公平现象，在今后一个时期内都将存在。英国政府表示将继续为此努力，如对于近年来英国因家庭所处社会地位不同而造成的青少年拥有"社会资本"和"文化资本"的差异，英国政府给予了高度重视。2006年7月18日出台的《青少年事务》绿皮书和学生财政改革计划，以具体的资助性政策和生活补助金制度，鼓励低收入家庭背景学生进入大学继续深造，完成学业。英国高等教育部部长比尔·拉迈尔（Bill Rammell）宣布："我正在努力，以便确保任何有能力上大学的年轻人都有机会念得起大学……今后将是那些来自贫困家庭背景的学生接受高等教育的最佳时期。"①

（三）日本力求基础教育均衡发展

日本是一个单一民族国家，全国由三千多座岛屿组成，耕地面积只有15%，资源非常有限。为使国力强大，日本很早就开始重视教育的发展，致力培养有良好教育基础和专门技术的国民。正是日本政府长期对义务教育给予强有力的支持，特别是第二次世界大战以后，政府对基础教育的普及以及对城乡之间受教育机会均等的促进，为日本的国民素质提高和经济腾飞奠定了坚实的人力资源基础。

早在第一次教育改革时期，日本文部省就以太政官布告（第241号）的形式，颁布了日本近现代教育史上的第一部教育法规——《学制》（1872年）。该法规强调国民皆学，规定包括女子在内的所有人都有学习的必要，"务期村无不学之户，户无不

---

① 胡乐乐：《推进教育公平——英国〈青少年事务〉绿皮书和学生财政改革计划出台》，载《上海教育》2005年第9期。

学之人",规定开办八年制的小学校。儿童6岁入学,接受八年普及义务教育。这样,全国统一的义务教育制度首次在日本建立。1901年,日本最早的社会主义政党——社会民主党,进一步提出了义务教育应该免费的主张:"为了使人民平等地接受教育,国家应全部负担教育费用"(该党的理想第八条)。"到高等小学毕业应作为义务教育年限,全部免除学费,以公费供给教科书"(运动纲领第九条)。社会民主党的宣言还明确指出:"教育是人生活动的源泉,如果说任何国民都有接受教育的权利的话,那么社会以公费进行国民教育就成了当然的事情。"社会民主党站在广大工人、农民阶级的立场上,以社会主义、民主主义为指导思想,以实现"消除贵贱贫富的悬殊,增进全体人民的福祉"为最终目的,在当时对促进教育平等起了重要的历史作用。

  日本历史上还曾涌现过许多民主、开明的教育家和民间团体。明治时代的福泽谕吉(1835—1901),就是一位较早阐述平等观、文明观、自由观、实学观的教育家。他创立庆应义塾并开展教育教学,使"不论武士、平民,有志者皆可来学。"他的《劝学篇》成为日本文明开化的重要指导原理,其教育平等思想对早期日本国民产生了重大的影响。在从明治到昭和的一百多年的历史过程中,日本的许多民间教育运动也因反对官僚政权统治、争取民主而备受瞩目。20世纪50年代中后期,日本民间教育各团体的民主活动和教育研究活动蓬勃展开,其中最著名的民间教育团体有"民教联"、"社问协"等。它们坚持教育和研究自由,通过在教育中研究现实问题来促进教育质量的提高,并力图使民主、和平、平等、科学等在教育中占有其应有的地位,积极展开要求"高中阶段义务教育化"等运动,使日本教育的平等问题被高度重视。

  第二次世界大战以后,美国教育使节团在对战前的日本教育进行了全面诊断与批评后,于1946年向日本提交了《美国教育使节团报告书》,对日本的教育改革进行了广泛建议。其中包括:学校制度方面,主张采用六三三学制,小学和初中为免费义务教育阶段,实行男女同校;对于高等教育,其基本原则是扩大接受高等教育的机会,从而使接受高等教育不再是少数人的特权,而是多数人可望获得的机会,高度重视大学自治和研究的自由;强调根据个人的能力和个性给予相应的受教育机会,以最大限度地发挥个人所具有的能力为基本原理。该报告的精神体现出两个价值源泉——和平与民主的思想,符合当时日本教育界和社会各界的民主改革愿望,从而促进了日本《教育基本法》的形成与实施。《教育基本法》规定,国立、公立、私立学校均属于国民,具有公共性,教师是为全体国民服务而不是为少数人服务的。教育并不只限于学校教育,而是指国民在任何场合、任何时间内"均有学习的权利"。该法第3条特别针对"教育机会均等"指出,所有的国民都应有按其能力享有受教育的平等机会,在受教育上不能因人种、信仰、性格、社会身份、经济地位、门第等的不同而有所差别;对虽有能力但经济困难者,采用奖学金方式给予帮助。第4条、第5条则规定义务教育九年不收学费,男女同校接受教育。

第二次教育改革时期,日本以法律的形式确保了对义务教育的投资,进而确保了义务教育的实施。1946年颁布的《日本国宪法》第26条第2项规定"义务教育实行全免费制",明确表明了义务教育无偿、免费的原则。1947年的《学校教育法》在宪法的上述精神基础上,规定"义务教育免收学费"。其中第21条还对教科书的使用作了规定。1951年通过《关于向1951年入学的小学生提供教科书的法律》,开始了日本最早的教科书免费制度的尝试。后来又逐步加大力度,将教科书免费的范围由"经济困难的学生"扩大至"所有学生"。1963年《关于义务教育各学校使用的教学用图书免费措施的法律》颁布，由小学低年级向初中扩展实行，到1969年实施了小学、初中阶段学校的学生全部免费使用教科书。在经济高速发展时期，日本为确保义务教育的普及和质量所实行的义务教育教科书免费制，成为日本在该时期的一大特色。日本政府充分认识到能给教育带来巨大影响的是教育者，特别是在初等、中等教育阶段的教育者，因此通过法律确定对教师的优待政策，确保教师的经济地位，最终确保师资和教育质量。到20世纪70年代，日本基本普及了九年全免费义务教育。2005年10月26日，日本中央教育审议会发表了《创造新时代的义务教育》的咨询报告，重申国家要从根本上保障义务教育的实施，具体包括机会均等、保证质量、免费三个问题，进而确保国家和社会发展的根基不动摇。它强调："特别是在现代社会中，充实面向全体国民的、没有地区差别的、保障基本水准的义务教育制度，对于防止社会阶层差别扩大、维护社会安定是不可缺少的。"[①]

日本义务教育的快速发展是与其教育财政制度的保障密不可分的。日本实行财政联邦主义，即同日本政权由中央、都道府县和市町村三级组成相一致，一级政府一级财政，各级财政只对本级政府负责。日本义务教育的发展始于明治维新，其农村义务教育财政体制的形成也经历了两个阶段，第一阶段是在明治维新时期，国家处于经济高速发展时期，财政资金紧张，把大部分初等教育管理经营和经费负担交给町村级地方政府，小学所需经费由地方全额负担，町村政府不堪重负。由于地方财政的不平衡，儿童受教育的机会并不均等。针对地方的财政困难，日本陆续出台相关的补助办法，以保障全国范围内最低

[①] 高峡：《日本义务教育改革新动向——日本中央教育审议会2005年咨询报告的主旨及其启示》，载《教育科学研究》2006年第5期。

程度的教育机会均等。二战后随着经济的复苏，日本义务教育的实施进入第二阶段，建立了新的地方财政平衡交付金制度，并于1952年重新制定了新的《义务教育经费国库负担法》。该法规定，都道府县支付的各义务教育学校教职员工资额的1/2由国库负担；教育中最重要的经费之一——教材费用由国库负担；在特殊情况下，通过平衡交付金制度，重点保证义务教育经费的支付，从而建立了中央财政对农村町村级地方政府的财政援助制度，教育经费由三级政府共同承担。在日本的教育总经费中，基础教育经费所占的比例为74.6%，而基础教育经费的91.2%来源于国家和地方支出的财政经费。① 义务教育尤其是农村义务教育的经费得到可靠保障，为日本义务教育的全面实施打下了坚实的基础。

在对教育资源的均衡配置上，日本在中小学教师管理过程中实施了"教师定期流动制"，实施五十多年来也取得了很大成效。教师"定期流动制"主要是在公立基础教育学校（小学、初中、高中及特殊教育学校）范围内实行，按流动区域分为两种情况：一种是在同一市、町、村之间的流动；另一种是跨县一级（相当于我国的省一级）行政区域间的流动。② 定期流动非常规范，流动教师的义务、流动的时间、流动人员的待遇等，都以立法的形式加以规定，同时建立有配套的教师交流保障机制，并且得以落实。就日本中小学教师的公务员属性而言，其定期流动制度具有政府直接主导、参与和调控等突出特点。据日本文部科学省推算，全国公立基础教育学校教师平均每六年流动一次。尤其是发达与偏僻地区之间以及不同类型学校之间的师资流动，对改善偏

---

① 杨会良、梁巍：《日本农村义务教育财政制度变迁与启示》，载《日本问题研究》2006年第6期。

② 盛冰：《日本教师"定期流动制"的启示》，载《人民教育》2005年第9期。

僻地区教育的薄弱状况，保持学校之间的发展均衡，实现基础教育的"公平性"起到了重要的作用。日本的基础教育因此得以均衡发展，不存在由教育质量差异导致的择校现象是其中小学教育的重要特征之一。

在实现教育公平的过程中，针对教育过程中的落后地区和弱势人群，日本的教育政策和教育立法也采取了许多特殊的有针对性的做法。1956年日本制定了《关于国家援助就学困难儿童和学生的就学奖励的法律》，规定由国家在预算范围内援助因经济缘故而就学困难的儿童和学生，并同时制定了《关于国家援助就学困难儿童和学生的就学奖励的法律实行令》和《关于国家援助就学困难儿童和学生的就学奖励的法律实行规则》，具体保障该法律的实施。1954年日本制定并于1985年修订了《偏僻地方教育振兴法》，规定了国家和地方公共团体为振兴偏僻地方的教育必须实施的各种措施，并制定了《偏僻地方教育振兴法施行令》和《偏僻地方教育振兴法施行规则》，保障该法律的实施。此外，日本还专门制定了《孤岛振兴法》、《大雪地带对策特别措施法》等，是特别给予落后地区教育财政支持的补偿性法规。

随着日本免费义务教育的全面实现，有学者认为新时代"义务教育"的内涵相应发生了变化。以前的义务教育强调的是学生"受教育"的义务，而现在更多强调的是，国家保障"受教育者的教育需求得到满足"的义务，因此，表现为义务教育阶段入学率反而达不到100%。有的儿童选择不去学校，而选择在家学习或其他途径保障受到良好的教育，这种形式在发达国家也越来越多地存在，而且这种学生的数量还有扩大的趋势。此前，日本向来以相同水平的基础教育、不存在择校问题而著称。然而，从2001年起，品川区在初中开始推行学校选择制度；东京的日野市、丰岛区也以新生为对象在公立小学和初中实施学校选择制度，2002年又将增加足立区、江东区。① 可以看出，学校选择制度已经在东京的各个区开始蔓延。虽然目前日本学者对于择校制度仍然存有不少争议，但受国际上教育理论和实践的影响，高质量、多样化教育为前提的学校选择制度被认为是促进教育公平的有效措施，从而受到日本家长和学生的欢迎。

随着二战以后日本经济的高速增长，20世纪60年代，"能力主义教育"曾一度成为整个日本教育发展的主导政策。所谓"能力主义教育"，指的是无论何种阶层的人，只要通过努力取得学业成功、获得高学历，就能凭借高学历在社会上通过平等竞争而有改变原有阶层的机会。人们普遍认为，机会是平等地向任何阶层的人开放的，只要努力获得能力或学历，任何阶层的人都会取得成功。为了适应当时的产业界需要和教育投资论，这一时期的日本大力发展高等教育和中等教育，努力增加入学机会。加上战后的生育高潮对高中阶段入学的需求，此时要求普及高中、增加高中校舍和实现高中毕业生全部都能进入大学的要求成为一种运动。文部省从1961年开始采取对策以尽快普及高中教育，使这一期间高中入学率直线上升。例如，1950、1954、1960、1965、1970年的高中入学率分别为42.5%、50%、60%、70%、80%，东京竟达到94.4%。同时高中教育也开始多样化，除了过去"英才教育"的单一模式外，还增设了一些工业、农业、商业等实用学科，积极吸纳所有人才，并力求满足产业界的需求。虽然日本的中等教育"六年一贯制"在私立学校已经实施，实际上大多数还是为了强化升学考试而设置的"精英学校"。这一时期"短期大学"的设立却摆脱了单一的精英大学的入学标准，为更多的求学者提供了接受高等教育的机会。1964年国会通过

---

① 翁文艳：《美国与日本教育公平的理论与实践》，载《教育评论》2002年第4期。

《部分修改学校教育法的法案》，使短期大学合法化，将战后初期没有升格为大学的专门学校，暂行办成2~3年的短期大学，在现有条件下为国民提供了更多的高等教育机会。在机会均等的原则下，少数民族学生、低收入家庭子女、女性大量进入高等学府，获得高等教育入学的机会；大学入学考试制度也趋于多元化、多样化，充分体现了教育大众化阶段入学的公平性和民主性。尤其是在"量"的方面确保了受教育机会的均等，保证了女子获得平等的适合其特性的受教育机会。到1963年，日本的普通大学和短期大学的入学率已达15.5%，实现了高等教育大众化。

2003年7月，日本国会审议通过了《国立大学法人化法》的法案，减少了国家预算，政府集中资金支持重点学科的发展，以保障学术质量和满足国家的基本需求，对一般学科则实行市场化。国立大学法人化之后，大学被赋予自由经营的权力。然而，在"市场面前人人平等"的原则下，对于受教育者来说，必然会使处于经济不利地位的学生因高昂的学费而放弃入学的机会，从而影响教育的普及和公平。不同国立大学之间由于得到的财政补助、资助政策不同，必然会加剧优质师资的流动及各院校之间的差距，特别是历史悠久、集中于大都市的原帝国大学与偏远地区的国立大学之间的差距。① 因此，无论是受教育者还是教育的实施者，如何实现教育公平问题是政府和大学法人化进程中的一大难题。②

日本政府和学术界，对高等教育中的家庭经济背景是否造成了入学机会和家庭收入水平之间显著相关问题的研究格外重视。

---

① 黄福涛：《日本国立大学结构改革的现状与趋势》，载《比较教育研究》2002年第10期。

② 李琳琳：《日本国立大学法人化之我见》，载《河南职业技术师范学报》2005年第1期。

日本教育社会学者刈谷刚彦在《大众教育社会》一书中，对1945～1994年的统计进行分析并得出了以下结论：战后的教育扩大并没有消除教育机会的阶层差，"能力主义教育"表面上的平等性使其表现形式变得更为隐蔽，即从原来的高中入学率和大学升学率的高低，转变为高中学校的类型和名牌大学升学率的高低。换言之，当前日本教育公平问题，已经不是入学机会的不均等，而是上什么类型的学校或专业。家庭背景是影响学生对所受高等教育类型、层次和方式选择的一个重要原因。日本学者潮木守一运用多元回归分析方法对这种主要来自于家庭内部的阶层差进行研究，得出的结论为：影响高中生升学机会的原因主要有家庭的所得、父亲的职业、父亲的学历和学生的成绩。其中直接起着决定性作用的影响因素是学业成绩，但家庭所得、职业、学历等家庭阶层的背景通过影响成绩，对升学机会产生间接影响。这意味着以"成绩"为基准的"能力平等"背后，隐藏着阶层背景差异所带来的教育机会的不平等。

同英国高等教育扩张时期情况相类似的是，在1970～1975年日本高等教育机构的自由扩张中，所有阶层的入学率都提高了。然而，最显著的增长还是来自于收入最高的阶层。很明显，这期间教育机会公平似乎变得更加严峻。"一种可能的解释是在自由扩张期间，由于入学名额不受限制，而且扩招的机会多集中在大城市，因此来自高收入阶层的学生更好地利用了这个机遇。"①

为了缩小阶层间高等教育机会的差异，日本政府积极发展高等教育，注重国立大学、私立大学的规模和发展水平，日本还是世界上最早在全国范围内向大学生提供财政资助的国家之一。战后日本实行"一府县一国立大学"政策，国立高校在各都道府县

---

① 丁小浩：《中日高等教育成本补偿相关问题的比较研究》，载《教育与经济》2002年第2期。

均得以分布。国立高校的学费相对低廉,设有较高数额的奖学金和学费减免政策,对缩小高等教育的机会差别起到了重要作用。日本国立大学本科生家庭年收入低于 511 万日元(35.3 万元人民币)的学生,学费全免;511 万~637 万日元(43.9 万元人民币)半免,但不得超过学校总收入的 10%。因此,具有较强学术能力的人,在日本可以通过负担较低的学费,进入国立高校接受高等教育。① 对于由于经济方面的原因而修学困难者,日本的大学还设立了奖学金,不论国立大学、社区大学还是私立大学,一律同等对待。但日本的奖学金不是无偿的,而是一种无息贷款,原则上要如数偿还。除了通过减免学费和奖学金来实施对贫困学生的援助政策外,日本还成功地推行了高等教育成本补偿政策,即将有限的财政资源集中于公立部门,以保证学术质量和满足国家的基本需求;而将数量上的扩张留给私立院校,弥补高等教育资源配置的供给不足。② 战后日本私立大学的发展,极大地促进了日本高等教育的大众化,缓解了国立大学的竞争压力,增加了国民特别是女性群体的上大学机会。从这个意义上说,日本私立大学在给更多国民提供高等教育机会方面功不可没。另外,日本政府加快经济发展,大量转移农业人口,积极缩小收入差距以及城乡差别,也使得不同阶层的高等教育机会差别缩小,实现高等教育机会均等成为可能。③

(四)巴西的教育公平行动步履蹒跚

巴西是拉美第一经济大国,但教育发展相对滞后,在 20 世

---

① 张文和:《日本国立、私立大学学费研究》,载《比较教育研究》2000 年第 5 期。
② 丁小浩:《中日高等教育成本补偿相关问题的比较研究》,载《教育与经济》2002 年第 2 期。
③ 卢彩晨:《日本私立大学在高等教育机会平等中的作用》,载《民办教育研究》2006 年第 2 期。

纪末处于拉美国家的中下等水平。虽然巴西政府在法律上一贯表现出对教育特别是义务教育的重视，在行动中却长期没有得到落实。加上教育投资不足与投资效率低下，巴西这样一个经济发展很不均衡的发展中国家，教育机会不平等现象在各级教育中都普遍存在。尤其20世纪90年代以来的基础教育，可谓积贫积弱。相关数据可以表明：巴西儿童辍学率高达12.5%，东北部儿童则高达25%，黑人儿童辍学率高达20%，15～19岁青少年文盲率占全国的6.8%，东北部则高达16.3%。学校、校舍、教室以及合格教师严重短缺，教科书、教材、相应设备的缺乏不能满足儿童的需求，义务教育迟迟没有普及。

早在1934年，巴西就将"教育是每个公民的权利"条款写入宪法。1937年宪法第130条明确规定向儿童提供免费的4年初等义务教育。巴西历史上第一部教育法——《国家教育方针和基础法》于1961年12月公布，规定了教育的权利、免费义务教育等各方面的原则。巴西军人统治时期（1964～1985年），国内经济得到了迅速发展，为了稳定政局，军政府积极地制定教育政策，1971年的第5692法令规定将免费义务教育年限由前几部宪法规定的4年延长至8年，为巴西教育的发展作出了一定的努力。然而军政府对教育发展的策略是优先发展高等教育，积极调整中等教育结构，而普及初等教育并没有受到军政府的足够重视。而且初等教育在数量上虽得到一定发展，但质量上仍存在很多问题，如高留级率、高辍学率等，初等教育并没有得到普及，整个教育特别是义务教育的经费仍严重不足，义务教育的实施年限被一推再推。

军政府制定的发展策略给巴西带来了"经济神话"，但巴西民众的收入并没有实现真正的重新分配，贫富悬殊及地区间不平衡差异越来越大，两极分化严重。发达地区与欠发达地区的教育差别、同一地区中的城市与农村的教育差别及公立学校与私立学校之间的差别十分明显，这就使得教育机会不均等的情况普遍存在。据1983年《视界》杂志刊登的《1984年的巴西》一文透露，1983年巴西7～14岁儿童的实际入学率只有67.4%，东北地区甚至不到50%，这主要是由于巴西社会财富分配不均造成的，占人口5%的富人阶层国民收入占全国的40%多，而占人口50%的贫困劳动阶层只享有国民收入的14%，这种不合理的分配制度造成巴西国内26%的学龄儿童不能入学和学生大量失学。①

当一个国家公共教育受损时，受害最严重的往往是下层劳动人民的子女，他们需要不断地为特权阶层付出代价，这种情况导致了巴西教育的不民主和不平等。政治制度对义务教育的影响，形成了巴西特有的"选民至上主义"，义务教育成为政治的牺牲品。② 针对贫穷儿童被阻挡在校门之外的状况，巴西教育家弗莱雷指出："受教育是人人享有的权利，而社会结构产生了一系列的障碍和困难，导致了许多下层阶级的孩子不能上学。当这些孩子有机会入学时，他们在学校也遭遇到同样的障碍和困难。"

军政府的教育私有化政策导向，对教育产生的影响非常大。中等教育中的富有阶层子女纷纷涌向教育条件优越、质量上乘的私立中学，中学毕业后又凭借受过的良好教育获取更多进入公立大学的机会，享受政府的更多资助；而下层子女只能选择条件很差的公立中学，毕业后进入私立大学，这就形成一种社会现象："富人不交费上大学，穷人交费上大学。"20世纪80年代一项数据表明，高收入家庭的学生占小学生总数的比例为7.7%，而在公立大学占的比例达48.3%，这种怪现象成为巴西教育的特点

---

① 曾昭耀、石瑞元、焦震衡著：《战后拉丁美洲教育研究》，江西教育出版社1994年版，第117页。

② 曲恒昌：《经济大国为何没有普及义务教育》，载《比较教育研究》2002年第5期。

之一。

　　与同等收入的其他国家相比，巴西政府对教育的投资相对较少。在人均国民收入大幅提高的20世纪60年代末70年代初，公共教育经费占GDP的比重始终不到3%。到1983年公共教育经费占GDP的比例也仅占2.8%，比拉美平均值3.9%还要低。在对各级教育经费的分配中，巴西联邦政府对高等教育的资助又占了预算的一半以上，初等教育获得的比例就更少。巴西许多教育专家都认为这种资助是极不公平的，而且是低效的。在各类初等教育的经费分配中也表现出不公平。从巴西每个学生的教育经费来看，在教育入学机会和教育质量公平方面都存在巨大差别，具体表现在地区之间的差异：东北（相对贫困地区）市立学校每个学生的经费只有其他地区的1/3，各类初等学校如市立、州立学校之间经费存在过大差异，入学机会上也表现出不公平，如低收入家庭子女大多集中于市立学校等。实际上除了地区差异之外，在各团体收入之间、州立与市立学校之间，教育机会和教育经费依然存在着巨大的差异。有学者认为，这些不平等问题产生的根源在于巴西不合理的教育财政制度。①

　　20世纪80年代末到90年代中期，巴西政府吸取了以往教育发展的教训，为解决普及教育、提高教育质量和促进教育公平的问题，重新确立了未来十年的战略重心，经费投入比例逐渐加大，并将重点向初等教育转移。为促进教育平等进行了诸多努力，如针对初等教育经费分配的地区差异造成的不公平，政府采取的有效措施是联邦政府增加税收总量；对于校际间的资金不公，联邦政府则将更多的联邦税收直接分配给市立学校，以减少资金分配的差异来促进教育上的平等。1988年的宪法中规定，州和政府应

---

① 王敏：《巴西20世纪中叶以后的义务教育普及与保障情况》，载《经济研究参考》2005年第46期。

将其所得税的 25% 用于教育，政府将联邦税的 18% 用于教育。

目前，巴西是世界上唯一把教育经费问题写入宪法的国家，依靠立法保证教育经费。① 对义务教育实行强迫和免费制度，义务教育的对象不但包括 7～14 岁儿童，而且包括在适龄期没有受到教育的任何人，这意味着政府将为真正普及全民基础教育作出巨大努力。1993 年，巴西政府实施了"全民教育十年计划"，进一步明确了加强普及初等教育、消除教育机会不均等，满足儿童及成人的基本学习要求，试图在 2000 年达到普及初等教育的目的。1995 年新政府上台后，实施优先发展基础教育的政策，其核心是建立"基础教育发展与教师专业发展基金"（FUNDEF），从宪法上确保基础教育的投入，使巴西基础教育在短时期内发生革命性变化，儿童入学机会大大增加。为确保良好势头和贫困儿童能留在学校就读，2001 年，联邦政府又启动 Bolsa Escola 计划，对于有孩子接受教育的贫困家庭可以得到相应的补助。同年 3 月，国会批准的学习奖学金的设立，对人均收入低于规定的最低限度的群体给予教育补贴。为了解决家长常常把国家的补贴挪作他用的问题，又设立了国家"助学金计划"，针对一个家庭有几个在校学生给予相应的补助而不是几个子女，有效地降低了辍学率。2003 年，全国共有 820 多万名儿童由于其资助得以入学，来自边远地区在大中城市滞留、流浪、乞讨的儿童明显减少。很多贫困家庭坚持孩子上学倒不是为了将来上大学，而是为了每个月拿到这笔钱，但客观上这些措施在一定程度上都促进了初等教育的发展和教育机会的均等。

巴西高等教育中的公平问题也是一个无法回避的难题。巴西的公立高校较少，私立高校占绝大多数。1999 年共有高校 1 097

---

① 王敏：《巴西 20 世纪中叶以后的义务教育普及与保障情况》，载《经济研究参考》2005 年第 46 期。

所，其中私立高校905所，占总量的82.5%。私立高校的发展虽然对满足经济的发展和增加入学机会起了很大的作用，优质的公立高校通过严格的考试筛选制度招生，最优秀的学生可以接受到最好的免费教育。这条规则看起来似乎是公平的，但根据调查的结果，公私立高校接受教育的主体仍然是白人学生和富裕家庭的学生，低收入家庭的学生只占全部高校学生的很少一部分，真正入学的人群结构基本没有改变。这是因为中上阶层的孩子大都在中学阶段就选择了质量好的私立中学，在大学入学考试时占有优势而更易进入高质量的公立大学。穷人家的孩子因为公立中学质量的影响在考试中处于劣势，只能选择收费的私立高校，因此很多贫困学生为此失去受教育的机会。而且公私立高校学生得到的资助也不同，学校教育质量的差异造成的毕业待遇不公平问题非常明显。除此之外，对于不同地域而言，地域发展不平衡也造成了不同地区孩子入学机会不均等。相对发达地区往往是高质量大学的集中地，因此东南部的适龄青年比北部、西部地区的适龄青年在相同条件下更容易接受到更好的高等教育。

巴西的教育制度还没有能力对受到社会不平等对待的那些人在教育方面提供数量上和质量上的保证。因此，在今后对教育公平的实现过程中，巴西政府还应优先关注东北地区、农村地区、低收入人口集居地区以及过早就进入劳动市场的那些人。同时，巴西的印地安人也应受到格外的关注，他们的语言、文化现实以及他们社区特殊的学习方式在教育上都要确实地予以考虑。鉴于巴西目前国内的实际情况，在真正普及初等教育和实现高等教育公平的过程中还有很长的路要走。

（五）印度实现教育公平的曲折道路

印度独立以前，因受到英国殖民者的长期统治，国民教育不被重视和人口众多等多种因素的影响，初等教育的普及水平非常低下，教育不平等现象极其明显，尤其在地区和地区之间、城市和乡村之间、男童和女童之间，以及在中、上等种姓和低种姓之间，不平等表现尤为突出。因此，早在1937年，印度民族领袖甘地就在其一系列民族运动中，迫切地主张实施免费的初等教育，以使各阶层的儿童都能得到受教育的机会。印度独立后，在其1950年的宪法中规定："国家将努力实行宪法规定的10年内向所有14岁以下儿童提供免费义务教育"，普及初等教育成为教育发展的主要目标之一。自1951年以来，在印度政府每一个国家发展的五年计划中，教育发展都是其中的重要内容。

在印度独立后的第一个国家发展五年计划（1951～1956年）中，政府建议把基础教育发展作为国家教育系统中的一项重要任务，计划使60%的6～11岁儿童受到教育且女童受到教育的比例要达35%。由于该计划的实施，到第三个五年计划（1961～1966年）时，初等教育已有很大的发展，小学的数量由11万所增加到40万所，其中女校由1 400所发展到2 500所，上学儿童的总人数也增加了2.5倍多。第四个五年计划期间（1969～1974年）出台的政策大都是关于初等教育的，包括就地就近入学、增加女童和表列种姓儿童入学机会、为不能参加全日制学习的儿童提供部分时间的学校教育等，并把更多的注意力放在教育质量上，还提出了改进教科书，发展印度语教学等。第五个五年计划（1974～1979年）提出要在此期间实现6～11岁儿童的初等教育免费，制定优惠政策帮助贫困家庭子女入学，包括为他们提供免费的教科书、午餐甚至服装，并特别注意到家庭中长女由于不得不照看弟弟、妹妹而入学难的问题。第六个五年计划力促9～14岁儿童也能接受初等教育，该计划的一项重要目标是保证所有儿童受教育机会的均等，农村地区儿童、表列种姓儿童、表列部落及其他落后阶层儿童与女童的入学率更受关注。"六五"计划仍将为所有学生提供免费的教科书和午餐作为重要任务。第七个五年计划（1985～1990年）中，义务教育的普及再一次成为教育发展的首要目标，重点仍是女童、经济和社会落后阶层儿童获得均等的受教育机会。① 在历届政府的不断努力下，印度在振兴和发展初等教育方面取得较大的成绩。同时，经过50年的建设，印度的经济实力也大大增强，成为近十年来全球经济增长最快的国家之一。

对于一个教育"生态环境"恶劣的人口大国而言，印度在"教育平等"和争取"受教育机会"方面需要作出更多的努力。历届政府都认识到了这一点，积极制定教育战略政策和各种行动方案，其中许多都没有泛泛而谈，而是落在了实处。虽然印度经济发展的总体水平不如中国，但长期以来公共教育经费占GDP的比重却超过中国。2003年，印度用于教育方面的投入为整个财政支出的13.17%，在整个国民生产总值中的比例为5%。2004年国大党执政后，明确提出力争在今后几年将公共教育经费支出提高到国民生产总值的6%。②

20世纪80年代以后，普及初等教育运动在印度全国范围开展，对提高女童的入学率和保持率起到了重要的作用。其措施主要有两项：一是大量招聘和培训女教师，提高女童的出勤奖金；二是为保证女童入学率，国家在建立非正规教育中心时，重点是建立女童非正规教育中心，并保障中央给予各邦用于建立非正规教育中心的款项中有90%的资金都用于建立女童非正规教育中心。普及初等教育运动中还有一项促进教育公平策略，就是努力为教育落后的处境不利群体，如落后民族和落后部落儿童创造入学机会。其措施是从中央拨款中限定一定的款项用于处境不利群体儿童的教育；由邦政府和中央直辖区为落后民族和落后部落儿

---

① 刘艳华：《印度20世纪50年代以来的义务教育普及与保障情况》，载《经济研究参考》2005年第46期。

② 陈继辉：《印度中小学每年只收30元》，载《环球时报》2006年1月2日。

童建立住宿学校，尤其考虑到人口稀少的农村地区和其他落后地区质量低劣和师生比例失调的问题；还普遍实施了为落后民族和落后部落儿童免费供应午餐、校服、课本和文具计划。此外还有全国教育研究与培训委员会的专家为落后民族和落后部落儿童提供相应教育科研服务，为他们编辑教科书、设计课程和培训师资。

1990年世界全民教育大会后，印度加大了普及义务教育和提高成人识字率的力度，在宪法第86次修正案中重申人人享有受教育的权利，力争2000年入学率达到100%。而印度政府制定的《2001~2010国家教育计划》，则试图从根本上解决其基础教育所存在的问题，使所有儿童都能享受八年义务教育。该计划所制定的四个目标为：到2003年力争所有适龄儿童入校学习；到2005年普及五年制义务教育；到2010年，实现普及八年制义务教育；此外还要提高教育质量。印度教育部门和教育外资贷款机构还制定了相应的操作规程来有效地实施这一庞大的教育工程。还有"学校膳食计划"为小学生每天提供有营养价值的100克免费熟食，实行计划的当年政府就支出约44亿卢比（6.1亿元人民币），使全国近1.1亿小学生受益。

尽管印度政府在普及教育设施、普及入学率、普及保持率和提高学校教育质量方面都付出了很大的努力，但在2001年时，印度全国人口的识字率仅为64.8%。至2004年，印度财政部长宣称，仍有超过50%的儿童在上完五年级之前就辍学，每年都有多达100万儿童没读完三四年级就离开了学校，10年后将成为新的文盲大军。[①] 义务教育达到普及的期限从政府承诺的1970年先后推至1976年、1990年、1996年、2000年，直到本世纪初，印度初等教育状况仍然形势严峻，教育机会不均等现象急需

---

① 《印度即将实行免费小学教育》，载《校长阅刊》2004年第11期。

改善和解决。

与初等教育比较落后的状况相比,印度的高等教育得到了较好的发展。到20世纪80年代中期,印度高等教育规模曾跃居至世界第3位,仅次于美国和苏联。在中东石油国家,有来自印度的上百万名工程师、教师、医生和劳工,数万印度人受聘于联合国系统内的各个组织或机构。2000年,印度有大学及类似机构248所,开放大学7所,所有高校总数达11 000多所,高等学校在校生839.9万人。印度还十分重视工程技术教育,全国有550多所工程技术学院和1 100多所多科学技术学院。一些大学在世界上颇有名气,高校教师也享有较高的待遇。

从20世纪80年代开始,印度政府认真总结高等教育发展和基础教育落后的问题和经验教训,认为教育财政投资结构的不合理对基础教育的发展产生了不利影响,造成了"头重脚轻根底浅"的结果,长久必然对高等教育也产生影响,从而制约社会发展。这种不合理的现象原因在于:印度政府早期在强烈意识到培养世界一流科技人才的重要性以后,长期将高等教育作为教育发展的龙头,长期把有限的教育经费优先投放到高等教育,尤其是保障重点院校的发展,以培养国家需要的精英人才。虽然从政府对义务教育财政投资总量上看,印度每年义务教育经费一直是增加的,但是在整个财政结构中,由于对高等教育的投入过多,导致了教育投资比例的不合理,尤其在20世纪60年代初,国家经济遇到困难,基础教育的预算被大幅度削减,高等教育的投入仍然保持上升趋势。① 这种在经费分配上以牺牲大多数人的普及义务教育的利益,集中全部投入发展高等教育所导致的结果:一方面是印度的高等教育取得举世瞩目的成果,发达程度居世界前

---

① 中国教育与人力资源问题报告课题组:《从人口大国迈向人力资源强国》,高等教育出版社2003年版,第195页。

列；另一方面从 20 世纪 60～70 年代起印度离开了初等教育和中等教育的坚实基础去大力发展高等教育，导致义务教育达到普及的期限一推再推，对社会发展产生不利影响。国家对高等教育的侧重确实是经济欠发达国家快速发展高等教育的一条途径，但毕竟以牺牲教育公平为代价，印度在这一方面的政策倾斜进一步扩大了城乡和贫富的差别，使高等教育、基础教育的两极化更为严重。在这种跨越式进程中，仅仅靠高等教育的超常规发展，难以带动各级各类教育的平衡发展，形成教育可持续发展的局面。这不仅关系到教育跨越式发展的最终成功，还关系到以 IT 产业为"增长极"的社会经济发展。① 面对薄弱的基础教育，20 世纪 80 年代后的印度政府开始重新选择教育战略重点，调整教育投入，使整个结构渐趋合理，对初等教育的投入也稳步增加，1990 年世界全民教育大会以后尤为如此。

虽然高等教育在印度得到了优先发展，但在高等教育中也存在着一些明显的教育不公平现象。据印度政府的一项统计表明，高等学校的大多数学生来自城市，只有少部分学生来自农村，说明高等教育存在明显的城乡差别，存在受教育机会的不均等现象。由于历史上形成的种姓制度，使印度社会至今还维持着较为明显的等级性，"表列种姓"及生活在偏远地区的部落民族处于游牧、半游牧或刀耕火种状态的"表列部落"，还有一些印度教之外的少数民族构成了"落后阶级"，在政治、经济、文化教育上都处于不利地位。在高等教育公平中表现比较明显的还有，据 1980 年印度中央政府的"落后阶级委员会"发表的统计数字显示，印度落后阶级的人口占总人口的比例为 52.4%，到 20 世纪 90 年代初，其中大多数人仍生活在贫困线以下。"落后阶级"的

---

① 中国教育与人力资源问题报告课题组：《从人口大国迈向人力资源强国》，高等教育出版社 2003 年版，第 196 页。

子女处于极不利的被剥夺各种权利的地位，对学生的高等教育入学率有明显的影响，表现为严重的教育机会不均等。按印度政府公布的相应数据，1988～1989年度表列种姓和表列部族学生在大学生中的比例分别为7.3％和1.8％，而按法律规定的比例应该达到15％和7.5％；1997～1998年度表列种姓学生占在校大学生总数的比例约为11.5％，表列部族学生占在校大学生总数的比例约为3.2％。尽管上大学的人数总的来说有所增加，但他们所占的比例与其在总人口中的比例还有较大差距。而且教育的层次和水平越高，表列种姓和表列部族学生所占的比例就越低。另外，在专业上难以选择就业前景好、收入高的医科、工程技术等"好专业"，主要集中在文科、理科和商科专业中。在印度，社会评价最高、地位独特的国家重点学院系统中，表列种姓和表列部族学生所占的比例也是微乎其微。

尽管1943年起政府就有了为表列种姓提供的"保留权"政策，独立后的宪法也规定了禁止因宗教、种族、种姓、性别等原因对某些人予以歧视，保障少数民族的平等权利，但由于历史的渊源仍然有很大的惯性。1990年，印度总理宣布要把政府工作岗位与公立教育机构49％的名额保留给落后群体，引起高种姓和中上阶级的不满，导致了全国范围的骚乱。而保留权政策没有取得成功，落后阶级没有获得应有的受教育机会，正像有的印度学者指出的那样，"印度各级学校中的文化是上等种姓和上层阶级的文化，是反对表列种姓和表列部族的文化"[1]。印度的整个教育制度是歧视表列种姓、表列部族和其他落后阶级的，只显示出对英才的偏爱和对上等种姓、上层阶级的偏向。因此，无论在对于落后的基础教育，还是不平等的高等教育入学机会，印度教

---

[1] 转引自安全宏：《印度落后阶级受高等教育的机会》，载《比较教育研究》2002年第4期。

育公平的实现依然任重道远。

(六)追求种族平等的南非教育

南非是非洲相对发达的国家,人均 GDP 为 3 000 美元以上,南非对教育相对比较重视,教育投入也较大。1990～1991 年,南非教育支出大约占国民生产总值的 5.5%。1994 年南非黑人执政以后继续发扬了重视教育的传统,教育投入一直保持在 GDP 的 4%～5%。作为一个只有 4 000 多万人口的国家,南非办成了一批世界上名列前茅的大学,曾培养出 10 位诺贝尔奖获得者。

南非强调让所有的人都能接受教育,并将国家教育目标以条例的形式公布于众。它根据个人的教育需要(能力和兴趣)和社区的教育需求(劳动力需求)制定具体的教育政策。南非的义务教育规定,除黑人儿童以外,其他 7～16 岁儿童必须进入学校接受教育,包括初级小学教育、高级小学教育、初级中学教育(每级都为 3 年)和大多数高级中学的 1 年级教育。在此阶段,实行收费与免费相结合,根据不同情况实行收费政策,收费标准由社区学校管理委员会确定,国家对贫困地区的学校实行拨款倾斜政策。根据学校所在地区经济发展及学生家长的收入状况,把学校分为五个层次,给予不同额度的拨款,越穷的学校拨款越多,通过加大对教育的投入力度和比例为追求和实现教育公平创造条件,并将相应政策和措施都努力体现并服务于这一目标。在教学中,南非实行城乡教师二年定期轮岗制度,把让城乡学生享受到同样的师资作为教育公平的一项重要措施。城乡教师的工资待遇一律相同,且待遇较高,教师职业令人尊敬和羡慕,教师队伍相对稳定。[①] 多数国民的母语是南非荷兰语(占全国 56%)或英语

---

① 中国少数民族双语教育考察团:《南非、肯尼亚教育考察及其启示》,载《中国民族教育》2006 年第 1 期。

（占全国36%）①。此外，其他各民族的语言不尽相同。针对民族和文化的多样性，南非设定11种部族语言为官方语言，并将其作为学校课堂教学用语。重视部族语言的教学及双语教学，对不同民族实行不同的教育以体现民族平等，是南非政府的一个基本的教育指导方针。

由于种族的问题突出，南非教育公平形势严峻。第二次世界大战后，南非的不同种族一直接受的是有差别的教育，即亚洲人、黑人、有色人种和白人分别在不同的学校就读，黑人还有一个被特意组建的教育分部。到1985年，还有大约60万黑人儿童在农场学校学习，每个农场学校平均拥有不到100名学生，仅由一名教师同时教授不同年级的课程，教学质量难以保障，学生很难升入中等学校继续学习。黑人学生的辍学现象非常严重。从事黑人教育的教师中只有大约30%的教师为合格教师，黑人学校的生师比为41：1（白人学校的生师比为20：1），课堂非常拥挤。20世纪80年代，黑人学校的政治色彩很浓，罢工及其他形式的攻击性行为经常影响到学生的教育。据统计，到1988年有22%的6～14岁黑人儿童没有进入学校学习。1990年，白人学生和黑人学生的大学入学比例为10：1。

1990年南非国民议会下属的教育文化部实施新的学校管理模式，即学校可以在三种模式（模式A、模式B和模式C）中进行投票选择。实行管理模式A的学校为私立学校，国家给予一些补贴；管理模式B要求学校降低入学规定；实行模式C的学校是国家资助的公立学校。有200多所学校选择了管理模式B，并将学校的大门向其他种族的学生开放。值得一提的是，1991年南非政府规定那些没有被利用或者没有被充分利用的白人学

---

① ［瑞典］T. 胡森，［德］T. N. 波斯尔斯韦特主编，张斌贤等译：《教育大百科全书》第5卷，西南师范大学出版社2006年版，第184页。

校，应该为黑人学生提供教育，对学校资源重新分配。1990年，南非有384所私立的付费学校。自从20世纪80年代初期以来，这些学校的生源开始接受来自不同群体的学生。政府鼓励这些学校选择由教育文化部提出的三种额外的模式。那些以往为白人学生服务的学校，现在为了解决资金问题开始招收黑人学生。奖学金也被当做一项制度确定下来，学生可以通过努力学习，向银行贷款（利息适中）而获得，从而保障上学机会。这些措施有力地促进了教育公平的发展。

总体学校教育质量也是教育公平中备受关注的问题。教师不合格，书本供应不足且设备条件差的现象需要改善，到2003年全国仅有27%的学校有图书馆。同时，家庭对于学生的学习起着至关重要的作用，2003年南非只有1/3的家庭拥有电视机、收音机、电话、电脑及书刊。家长的教育水平低下使学生学业受到影响。为提高学校教育水平，南非教育部长阿思玛尔要求考试通过率应呈5%的增长速度。1999～2002年，考试通过率从49%提高到69%。但这一要求直接导致了参加考试的学生从1998年的55.3万名下降到2002年的44.4万名，极大地阻碍了有可能不及格的学生的发展。许多学生因为考试不能通过而中途辍学，从而面临着找不到工作、犯罪、感染艾滋病等许多社会问题。因此有媒体指责阿思玛尔对学校施压过大，特别是在考试通过率方面显失公平。① 加上在1990年以前，南非有55.9%的人居住在城市，但政府废除了人口流入制度后使得学校的入学人数骤增，如何增加入学机会，也是巴西政府面临的压力。

20世纪，南非经历了政治、经济的大变革时期，以惊人的速度向非种族民主社会迈进。为发展教育、提高参与国际合作和竞争能力，政府积极制定并实施各种教育政策。1980年，人力

---

① 陈曦：《平等意味着给穷人机会》，载《中国教育报》2003年8月16日。

科学研究委员会在南非政府的要求下主持了一项教育调查，涉及教育的方方面面。根据调查结果，南非政府制定了11项教育指导方针，成为南非其他教育政策和教育目标的基础。其中第1条"争取平等的教育机会"，第2条"权衡教育的共性与多样性"和第3条"要求教育的选择自由"，分别反映了对教育公平的要求以及政府决定为此所做的努力。1991年南非的《教育复兴策略》以及非洲国家代表大会（1991）的诸多提议也在明确指出教育所发生的根本性变革是社会变革的重要组成部分的同时，指出教育制度只有具有较大的适应性和适用性才有可能被大多数人所接受。1991年11月"资深教育专家委员会"颁布课程模式，提出面对有限的教育资源，格外关注教育平等。其中比较突出的是：第一，由于人口的快速增长，长期的经济不景气和大量移民流入，使南非的教师、教室以及其他教育服务的供给不足，在黑人学校表现尤为明显；第二，南非不断的政治冲突使教育沾染了种族的色彩，教育平等的方针政策在有些特定地区根本无法正常实施；第三，南非各地区教育的不平衡问题，民族、文化和经济的不同使不同地区的学校教育存在很大差别。

同年，南非总统发表声明，指出南非教育制度面临严峻挑战，为了使南非走上繁荣、公正和民主的道路，教育制度改革势在必行。新教育制度必须遵循如下原则：（1）实施非歧视的教育；（2）提供平等的教育机会；（3）使多数人接受教育，并获得政府的支持；（4）给社区教育留出余地，以满足不同学生的需要。① 在2003年关于反对种族隔离制度的周年纪念大会上，南非教育部长阿思玛尔表示：南非政府将作出努力，旨在为穷孩子提供有质量保证的教育。承诺三年后，国内用于提供给穷孩子的

---

① ［瑞典］T. 胡森，［德］T. N. 波斯尔斯韦特主编，张斌贤等译：《教育大百科全书》第5卷，西南师范大学出版社2006年版，第191页。

教育资金将是当年的三倍。这些资金主要用于书本、文具、水电及免费餐。南非已有90%的未成年人都入学接受教育，南非教育部还决定提供更多资金，保证教学质量，以促使这些学生能够顺利完成学业。

（七）堪称典范的古巴教育公平

2003年9月8日，古巴国务委员会主席菲德尔·卡斯特罗在全国2003～2004年新学年开学典礼上向全世界自豪地宣告："在所有国家中，无论是大国还是小国，富国还是穷国，古巴在普及教育领域中名列第一。"他的话是有充分根据的。古巴的教育普及程度在整个拉美乃至世界名列前茅：古巴实行12年的义务教育，适龄儿童入学率达100%，高于英国、芬兰、加拿大和美国；达到五年级的学生占学龄儿童的百分比为100%，与发达国家保持在同等水平；小学生在三、四年级的平均数学成绩均居世界前列。在发达国家中，只有加拿大和日本专门设有教育频道，古巴除设有两个教育频道以外，还在其他两个全国性频道中每天分别播放10小时和12小时的教育节目。2003年起，古巴实现了全国各类学校的每一个教室都配备电视机的目标，古巴的教师所占居民人数的比例也是最高的。[1] 此外，古巴初中、高中的入学率均超过95%，受过高等教育的人数占受教育人数的比例为57%。[2] 在一个国内生产总值不足发达国家1/10的国家，古巴的教育取得了骄人的成绩。

革命前的古巴教育事业还是相当落后的，特别是从20世纪20年代以后教育的发展处于停滞和萎缩状态。19世纪后期，古巴的革命先驱何塞·马蒂指出了教育对民族解放和强国富民的重

---

[1] 毛相麟：《古巴教育是如何成为世界第一的》，载《拉丁美洲研究》2004年第5期。

[2] 淮生：《中国与朝鲜、伊拉克、古巴教育之比较》，载《教师博览》2003年第12期。

要意义。他说:"有教养的人民永远是强大的和自由的",他认为拉丁美洲在教育上脱离了农村,是拉美国家所犯的"一个严重的错误"。菲德尔·卡斯特罗继承和发展了马蒂的教育思想,1955年8月,他在《七二六运动致古巴人民的第一号宣言》中提出15点革命纲领,在第7点中指出要改革教育方式,使教育"扩展到我国最边远的角落","使每一个古巴人都能在适宜的生活环境中接受教育"。作为古巴革命的领导人,卡斯特罗提出明确的教育思想,把全体国民的教育提高到强国富民的战略高度来对待,而且提出了教育改革和发展的途径和步骤。

革命胜利后,古巴以切合国情的、独特的教育发展模式发展教育。1959年9月,政府颁布了《教育改革法》,宣布古巴将实行小学义务教育。教育改革受到了当时社会上残存反动势力的多方阻挠,为了从根本上解决教育平等问题,古巴政府于1961年6月颁布了《教育国有化法》,明确宣布古巴的教育是公共的和免费的,教育工作应由国家负责,规定教育是全体古巴人民享有的平等权利。根据这项法律,政府接管了所有私立学校,将教育同教会分离,对全体国民实行免费教育。不仅免缴一切学杂费,校服也由国家免费发放,从而为普及初等教育,特别是为广大工农群众的子女都能上学提供了保障。扫盲问题是革命政府成立初期的另一项工作重点。1958年,古巴有文盲100万人,其中50%在农村,此外还有半文盲100多万人。1959年4月,古巴教育部成立的识字委员会开始组建识字中心和大量的识字班,到1960年年底,已有10万成年人接受了识字教育。

1960年9月26日,卡斯特罗在联合国大会上向全世界庄严宣告,古巴将在1961年使所有的文盲都学会阅读和书写。1961年被定为"教育年",扫盲成为这一年的中心工作。1961年12月21日,扫盲运动胜利结束。一年来的扫盲运动使70.7万人脱盲,古巴的文盲率从革命前的23.6%下降到3.9%,古巴成为拉美国家中识字率最高的国家。在20世纪60年代普及初等教育的运动中，除了实行免费全民义务教育之外，还大力增加了教学设施、加紧培养师资，先后在城乡建立起一批师范学校以培养师资力量。通过数年的努力，到20世纪60年代中期，中小学校师资紧缺问题得到了初步缓解。政府采取的重要措施为保证学龄儿童受到良好教育也创造了条件，使社会上所有家庭的子女无论贫富都能平等地接受教育，从而有效地实现了教育机会均等。

古巴高等教育近年的发展与改革也取得了很大成绩。古巴革命（1959年）前只有3所大学，发展到2002年全国共有63所高等教育机构。经过20世纪80年代古巴高等教育发展的黄金时代，1990年高等教育毛入学率已达20.9%，其中女性入学率高于男性（2001～2002年高达63%）。古巴拥有的1100万人口中每14人中就有一个是大学毕业生，450万就业人口中平均每6人就有1人为大学毕业生。古巴亦十分重视高等教育入学机会、成绩和毕业生分配等方面的平等，不大主张将大学划分为多层次，认为所有大学应该以同样步伐争取卓越，在这一过程中主张均衡发展，而不是以牺牲某些学校的利益作为代价，古巴思想舆论界还开展了反对"知识私有化"的运动。[1] 高等教育办学结构较为单一，主要设本科生和研究生层次，也没有民办教育或私立教育。但由于面对美国经济封锁、军事威胁和政治文化侵略的强大压力，实行有限度的对外开放，与西方发达国家联系较少，政治和经济纷争及意识形态使古巴和俄罗斯及前东欧国家又近乎断绝联系，仪器设备、教材及教学质量等均难以达到世界先进水平。

20世纪80年代，古巴已建成了全国性的完整教育体系，整

---

[1] 周满生、李韧竹：《古巴高等教育的发展与改革》，载《比较教育研究》2002年第7期。

体教育规模和质量居于第三世界前列,甚至可与发达国家相媲美。1989年苏东剧变,给古巴带来巨大冲击,古巴陷入了经济危机。在经济十分困难的条件下,古巴政府仍千方百计地保证教育体系的正常运转。卡斯特罗曾提出"一所学校也不能关闭",值得称道的是,古巴全国政府机关的办公条件都很简陋,但每年投入的教育经费占GDP的比例为11%左右[①],在世界上也是名列前茅的。随着20世纪90年代中期以后经济形势的好转,政府对教育的拨款逐年增加,1999年又将教师工资提高30%以进一步改善教师待遇。到2001年,教育支出占全国财政支出的比重达到15.1%;2002年投入继续加大,其支出比2001年又增加7.5%。由于政府的重视,特殊时期的教育事业仍然保持着较高的水平。联合国教科文组织在2000年初的一份报告中,赞扬古巴小学生的语言课和数学课成绩在被调查的13个拉美国家中得分最高,再一次肯定了古巴在发展教育方面走在拉美国家的前列。2002年初,古巴政府在新的改革教育体制的计划中,提出普及高等教育的条件已经成熟,政府将采取措施通过扩大大学招生人数、增加专业、提高大学教师水平和建立大量的教育中心,并在全国教育电视台播出面向全社会的"人人上大学"节目,教授大学的各种课程,来促进普及高等教育宏伟目标的实现。

古巴的教育发展模式是一种由国家主办、全社会参与、同劳动相结合、不断改革和创新的模式,这种模式的核心和本质就是社会公正原则。古巴政府表现出对教育的高度重视,投入大量资金对各级教育实行免费制,四十多年来始终不变,即使在国家财政很紧张的革命胜利初期也无一例外地实行免费,全体公民在享有受教育权的方面处于完全平等的地位。古巴政府在全社会积极兴办教育,建立了一流的教师队伍,正是这种模式把古巴的教育

---

① 《从教育和卫生事业看古巴》,载《党建研究》2005年第5期。

推向世界前列。① 在教育公平方面，政府的一贯政策是向农村、低层、困难和弱势群体倾斜。为了保证小学年龄段儿童的受教育机会，使偏远分散山区的少数农户子女仍能接受正常的义务教育，即使只有一个学生也不放弃，"一个学生的学校"在古巴全国竟有93个。又如，为了使所有学生都能接受计算机教育，对无法通电的2 368个边远山区的学校，政府配备了太阳能发电设备为计算机提供电力，对其中"一个学生的学校"也不例外。古巴的这种教育发展模式，充分体现了教育公平的原则，而这一原则又是古巴特色社会主义总原则的生动体现。②

（八）越南以制度为依托确保教育公平

越南是一个具有丰富人力资源和自然资源的国家，但由于19世纪以后近一个世纪的殖民统治和长期的战争制约了它的发展，教育发展相对落后。解放前，全国95%的人口是文盲。1945年越南民主共和国成立，特别是1975年全国统一以来，越南的教育先后经过1950年、1956年和1979年三次全国范围内的教育调整改革，特别是1979年的中央政治局颁布改革方案，大力发展幼儿、青少年、少数民族教育，并促成了九年义务教育的诞生。革新开放16年来，取得了重大成就。据越南教育主管部门统计，截至2000年7月12日，越南全国61个省市都完成了扫盲任务，达到全民中94%的人识字的目标，普及小学义务教育的任务已完成，正逐步实现普及初中义务教育。全国各级各类学校在校学生人数都有增加，2000~2001学年拥有近1 800万高中学生，82万职业学校学生，100万本科、专科院校学生。教育规模不断扩大，基本满足了就学要求，到2002~2003学年，越南的高等学校也由2000年的150所增加到230所，高校学生

---

①② 毛相麟：《古巴教育是如何成为世界第一的》，载《拉丁美洲研究》2004年第5期。

由 2000 年的 89 万人增加到 2003 年的 102 万人，高等学校招生人数年增长率约为 5％，其中非公立高校学生数占高校学生总数的 11％。越南形成了一个从幼儿园到大学后相对完整、统一和多样化的新的国民教育体系。1986 年越南共产党"六大"提出全面的改革方针，以经济建设为中心。由于充分认识到教育与经济的密切联系，革新时期的越南政府高度重视教育与教育公平。越南的社会主义制度也明确导向教育系统向着高度公平发展，强调满足各类社会弱势群体的需要。

对于越南这样一个多民族、多文化的国家，赋予和尊重少数民族接受教育的权利是实现教育公平的首要保障。1991 年 8 月颁布的《普及小学教育法》第 4 条规定："小学实行越语教育，但同时各少数民族有权使用本民族语言文字，与越语一起用来进行小学教育。"根据这一规定，各民族不论人口多少都有使用自己语言的权利。目前越南 55 个少数民族中有 26 个民族还保留有自己的文字。1998 年颁布的《教育法》规定："学习是公民的权利和义务。一切公民不分民族、宗教、信仰、性别、家庭成分、社会地位或经济背景，享有公平的学习机会。国家执行教育社会公平，为人人受教育创造条件。国家和社会帮助贫困人口以便他们受教育，为学习优秀者的发展提供保障。国家优先为少数民族儿童、经济特别贫困的山区的家庭的儿童、政策优抚对象、残疾者和其他享受社会政策优待的人员实现自己的学习权利和义务提供条件。"2001 年 4 月，越南共产党"九大"的政治报告进一步强调："实现教育的社会公平，为贫困人口创造学习机会，继续发展为少数民族学生创办的民族寄宿中学，重视最贫困的 2 000 个乡的人民的学习权利。"[1] 在实际行动中，采取多种形式办好民族学校，在招生和生活方面对少数民族学生实行照顾，增加他

---

[1] 欧以克：《革新时期的越南民族教育政策》，载《民族教育研究》2005 年第 3 期。

们的入学机会,重视民族教育师资队伍建设,始终坚持保护少数民族语言文字的政策,支持双语教育发展等政策保障教育的平等。

越南还大力发展基础教育,虽然人均GDP只有中国的1/3,但是成功地实现了对中学以下的儿童提供平等、免费的义务教育;根据贫困省份的实际情况,比如少数民族居多、交通不便,制定与之相适应的教育政策,并对贫困省份、山区或非越南语少数民族投入了大量的资金,努力改善教师队伍不足的现状;给学校设置平等的标准并重视贯彻执行。政府教育经费开支集中在小学和初中以保证较高的平等水平,教育中的公平性已经成为制定教育政策的一个目标,工作目标则着重于社会中下层、女性以及少数民族人口。有研究发现,越南全国的教育基尼系数在0.23左右,与韩国(0.22)、日本(0.25)和新西兰(0.25)的教育基尼系数相仿,代表了一个相对较公平的教育资源分配情况。①尽管付出了很大努力,有关调查显示,1998~1999年越南3~5岁的儿童仍只有40%接受了学校教育,边远地区的初等教育仍需付出艰苦努力。

越南的高等教育发展较快,表现出一定的不平衡性,高校的布局结构也不尽合理,主要集中在河内和胡志明市等大城市和经济相对发达的地区,广大农村地区特别是边远山区高校数量极少。高等教育入学机会不足,高校学生群体中,来自不同地区、不同收入阶层的大学生数量差距也比较大。已颁布实施的2001~2010年教育发展战略中的基本问题还在贯彻落实之中,近年内越南会逐步将大学精英化教育转变成大众化教育和普及教育,增加高等教育的入学机会。由于历史和文化等原因,越南女性接受

---

① 岑艺璇:《教育资源分配中的不平等问题——战后越南教育带给我们的启示》,载《情报教学》2006年第4期。

高等教育的人数更少，1980年高等教育的女性入学率，即女大学生占同龄人口比率仅为1‰，即使在东南亚国家中也处于较低水平。① 因此，越南政府对教育的男女比例问题特别重视，从初等教育阶段起，就明确地鼓励女童接受教育。

1997年联合国开发计划署在《人类发展报告》中指出，正是由于教育的发展，才使越南归属于减少贫困卓有成效的国家。越南党和政府充分认识到教育的作用，积极构建有利于教育发展和教育公平的政策环境，鼓励教师并给予其政策优惠，在奖学金、助学金及学费等方面针对不同群体予以区别对待，在培养和鼓励天才学生发展的同时考虑教育机会均等，积极促进社会经济不发达地区教育优先发展，为全民接受义务教育创造了条件。

2000年，越南教育经费投资已占国家财政支出的15%，计划在2010年增长到20%。为了使教育经费的使用更有成效，越南设立了专门委员会，保证投资分配优先考虑教育的普及化、专业化，并确保社会经济极端不发达地区的教育发展。在2001～2010年教育发展战略中提出到2005年左右，在主要城市和省完成中学教育的普及，2010年实现普及初中义务教育。在普通教育领域，要把精力集中在落实"全民教育"目标和普及中等教育上，着力扩大初中教育，杜绝新文盲的出现，巩固和提高学前教育成绩，改善成人教育结构。国家积极优先考虑为少数民族和边远地区居民开发的教育培训计划，并致力于改善教师的工作条件。2010年越南将教育工作重点放在以下两方面：一方面是优先考虑向农村地区的教育投资；另一方面是提高社会化程度，在全国教育系统中建立各级高效的教育机构，不断提高总的教育质量，以促进教育公平地发展。

---

① 范若兰：《试论东南亚妇女参与高等教育的前提和背景》，载《东南亚》2001年第4期。

(九) 11年义务教育展现朝鲜教育公平

1945年解放前,朝鲜有230万人文盲(其中76.1%是成人),有超过60%的学龄儿童没有上学,中学只有43所,没有任何高等教育机构。国家独立以来,教育被认为是决定着国家未来的特别重要的领域而备受关注。朝鲜劳动党的党徽图案由交叉的锤子、镰刀和夹在它们中间的一支毛笔组成,作为朝鲜象征的耸立在首都平壤的千里马铜像骑手手中,也高高举着一本书,从中可以看到朝鲜对教育和知识分子的重视。在解放不到四年的时间里,朝鲜劳动党和政府就领导识字运动消灭了文盲。为了进一步改善和提高教育质量,朝鲜政府对教育工作投入了巨大力量,建立了全体人民共同学习的教育制度,逐步实现了完全免费的义务教育。1956年,开始实施四年制的全民初等义务教育。1958年,将义务教育的年限改为七年,义务教育延至中等教育阶段。1959年4月通过部长会议,建立免费义务教育体系,国家负责资助超过1/3的人口,即850万在校儿童和学生免费受到义务教育。1967年,实施了普遍的九年制技术义务教育,1972年9月1日起,逐步实施新的义务教育,将义务教育年限延长至11年,包括为期一年的学前教育和普遍的十年制义务教育的实施,从而真正走上了金日成主席所提出的"实施世界上最高水平的义务教育的道路"。

建国之后,朝鲜建立了中小学5 000多所。按季节免费发给学生服装、学习用品,学生参考书和其他读物也都低价出售。目前各级各类学校的学生加上托儿所、幼儿园的儿童,直接享受国家免费义务教育的人数占全国总人口的一半。到20世纪90年代初,有280所大学和学院,有456所高等教育专门机构,每一个道都建立了相应的高等教育机构。国家十分重视为所有人实施高等义务教育体系,所有学生接受国家助学金。为整个社会的知识化服务被认为是国家文化革命最主要的任务,目的是提高全民对文化和技术水平的意识,使全民达到高等教育毕业生的水平,从而实现全社会知识分子化。实际上自从朝鲜战争结束的那一年免费义务教育开始实施起,从幼儿园到大学毕业——近15年一个流程的教育周期里,朝鲜几乎做到了完全免费。用不到50年的时间,将10%的国民培养成了大学生。

朝鲜教育事业迅速发展的最重要原因是党和政府的高度重视。朝鲜劳动党和政府制定了"教育工作走在一切工作的前面,为了搞好下一代的教育不惜一切"的方针,朝鲜每年对教育事业的投资,占中央和地方财政预算支出的20%左右。在师资培养方面,朝鲜积极建设地方自己的教师培养基地,使每个道内所需的教师都满足数量和质量上的要求,各地区的教育事业得到均衡发展,全民受教育机会和质量非常平等。朝鲜人自豪地称自己的国家为"教育之国"。人民教师和知识分子也享有很多优惠待遇和很高的社会地位,被人们称为"我们的金蛋子"。但朝鲜作为一个将政治与军事放在首位的国家,提倡"先军政治",将教育的政治功能提到很高的地位,重视阶级斗争教育和爱国主义教育,对教育的经济功能认识不足,没有提出依靠教育科技振兴国家经济的方针,也未实行对外开放政策,因此经济发展受到很大制约。

金正日执政以来为建设"朝鲜式的社会主义",将"先军政治"利益放在首位,其他事业都要服从"先军政治",教育事业也不例外。在金正日的安排下,1983年开始建立"平壤第一高等学校",旨在树立典型,先将它建成一个英才培养基地,再向全国普及。后来在每个道和直辖市都建有一所类似"一高中",到1999年,朝鲜全境内每个郡都改建或设有一个"一高中"。至此,"全国一高中教育体系"已经完备,成为在普通中学之外,另一种新型的教育体系——"秀才—精英"体系。[①] 从20世纪

---

① 孙启林:《朝鲜新的"秀才—精英"教育体系述评》,载《外国教育研究》1999年第6期。

80年代中期起，这种办学方式扩大到小学，即在小学中就建立"特设班"，为"一高中"输送人才。这样，朝鲜的"秀才—精英"教育就从小学到大学成为了一个完整的体系。这种体系中教育大纲要比其他高中学校更宽更深，掌握更高的理论知识和技能。此类高中毕业的学生不仅可以被直接推荐到朝鲜的一流大学里学习，而且可以自己自由选择专业。"秀才—精英"教育体系成为为"先军政治"培养接班人的基地，通过这个教育体系培养的学生将陆续充实到国家机关、工厂企业、学校、科研机构等单位成为"先军政治"服务的接班人。总之，朝鲜以最优秀的师资力量、教学设备、充足的经费保障，以及升入一流大学的机会、未来职业定向等多方面优惠政策对少量英才予以保证，以便实现朝鲜快出人才、出好人才的目标。2001年4月朝鲜第一部教育法《朝鲜民主主义人民共和国教育法》，对英才教育和争取全社会知识分子化作出了明确规定。第一章第六条申明："加强实施英才教育，是社会主义教育的重要要求。"这就从法律上确定了"国家确立英才教育体系"的政策。

　　进入20世纪90年代以后，朝鲜人民发现这种教育体系是在培养一个新的特殊阶层，少数人可以平步青云、飞黄腾达，顺利地进入高层社会，其他普通高中毕业生不仅没有上正规大学的机会，而且只能去参军服役，或是走向社会去从事艰辛的劳动和过着艰苦的生活，人民开始产生不满情绪。特别是发现进入此类"一高中"的学生多半是地方干部的子女，是以父母的出身和地位得到更好的机会，因此要求平等竞争，在"分数面前人人平等。"而教育不公平还表现在另一方面，即"先军政治"指导下的"秀才—精英"教育体系，不可避免地扩大了朝鲜普及教育质量的差距。自20世纪90年代以来，由于朝鲜军事投资力度加大，造成经济极度衰退和人民生活水平急剧下降，普及义务教育投资不足，学校教科书及学习用品短缺，学生甚至没有写作业的本子；除平壤市内一些学生能得以发到校服，有些地方学校多年来根本没有发过一套校服。尤其是边远农村、山区、偏僻地区的学校都无法正常开课，教学设备无法得到补充与更新，学生逃学、辍学现象十分严重，朝鲜各级各类学校尤其中学教育质量大大下降，而"秀才—精英"教育体系由于有相对充足的经费作保证，学生质量相比之下得到了提高。这样整个国民素质出现了很大差距。因此，这种教育体系在资金缺乏、经济困难的情况下，虽然保障了快出人才，却拉大了整个教育质量的差距，导致了新的教育不公平。

二、国外教育公平理论与实践的启示

在上述九个国家的比较中，既有经济实力雄厚的发达国家，也有属于中低收入的发展中国家；既有社会主义国家，也有资本主义国家，各国均在为推进教育发展、扩大教育机会和提高教育质量而努力。通过对以上九个国家推进教育公平进程的综述与分析，我们可以获得若干启示。

（一）政府是促进教育公平的主导力量

从以上各国推进教育公平的过程可以看出，政府始终是实现教育公平的主导力量，政府的主导是教育的公益性得以实现的重要保障。政府在教育公平中的重要推动作用正是通过立法、政策和财政等宏观干预，确保教育资源的合理配置，进而保障了学校教育的均衡发展。美国、英国、日本三国对教育公平的追求过程都体现了这一点，尤其是社会主义国家古巴、朝鲜在普及义务教育方面的努力更是堪称典范，巴西则以一个反面的例证说明了这一点。历史上也曾产生过反对政府干预的思潮，提出教育不公平是与社会结构、社会需求有密切关系而否认政府所付出的努力，例如，赖特温（Letwin）的《反均等》和格林（P. Green）的《不均等的追求》认为，政府的改革措施只是标榜了一种齐头平等的假象,不但不能收到预期的效果,反而会导致贫穷、不公正、压迫等现象的出现。因此,"对贫困作战"(美)、"教育优先改善地区方案"(英)、"补偿计划"(美)等各种政策实施后,曾一时饱受质疑。但正义的政策才能营造正义的环境,几十年来的效果证明它们明显改善了教育机会的均等性,从正面起到了主导作用。因此,必须从法律和制度上保障教育公平,把教育公平落实在具体行动上。

在现阶段,我国首先需要一个相对公平的政策支持,尽量减少由于制度性原因导致的诸如公共政策中的教育政策和规则的不公平和教育资源分配的不公平,如高考招生分数线的划定、高招的名额分配等政策的制定等。总之,构建和谐社会,需要政府出台更多体现公平和正义的政策。

(二)普及义务教育是教育公平的首要追求

从国际组织的数据中可以看到,很多国家来自政府的公共经费都占到义务教育投资总额的85%~90%左右,充分体现了义务教育应由政府来组织实施,其经费应由政府公共经费承担的基本原则。以政府公共经费负担义务教育的重要意义在于能够通过政府公共资源的再分配,排除各种因素对义务教育的制约和干扰,切实保证一国范围内义务教育的实际需要和均衡发展,并为每个适龄儿童接受义务教育创造较为平等的机会。凡是教育公平实现程度比较高的国家,都把实行免费的义务教育,保障义务教育的权利公平当做首当其冲的责任,并通过法律和政策予以保障。我们要接受印度一度重视高等教育而忽视基础教育的做法,吸取其教训,学习发达国家的经验,努力办好我国的义务教育。笔者认为目前我国政府完全有能力、有责任、有义务将普及义务教育工作做得更好。

(三)促进教育均衡发展是教育公平的重要内容

以美国、英国、日本为例,财政转移支付政策的实施是促进教育均衡发展的有力措施之一。经过不断的探索和实践，这几个国家纷纷建立了适应本国国情的自上而下的纵向转移支付模式。美国首先通过州政府的转移支付解决学区间的教育差距，再通过联邦政府转移支付来解决州级教育差距，从而保障了教育资源在学区间的配置均衡发展。日本则采用各种教育要素所需经费由中央、地区和当地三级政府共同分担的资助模式，通过三级政府参与多种教育要素的共担，最大化地调动不同层级政府的办学积极性，而且通过中央和地区两级政府的不断调整不同教育要素的分担比例，有机地促进了不同区域的教育均衡。英国采用了中央政府直接资助学校的转移支付模式，中央政府本身承担了大量不归地方政府管辖的直接拨款学校，对它们直接资助，从而保障教育经费的到位。目前我国的教育财政拨款体制尚不完善，可以从美国、英国、日本三国的模式得到借鉴，形成合理的省、市、县"教育财政成本分担"机制。

（四）向弱势群体倾斜是教育公平的基本要求

从相关研究中我们可以得知，影响教育机会的不只是学校教育制度，更重要的是与不同社会阶层的经济地位及文化背景等因素有关。对于教育中存在的不平等问题，世界各国均采用补偿教育计划和积极差异政策来减少和消除，帮助处于不利地位的学生初步改善其认知能力，使其摆脱不良循环，使这些学生更有机会改变自己的不利处境。美国、日本、古巴等国对偏僻地区实施的积极差异政策，对处于经济困境和弱势群体儿童进行的一系列补偿教育，其实质就是把更多的资源投向贫穷儿童，以期达到"教育结果平等"，这对于我国有一定的借鉴价值。2005年，我国教育政策的一个重大突破就是在义务教育阶段对农村贫困生实施"两免一补"，可见政府已经开始将解决教育公平问题付诸实践，但是力度仍然有待加强。对于我国的广大农村，以及贫困地区、贫困人口、残障人口、流动人口这四类弱势群体，在义务教育阶段应格外地关注和尽可能地进行更多补偿。

（五）教育质量公平是衡量教育公平的重要标尺

在提高教育质量问题上，各国都认识到教育质量在实现教育公平中的重要作用，提高教育质量问题成为各国近期教育公平讨论中倍受关注的热点。目前我国基础教育质量不均衡，若要解决，正如库姆斯在《世界教育危机——八十年代的观点》中所说的，要在贫困地区提高教育质量，就是在分配任何新的可用的资源时优先考虑这些地区，如果必要的话，还要在不降低教育质量、入学机会和教学效果的前提下，把现在分给受惠地区的一部分资源调拨给贫困地区。由此可见，合理地分配教育资源对于我国中西部地区基础教育质量的提高，以及实现教育公平有着至关重要的意义。

从义务阶段后教育这一层次看，在入学机会得到相应的满足后，教育公平更多地集中到如何提供同等优质的教育机会。英国自始至终保持着较多精英色彩教育，而美国在"大众化"后也表现出一部分"精英化"的回归，以成就国家和个人的卓越为目标。因此，在有限的高等教育资源的分配上，难免发生"排挤效应"，这往往造成新的教育不公平。经费相对充裕的英美国家尚且如此，中国更需注意。因此，在我国目前教育经费严重不足的情况下，如果只是为了使少数重点大学和研究型大学的师生有条件和能力追求卓越，使本不丰裕的经费和资源过多地倾斜到重点院校，其他的院校只是轻沾雨露，就难以得到整体素质的提升，且会在入学机会尚不均等的情况下加剧不平等。正如我国台湾学者黄霍所说："教育的目的是为了追求卓越，还是为了公平？……可以说，只有在平等的受教育机会获得起码的保障之后，精英主义教育才有进一步发展的空间。"[①] 我们在关注教育

[①] 黄霍：《精英主义与平等主义教育观的哲学反思》，载《2006年全国教育哲学年会暨教育哲学国际研讨会论文集》。

公平和提高教育质量的同时,也要处理好二者之间的关系。

(六)教师定期流动有助教育均衡发展

日本义务教育均衡化程度非常高,其中教师的定期流动功不可没。日本教师的定期流动,从地域上看,有同一市、街区、村之间的流动,也有跨县一级行政区域间的流动。从流动的种类看,既有同级同类学校之间的流动,也有不同种类学校之间的流动。流动的对象既有教师也有校长。据日本文部省调查显示,日本全国公立基础学校的教师平均每六年流动一次;多数中小学校长一般三到五年就要更换一所学校,每名校长从上任到退休,一般都要流动两次以上。这些具体的制度都是以相关的法规政策来保障实施,使较大城市、偏僻地区学校和其他地区学校之间以及不同类型学校之间教师交流的比例大致平衡,有效地促进了学校之间教师的均衡发展,进而促进校际教育的均衡发展,最终实现整个义务教育的均衡发展。鉴于我国长期的城乡二元结构所形成的东西部及城乡之间的教育发展水平的巨大差异,以及区域之间、学校之间的差异带来的一系列弱势群体的入学机会问题、农村教育质量问题、师资力量问题、学生择校问题等,日本在教师定期流动制方面的经验对我们提供了重要的参考。

(七)实现教育公平是一个长期的历史过程

各国经验表明,实现教育公平是一个长期的历史过程。由于在教育机会均等运动的整个过程中,各种观念难以统一,以教育改革来促成教育公平的观点曾经受到质疑,尤其在教育扩张的初期,因实施效果难以在短时期内立竿见影而被认为不可能实现。以英国教育不均等问题为例,当时英国的教育不均等现象并未因1944年的教育法案的通过而马上有明显改善,反而在教育扩展初期有所恶化;美国的补偿教育实施后,也出现了类似的情况。但长期看来,种种初期趋向于更不平等的情况,在教育扩展的后期逐渐得到改善,并且日渐均等。T.胡森指出:"在过渡阶段,必定会有不平等。……在大多数国家，最先从教育提供中受益的，且得益最多的，是已经比较富裕的城市地区。"① 通常的解释是教育机会最先还是由社会较高阶层的子女获益，当教育扩充至或普及到某一水准的时候，才能扩展至包括低收入阶层、弱势群体在内的全体受益者。国内相关的调查也显示，目前，在校大学生尤其重点大学的学生，大多来自境况较好的家庭，也验证了这一点。因此，不能因为教育扩张初期的教育机会趋于更加"不均等"现象而否定一切为增加教育机会而付出的努力以及相关政策和措施。人们应该清醒地认识到，实现教育公平是一个长期的历史过程。教育公平实现的每一步都需要政府、教育界的努力和社会各界的支持。

---

① ［瑞典］T. 胡森，［德］T. N. 波斯尔斯韦特主编：《国际教育百科全书》第3卷，贵州教育出版社1990年版，第437页。

第五章 中国教育公平的现状分析

新中国成立以来，我国在发展教育事业过程中始终关注教育公平问题，特别是近年来，党和政府以科学发展观为统领，对构建社会主义和谐社会进行了深刻阐述和全面部署，提出要坚持教育优先发展，促进教育公平，逐步缩小城乡、区域教育发展差距，把大力发展教育事业，促进教育公平作为国家基本教育政策，不断扩大人民群众接受良好教育的机会，教育事业在原有的基础上取得了举世瞩目的成就。然而，由于实现教育公平是一个长期的过程，因此，我国在教育公平领域仍然存在着一些突出矛盾和问题。如何更好地实现教育公平，将是我国今后相当长一段时期内的重要任务。本章在对党和政府为促进教育公平所作出的积极努力作了充分肯定的基础上，对目前我国教育公平中存在的突出问题进行了深入分析，并进一步探讨了导致教育不公平问题背后的深层原因，提出了有利于促进教育公平的教育体制改革建议,以及社会主义初级阶段稳步推进教育公平的基本策略。①

一、中国促进教育公平的积极努力

在中国古代历史上,教育主要是通过国子监、太学、书院和私塾来实施的,能够进学校读书的绝大部分是官宦和有钱人家的子弟,一般老百姓是很少有机会的。官府通过科举考试选拔人才,考试内容多是"四书"、"五经",人们读书的唯一目的就是为了做官,从政治民,在受教育权利和机会上没有什么真正的公平可言。

现代教育首先在西方产生。19世纪后半期,在主要资本主义国家,初等教育先后实施了义务教育。德国(普鲁士)在1763年率先开始实行义务教育,美国、英国、法国义务教育分别始于19世纪50年代、70年代和80年代,日本也于1872年颁布了学制,宣布实行义务教育。

中国现代教育直到20世纪初才真正开始。1904年,中国现代教育史上首次出现建立学校系统的"新教育"制度,标志着中国现代教育制度的出现。1912年,中华民国临时政府教育部在北京召开"临时教育会议",确定了基本教育方针,并据此制定新的学制,称为"壬子学制"。1913年又进行了修改,二者合称"壬子癸丑学制",进一步规范和确定了中国现代教育体系。1915年,也就是在中国新式教育发展十年以后,各级政府出资的学校才达到12万所,在读学生400万人,占总人口比重不足0.9%②,远远低于日本明治维新时期的水平。1922年11月2

---

① 本章部分内容和数据参考了2006年10月教育部教育公平调研小组:《教育公平与教育体制改革问题调研阶段性报告》,特此说明,并对原执笔者致以感谢。

② 在校学生人数来源于费正清著,张沛译:《中国:传统与变迁》,世界知识出版社2002年版,第512页;总人口数据来源于:安格斯·麦迪森著,李德伟、盖建玲译:《世界经济二百年回顾》,改革出版社1996年版,第73页。

日，北洋政府公布《学校系统改革案》，称为"壬戌学制"。"壬戌学制"第一次明确了以国家政策的形式提出期限为四年的义务教育目标，但没有真正实施，到1935年中国学龄儿童入学率还只有22.1%。直到1950年，中国人均受教育年限才达到日本1870年的水平。总的看来，1820~1949年间是传统农业社会解体，经济迅速衰落，传统教育向现代教育转型时期，但仍以精英教育为主，农村文盲高达80%以上。

1949年新中国成立以后，中国政府把发展人民教育作为一项重要工作来抓，各级各类学校发展迅速，在校学生人数增长很快，初等教育和中等教育入学率迅速提高。1950~1978年，政府大力普及小学教育，文盲率大幅度下降。到1965年，取得了在中国教育发展史上具有重要意义的成绩：一是基本建立了门类齐全的教育体系；二是小学净入学率由1949年的20%左右提高到1965年的84.7%，基本普及小学教育；初中毛入学率由2.7%提高到21.6%，高中阶段毛入学率由1.5%提高到4.4%，高等教育毛入学率由0.3%提高到2.0%。后十多年由于发生"文化大革命"，严重影响了中国教育的发展。

1978年以后，国家加快了教育发展步伐。1979~2000年为经济起飞期，经济迅速上升，基本达到小康，普及九年义务教育，基本扫除青壮年文盲，1986年《中华人民共和国义务教育法》为普及九年义务教育提供了具体的法律依据。在经济发展水平低、教育资源有限的条件下，经过各级政府和广大人民群众的长期艰苦不懈努力，2000年初步实现了基本普及九年义务教育，基本扫除青壮年文盲的宏伟目标，"普九"的人口覆盖率达到85%，青壮年文盲率下降到5%以下，在世界九个人口大国中率先实现了"两基"目标，解决了世界人口最多国家的基础教育问题，实现了我国政府对世界的庄严承诺。2001年迄今，我国经济持续上升，初步普及了高中阶段教育，基本实现高等教育大众化。

从提出"普九"到基本实现目标,我国仅仅用了15年,这在世界历史上是前所未有的。同时,我国政府在普及义务教育的过程中,对女童教育、农村教育和少数民族教育问题非常重视,教育的城乡差距、男女差距和地区差距逐步缩小。中小学阶段在校生中女生比例均高于世界平均水平。到1999年,中国首次在人均受教育年限上超过世界平均水平。① 这是中国人力资本积累历史上具有里程碑意义的重大事件。

目前,我国高等教育总规模列世界第一位,高等教育总规模占全世界高等教育总规模的比例从解放初的1/46提高到目前的1/7。到2008年,高等教育毛入学率达到23.3%,全国各类高等教育在学人数达到2 907万人,全国普通高校(全日制)招生608万人,是1998年的6倍。1998～2007年,高等教育为各行各业输送了3 000多万毕业生。目前,我国受过高等教育的人口超过7 000万人,有高等教育学历的从业人员总数已达到世界第二。因此可以说,中国的人力资源开发在基本实现小康的基础上,进入了全面开发人力资本的阶段;教育发展在基本实现"两基"的同时,进入了全面实现教育现代化的阶段。

总而言之,作为一个世界人口大国,中国在促进教育公平方面进行了积极努力并取得举世瞩目的成就。中国教育总规模迅速扩大,增长速度超过世界平均发展速度;义务教育普及成就巨大,为世界全民教育作出了贡献;教育投入整体水平有所提高,为教育事业进一步发展奠定了良好的基础。2005年全国国内生产总值为183 084.8亿元,是1980年的40.35倍。国家财政收入增长,对教育的投入也逐年增长。全社会教育投入由1952年的

---

① 根据 Robert J. Barro 和 Jang-Wha Lee 的计算,1999年中国人均受教育年限为7.11年,世界平均水平为6.66年。

11.62亿元，增至2001年的4 637.66亿元。① 1995年全国教育经费总收入为1 877.95亿元，2004年为7 242.6亿元，其间平均每年递增16.2%。2005年国家财政收入达到31 649.3亿元，全国教育经费总量达到8 418.84亿元，国家财政性教育经费为5 161.08亿元。② 2006年全国财政预算安排教育支出4 578.33亿元，比2005年又增长15.9%。

2006年，胡锦涛总书记重申必须坚定不移地实施科教兴国战略和人才强国战略，切实把教育摆在优先发展的战略地位，并明确地提出了要"努力办好让人民群众满意的教育"的要求。在2007年党的十七大会议上又进一步指出，教育是民族振兴的基石，要优先发展教育，建设人力资源强国；同时指出，教育公平是重要的社会公平。在党和政府坚持不懈的努力及社会各界的大力推动下，我国教育正朝着促进教育公平的更高目标——"从人人享有教育机会，向人人享有良好教育机会"迈进。

（一）促进义务教育均衡发展

义务教育是由国家统一实施的必须予以保障的公益性事业，义务教育均衡发展是社会主义制度的本质体现，也是构建和谐社会的现实需要。推进城乡义务教育均衡发展，保障全体公民共享教育改革发展的成果，是社会公正和教育公平最直接和最重要的标志，是致力于实现社会公平的重要步骤。在整个义务教育均衡发展过程中，最重要的是使薄弱的农村义务教育得到发展。进入新世纪以来，党中央、国务院把义务教育特别是农村义务教育摆在了优先发展的重要位置，农村义务教育成为新时期整个教育工作的重中之重。

---

① 中国教育与人力资源问题报告课题组：《从人口大国迈向人力资源强国》，高等教育出版社2003年版，第296页。

② 国家统计局：《中国统计年鉴·2006》，中国统计出版社2007年版。

1. 我国政府对实施义务教育作出不懈努力

《中华人民共和国义务教育法》(以下简称《义务教育法》)是1986年4月12日于六届全国人大四次会议上通过的。《义务教育法》的颁布实施,标志着我国义务教育走上了法制化轨道。《义务教育法》的修订继续推动了公共教育资源向农村、中西部地区、贫困地区、边疆地区、民族地区倾斜,极大地推进了教育公平的进程。在党和政府的高度重视下,我国的义务教育用占全世界约2%的教育投入承担了全世界约20%的适龄少年、儿童的义务教育。到2007年,我国学龄儿童的净入学率从1978年的95.5%提高到了99.5%,基本实现了"基本普及九年义务教育、基本扫除青壮年文盲"的宏伟目标。

在普及义务教育过程中,我国政府十分重视教育的民主性和公平性,尤其关注贫困地区的农村教育问题。小学学龄儿童入学率的城乡差距从1985年的4.7个百分点缩小到2000年的0.6个百分点;小学女童入学率与总入学率的差距从1985年的5.5个百分点缩小到2000年的0.04个百分点;全国小学学龄儿童入学率最高的上海市与最低的西藏自治区的差距从1985年的53.5个百分点缩小到2000年的14.2个百分点。[①] 在基本实现了义务教育的基础上,2005年小学普及率达到99%,初中普及率达到95%,排在世界9个人口大国的前列。具体情况如下。

(1) 政策和法律层面上的保障。2003年9月,我国召开了建国以来第一次全国农村教育工作会议,确立了以农村义务教育为重点的教育发展战略,出台了新增教育经费主要用于农村的重大政策。2004年提出启动西部地区"两基"攻坚计划,在过去"贫困地区义务教育工程"和"中小学危房改造工程"的基础上,

---

[①] 中国教育与人力资源问题报告课题组:《从人口大国迈向人力资源强国》,高等教育出版社2003年版,第295页。

又组织实施了"农村远程教育工程"、"农村寄宿制学校建设工程",对农村贫困家庭学生实行"两免一补"政策,大大加快了农村和西部地区的"普九"进程。2005年国务院决定深化农村义务教育经费保障机制改革,完善以政府投入为主的经费保障机制,逐步将农村义务教育全面纳入公共财政保障范围。新修订的《义务教育法》规定:"国务院和县级以上地方人民政府应当合理配置教育资源,促进义务教育的均衡发展,改善薄弱学校的办学条件,并采取措施,保障农村地区、民族地区实施义务教育,保障家庭经济困难或残疾的适龄儿童、少年接受义务教育",为促进义务教育的均衡发展提供了法律保障。

(2)"两基"和"普九"目标的基本实现。近年来,我国政府将完成西部地区"两基"攻坚任务确定为重大工作目标,在过去"贫困地区义务教育工程"和"中小学危房改造工程"的基础上,组织实施了"农村寄宿制学校建设工程",工程总计投入100亿元,在西部建设了7 700多所寄宿制学校,为山区、边疆和少数民族地区的少年儿童入学提供了保障,使得中西部地区、城乡之间义务教育资源配置的差异,总体上小于经济差异,教育发展的政策取得了明显效果。2005年底,西部地区410个"两基"攻坚县中已经有247个县实现"两基",2006年底西部地区又有近70个县实现"两基",全国"两基"人口覆盖率提高到98%,青壮年文盲率下降到3.58%。[①] 到2007年,西部"两基"基本完成,"两基"和"普九"目标实现是入学机会的最大公平。

(3)农村义务教育经费保障机制的运行和完善。2004年,农村义务教育全国财政性拨款占农村义务教育经费总额的80.61%,彻底改变了长期以来农村义务教育由农民负担为主的

[①]《教育部、科技部介绍中国科技教育发展情况实录》,人民网,2007年10月16日。

状况。2005年下半年,国务院决定深化农村义务教育经费保障机制改革。在全国人大的关注和推动下,新修订的《义务教育法》明确规定要把义务教育经费全面纳入财政保障范围,建立中央和地方分项目、按比例分担的农村义务教育经费保障新体制。经国务院批准,2007年财政部、教育部印发了《关于调整完善农村义务教育经费保障机制改革有关政策的通知》,决定从2007年起,在3年内全国财政将新增经费470亿元左右,用于调整完善农村义务教育经费保障机制改革有关政策。至此,2006～2010年全国农村义务教育经费保障机制改革累计新增经费,将由原来的2 182亿元至少增加到2 652亿元。①

(4) 区域之间、城乡之间教育投入的差距缩小。2005年,全国财政预算内农村义务教育拨款总数达1 567亿元,比2000年的604亿元增加了963亿元,增长159.44%,平均每年增幅达21.01%;2005年农村义务教育全国财政性拨款占农村义务教育经费总额,由2000年的65.65%增加到80.85%,彻底改变了长期以来农村义务教育由农民负担为主的状况。财政投入的大幅提高明显缩小了我国城乡义务教育发展的差距。全国小学、初中生均预算内事业费的城乡之比均由2000年的1.7∶1缩小为2005年的1.4∶1。全国农村义务教育生均预算内公用经费城乡差距缩小更为明显,小学城乡差距由2000年的3.1∶1缩小为2005年的1.7∶1,初中由3.4∶1缩小为1.6∶1。缩小城乡教育差距的主要措施除了建立中央和省级政府分担的义务教育经费保障机制,加大对农村义务教育的投入,在农村首先实行"两免一补",逐渐推进农村免费义务教育外,还加强了农村远程教育和寄宿制学校建设,采取城市教师到农村支教、城市学校与农村学校"结

---

① 《全国财政新增470亿元完善农村义务教育新机制》,载《中国教育报》2007年11月30日。

对子"帮扶措施,支持农村教育发展。

政府"十一五"时期的教育政策更多地考虑从财政、高校对口支援、招生等方面采取措施促进地区间的均衡发展,重点支持中西部教育发展,缩小地区差距。在学校之间的均衡发展方面,新《义务教育法》规定义务教育阶段不得将学校分为重点学校和非重点学校,学校不得分设重点班和非重点班,不得以任何名义改变或变相改变公办学校的性质,这就要求政府对学校在资源、政策上进行公平的分配,不得有政策、资金、资源的倾斜。根据2005年国家教育督导报告,进入21世纪以来,我国义务教育均衡化的步伐加快,政府对农村义务教育投入的增长率高于城市,生均拨款的城乡之比有所缩小。农村校舍增长较快,大部分省生均校舍面积城乡基本相近,教师学历合格率进一步提高,城乡间、地区间差距较小。全国农村学校现代教育技术装备水平有较大提高,城乡差距有所缩小。

(5)农民工子女教育问题受到高度重视。进城务工农民子女是伴随农村剩余劳动力转移所出现的一个特殊群体,对于这一特殊群体的教育问题,各级政府及其教育主管部门已做了大量的工作。早在1996年国家教委就制定印发了《城镇流动人口中适龄儿童少年就学办法(试行)》。1998年3月,国家教委和公安部发布的《流动儿童少年就学暂行办法》,对进城务工农民子女进城上学仍采取限制政策,允许招收流动儿童少年就学的全日制公办中小学收取"借读费"。2001年《国务院关于基础教育改革与发展的决定》提出以流入地政府管理为主,以全日制公办中小学为主,依法保障流动儿童少年接受义务教育的权利,对农民工子女进城上学逐渐从"限制"转向"支持"。2003年9月,国务院办公厅转发了教育部等六部委《关于进一步做好进城务工农民子女义务教育工作的意见》,首次将政策焦点对准农民工子女,规定由流入地人民政府负责进城务工农民子女接受义务教育工作,接收的学校以全日制公办中小学为主。2006年6月新修订的《义务教育法》，明确将进城务工农民子女公平接受义务教育问题提上了法律层面，转变成一个以法律为依据的政府行为。各地政府和教育部门也陆续出台了一系列关于进城务工农民子女公平接受教育的法规、政策性文件，从2007年义务教育中农民工随迁子女的招生及流向情况看，2007年某省共招生176万农民工子女，小学108万，其中由省外迁入57万；初中67万，其中由省外迁入29万。从总体来看，公办学校已成为接纳进城务工农民子女上学的主要场所，体现了"两为主"的方针。从各地反映的情况和实证调查来看，进城务工农民子女的教育已得到一定程度的落实。

（6）少数民族教育、女童教育、特殊教育的明显改善。近年来，我国政府采取积极措施，民族地区"两基"攻坚取得新进展。女童受教育权利得到保障，2005年全国小学男童和女童的入学率差距下降到0.02个百分点。尤其值得注意的是，我国政府对特殊教育的经费投入有了较大幅度增加，设立了专项补助，并开始走上依法治教的轨道。2005年底，特殊教育学校已达到1 593所，比1990年翻了一番多；义务教育阶段在校学生近37万人，比1990年增加了4倍多。到2007年，特殊教育在校生已达到41万人。目前，在普通学校特教班和随班就读的残疾学生已占义务教育阶段全部在校残疾学生的60%以上。特殊教育学校的教材建设工作成效明显，基本满足了三类特殊教育学校教学的需要。2005年，全国特殊教育学校教职工人数达42 256人、专任教师人数达31 937人，分别比1990年增加了近90%和110%。此外，还有大量在普通学校从事随班就读教学的教师参与特殊教育工作。目前，全国各地已建立了一批特殊教育师资培养、培训机构，一些高等师范学校还设立了特殊教育专业。

（7）农村现代远程教育的突破性进展。现代信息技术和远程教育技术的发展，为我国加快农村教育的发展，缩小城乡教育差距，实现城乡优质教育资源共享提供了可能。2005年，农村中小学现代远程教育工程全面实施，向农村小学教学点约510万名小学生提供了优质教育教学资源，普遍提高约占全国小学生67％的农村小学的教学质量和教师水平；使3 109万名农村初中在校生能够逐步与3 495万名城镇初中生一样，共享优质教育教学资源，接受信息技术教育。通过实施农村中小学现代远程教育工程，运用信息化的手段和方式，把优质教育资源、先进的教育理念、科学的教学方法、先进的文化输送到边远的山区、牧区、少数民族地区和贫困地区，让广大农村的孩子，特别是边远贫困地区的孩子，享有和城里孩子一样高质量的教育，有效地解决了我国广大农村地区教育教学资源匮乏、师资短缺等问题，提高了农村教育的质量，缩小了现实存在的城乡之间教育发展水平的差距，促进了城乡教育的协调发展，体现了教育公平。

（8）大力加强农村教师队伍建设。大力加强教师队伍建设，不断提高教师特别是农村教师队伍的整体水平。通过采取有力措施，保障教师的政治地位、社会地位、职业地位，不断改善教师的工作、学习、生活条件，高度重视教师培养培训，大张旗鼓地表彰优秀教师。中小学教师队伍整体素质得到提高，职业教育"双师型"教师建设取得新的进展，高校实施"人才强校"战略取得显著成效。2006年初教育部印发《关于大力推进城镇教师支援农村教育工作的意见》，出台了一系列措施，包括组织大中城市中小学教师到农村任教，组织县域以内城镇中小学教师定期到农村任教，组织高校毕业生志愿支教等多种形式的支教活动。从2007年秋季起，在教育部直属师范大学实行了师范生免费教育，对缓解长期困扰农村教师队伍建设的突出问题，提高农村教师队伍的整体素质，解决教育质量公平问题，发挥着重要作用。

2. 社会各界为推动教育公平所作出的努力

近年来，包括不少全国人大代表、全国政协委员、专家学者在内的社会各界有识之士，在不同场合呼吁对农村义务教育实施免费，建议农村义务教育全免费（即免学费、杂费、教科书费，对贫困生提供免费餐），并建议按"分类承担、分步实施"的原则，尽快从592个国家扶贫开发工作重点县开始实施义务教育全免费①，这些都得到了国务院和教育部等有关部门的高度重视。2003年9月国务院召开建国以来第一次全国农村教育工作会议，出台《国务院关于进一步加强农村教育工作的决定》，开始实施"两免一补"政策，从此我国实施免费农村义务教育正式提上了议事日程。2005年3月5日，温家宝总理在十届全国人大三次会议上所作的《政府工作报告》中强调，从2005年起，免除国家扶贫开发工作重点县农村义务教育阶段贫困家庭学生的书本费、杂费，并补助寄宿学生生活费。这意味着中国592个国家级贫困县约1 400万农村贫困家庭的中小学生将可以享受国家提供的全免费教育，并到2007年在全国农村普遍实行这一政策，使贫困家庭的孩子都能上学读书，完成义务教育。② 此后各地政府都做出了积极努力，并取得了可喜的成绩。2005年11月10日，教育部负责人在答记者会上明确表示，"十一五"规划中，2010年农村地区实行免费的义务教育，2015年全国普遍实行免费义务教育。2005年11月28日和2005年12月3日，国务院总理温家宝先后在联合国教科文组织第五届全民教育高层会议上及接受法国《费加罗报》记者采访时进一步表示，从2006年开始，中国将用两年时间在农村全面免除义务教育阶段的学杂费。这对后来各地免费义务教育的实施是一个极大的鼓舞和推动。

---

① 周洪宇：《农村九年义务教育应免费》，载《人民日报》2003年3月28日。
② 温家宝：《政府工作报告》，2005年3月5日。

(二) 高中入学率得到大幅度提高

"十五"期间,是新中国建立以来我国普通高中教育发展最快的时期。为满足我国社会、经济发展的迫切需要,适应九年义务教育基本普及和高等教育的快速发展,普通高中教育坚持体制改革和机制创新,规模迅速扩大。义务教育基本普及后我国教育事业整体发展格局中的"高中瓶颈"现象得到了根本缓解。

1. 全国高中教育发展基本情况

(1) 高中教育进入了一个快速发展时期。1995年以来,各地不断加大政府投入,广泛吸引社会力量参与办学,积极发展高中教育,使我国高中教育得到了快速发展。2005年,全国普通高中学校达到16 092所,招生规模达到878万人,在校学生达到2 409万人。2007年高中阶段招生达到1 626万,比2006年增加7万,比2002年增加476万。普通高中招生840万,比2002年增加63万。这一时期,高中教育发展既坚持扩大办学规模,又注重走内涵发展的道路,办学效益不断提高。据统计,2007年全国高中学校占地面积为14.94 m^2/生,比2006年14.52 m^2/生有所提高。北京最高28.45 m^2/生,吉林最低10.43 m^2/生,东部相对好于中西部地区。

表5-1 2002~2007年全国高中阶段教育招生规模

年份	2002	2003	2004	2005	2006	2007
招生人数(万人)	1 150	1 268	1 388	1 534	1 619	1 626

(2) 高中教育经费有了较大增长,全国生均教育经费增幅巨大,为更多的学生提供了接受高中教育的机会。2004年,全国高中教育经费总投入908.38亿元,比1994年的113.86亿元增长近7倍。其中,高中生均教育经费由1994年的1 542.29元增加到2004年的3 983.47元,增长了1.58倍,高中生均公用经费由1994年的474.77元增加到2004年的1 585.66元,增长

2.34倍。

（3）高中教师队伍不断优化，高级职称教师数以及学历达标率大幅提高。一方面一大批年轻的学历层次较高的教师被充实到高中教师队伍中，在一定程度上缓解了高中教师数量的不足；另一方面，从"九五"开始加强了高中教师的培训力度，提高了高中教师队伍的整体素质。从表5-2可知，10年来我国高中教师队伍不断壮大，整体素质有了显著提高。2007年，全国普通高中生师比为17.48：1，高中教育的快速发展有效地缓解了高中教育的"瓶颈"状况。

表5-2 1995年和2004年全国普通高中教师学历与职称情况

年份	专任教师总数	本科以上人数	学历达标率（%）	中级以上职称人数	中级以上职称所占比例（%）
1995	550 521	303 941	55.2	268 811	49
2004	1 190 681	947 700	79.6	629 381	53

（4）我国高中阶段毛入学率大幅度提高，为人民群众提供更多接受普通高中教育的机会。2007年高中毛入学率达到66%，比2006年提高6.2个百分点，比2002年提高23.2个百分点，比1995年提高32.4个百分点。2008年高中毛入学率更达到

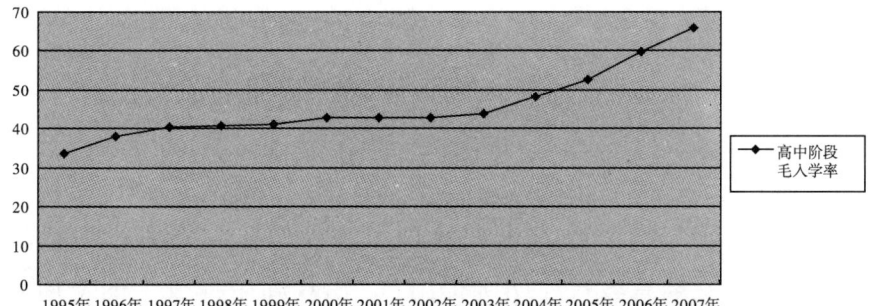

图5-1 1995～2007年全国高中阶段毛入学率（%）

资料来源：《1995中国教育统计年鉴》和《2004中国教育统计年鉴》，人民教育出版社。

74%，比 2007 年又提高 8 个百分点。2004 年以来高中阶段毛入学率增幅较大，年均超过 5% 以上。这样的发展速度为越来越多的适龄青少年提供了接受高中教育的机会。2006 年，全国高中阶段教育招生增长率超过 10% 的省份除海南外，都为中西部的省份，广西、贵州、青海的高中阶段招生增长率超过 15%。①

（5）高中教育的快速发展为我国提高人口的受教育水平，推动高等教育发展进入大众化阶段奠定了基础。从每 10 万人口高中在校生数指标来看，我国高中阶段在校生从 1 610 人（1995 年）提高到 2 824 人（2004 年），提高了 75.4%。高中阶段学龄人口入学机会的不断增加，推动了我国高等教育的发展，对国民素质的提高起到了积极的促进作用。

表 5-3　1994～2004 年全国每 10 万人口高中在校生数

年份	1994	1995	1996	1997	1998	1999	2000	2001	2002	2003	2004
每 10 万人口中高中在校生数	1 293	1 610	1 780	1 905	1 978	2 032	2 000	2 021	2 283	2 523	2 824

注：全国高中阶段教育，包括普通高中、职业高中、普通中等专业学校、技工学校、成人高中、成人中等专业学校。

资料来源：教育部《1995 年全国教育事业发展统计公报》和《2004 年全国教育事业发展统计公报》。

（6）高中家庭贫困学生资助问题开始得到关注。目前，各地和高中学校已经开展了家庭贫困学生资助工作，使部分高中贫困学生得到资助，摸索出一些值得借鉴和推广的做法。资助金的来源除了教育部门的财政支出和社会捐赠外，还有来自学校的经费。例如，安徽省教育厅明确提出："招收高中择校生的普通高级中学必须从择校费中拿出不低于 15% 的资金，用于资助家庭

---

① 教育部发展规划司：《2006 全国教育事业发展统计快报》，2007 年。

经济困难的学生,确保他们不因贫困而失学。"2007年,中央安排了3亿元彩票公益金资助高中贫困生,主要用于支持中西部22个省、自治区、直辖市和新疆建设兵团县镇以及农村的普通高中家庭特困学生,资助总名额是30万,资助的金额为每学生每学年1 000元。应该说这是在党的十七大之后,党中央、国务院在加强资助困难学生方面采取的又一项重大措施,也在一定程度上弥补了目前我国在资助家庭困难学生政策方面的空白。①

2. 政府为促进高中教育发展作出的努力

(1) 国家在加大对高中教育投入的同时,还给予高中发展许多特殊的政策扶持。具体体现在以下五个方面:一是引导重点学校通过扩建以及与其他学校合并的方式,扩大办学规模,发挥这些学校长期形成的教育优势;二是允许并支持依托老校优势,高起点建设一批新校,使它们在办学初期就得到群众的欢迎和社会认可,在较短时间内达到较高的办学水平和教学质量;三是允许并支持某些学校改制,通过兼并、联合办学等布局调整和资源重组的方式,从加强领导班子、充实教师队伍、增加经费投入、改善办学条件、调整生源结构等方面着手,对一些基础相对薄弱的学校进行重点改造和建设;四是支持高中实施"三限政策",将高中"择校"合法化;五是中央财政在2002年从国债中拿出15亿元,支持与扩大全国的优质高中教育资源。经过几年的建设,有效地增加了入学机会。

(2) 初步形成了多元化高中办学体制。2002年12月28日,全国人大常委会通过了《中华人民共和国民办教育促进法》,这标志着我国民办教育发展开始走上法制化轨道。各级政府积极鼓励社会团体、企事业单位和私人举办高中教育,鼓励社会力量办

---

① 资料来源:教育部2007年12月21日上午举行的"资助中西部地区普通高中家庭特困学生新闻发布会"。

学，走出了一条政府和社会力量共同办学的新路子，多元化高中办学体制初步形成。

（3）初步建立了我国高中教育成本分担制度。在各级政府逐步加大高中教育投入的同时，在教育经费的构成中，非财政性教育经费的比例逐年提高，社会及私人投入占教育经费总投入的比例不断上升，多渠道筹措教育经费的格局正逐步完善。1995年以来，我国教育经费构成中的社会及私人投入部分增长指数非常快，这得益于高中教育成本分担制度的实施，我国高中教育同时得到了快速发展。

（三）高等教育入学机会持续增加

过去十年来，我国高等教育实现了历史性的跨越式发展，毛入学率不断提高，为高等教育机会公平提供了根本保证。随着大众化进程的加快，我国高等教育入学机会上的城乡差距也呈现出缩小的趋势。

1. 扩大高等教育规模，不断增加入学机会

自1999年扩招以来的8年间，我国一直保持了高等教育招生规模的持续稳步增长，进一步提高了毛入学率和就学机会。我国高等教育站在了新的起点上。我国坚持发展是第一要务，高等教育入学机会的城乡差距正在逐步缩小，有力地推动了我国高等教育机会均等。

表5-4 部分年度我国高等教育毛入学率情况（单位:%）

年份	1990	1998	1999	2002	2005	2008
毛入学率	3.4	9.8	10.5	15.0	21.0	23.3

2. 提高办学质量，促进协调发展

进入高等教育大众化阶段后，主要问题逐渐转化为优质资源供给不足、人才培养结构不适应的问题，强调提高高等教育质量。贯彻落实科学发展观，坚持从注重外延发展向内涵发展转

变，着力提高高等教育质量。高等教育质量包括三个层面：一是学校的质量；二是学科的质量；三是学生的质量。近年来，我国高校的办学条件得到改善，秩序稳定，师资队伍壮大，质量有基本保障。国家对西部地区高等教育发展给予多方面的支持政策，在一定程度上遏制了地区间高等教育资源差距不断拉大的趋势。从高校各项办学条件来看，经过几年的发展，尽管区域间高校办学条件差距拉大的状况有所好转，一些指标如生均图书册数、生均教学行政用房面积等，区域间差距已不十分明显。今后将继续集中有限财力，加强重点学科和高水平大学的建设，带动我国高等教育整体水平的提升，以增强我国高等教育的竞争力和国家自主创新能力。

3. 改革高考招生录取办法，实施"阳光工程"

为了促进招生录取过程的公平、公正与公开，从 2005 年起，我国实施了高校招生录取的"阳光工程"，有效遏制了招生录取过程中的各种不正当行为。在入学上严格实行普通高校新生学籍电子注册制度，对游离于国家招生体制外、未经省级招办办理录取手续而擅自招收入校的各类学生，一律不予新生学籍电子注册，从而进一步加强了成人高等教育和继续教育招生、办学的管理。另外，还规范并加强了对中外合作办学招生秩序的管理。中外合作办学机构和项目，凡实施国内高等学历教育、颁发国内高校学历、学位证书的，其招生规模应纳入国家下达该校的高等学历教育招生计划统筹管理，招生录取工作应严格执行国家有关高校招生的法规和政策，与该校其他专业同批次录取，以保障考生的公平竞争，消除保护少数人一定特权的"潜规则"，规范了招生秩序。

4. 对部属高校招生计划实行宏观调控

近几年来，教育部强化了对高等教育事业发展的宏观管理，利用招生计划调控作用，着力促进区域协调和入学机会公平，取得了一定的成效:一是各地普通高考录取率,每10万人口高等学校在校生人数的区域差异有所缩小;二是高等教育入学机会上的城乡差距呈现缩小趋势,全国高校招生录取新生中农村户口学生的比例已超过城市户口学生,并进一步提高;三是直属高校生源计划投放的合理性和公平性不断加强,多数直属高校在属地的招生计划比例有所降低。

以上调控措施,对于提高直属高校生源投放的合理性和公平性具有重要作用,并且初见成效。2006年明确要求中央部门所属高等院校将计划增量部分向生源多且质量好的中部省份倾斜,直属高等学校在属地的招生计划数已普遍减少(见表5-5)。据不完全统计,2006年直属高校1万名计划增量近60%放到中部地区,"高考移民"趋于减少。2007年经与有关省份协商,从高等教育资源比较丰富、升学压力相对较小的6省市,调出1.1万人的生源计划定向增投到升学压力较大的安徽、河南、甘肃等8个中西部省份,对此,各个支援省份积极支持,受援省份十分拥护,取得了很好的工作效果和社会效应。2008年和2009年也继续坚持了此做法,成效显著。

表5-5 直属高等学校在属地的招生计划比例(单位:%)

	清华大学	北京大学	中国人民大学	北京外国语大学
2002年	17	21	13	19
2006年	9.9	11.6	8.7	8.5

(四)初步建立高校贫困生资助政策体系

随着高等学校招生规模的急剧扩大和收费制度改革的不断深化,高校贫困家庭学生资助问题成为社会广泛关注的热点和难点问题。在党中央、国务院的高度重视和关心下,经过教育部、财政部等有关部门十几年的共同努力,我国已经初步建立起以奖学金(含国家奖学金)、学生贷款(含国家助学贷款)、勤工助学、困难补助和学费减免为主体的、多元化的资助经济困难学生的政策体系。2004年6月28日，新机制颁布实施后，实行贷款学生在校期间贷款利息全部由财政补贴、还款年限延长至毕业后6年，以及2006年9月初步启动的国家助学贷款代偿机制等，为完善以国家助学贷款为主体的高校经济困难学生资助体系奠定了良好基础。截至2006年12月底，全国累计审批国家助学贷款学生292万人，审批金额253亿元，取得了突破性的进展。2006年，全国公办全日制普通高校通过"绿色通道"入学的学生约为33万人，占贫困家庭学生总数的44%。①

在十七大新闻中心举办的"民生与和谐社会"集体专题采访中，教育部部长周济强调，这次建立起来的资助体系是一个完整的体系，是继实施农村义务教育免费制度之后又一个保证教育公平的重大举措。② 2007年，温家宝总理在《政府工作报告》中也明确提出，建立高等学校和中等职业学校家庭经济困难学生的新资助政策体系，通过给学生奖学金、助学金、助学贷款以及一些其他的资助办法帮助家庭经济困难学生上学。按照这个体系，以后每年用于家庭经济困难学生资助的经费，中央财政、地方财政以及学校支出加在一起超过500亿元；每年高等学校和中等职业学校受到资助的学生人数要超过2 000万名。这个体系形成之后，可以保证所有家庭经济困难的学生都能够上得起大学，接受职业教育。通过建立健全普通本科高校、高等职业学校和中等职业学校国家奖学金、助学金制度，落实国家助学贷款政策等措施，不断加大对家庭经济困难学生的资助力度。的确，"每年资助500亿，受助学生2 000万"这一政策的落实，使家庭经济困难学生

---

① 《专访：教育部负责人解读贫困生资助体系相关问题》，载《中国教育报》2007年3月6日。

② 《新资助政策体系让贫困生上得起大学接受职业教育》，载《中国教育报》2007年10月19日。

上得起大学,能够接受职业教育。①

(五)职业教育持续快速发展

在我国国民教育体系中,职业教育是与经济社会发展联系最密切的教育类型,是促进经济社会发展、实现教育公平的重要环节。发展职业教育特别是中等职业教育,就是要在制度安排和体制改革上着力,找到和解决影响职业教育促进教育公平独特作用发挥的突出问题,努力构建中国特色的职业教育体系,实现教育全面协调可持续发展,从而真正实现职业教育是面向人人的教育本旨,使更多的人能够找到适合于自己学习和发展的空间,进而加快实现我国教育公平的目标。

新中国成立后,特别是改革开放以来,我国的职业教育得到了较快的发展,取得了突出的成就。1978年,邓小平同志在全国教育工作会议上明确指出:"要共同努力,使教育事业计划成为国民经济计划的一个重要组成部分。这个计划,应该考虑各级各类学校发展的比例,特别是扩大农业中学、中等专业学校、技工学校的比例。"1980年国务院开始了中等教育结构的调整,突出职业教育在我国教育发展中的位置,大力推动职业教育的改革与发展。20多年来,我国职教事业取得了较大进展,职业教育规模进一步扩大,服务经济与社会的能力明显增强。2006年,中央财政安排专项资金8亿元,设立中等职业教育国家助学金,资助标准为每生每年1 000元,当年资助约80万人。② 特别是十六大以来,党和政府把发展职业教育摆在突出位置,大力发展职业教育,明确了"以服务为宗旨、以就业为导向"的方针,实现了职业教育办学思想的重大转变。通过组织实施一系列重大工程

---

① 《教育部、科技部介绍中国科技教育发展情况实录》,人民网,2007年10月16日。

② 《专访:教育部负责人解读贫困生资助体系相关问题》,载《中国教育报》2007年3月6日。

项目,加强职业教育基础能力建设;着力扩大中等职业教育招生规模,使中等职业教育持续快速发展,2007年中等职业学校招生 810.02 万人,比上年增加 62.2 万人;在校生 1 987.01 万人,比上年增加 177.12 万人,基本实现了中等职业教育与普通高中规模大体相当的目标。2008 年,全国中等职业教育和高等职业教育招生总规模达到 1 100 万人,在校生超过 3 000 万人,分别占据了高中阶段教育和高等教育的半壁江山。2009 年,又开始逐步实行中等职业教育免费,从农村家庭经济困难学生和涉农专业做起,在推进教育公平方面迈出新步伐。职业教育加快发展,为现代化建设培养和输送了大批高素质的劳动者和技能型人才。①

二、教育公平方面存在的突出问题

由于经济发展的差距和历史形成的体制、机制原因,虽然我国教育公平的整体情况不断改善,但在某些方面发展差距还有继续拉大的趋势,仍存在以下几方面的问题。

(一)城乡义务教育发展不均衡

1. 义务教育是国家统一实施的公益性事业,统一办学条件和办学要求是义务教育的应有内涵。但要实现这一目标尚需进一步努力。目前我国农村义务教育在实施过程中还存在不少问题,主要表现如下。

(1)教育经费投入的总量不足。以 2005 年为例,中央财政安排 13 亿元,地方财政安排 28.1 亿元用于农村义务教育"两免一补",由于全国各地发展的不平衡,再加上有些地方甚至出现把教育经费挪作他用的现象,使得大部分地区的经费仍然不能实

---

① 《教育部发布 2007 年全国教育事业发展统计公报》,载《中国教育报》2008 年 5 月 5 日。

现"两免一补"的目标,"农村中小学生的人均教育费还是少得可怜,而这可怜的人均经费,往往被拿来搞"一无"、"两有"、"六配套"的学校基础建设,使学校的正常活动缺乏必要的经费支持。①

(2) 教育经费投入的差距过大。东、中、西部义务教育投入存在明显差距。2005 年,东部地区小学生均预算内事业费平均为1 840元,中部地区为1 131元,西部地区为1 097元。小学生均预算内公用经费东部地区平均为 247 元,中部地区为 127 元,西部地区为 140 元。2005 年,东部地区初中生均预算内事业费平均为2 226元,中部地区为1 196元,西部地区为1 208元。初中生均预算内公用经费东部地区平均为 354 元,中部地区为 166 元,西部地区为 210 元,中部地区明显出现了凹陷现象。城乡之间生均预算内事业费支出、生均预算内公用支出也有明显差异。2005年义务教育生均拨款经费中,小学生均预算内事业费支出城市为1 679元,农村为1 205元,城乡倍率是 1.4;小学生均预算内公用支出城市为 236 元,农村为 142 元,城乡倍率为 1.7。初中生均预算内事业费支出城市为1 835元,农村为1 315元,城乡倍率是 1.4;初中生均预算内公用支出城市为 307 元,农村为 193 元,城乡倍率为 1.6。

(3) 区域发展严重不均衡。经济发达地区,如苏州市按小学生年经费 360 元,中学生 660 元计算,拿出财政性教育经费 3 亿元,对该市的 70 万中小学生实施义务教育全免费;浙江上虞市 2005 年拿出 450 万元为贫困学生"买单",5 300名家庭有不同程度困难的中小学生获益②;山东省东营市 2005 年拿出5 200万元,用于全部免除农村义务教育阶段在校生的杂费、课本费和作业本费;而在经济欠发达的宁夏南部山区的 9 个国家级贫困县中

---

① 周洪宇:《农村、农民与农村教育》,载《当代教育论坛》2005 年第 1 期。
②《浙江上虞为贫困生上学"买单"》,载《中国教育报》2005 年 10 月 19 日。

只有1/3达到"普九"目标①;在新疆,2005年,中央财政拨款1.961亿元书费,自治区财政投入0.801亿元用于免杂费和书费;广东每年将60亿元人民币用于义务教育全免费;江苏每年拿出30亿投入到农村义务教育免费当中;而西部的所有省(自治区、直辖市)在2004年、2005年两年内共筹措"一免一补"经费约27.6亿元②,不足广东省一年投入的一半,也只相当于江苏一个省一年的投入。

(4)师资队伍差距大。农村教师队伍中约31万名教师未达到国家规定的合格学历,小学教师年龄老化现象严重。小学和初中教师中高级职称比例偏低,初中尤为突出,2005年城市初中高级教师所占比例为12.36%,而农村仅为2.33%。教师编制制度和农村教师补充机制不适应农村义务教育的发展,按照目前的编制标准,农村小学、初中师生比分别为1∶18、1∶23(2005年全国农村的小学师生比为1∶19.5,初中为1∶18.2),城市则为1∶13.5、1∶19(2005年全国城市小学师生比为1∶19.3,初中为1∶15.8)。农村地域宽广、人员居住分散,办学规模远小于城市,教师因素成为制约城乡之间义务教育均衡发展的重要因素。不少县由于财力不足,难以支付教师工资,长期处于有编不补的状态,大量使用代课人员,目前全国仍有近50万代课教师。农村教师待遇和生活水平仍然偏低,教师待遇中地方出台的津补贴难以落实到位,大部分地区没有建立起农村中小学教师医疗、住房等保障制度。校际之间教师收入差距很大,使优秀教师集中于少数学校,导致"强校更强,弱校更弱",加剧了校际间的不平衡。

(5)校际基本办学条件差距大。由于受历史条件的制约,我

---

① 《山东东营农村义务教育"三项费用"全免》,新华网,2005年9月1日。
② 《宁南1/3国贫县实现"普九"目标》,载《中国教育报》2005年9月5日。

国"普九"带有较强的突击性，办学条件整体上仍处于低水平，即使同一地区，不同学区在办学基本条件方面也存在较大差距。城乡间校际差别更大，许多农村学校实验仪器和图书严重匮乏，开不齐国家规定的课程，达不到教学的基本要求。学生寄宿设施更是严重短缺，许多地方农村学校常常是一间宿舍住几十个孩子、一张床挤几个孩子。许多学校防火等安全设施达不到国家规定标准，存在比较严重的安全、卫生隐患。农村初中大班额现象相当普遍，学生上课十分拥挤，严重影响学生身心健康和教学活动的开展。农村义务教育阶段校舍危房率明显高于城市，西部地区危房率明显高于全国平均水平。2004年全国农村小学、初中校舍危房率分别为7.2%和5.1%，分别比城市高6个和4个百分点，小学、初中危房率平均超过10%的均为西部省区。

2. 正是由于历史、政策及自身条件等多方面的原因，校际之间的义务教育存在着较大差距。2007年2～3月，笔者受教育部委托，牵头做《区域内校际之间差距调研》课题。针对国内中部地区某大城市近三年的教育发展状况，重点选取了小学、初中、高中三个阶段，主要从教育经费、办学条件、办学规模、师资水平方面，对不同类型的10所学校进行了抽样统计分析，对区域内校际差距具体分析如下。

（1）小学、初中抽样校的经费投入差异。

表5-6 我国某市校际间2006年义务教育阶段经费投入抽样调查

		省市级示范学校	一般学校	发展中学校
预算内生均教育经费（元）	小学	2 984.14	1 960.01	1 359.51
	初中	3 380.08	3 221.55	3 098.45
预算内生均公用经费（元）	小学	790	200.67	143
	初中	425.4	367.20	239.54

表5-6数据显示，在小学和初中阶段，省、市级示范学校生

均教育经费均高于一般学校和发展中学校的12%。小学省、市级示范学校生均经费与一般学校和发展中学校的差距较大，分别是一般学校和发展中学校的1.52倍和2.19倍。初中省、市级示范学校生均经费与一般学校和发展中学校的差距不大。

（2）小学、初中抽样校的办学条件差异。

表5-7 校际间办学条件抽样统计

		省市级示范学校	一般学校	发展中学校
2006年学校生均校舍建筑面积（m^2）	小学	6.5	8.4	5.1
	初中	9.6	10.2	9.9
2006年学校生均图书（册/人）	小学	16	18	15
	初中	25	32	31.9
2006年生均仪器设备值（元）	小学	605	683	575
	初中	736.2	1 390	411

通过表5-7可以发现，小学一般学校的生均建筑面积是省市级示范学校生均面积的近1.3倍，原因在于省级示范学校在校生的基数逐步增大，而一般学校的生源逐步递减，基数相对较小，形成一般学校的生均建筑面积大于省市级示范学校；初中三类学校的生均建筑面积相对接近，差距不大。纵向观察比较发现，小学学段发展中学校的生均校舍建筑面积在同一学段中是最小的，而初中学段发展中学校生均校舍建筑面积较省市级示范学校高，较一般学校要低。初中学校生均建筑占有面积高于小学生均占有建筑面积。各学段生均图书册数均已达到国家规定的二类标准（小学15册，初中25册，高中30册），小学三类学校生均图书册数差距不大，初中一般学校和发展中学校几乎相同，省市示范学校略低，生均图书数差距为7册，小学、初中学段一般学校比省市级示范学校的生均图书册数高。纵向观察比较，初中生均图

书册数明显多于小学。表中数据还表明，小学学段生均仪器设备值差异不太明显，一般学校高于省市级示范学校和发展学校分别为78元和108元；初中的生均仪器设备值差距太大，一般学校是省市级示范学校的1.9倍，是发展中学校的3.38倍。其原因主要是一般学校生源下降，引起生均仪器设备值的升高。

（3）小学、初中抽样校的办学规模差异。

表5-8　2006年小学办学规模抽样调查表

项目 类别	班级数	教师数	学生数	师生比	上年度招生数	招生数与上年度相比（＋　－）
省市示范学校	59	164	3 140	1∶19.1	520	＋59
一般学校	32	80	1 370	1∶17.1	182	＋10
发展中学校	13	34	426	1∶12.5	122	－12

表5-9　2006年初中办学规模抽样调查表

项目 类别	班级数	教师数	学生数	师生比	上年度招生数	招生数与上年度相比（＋　－）
省市示范学校	60	240	3 372	1∶14	1 060	＋130
一般学校	27	114	1 344	1∶9.3	466	－17
发展中学校	6	29	258	1∶8.9	76	－7

从表5-8、表5-9中可知，通过纵向比较，小学、初中省市级示范学校的办学规模与班容量过大，教师人数、在校生数远远超过了一般学校和发展中学校；从招生数分析，小学省市级示范学校、一般学校呈上升趋势，省市级示范学校上升幅度是一般学校的5.9倍，而发展中学校的招生却呈下降趋势；初中三类学校招生数比值差距大，最大差值达到147。师生比显示，两个学段各类学校的比值除初中省市示范学校外，均没有达到市级指标

（小学为 1∶19.5；初中为 1∶14），教师人数明显超编。

（4）小学、初中抽样校的师资水平差异。

表 5-10　校际间 2006 年教师学历结构抽样统计

	小学（%）		初中（%）	
	专科	本科以上	专科	本科以上
省市级示范学校	26.4	64.9	18	80
一般学校	53.2	25.3	26	65
发展中学校	83.3	13.9	37	52

从表 5-10 发现，小学、初中省市级示范学校的高学历教师比例明显高于一般学校的和发展中学校，而一般学校的高学历教师比例又高于发展中学校的。其中，小学当中省级示范学校具有本科学历教师比值比发展中学校高出 51 个百分点，初中省市级示范学校具有的本科学历的教师比值比发展中学校的高出 28 个百分点。

表 5-11　校际间 2006 年教师职称占有指数

	小学（%）			初中（%）		
	初级	中级	高级	初级	中级	高级
省市级示范学校	10.8	87.6	1.4	16.3	30.9	55.6
一般学校	18.2	81.2	0	27.2	45.3	27.3
发展中学校	41.1	58.5	0	20.9	41.7	21.9

表 5-11 说明，小学、初中学校高级职称在省市级示范学校占有一定优势，其中，小学中的高级职称全部集中在省市级示范学校，而其他两类学校为 0。初中省市级示范学校高级职称占有值是一般学校的 2 倍，是发展中学校的 2.5 倍。

表 5-12 优质师资情况分布表

	在职教师人数	区学科、优青、有影响的专业人才	市学科、优青、名师、专家	省特级、学科带头人、专家、骨干教师	国家级专家	合计	
						人数	占%
小学	2 721	498	61	38	1	598	21.98
初中	1 391	198	19	15	0	232	16.68

从表 5-12 分布情况来看，各学段存在明显差异。小学优质师资比例高于初中，初中优质师资比例相对偏低。

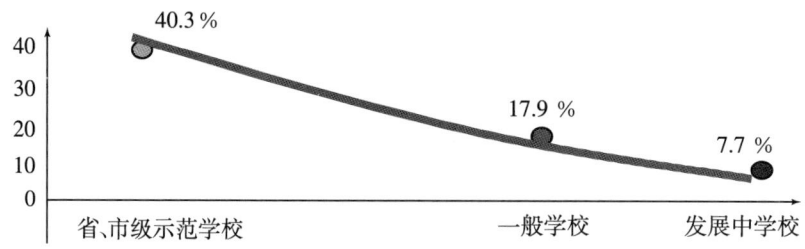

图 5-2 校际间 2006 年小学优质师资抽样统计图（%）

图 5-2 显示（以小学为例），小学省市级示范学校所占优质师资比例高出一般学校 22.4 个百分点，高出发展中学校 32.6 个百分点。可见，省市示范学校在师资水平上明显优于一般学校和发展中学校。

（二）普通高中教育择校问题突出

虽然我国高中教育得到了快速发展，高中入学率不断提高，但人们对高中教育发展中因校际之间教育资源配置差距过大而凸显出来的择校热、高收费、乱收费等问题，表现出了越来越强烈的不满。这说明我国高中教育在进入快速普及化阶段之后，人们由以往的关注数量增长转向了重视质量的提高。在这种情况下，由于区域内高中学校之间在资源配置和办学质量方面存在过大差距，"择校"只满足了部分群众对优质教育资源的需求，广大人民群众对普通高中教育存在的不公平问题日益关注。

需要指出的是，人们对高中择校趋之若鹜表面看来是由高中优质教育资源不足造成的，但其实从优质教育资源是相对的、优质教育资源总是短缺的这个意义上讲，问题的关键是我国高中教育资源配置差距过大，导致了人们对高中教育的不公平感日益强烈。愈演愈烈的高中"择校"导致的教育公平问题日益突出，成为高中教育公平问题的焦点。择校问题，一方面影响优质高中入学机会的公平，影响高中校际之间教育资源的分配；另一方面也会直接影响高中教育成本的高低。

1. 城乡高中入学机会不均衡

据杨东平教授对我国 1995～2003 年教育公平状况的实证研究显示，高中入学机会在城市、县镇、农村之间的差异十分明显，基尼系数值超过了 0.6。阶层之间的差距已成为高中教育机会公平问题中最突出、最活跃的因素。杨东平教授对高中入学机会阶层差距的实际测算显示：高中入学机会的阶层分布差异已经达到了较大的程度，家庭社会经济背景极大地影响着子女进入高中的机会。城市的社会阶层差异大于农村。

国家教育科学规划"十五"课题组调查显示，不同家庭的学生进入高中的途径不同，农民家庭的学生多数只能依靠分数上的优势上重点中学，通过考试的比例最高；拥有更多经济资本和社会资本的家长可凭借所拥有的资本来弥补分数的不足。由此，阶层差距正在成为影响教育公平的重要因素，拥有更多文化资本和社会资本者的子女在高等教育入学机会上更占优势。在被调查对象中，约有 1/5 的学生通过缴纳赞助费和择校费进入高中。在城市重点学校择校生比例达到 25.2%，其中 34.7% 的私企业主、23.5% 的高层管理技术人员、25.7% 的中层管理技术人员家庭的子女是通过缴纳赞助费和择校费进入高中的。

2. 高中教育上学成本带来上学难

由于高中教育上学成本越来越高，一部分社会群体子女上学难的问题日益突出。激烈的高中择校竞争,以及高中资源日益向城市集聚,使高中教育成本不断上涨,影响了经济困难家庭子女的入学机会。另外,自 20 世纪 90 年代以来,调整农村学校布局、集中办学资源的政策,增加了农村学生的上学成本。调查显示,各地高中每年学费大多在 1 000 元以上,寄宿生活费在 1 000 元以上,加上教材、教辅费,每年至少需要 3 000 元。一些农民和城镇低收入家庭感到无力承担子女上高中的费用,在一定程度上影响了农村学生的上学机会。调查表明,我国城市和县镇的普通高中一直在逐年增加,但农村中学的数量却在相对减少(见表5-13)。

表 5-13　1999～2004 年城乡普通中学和在校生比例(%)

年份	学校数			初中在校生			高中在校生		
	城市	县镇	农村	城市	县镇	农村	城市	县镇	农村
1990	13.1	16.0	70.9	15.54	18.13	66.33	30.15	45.76	24.09
1995	16.4	23.5	60.2	17.82	25.07	57.11	35.60	48.54	15.86
2000	18.7	27.0	54.3	16.78	27.64	55.59	38.49	48.37	13.14
2002	18.5	31.9	49.6	16.93	36.0	47.07	35.32	53.60	11.08
2004	19.13	29.59	51.29	17.29	33.78	48.93	35.93	52.56	11.49

资料来源:《中国教育统计年鉴》(1990～2004 年)。

3. 高中阶段贫困生资助体系尚未建立

根据教育部基础教育司 2006 年对北京、安徽、贵州等十个省市高中贫困学生情况的初步调研,这些地方城市家庭经济困难学生比例约为 5%～10%,农村(包括县镇)约为 20%～30%,高中阶段贫困家庭学生的资助需求很大。其中,实现中等职业教育与普通高中教育规模大体相当。2006 年中央财政安排了 8 亿元,地方财政也安排了资金,专项用于资助中等职业学校家庭经济困难学生。2007 年秋季开学实施新的资助政策体系,中央财政和地方财政安排下半年中等职业学校国家助学金约82亿元，占国家助学金总数154亿元的一半以上。2008年全年，中央和地方财政安排国家助学金308亿元，其中中等职业学校国家助学金超过一半，受助学生达到1 600万，所有农村孩子上中职都得到资助。落实中等职业学校家庭经济困难学生资助政策，是促进教育公平、加快发展职业教育的重大举措。① 而目前普通高中的贫困生资助比较零散，资助面小，各地的状况参差不齐，既无全国性的制度安排和政策体系，也没有专项资助资金作保障。在很多地区，由于政府对高中教育的投入有限，贫困生资助的责任主要由学校承担，学校多资助一个贫困生，就意味着办学经费减少一些，这种体制下的贫困生资助需求很难真正得到保障，贫困家庭学生就学和完成高中学业的难度很大。随着高中阶段农村学生所占比例的增加，高中学生中难以负担就学花费的家庭贫困生的比例可能会更高，贫困生资助的需求会更大。

4. 区域内高中教育校际差距大

由于政府高中教育政策的偏差等，导致了同一地域之内重点学校和一般农村高中学校之间的巨大差异。城乡高中、重点高中与一般高中在资源配置方面的过大差距，使得区域内高中学校之间的办学质量差距较大。为了能使自己的子女将来有更好的机会进入高等学校学习，广大家长都迫切希望自己的子女能有机会进入优质高中学习，但优质高中数量不足，不能满足人民群众的需求，群众对高中教育资源差距日趋扩大带来的不满意见相对还较大。笔者以自己近期对中部地区某大城市不同类型且具有代表性的几所高中调研结果为例，从教育经费、办学条件、办学规模、师资水平四个方面分析如下。

（1）高中阶段抽样校的教育经费差异。高中阶段，省市级示

---

① 中华人民共和国教育部网站，2007年7月8日。

范学校生均教育经费分别比一般学校和发展中学校低 13.7% 和 18.4%。高中一般学校和发展中学校 2006 年预算内生均公用经费分别是省市级示范学校生均值的 1.13 倍和 1.18 倍（如表 5-14 所示）。

表 5-14　高中经费投入抽样调查

	校际间 2006 年预算内生均教育经费（元）	校际间 2006 年预算内生均公用经费（元）
省市级示范学校	4 151.27	1 878.83
一般学校	4 719.85	661.75
发展中学校	4 913.65	494.98

（2）高中阶段抽样校的办学条件差异。

表 5-15　高中校际间办学条件抽样统计

	省市级示范学校	一般学校	发展中学校
2006 年学校生均校舍建筑面积（m²）	16.8	12.1	11.1
2006 年学校生均图书（册/人）	40	35.6	30
2006 年生均仪器设备值（元）	1 000	1 350	508

高中三类学校的生均建筑面积呈递减趋势，省市级示范学校生均面积略高于一般学校和发展中学校。高中发展中学校的生均面积在同一学段中最小，高中学校生均建筑占有面积均高于小学生均占有建筑面积。在省市级示范学校生均建筑占有面积同类比较中，高中（16.8 m²）是初中（9.6 m²）的 1.75 倍，是小学（6.5 m²）的 2.59 倍（详见表 5-7 和表 5-15）。数据表明，高中的建筑条件明显优于初中和小学。高中省市级示范学校生均图书册数比发展中学校多 10 册。高中一般学校生均仪器设备值是省市级示范学校的 1.35 倍，是发展中学校的 2.66 倍。究其原因主要是一般学校生源下降，引起生均仪器设备值的升高。

（3）高中阶段抽样校的办学规模差异。

表 5-16　2006 年高中办学规模抽样调查表

类别＼项目	班级数	教师人数	在校学生数	师生比	上年度招生数	招生数与上年度相比（＋ －）
省市级示范学校	34	218	1 693	1∶7.8	562	－6
一般学校	45	169	1 404	1∶8.3	561	－157
发展中学校	17	90	981	1∶10.9	315	－131

高中三类学校招生数呈下降趋势，省市级示范学校降幅不大，一般学校和发展中学校降幅较大，三类学校比值差达到151。师生比显示，三个学段各类学校的比值除初中省市级示范学校外，均没有达到市级指标（小学为1∶19.5，初中为1∶14，高中为1∶12.6），教师人数明显超编。

（4）高中阶段抽样校的师资水平差异。

表 5-17　高中校际间 2006 年教师学历结构抽样统计

	专科（％）	本科以上（％）
省市级示范学校	18	81
一般学校	29	70.6
发展中学校	32	65

从表 5-17 可以发现，高中省市级示范学校中的高学历教师比例明显高于一般学校和发展中学校中的，而一般学校的高学历教师比例又高于发展中学校的。高中三类学校的高学历教师比值差最大达到 16 个百分点。

表 5-18　高中校际间 2006 年教师职称占有指数

	初级	中级	高级
省市级示范学校	29.7	43.3	26.9
一般学校	25.4	48.6	25.9
发展中学校	28.8	52.5	18.6

表 5-18 说明高中三类学校中的高级职称在省市级示范学校

占有一定优势，虽然高中省市级示范学校中高级职称占有值和一般学校差距不大，但却是发展中学校的1.4倍。

表5-19 优质师资情况分布表

	在职教师人数	区学科、优青、有影响的专业人才	市学科、优青、名师、专家	省特级、学科带头人、专家、骨干教师	国家级专家	合计	
						人数	占%
合计	5 215	1 027	117	81	3	1 228	23.5
高中	1 103	331	37	28	2	398	36.1

综观全局，优质师资占到教师总人数的23.5%，人才资源比较丰富。但从分布情况来看，各学段存在明显差异，高中优质师资比例高于同时被调研的小学和初中。

（三）高等教育入学机会不均等

由于社会发展的不平衡、经济发展的差距，以及历史、地理的原因，高等教育资源分布的地区差异，部分省份学生入学机会相对偏少。不同人群在高等教育就学机会以及优质高等教育资源的获得方面，不同地区在高等教育机会的提供及办学水平等方面仍存在明显差距。

1. 高等教育入学机会存在明显的地区差异

由于学校分布、中等教育水平、人口等多种因素，近年来地区间高等教育入学机会上差距明显（如表5-20所示）。从每10万人口高等教育在校生人数来看，2005年东部地区比西部地区高出1 541人，比全国平均水平高1 204人，比中部地区高1 326人。从高考录取率看，东部地区也远高于中西部地区。从高校招生数与高中阶段毕业生之比和普通高校招生中本科所占比例看，东北、东部地区的高等教育机会明显高于西部地区。目前，高校招生与高中阶段毕业生数之比，东北三省为66.5%，东部地区为55.5%，西部地区为44.3%。其中，最高的北京市为

117.6%，比最低的宁夏（28.1%）要高出89.5个百分点。从各地区普通本专科招生结构来看，普通高校招生中本科比例最高的北京市为70.18%，比最低的山东省（34.58%）高35.6个百分点；本科教育招生比例在40%以下的有河北（37.36%）、江西（38.23%）、山东（34.58%）、河南（38.26%）、广西（36.10%）五个省份。

表5-20 地区间高考录取率（2005年）

	全国平均	东部地区	中部地区	西部地区
每10万人中高校在校生数（人）	1 420	2 624	1 298	1 083
高考录取率	65.4%	74.6%	65.6%	63.5%

2007年，各省应届普通高考录取率，即生源计划安排数与高考报名人数的比率，最高的省份和最低的省份差距仍在一倍左右，最高的上海约为87%，最低的甘肃约为40.2%。对此，中西部省份反响强烈，社会各方面也十分关注。因此，必须创新高等教育招生计划管理制度和工作，加强高校招生计划和生源计划的宏观引导和调控，建立并不断完善对口招生、对口支援的机制，促进区域协调发展和教育公平。

2. 地区间高校办学条件差距较大

各地生均公用经费差距尤为突出，2005年东部地区的生均事业费为13 158元，高出西部地区4 661元。最高的上海市为20 346元，是最低的宁夏自治区（6 141元）的3倍之多。受投入不足和快速发展等因素的影响，一些地区高校的办学条件存在着较大差距，仍有相当一部分高校办学条件达不到基本要求。

表 5-21 2005 年办学条件达不到合格标准的
分地区高校（单位：所）

地区	高校数	不同办学条件指标达不到合格标准的学校数				
		生师比	研究生教师比例	生均教学行政用房	生均仪器设备值	生均图书
全国	1 676	585	708	782	424	1 084
东部	546	219	159	221	99	392
中部	550	186	250	270	160	337
西部	408	131	227	207	133	249
东北	172	49	72	84	32	106

从表 5-21 中具有研究生学位的教师占专任教师的比例看，2005 年全国共有 708 所高校达不到基本要求，其中约 67% 的不达标高校分布在中西部地区。从生均教学科研仪器设备值来看，全国共有 424 所高校这一指标达不到基本要求，其中 69% 的不达标高校分布在中西部地区。西部地区高校师资的差距，不利于提高人才培养质量和办学水平。

3. 录取分数线和重点大学招生名额存在地区差异

高考录取分数线以及中央部委高校生源计划上存在地区差距。在高等教育资源竞争加剧的背景下，各省之间高考录取分数线的差距，以及中央部委高校招生生源计划的地域差异较大的问题都受到社会上的关注。据不完全统计，2004 年，77 所部属高校属地招生所占比例平均为 38%，而超过 50% 的高校有 18 所，其中比例最高者达 67%。2006 年全国安排高校招生计划总量是 530 万，其中，中央部门所属高校招生计划为 44.75 万，占 8.4%（这一比例在 2005 年是 9.1%，2004 年是 10.5%）；地方所属高校招生计划超过 90%，其中多数安排在本地招生。近年来，虽然部属高校在属地招生的比例有明显下降，但该比例超过 40％的高校仍有 18 所，其中比例最高者达到 54％。由于优质高等教育资源布局的不平衡性，直属高校在属地投放的招生计划比例较大，导致稀缺的优质高教资源配置的合理性受到质疑。

4. 高校自主招生存在着不公平现象

扩大高校在招生中的自主权是我国高等教育招生改革的一种探索，有利于有效选拔综合素质高、专业性明显的特殊人才，突破单一依靠高考笔试成绩选人的局限性；有利于发挥学校的办学自主权和调动学校的主动性。但高校自主招生也存在着不公平的现象：操作不规范，监督不力。各试点院校大多明确指定了招生地区，且多数集中在经济、教育较发达地区及其周边省市。如果没有严格的自律和有效的监督，很可能会滋生腐败，从而产生不公平。

(四) 高校贫困生资助体系不够完善

到 2005 年，全国公办全日制普通高校在校生总数为 1 450 万人，其中家庭经济困难学生约 294 万人，占在校生总数的 20.3％；特别困难学生约 123 万人，占在校生总数的 8.5％。但是，高校银行审批贷款学生 92 万人，仅占高校贫困家庭学生的 31.3％，占特困生的比例也只有 74.8％。因此，在部分地区和部分高校，特别是中西部地区的贫困家庭学生占在校生比例较高的地市所属高职高专院校，贫困家庭学生获得资助的面不够大，不能满足所有贫困家庭学生的需要。有的贫困家庭学生即使获得了资助，但资助额度较低，还不能满足其完成学业必须支付的全部学费、住宿费和生活费（如表 5-22 所示）。

表5-22 公办全日制普通高等学校家庭困难学生获得资助情况

年份	公办全日制普通高校在校生数（万人）	贫困家庭学生人数（万人）	特困生人数（万人）	银行审批贷款学生数（万人）	银行审批贷款学生占贫困家庭学生的比例（%）	银行审批贷款学生占特困生比例（%）
2000	549.3	111.2	44.5	6.7	6.0	15.1
2001	705.0	143.8	57.5	20.4	14.2	35.5
2002	871.4	174.3	69.7	25.4	14.6	36.4
2003	1 027.6	221.7	88.7	26.5	12.0	29.9
2004	1 193.9	266.7	106.7	37.0	13.9	34.7
2005	1 450	294	123	92.0	31.3	74.8

注：公办全日制普通高等学校在校生数，根据1999～2005年度的《中国教育统计年鉴》和《教育事业发展统计公报》中的"普通高等教育在校生数"减去"民办高等教育在校生数"计算而来。银行审批贷款学生人数来源于全国学生资助管理中心。

1. 大学生资助体系有待进一步完善

（1）国家助学贷款政策和运行机制不够完善。由于地区之间、高校之间贫困家庭学生分布不均衡，部分西部地区的高职高专院校和农、林、水、地、矿、油院校贫困家庭学生较多，有的甚至超过在校生的50%以上。随着我国高校招生规模的扩大，贫困家庭学生数量也呈上升趋势。国家统一规定每所高校贷款学生占在校生比例原则上不超过20%，不能照顾到众多的贫困学生。现行高校资助政策在生均年最高贷款、限额最长还款期限及还款方式上有严格限制。这些贫困家庭学生即使获得贷款，也不能满足学习和生活需要。而且由于目前高校毕业生就业比较困难，一些学生毕业后起始收入又较低，所以一些贷款学生要在毕业后6年时间内按期还清贷款仍有一定困难，不能适应各种类型贷款毕业生的需求。此外，目前各地、各高校尚未建立起有效的贷款回收机制。在国家税收体系、社会保障体系和信用体系尚不健全的情况下，追要贷款成本高、效率低。高校普遍反映，这项工作给高校带来了很大的压力和困难。

（2）国家助学贷款"以奖代偿"政策没有发挥有效作用。国家助学贷款实行"以奖代偿"政策。但按目前的政策看，实施高校仅限于中央部门所属高校，此类高校只占全日制公办普通高校总数的8.4%。代偿人数占贷款毕业生的比例很小。每所学校每年享受代偿政策的学生原则上不超过当年获得国家助学贷款毕业学生的5%～8%，每年只有约6 000人能够享受代偿政策。代偿毕业生的就业范围，按目前的政策看，贷款毕业生到西部地区和艰苦边远地区县城所在地以下的基层单位工作才能享受以奖代偿政策，就业范围较窄。据北京大学学生资助管理中心调查统计，该校2006年毕业生中，没有一个符合上述条件。此外，据了解，尽管西部地区许多基层单位急需大量人才，但由于县级财力和人员编制有限，无法提供足够的就业岗位，在一定程度上使"以奖代偿"政策难以得到很好的落实。贷款学生毕业时与学校签订协议，毕业后才开始由学校代偿，分三年代偿完毕。代偿滞后于贷款的发放，不利于国家助学贷款工作的开展。

（3）国家奖学金、国家助学金资助面较小，资助力度不够。2005年，全国公办全日制普通高校获得国家奖学金的学生为5万人，仅占在校生的0.3%，资助标准为每生每学年4 000元，只够基本解决极少数贫困家庭学生的学费问题。2005年，享受国家助学金的学生为53.3万人，仅占在校生的3.4%，资助标准为每生每学年1 500元。我国高等院校主要集中在中东部地区的大、中型城市，而这些城市的生活标准普遍要高于国家助学金每月150元的标准。如果以我国36个主要城市的最低生活保障的平均数228元为参照，国家助学金所提供的生活费仅占到各地最低生活保障标准的65.7%。

(4) 其他资助措施的资助范围和资助力度也比较有限。据调查，在其他形式的奖学金中，获奖学金的贫困家庭学生仅占 1/3 左右。勤工助学虽然是现行资助政策体系中一个重要的措施，但相对于大量的贫困家庭学生而言，高校能够提供的勤工助学岗位不多，支付的报酬也较低，从每生每月 100~400 元不等，资助力度十分有限。特殊困难补助只是帮助家庭遭受特殊困难的贫困家庭学生的临时性措施，资助力度一般也不大。而在学费减免政策上，据了解，目前大多数高校执行的力度不够，资助作用较小。"绿色通道"制度虽然保证了所有贫困家庭新生顺利入学，但是，由于一些高校后续资助措施跟不上，一些学生仍然面临学习和生活上的困难。

2. 民办高校贫困生资助政策不健全

据统计，2005 年全国具有颁发高等教育学历证书资格的民办高校共有 252 所，在校生 105 万人；独立学院 295 所，在校生 107 万人；此外还有其他民办高等教育机构 1 077 所，注册学生 109 万人。民办高校基于通过举办者投资、政府不拨款、向学生收取较高学费的形式来解决办学经费。大量农村和城市低收入家庭考生因高考分数低进入民办高校，相对公办普通高校，贫困家庭学生的比例更大。民办高校收费标准普遍高于公办高校，因此，大量来自城市低收入家庭和农村家庭的学生更需要获得资助。但是，一些民办高校的举办者甚至以营利为目的，根本不愿从学费收入中拿出一部分经费对贫困生进行资助，国家现行资助政策对民办高校贫困家庭学生资助工作比公办高校相差更远。因此，民办高校的贫困家庭学生反映十分强烈。

(五) 进城务工农民子女接受教育难

根据 2008 年的社会蓝皮书调查可知，中国教育正面临一个历史性的转折点：从满足基本需要到有可能追求好的教育、理想的教育。在这一背景下，长期为教育贫困所掩盖的各种教育自身的问题开始显露。而其中,在农村基本实现了免费义务教育之后,城市流动儿童的教育已经成为最为突出的教育公平问题。同时,进城务工子女初中后的教育问题也已经出现。由于初中后教育不是义务教育,政府没有保障的责任;而且中等职业教育投入更大,费用更多,如何应对、解决已成为重大问题和难题。目前在比较集中的义务教育问题上,具体表现为以下几个方面。

1. 入学问题难以完全解决

据 2003 年 11 月 5 日国务院妇女儿童工作委员会办公室和中国儿童中心对北京等九个城市抽样调查表明:九城市进城务工农民子女约为 280 万人,义务教育阶段入学率为 90.7% 左右,照此计算,九城市中有 26 万多进城务工农民子女未入学。并且随着年龄增大,进城务工农民子女中失学的比例逐渐升高,从 8~14 岁,进城务工农民子女未上学的比例由 0.8% 增至 15.4%,在进城务工农民子女中,女孩失学比例为 3.9%,明显地高于男孩(2.6%)。不仅如此,调查还发现,部分进城务工农民子女不能适龄入学,6 周岁儿童中有 46.9% 没有接受教育。进城务工农民子女超龄现象也比较严重。调查表明,在 9 周岁的孩子中,有 20% 还在上一、二年级,13 和 14 周岁还在小学就读的孩子分别占相应年龄进城务工农民子女的 30% 和 10%。① 父母的流动不同程度地延误了儿童的学业。这表明进城务工农民子女存在着接受教育机会不均等的问题,并且女童较之男童的机会更加不均等。

尽管国家已经确立了解决流动儿童接受义务教育"以流入地为主,以公办学校为主"的原则,但目前仍然有相当多的流动儿童难以进入公办学校。2005 年底,北京市打工子弟在公办中小

---

① 陈晓蓓:《中国九城市流动儿童大部分就学有保障》,载《中国教育报》2003 年 11 月 6 日。

学就读的比例为62%。上海市的这一比例在2006年为50.7%。武汉市的这一比例在2006年已达81.5%，可能是全国最高的。2006年，我国随父母进城的义务教育阶段适龄儿童约为800多万。① 由于这些学生流动性大，一些大中城市难以提前做好学校规划和相应准备，解决进城务工农民子女就学问题依然严峻。国家和各地出台的政策措施落实到位还需要一个过程，有的城市对农民工子女就学尚未建立完善的制度，使一些符合入学条件的农民工子女入学仍有困难；一些农民工居住聚集程度高的地区，政府对教育基础设施建设的投入和对农民工子女流动的管理一时难以跟上，教育资源供给与需求间的矛盾短期内还难以完全缓解。有的地方出现的专门携带亲友子女来城市就读的"读书专业户"和"移民上学"现象，也给城市教育带来一定压力。

2. 城区优质学校难以问津

在接受优质教育方面，农民工子女的受教育机会是不均等的。虽然目前大部分农民工子女就读于公办学校，但他们绝大部分上不了重点公办中小学。据对北京等九个城市的抽样调查表明，流动人口子女就读正规的市重点中小学的大城市仅占6.8%，中等城市占13.4%，小城市占7.9%。如武汉市是全国率先接纳进城务工农民子女入学的城市之一，全市现有313所公办中小学接收进城务工农民子女入学，但其中没有一所是重点学校。可以看出，在民工子弟学校上学的农民工子女对教育资源的占有与本地儿童存在较大的差异。这是因为，民工子弟学校本身在教学设施、资金投入、师资配备、教育质量、教育管理等方面都无法与公办学校相提并论。民工子弟学校由于师资力量不足，办学条件差，使相当一部分进城务工农民子女无法享受与城市孩

---

① 2004年教育部基础教育司"进城务工农民子女教育问题"调查以及2006年教育部"农村人口流动背景下义务教育体制研究"（05JJD880011）项目调查。

子同等水平的义务教育。因此，选择民工子弟学校就等于选择了不平等的义务教育，意味着他们已经输在了教育的起点上。换言之，进城务工农民子女即使成绩优异，仅仅因为社会身份的差异（无城市户口），他们就不能享受优质的学校教育资源。

3. 入学费用超出承担范围

多年来，城市公办学校在招收进城务工农民子女时都要收取过高的借读费、赞助费。这种不合理的收费成为农民工子女进入公办学校的一道壁垒，也是影响农民工子女公平接受教育的主要问题和农民工反映最强烈的问题之一。近年来，尽管各地为了贯彻"两为主"的政策，几乎都在取消或降低借读费和赞助费，但教育费用仍然是进城务工农民家庭的最大负担。据调查，进城务工农民子女在小学阶段，一般每学期收费300～400元，中学阶段为500元左右，少数城市更高。此外，还有服装费、保险费、郊游费、上网费、班费等费用。进城务工农民工从总体上看是一批经济收入比较低的群体，过高的"借读费"、"赞助费"及其客观存在的教育支出，常使农民工难以承受并使他们的子女对进城上学望而却步，迫使不少农民工放弃子女进城上学的选择，而将子女留在家乡上学。更为重要的是，这种面向农民工子女所收取的过高的"借读费"、"赞助费"本身就是一种歧视性的做法，违背了教育公平的原则，剥夺了农民工子女公平接受教育的权利。所以，在对农民工的需求调查中，农民工子女家长反映最强烈的是要求"禁止对流动人口子女收取借读费"、"降低过高的学费和杂费"、"根据情况适当减免学费"等。

4. 供求矛盾短期难以解决

目前关于进城务工农民子女的数量，主要是基于宏观估算和微观调查得出的，缺乏精确的统计。根据2005年人口抽样调查，全国人口中的流动人口为1.473 5亿人。① 如果按照第五次人口普查所提供的一般人口结构,低于14岁的少年儿童数和6～14岁学龄儿童数在总人口中所占的比例分别为25.52%和18.04%②,照此计算,流动人口子女大约是3 760万,6～14岁学龄儿童大约是2 658万。这些流动人口子女绝大多数是进城务工农民子女,他们或留在家乡上学,成为"留守儿童";或随父母进城上学,成为"流动儿童"。

从我国城镇化的发展趋势来看,未来一段时期我国将处于城镇化加速发展期。大量的农村剩余劳动力需要向城市转移。根据预测,"若城镇化率按年均增加1个百分点计算,2020年我国城镇化率将达到57%,城镇总人口将达8.28亿,比2002年增加3.26亿(包括城镇人口自然增长的0.37亿),这意味着从现在到2020年将有2.89亿农村人口向城镇人口转化"③。进城务工农民规模还会有快速增长的趋势。随着大量农民进城务工就业和工作的日趋稳定,越来越多的农民工倾向将子女带到城里居住和接受教育。无论是从宏观还是从微观上看,进城务工农民子女已形成一个庞大的特殊群体,从发展趋势来看,这个群体的人数将会越来越多。他们能否公平接受教育,是全社会必须正视的现实问题。

(六) 中等职业教育发展困难重重

作为我国教育体系中的重要组成部分,职业教育尤其是中等职业教育,是解决"三农"问题、促进就业再就业的重大举措。

---

① 中华人民共和国国家统计局:《2005年全国1‰人口抽样调查主要数据公报》,2006年3月16日。

② 中华人民共和国国家统计局:《2000年第五次全国人口普查主要数据公报》,2002年2月17日。

③ 韩俊:《工业反哺农业,城市支持农村——谈在新形势下如何推进新农村建设》,载《政策》2006年4月8日。

中等职业教育与繁荣经济、促进就业、消除贫困、维护稳定、建设先进文化有密切关系,是使我国新一代公民"人人有知识,个个有技能",获得基本的就业能力和就业机会,以分享社会主义现代化建设成果的最主要途径。目前教育公平体现在中等职业教育上的主要矛盾是:中等职业教育发展不足与广大人民群众日益增长的多样化教育需求之间的矛盾。在现实生活中,这一主要矛盾突出表现为:人民群众特别是社会平民阶层对教育机会均等和教育类型多样化选择的强烈要求。由此引发和派生出诸多长期制约我国职业教育发展的问题,不利于职业教育与其他各类教育的协调发展,使相当数量的职业教育对象失去平等接受教育的机会。这些问题突出表现在以下几方面。

1. 中等职业教育成本和收益之间存在突出矛盾

目前,中等职业学校的1 600万名学生主要来自农村和城市中低收入家庭,其中贫困家庭学生约占30%。但中等职业学校学生要缴纳的费用普遍高于普通高中学校学生。2004年中等专业学校的学费全国人均2 086元/学年,普通高中人均1 055元/学年,前者是后者的1.98倍。这一状况在一些地区表现突出,比如,2005年北京地区公布的学费标准显示,中等职业学校学费平均是普通高中学费的2倍多,有些专业的学费是重点高中学费的3倍多。加之中等职业学校分布集中,学生需要集中住宿,生活费用高,更加重了学习成本负担。政府负担不起,学校和企业、社会投资和融资不够的矛盾也比较突出。

虽然中等职业学校收费高,但中等职业学校的毕业生并不能得到相应的回报,相反,他们的实际回报不如普通高中毕业生。首先,中等职业学校学生毕业后收入水平低。中等职业学校毕业生主要就业领域是加工制造、服务行业以及技术含量不高的生产性单位,工资水平普遍不高。调查显示,不同行业之间职工平均工资水平的排序呈现不利于中职毕业生的状况,制造业、生产性行业的平均工资水平低。以制造业为例，根据《中国统计年鉴》（2005）的数据，在统计的16个行业中，制造业职工平均工资水平1978年以来历年都低于全国平均水平，制造业职工平均工资水平与排名最高的行业之间的差距逐步扩大，1985年为1.42∶1，1995年为1.52∶1，2002年扩大到1.74∶1。其次，中等职业学校学生社会地位低，毕业生职业生涯发展的空间小。由于制度因素、社会文化因素的影响，中等职业学校学生在社会、企业没有得到应有的重视和尊重，企事业单位在人员录用、考核、晋升、流动以及福利待遇等方面"唯学历"的倾向还十分严重，中等职业学校毕业生明显处于不利地位。

2. 中等职业教育发展不力造成受教育机会总量短缺

大力发展职业教育，加快人力资源开发，是解决"三农"问题、促进就业及再就业的重大举措。特别是加快中等职业教育的发展，是实现现阶段我国国家利益的需要，也是维护广大人民群众接受职业教育的权利的需要。这就要求政府努力构建中国特色的职业教育服务体系，积极发展多种形式、多种层次的职业学校教育和职业培训，为初、高中毕业生和城乡新增劳动者、下岗失业人员、在职人员、农村劳动者及其他社会成员提供接受中等职业教育和培训的机会，国务院已经明确提出职业教育是我国国民经济和社会发展的重要基础。但从目前的情况看，我国中等职业教育发展不足，不能满足经济与社会发展和广大人民群众接受职业教育的实际需要。

从职业教育发展的现状看，我国目前能够为公民提供接受中等职业教育的机会极其有限。尽管经过多年的努力我国中等职业教育有了一定的发展，学校数量、招生人数、在校生数正在逐年上升，但是据统计，近年来全国城乡每年仍有1 000多万初中毕业生不能升入高中，与现有中职年招生750万的规模相比，更多的初中毕业生因为各种原因被排斥在中等职业教育之外。一方面，大量不能上大学的城乡孩子，特别是家庭背景处于社会弱势的孩子找不到满意的职业学校或因为家庭困难失去了通过接受职业教育实现成才就业的机会；另一方面，大量的急需稳定就业、改善生活状况的农村劳动力没有在中等职业教育中受益。

从今后一个时期我国教育发展规划看，到2020年，高中教育阶段毛入学率要达到85%以上，基本普及高中阶段教育。但是在今后一个时期要实现基本普及高中阶段教育的目标单靠发展普通高中教育是不够的，这就要求我们一方面发展普通高中教育，另一方面必须大力发展中等职业教育和各类技术培训。国际教育供给与人力资源需求关系的历史发展历程也印证了这一规律，普通高中教育规模过大，中等职业教育规模过小是不合理的。实行初中后学生的合理分流，大力发展中等职业教育，维护广大人民群众平等接受教育权利和机会的需要，保障他们通过接受职业教育成才就业，是确保我国整体教育公平实现的重要方面。

今后，我国中等职业教育发展不足与经济社会发展以及人民群众接受职业教育的需要的反差将呈现进一步扩大趋势，主要反映在我国各行各业就业的人员接受职业教育的比例不高，职业素质偏低，将会影响产品和服务质量以及职工个人发展。据劳动保障部门统计，2004年全国城镇从业人口中技能劳动者仅占32.9%。劳动者技术等级偏低的问题比较突出，在技能型劳动者中初级工占43%，中级工占36%，高级工占17%，技师和高级技师占4%。现有农村劳动力4.8亿，其中小学及以下文化程度占38.2%，初中文化占49.3%，高中文化占11.9%，大专及以上文化占0.6%，受过专业技能培训的占9.1%，严重制约了农村经济与社会发展、农业产业结构的调整和农民收入的提高。据农业部门统计，我国现有进城农民工1.2亿，初中及以下文化程度占87.5%，有专业技术职称的占2.4%，受过培训并获得证书的占 18.5%。

因此，今后一个时期，我国在经济与社会的发展方面将会继续对公民通过接受职业教育，提高职业技能和综合职业素养提出迫切需求。据预测，到 2020 年，我国一、二、三产业的就业比重将调整为 25∶30∶45，城市化率将达到 57.5%。对城市基础设施建设、市政、园林、商业、交通旅游、社区服务、物业管理、家政服务等方面具有一技之长的劳动者的需求，呈现快速增长的趋势。到 2020 年，我国还将有 2.2 亿农村富余劳动力要向城镇和非农产业转移。加强对进城农民工和需要转移的农村富余劳动力的职业培训，是当前和今后一个时期职业教育的一项重要任务。

3. 中等职业教育发展不力导致我国教育结构的失衡

首先，中等职业教育与普通高中教育发展不平衡，引发教育结构在整体上的失衡。世界上任何国家在工业化进程中都是十分重视职业教育发展的，从一些国家高中教育阶段的职业教育与普通教育的比例中不难看出，即使完成了工业化过程，职业教育仍然占很大的比重。如 20 世纪 90 年代后期，瑞典的这一比值为 67∶33，瑞士为 75∶25，德国为 71∶29，法国为 60∶40。而我国目前中等职业教育在高中阶段教育的比例偏低，职普比仅为 40∶60，与国际上许多国家比较来看，我国高中阶段教育结构严重失衡。

从学校总量上看，我国职业学校数量还远远不能满足我国每年 1 000 万未升入高中阶段学校的初中毕业生获得教育机会的客观需求。近年来，中等职业学校在校生人数在整个高中阶段教育所占比例一直呈下降趋势，从 2000 年的约 45% 下降到 2005 年的约 37%，标志着我国教育整体结构总体上的不协调。2007 年各地中等职业学校生均校舍面积全国仅为 11.41 m^2/生，比 2002 年下降了 7.69 m^2/生。我国目前职业教育的主要对象是初、高中毕业生和城乡新增劳动者、下岗失业人员、在职人员、农村劳动者及其他社会成员。接受中等职业教育，掌握一技之长，实现成才就业，对他们的生存、生活质量的提高和长远发展至关重要。教育结构在整体上的失衡，导致了教育供给结构不能满足人民群众多样化的受教育需求和教育公平的实现。

4. 中等职业教育资源分配不合理影响我国的国际形象

在国际上，各国政府构建公共教育体系，保障全民教育权利，是各国法律所规定的基本要求，这要求政府在统筹发展各级各类教育的时候，合理分配教育资源，按照公民接受教育的不同需求协调发展各种类型的教育，以保障公民受教育机会的均等。目前，我国中等职业教育发展不足，在制度层面上反映了国家制度安排和资源分配上的不均衡，势必影响我国在国际上的教育公平形象。特别是中等职业教育的受益对象中居多。大力发展职业教育，尤其是努力为农村青年、下岗失业人员、在农村劳动者、家庭困难者提供接受职业教育的机会，这不仅是我国教育公平的要求，而且能够最大限度地促进他们成才就业并保证职业生涯的持续发展，对于提升我国教育公平的国际形象和构建社会主义和谐社会具有十分重要的意义。

5. 内部结构不平衡直接影响到中等职业教育的发展

中等职业教育内部结构发展不平衡，主要体现在政府部门行业之间和政府与企业之间在分担职业教育责任的不均衡等制度安排上。这种制度安排导致的职业教育发展责任不均衡不仅影响职业教育的投入结构，而且直接影响职业教育的人才培养模式的合理性，制约着教育与经济社会的良性互动和教育与生产实践的有机结合，一方面是学校教育中学生的职业素质不能很好地得以提高，另一方面是城乡企业在职职工接受职业教育和培训的机会缺失。国际上许多国家包括德国、澳大利亚、英国、芬兰等，它们的学徒制有效地解决了教育与经济的关系问题。我国的现状使得校企合作、工学结合等制度的实施步履维艰,发展缓慢。总体来看,中等职业教育仍然是我国教育事业中的薄弱环节。职业教育在促进我国教育公平的实现和经济社会的发展中的独特功能和特殊作用还远远没有得到发挥,通过职业教育实现"人人有知识、个个有技能"目标的任务还十分艰巨。

三、现实教育不公平的表现及其原因

教育公平的对立面就是教育不公平。

教育不公平在现实生活中的表现形式无法一一列举。概括地说,教育不公平现象的主要表现如下。(1)城市教育与农村教育的不公平。城市教育的水平越来越高,农村的教育水平相对越来越低,很多农村学校不仅缺乏基本的教学材料,而且缺乏师资和设备。(2)区域教育之间的不公平。如东部地区与西部地区教育的不公平,目前东部某些地区和大城市的教育水平已接近发达国家的水平,而西部贫困地区仍未完全普及九年义务教育。(3)学校教育之间的不公平。如重点学校与非重点学校的不公平,重点学校一直是各级政府财政投入的重点,而非重点学校因政府不重视、投入少而无人问津,教育质量低下。普通学校与职业学校的不同,普通学校的学生可以考大学,而职业学校很少有人能考大学。(4)优势群体与弱势群体教育的不公平。如正常儿童与特殊儿童教育的不公平,正常儿童基本上实现了普及义务教育,而特殊儿童很多不能上学;女性教育与男性教育之间的不公平;穷学生与富学生教育之间的不公平;等等。

今天的中国教育是在城乡之间、地区之间和阶层之间的巨大差异的基础上展开的,在教育得到巨大发展的同时,也逐渐加剧了教育机会不均等现象,教育不公平问题成为目前中国重要的国情之一。

导致教育不公平的原因,既有历史形成的巨大发展差距,又

有城乡二元分割的社会经济结构和户籍制度的影响；既有现实公共政策取向和偏差所导致的不公平，更有政府职能严重错位，长期教育投入严重不足，对弱势群体的教育补偿和优先扶持力度不够，以及未能很好依法治教所产生的偏差。

（一）历史形成的巨大发展差距

历史的长期发展造成了目前不同地区经济发展、教育发展的初始条件不同，因此在许多重要方面都会有很大的差别。例如，我国在新中国成立前是一个典型的半殖民地半封建国家，其工业分布具有明显的半殖民地色彩，75%以上的工业集中在东部沿海地区。广大内地，特别是西部边疆少数民族地区，基本上没有现代工业。1949年新中国诞生时，中国各省区的经济发展差异就已非常明显，工业总产值最高的地区均集中在东部沿海地区。其中，上海与宁夏相比，前者是后者的292倍，东部地区中的上海、广东等5省市的工业总产值占全国总产值的56.23%，可见地区差异当时就已十分明显，而经济发展的差异必然会制约教育的发展。客观地说，现在中、西部地区差异只是历史的继续和延伸，而且还具有一定的长期性。

地区间经济和文化教育发展水平的历史差异，是构成地区经济发展水平现实差距的重要因素之一，也直接导致了教育质量、教育机会等方面的差距。形成地区间巨大差距的历史原因主要有：自然环境、地理位置、历史文化、传统教育理念以及历史上资源分布的差异等。

从自然环境和地理因素来看，我国地域广阔，自然条件不一，既有富饶的"鱼米之乡"、"天府之国"，又有"大荒沉沉飞雪白"的"不毛之地"。由于气候、交通、地理位置等自然条件的差异及资源分布的不均衡，造成了历史上我国各地区经济、教育发展的差异。虽然以后历经兴衰，但在此基础上形成的人文地理环境，即市场、文化等因素仍然扮演了重要的角色。而在那些经济欠发达的边远、贫困和落后地区，分布着我国各族人民。他们受自然、经济发展水平等因素的制约，相对闭塞，教育十分落后。由于办学点分散、规模小、成本高，教学条件很差，到目前义务教育还没有完全普及。

从传统文化教育观念来看，千百年来"学而优则仕"一直是"读书人"的强大学习动力，科举考试、官本位的教育价值观成为民间向学的旨归，普通民众皆希望在科举考试中取得功名，"鲤鱼跃龙门"进入社会上层；虽然"万般皆下品，唯有读书高"的社会舆论也有着一定的积极向学的意义，但同时它表现出的教育的工具目的也十分彰显，轻视教育其他功能的弊端尽在意中。一方面传统的学历观根深蒂固，重科举、重考试，精英教育思想深入人心；另一方面"劳心者治人、劳力者治于人"等传统价值观影响广泛，造成鄙视职业技术的现象，影响着当代职业教育的发展。

而三十年来的改革开放既促进了经济社会的发展，也进一步拉开了东中西部地区的差距，包括教育上的差距。改革开放的初期，要支持和鼓励东部沿海一部分基础较好、具有地缘优势的地区先发展起来，东部地区率先改革开放，得到了明显的优先发展优势，使得境内外资金主要流向东部沿海地区和城市，使得东部与中西部经济发展差距进一步拉大。区域经济发展的不平衡必然导致教育发展的不平衡，而教育发展不平衡又是经济发展不平衡继续扩大的根本原因。由于不同经济区域经济实力悬殊较大，对教育的投入差距拉大，尤其是基础教育，而高等教育资源也集于中少数发达地区及大城市。因此，改革开放三十年来，基础教育的普及程度已明显地呈现出东部高于中西部的区位格局。东部地区农村教育水平之所以高于西部地区，也主要是得益于东部地区快速发展的乡镇企业和城镇化进程。全国城乡受教育年限差距超过3.5年的省份均集中在西部地区，其中，青海、甘肃超过4

年。统计分析表明,东西部地区教育水平的差距主要不是城市之间的差距,而在于农村教育水平的差距。

表 5-23 2000 年我国东西部地区城乡人均受教育年限的差距比较[1]

地区		城市	农村	城乡差距
全国		9.80	6.85	2.95
西部	青海	9.34	4.72	4.62
	甘肃	9.94	5.61	4.33
	贵州	9.27	5.30	3.97
	云南	9.42	5.61	3.81
东部	山东	9.55	6.80	2.75
	江苏	9.66	7.15	2.51
	福建	9.31	6.81	2.50
	广东	9.57	7.37	2.20

资料来源:全国第五次人口普查资料。

(二)城乡二元分割的社会经济结构和户籍制度的影响

教育问题不完全是教育问题,在某种程度上更是社会问题。新中国成立以来,在我国城乡二元结构和计划经济体制下,国家为了保障城市的稳定,快速推进工业化,加快国民经济的发展,在公共服务等方面,采取了"城市优先"的资源配置方式,即城乡二元分割的社会经济结构。在这种大背景下,鉴于教育资源的极度短缺,也采取了高度集中的"城市优先"的教育资源配置模式,政府对教育的投入以及办学条件、师资配备等一直向城市倾斜。这种先城市、后农村的教育资源配置,在制度安排上使城乡

---

[1] 转引自中国教育与人力资源问题报告课题组编:《从人口大国迈向人力资源强国》,高等教育出版社 2003 年版,第 68 页。

教育投入很不均衡，直接导致了我国城乡之间教育资源配置的差距。改革开放以来，由于城乡经济发展水平的差距，从总体上说不但没有缩小，而且越来越大，这就使得城市和农村对教育的投入差距不断扩大，致使我国城市和农村教育资源配置不平等。

户籍制度是在计划经济体制下形成的，它的形成虽然有着特殊的历史原因，甚至也有着特定的历史价值与意义，由此也带来了相应的消极影响与作用。户籍制度最突出的弊端在于它以"农业"和"非农业"户口把中国公民分成标志鲜明的两大类别，也将城市儿童与农村儿童割裂开来，让城乡儿童在不同的制度构架中获取不均等的教育资源，农村青少年要摆脱农村的身份，唯一的途径是通过教育，进入城市高等学校或中等专业学校，改变农村户口。因此，户籍像一道强有力的闸门，维护着城乡二元社会结构。改革开放后，伴随农村适龄儿童不断向城市流动，原有僵化的城乡户籍制度和教育制度遭受到冲击。为了维护这种僵化的户籍制度和教育制度，即使政府确立了"流入地政府为主"和"公办学校为主"解决进城务工农民子女上学的"两为主"方针，但不少城市的公办学校仍以种种理由拒收或少收进城务工农民子女入学，有的地方政府则采取指定部分薄弱学校招收进城务工农民子女，而其他学校特别是优质学校则不允许招收进城务工农民子女，严重阻碍了进城务工农民子女教育公平问题的解决，并带来了一系列大学生就业等与教育有关的社会问题。

此外，社会劳动分配制度不公平，接受同等教育年限的职业学校毕业生和普通高校毕业生，在企业工作和在机关事业单位工作的收入差距太大，社会媒体过重的关注和渲染精英教育和精英人才，而缺乏对职业教育关注的热情，加重了人们对职业教育的鄙视，影响了职业教育的发展。

（三）现实公共政策取向的偏差导致不公平

现实公共政策的不同取向或偏差，也导致教育资源配置的不公平。当前，我国教育中呈现出来的不公平问题固然与历史形成的经济、社会、文化的不平衡密切相关，但更与我国教育的价值选择和制度安排、政策偏差直接相关。在特定历史条件下的制度安排和政策选择，进一步加剧了教育的不公平。

1. 教育政策倾斜导致的教育资源配置不公平

当前这种教育政策和规则的不公，突出体现在重点学校政策、高考和高校招生制度等问题上。

（1）教育资源短缺背景下，效率优先的重点学校政策拉大了我国中小学校之间资源配置的差距。在我国教育资源非常贫乏的计划经济时代，为了快出人才，早出人才，国家采取了集中财力办好一批重点小学、重点初中、重点高中的制度。1953～1995年国家出台的一系列文件中，对重点学校的领导配备、教师队伍建设、经费保障、办学条件、教育教学管理等，都作出了非常明确的带有倾斜性的政策规定，反复重申办好重点中学的必要性。这一系列政策规定的出台，使那些重点学校不但政策宽松，而且具有一般学校所不具备的经费筹措能力，致使其在发展中始终处于强势地位。同时，由于我国各级政府对普通院校或一般中小学教育的经费投入严重不足，很多非重点院校都要靠一部分自筹经费来维持运转。公办学校形成的"转制"学校、"名校办民校"、"校中校"以及"三限生"等政策，形成了多元体制下教育资源配置方式的政府配置与市场配置之间的冲突，形成了与民办高中、公办一般高中的不公平竞争，使得民办高中难以获得发展的空间，破坏了我国公办高中与民办高中的协调发展，加剧了我国高中学校之间教育资源配置的不公平局面。在"重点校"评估制度和管理措施方面，政府采取的"扶优强优"的激励机制进一步促进了我国高中之间资源配置的差距，进一步导致教育资源投向重点学校，扭曲了教育资源配置的方向。

（2）近年来社会反映强烈的不同省市学生、城乡学生高等学校入学分数线的差距,即"倾斜的分数线"又是政策不公的典型例证。它突出表现在我国高招指标和分数线不是向经济和教育欠发达和不发达地区考生倾斜,而是向经济和教育发达地区考生倾斜;不是向中西部贫困落后地区特别是农村地区倾斜,而是向少数大城市倾斜,这就是一种极大的教育不公平。虽然这一现实有历史上形成的高等教育资源集中在少数地区和大城市的原因,即在高度集中的计划体制下"城市优先"的政策取向,公共政策是以"中央"、"国家"的利益和价值为中心,较少考虑城乡、地区和阶层之间的利益平衡,并在城乡二元结构的现实中逐渐形成了一种"城市中心"的价值取向,国家的公共政策优先满足甚至只反映和体现城市人的利益。就如过去的粮油供应政策、就业、医疗、住房、劳保等各项社会福利相似,教育作为一种公益事业,尤其是过去免费的高等教育,也长期暗含着一种"城市优先"的价值。[①] 但随着城乡青年就业的市场化,农村劳动力的广泛流动和城市化进程的加速,这一政策取向显然已经失去了现实合理性。目前,这一政策仍然是向大城市倾斜,这对于教育资源极为匮乏的农村和边远地区的学生显然有失公平,影响着农村学生接受高等教育的升学意愿。

2. 没有注意采取配套措施造成的教育不公平

(1) 民工子弟入学及学校建设的配套政策跟不上。在城市化的过程中,全国数千万流动人口及其子女的教育问题,在许多地方是被忽视的。从目前来看,民办中小学及民工子弟学校承担了相当数量的进城务工农民子女的教育,在很大程度上缓解了公办学校及政府的财政压力,分担了政府的责任。但从实践来看,公办学校和民办学校及民工子弟学校存在明显的不平等。尤其是政

[①] 杨东平主撰:《艰难的日出——中国现代教育的20世纪》,文汇出版社2003年版,第305页。

府的财政投入主要是公办学校,几乎顾及不到民办学校及民工子弟学校。有的甚至认为民办学校或民工子弟学校与公办学校争生源、争教师,损害了公办学校的利益,对这些学校采取不同程度的限制、排挤甚至打击。在"正规化"的管理要求下,受到打工者阶层欢迎、自发举办的"打工子弟学校"屡被查禁,反映出城市人的傲慢和对外来人口的排拒,以及主管部门无视基本国情的教条主义。

当然,为了给进城务工农民子女提供安全和良好的学习环境,对民工子弟学校的办学条件进行相应的规范是必要的,对一些违规办学实行取缔也是必要的,但这种规范应当是在积极鼓励和支持的前提下进行。而政府现行的规范恰恰是在缺乏支持的情况下进行的,并且一律都是按城市学校的标准来规范的,对于绝大多数民工子弟学校来说,往往很难达到这个标准,这样,这些民工子弟学校便归入"不合法"的范围。民工子弟学校就在这种面临"自生自灭"危险的状态下生存着。"自生自灭"的状态制约了这类学校的进一步发展,而无法进一步发展又加大了其达标的难度。这就在相当程度上制约了民办学校和民工子弟学校的发展,增加了公办学校的压力,减少了进城务工农民子女接受教育的机会。

(2) 某些方面对农村的政策歧视还未改观。2001年10月,国务院转发的中央编办、教育部、财政部《关于制定中小学教职工编制标准的意见》中,农村编制远低于城市。例如,农村小学、初中师生比为1∶18、1∶23,而城市则为1∶13.5、1∶19。农村地域宽广、人员居住分散,山区、库区更是如此,办学规模远小于城市,学生少于25人的教学点比比皆是,同时扫盲工作、成人教育、幼儿教育均无编制,这些工作又是要靠编内教师完成。按照1∶23标准配备教师,这些地区学生将面临辍学危险,成人教育、扫盲工作处于无人过问的状态。一些地区多年来县、乡机关单位无限制进人，人员大量超编。而农村学校则大量缺编，财政一般转移支付政策只算地区总的供给基数，在总数超编情况下，财政部门严控再进教师，造成合格的农村教师较为匮乏，从而影响农村教育质量的提高。

（四）政府职能"错位"和"越位"

政府职能发挥存在问题。长期教育投入严重不足，对弱势群体的教育补偿和优先扶持力度不够，没有形成公办教育与民办教育相互促进的格局。政府的作用主要在于解决市场失灵和促进社会公平两个基本方面，追求教育公平和保证教育领域的公共利益是政府管理教育的基本职能。但是，现实中由于政府职能错位而造成的失误现象较为普遍，错位包括缺位和越位。① 政府职能的"缺位"表现为：对法律规定的义务教育这一公共服务品投入严重不足，不符合建设公共财政框架体系的要求；对弱势群体的教育补偿和优先扶持力度不够；政府未能对教育与人力资源开发监控体系起到应有的规范与引导作用。政府职能的"越位"表现为：政府集中了办学和管理的职能，学校的一切行为都直接或间接地体现着政府的意志，由政府部门通过指令性计划来实现，难以根据市场导向自主依法办学。

教育经费投入总量不足是影响教育公平的重要原因。我国的教育投入一直严重不足，国家财政性教育支出占 GDP 的比重很低。20 世纪 90 年代，发达国家公共教育经费占 GDP 的比例都在 5% 以上，其中挪威、瑞典、加拿大、丹麦、芬兰、新西兰在 7% 以上。大多数中等发达国家也在 4% 以上。1992 年，公共教育经费占国民生产总值的比例全世界平均为 5.1%，发达国家平均为 5.3%，发展中国家平均为 4.2%，最不发达国家平均为

---

① 中国教育与人力资源问题报告课题组编：《从人口大国迈向人力资源强国》，高等教育出版社 2003 年版，第 306 页。

2.8%。2008年，中国国家财政性经费占国内生产总值比例为3.48%，仍难以与国际平均水平和同等发展水平国家相比。

长期以来，我国的教育投入严重不足，国家财政性教育支出占GDP的比重很低。近年来经过努力，虽有较大改观，但情况仍不容乐观。尽管1993年颁布的《中国教育改革和发展纲要》明确规定，国家的财政性教育支出占GDP比重在20世纪末要达到4%，但1998年仅为2.55%，1999年也只有2.79%，甚至到了2008年也才3.48%，仍未达到规定的4%的指标。2003年有些省、自治区、直辖市教育经费占财政支出的比例甚至还出现了下降。① 教育投入的严重不足，极大地制约着教育的发展，进而阻碍着实现教育公平的历史进程。公共财政保障水平仍处在较低水平，缺乏在最低合格标准基础上制定的需求预算，预算留有缺口；城乡间生均享受公共财政的资源不公平，城市大于农村，目前程度虽然比以前小，但差距仍然很大。

没有形成公办教育与民办教育相互促进的格局。我国教育系统中公立教育占主体地位，最优质的教育资源集中于公立教育系统。很多发达国家都是通过民办教育的发展给受教育者提供了更多的教育机会，其公立学校也常常通过市场机制吸引企业、社会团体等各界参与公立学校的经营和管理，达到提高教育质量的目的。在我国，民办教育没有充分发挥作用，其法人地位也没有真正确立，公共教育资源难以达到有效配置。从扩大教育公平的视角看，现阶段教育体制中存在的问题主要在于，公办教育与民办教育的非均衡发展和混合型学校的制度缺失。我国民办教育在庞大的公办教育系统的夹缝中生存，诸多的制度和政策使得民办学校在和公办学校的竞争中常常处于不公平的地位，二者的发展不

---

① 参见中华人民共和国教育部、统计局、财政部：《关于2003年全国教育经费执行情况统计公告》，载《中国教育报》2004年12月31日。

均衡；而混合型学校由于缺乏合法、合理、合适的制度设计，直接影响到教育公平。分析制约我国民办教育发展的制度因素，一是政府严格的教育准入机制，民办教育开办障碍重重；二是严格控制的教育质量保障体系，如公立高等教育拥有政府严格控制的学位授予制度的优势；三是非营利性民办教育法律规定与投资办学的矛盾，使民办教育难以为继。

（五）教育法规体系缺失，执法不力

国家的教育法规体系应该具有立法体系的完整性、立法范围的广泛性、法律内容的适应性、立法执法的严肃性和法律责任的明确性。目前，我国宏观教育法规及微观教育，特别是学校教育管理法规严重缺失，我国教育法规体系中还缺少一些专业性强、法律效能明确、独立的教育法规和比较系统的、覆盖面广的综合性教育法规，如缺少规范各级各类学校办学的微观学校法等，以至于部分教育机构以及教育改革过程中新出现的问题都游离于具体的教育法规之外。教育执法不力与国家法制大环境有关，需要有政府协调、奖惩制度配套政策的支持。目前，部门、地区管理条块分割，成为教育执法不力的一大弊端，只依靠政府部门的教育执法，往往缺乏执法的权威性和良好的执法效果。

四、怎样更好地促进我国的教育公平

教育公平是社会的最大公平，促进教育公平是社会主义的本质要求。经过30年的高速增长，中国经济与社会发展都进入了一个新的时期，为促进教育公平提供了更好的物质基础。但我国还处于社会主义初级阶段，人民日益增长的物质文化需求同落后的社会生产之间的矛盾仍然是我国社会的主要矛盾。城乡二元经济结构还没有得到根本改变，地区差距扩大的趋势尚未扭转，经济与社会发展还不协调，但要解决教育公平必须实事求是、稳步推进。因此，要树立正确的教育公平观，明确促进教育公平的发

展思路，以解决人民群众最现实、最直接、最关心的教育公平问题为重点，构建促进教育公平的保障体系，促进教育公平状况不断改善。

（一）政府应充分履行教育公平"第一责任人"的职责

美国经济学家、诺贝尔奖获得者弗里德曼教授曾经说过，政府的职能主要有四个：建立国防和外交，维护司法公正，提供公共产品，扶助社会弱势群体。提供公共产品是政府的基本职能之一，是政府应该做的也可以做得到的。义务教育是纯公共产品，非义务教育（特别是高等教育）是半公共产品或准公共产品，这都是应该完全由（如前者）或大半由（如后者）政府所提供的。教育这种公共产品，受益者虽然主要是个人，但直接关系到民族的素质和国家的命运，关系到社会公平的实现，关系到和谐社会的建设。政府是提供教育这种公共产品、实现教育公平的"第一责任人"。不管政府是否愿意，它都必须履行提供公共产品这个基本职能。否则，政府就是失职，就是"缺位"，就是该做的事情没有做，该做好的事情没有做好。政府应该按照温家宝总理在2006年《政府工作报告》里所强调的"应该管的事情一定要管好。在继续抓好经济调节、市场监管的同时，更加注重社会管理和公共服务，把财力物力等公共资源更多地向社会管理和公共服务倾斜，把领导精力更多地放在促进社会事业发展和建设和谐社会上。"政府在提供公共产品时，应把实现教育公平作为最重要的目标和理想，通过自己的科学决策、民主决策，努力实现教育公平的目标和理想。尽管教育公平的实现，只能是相对意义上的，而不可能是绝对意义上的，但政府也要尽最大的可能实现教育公平。一句话，提供公共产品，实现教育公平，政府是天生的"第一责任人"。谁也不能代替政府，谁也代替不了政府。

（二）促进城乡义务教育的均衡发展

1. 树立科学发展观，把义务教育均衡发展摆上重要议事日程，制定标准，明确义务教育均衡发展的目标。通过各级政府的共同努力，力争用3～5年的时间，做到义务教育资源配置更加合理，体制机制更加完善；大中城市基本消除薄弱学校，学校之间差距明显缩小，义务教育阶段"择校"现象大大减少；广大农村地区学校普遍达到基本办学标准，贫困地区及其薄弱学校办学条件和弱势群体受教育的状况得到明显改善。把推进义务教育的均衡发展作为"十一五"教育发展规划的重要内容，加强规划、统筹和指导，加强对推进工作的领导与协调。在落实农村义务教育经费的新机制过程中，及时研究新情况，解决新问题，建立推进义务教育均衡发展的有效工作机制，切实保障学校运转和学生就学。

2. 坚持分类指导，分区推进，切实把"十一五"规划提出的"重点普及和巩固农村九年义务教育"的目标落在实处。在"两基"基本实现之后，要加强分类指导，分区推进，指导各地巩固和提高农村义务教育水平。中西部已经实现"普九"目标的地区，应努力缩小区域内的城乡义务教育发展差距，基本实现城乡义务教育均衡发展，优质教育资源基本满足群众需求。加强政策研究，认真解决普及和巩固农村义务教育中出现的新问题。进一步改进和加强国家督导工作，建立和完善教育督导体系，强化对国家及地方义务教育均衡发展的督导与评估，促进各级政府管理和投入责任到位，学校管理到位，保证中央各项政策的落实。

3. 适应新形势、新要求，探索建立不断提高农村教师队伍整体水平的新机制。首先，以"工业反哺农业，城市反哺农村"为契机，以城镇教师支援农村教育为重点，完善城镇教师到农村学校任教服务期制度，加大对农村学校的支持力度。其次，以农村义务教育经费保障机制建立和完善为契机，创新着眼于未来的农村教师队伍补充的新机制，实施大学毕业生服务农村教育和大学毕业生青年志愿者行动计划，鼓励大学毕业生到基层、到农村任教、支教；推进高等学校留校青年教师、各级党政机关新进公务员到农村学校支教服务行动；通过扩大实施农村中小学教师教育硕士培养计划等多种方式，为农村学校补充一批具有较高素质、较高学历的青年教师。再次，以我国农村中小学布局调整为契机，优化、调整农村教师队伍结构，杜绝不具备教师资格的人员进入教师队伍，逐步改变农村教师队伍状况。

4. 加快实施现代远程教育，继续深化农村教育改革，努力提高农村教育质量。要把实施现代远程教育作为战略性措施来抓，把加强应用摆在突出位置，重视资源建设，加快教学光盘的普及和应用，以信息化带动教育的现代化，用现代远程教育覆盖所有的农村中小学，让每一所农村学校都能共享优质教育资源，大幅度提升农村教育质量和水平，积极开展农村职业教育和劳动力转移培训。要强化学校内部管理，严格执行教学计划，规范教学秩序，加强教学管理。加强学校安全管理，研究制定农村寄宿制学校安全管理办法，完善校长、教师、管理人员的安全岗位责任制。同时还要加强学生学籍管理，强化对学生流动和辍学的监测，落实保证适龄儿童入学的责任。严格学校经费使用的管理，加大监督和审计力度，防止浪费，提高资金使用效益。规范学校办学行为，坚决治理教育乱收费现象。

5. 要把加强薄弱学校建设作为促进城乡义务教育均衡发展的重要途径。对硬件不合格学校实施限期改造，对软件不合格学校要采取有效整改措施。对因领导和管理不力形成的教育质量不高、社区群众不满意、不放心的薄弱学校，要组织力量逐一会诊和指导，针对存在的突出问题，制定加强薄弱学校师资队伍建设的规划，提出切实可行的措施。要充分发挥具有优质教育资源的公办学校的辐射、带动作用，在目前发展不平衡的格局下，要加大优质资源共享的力度，以共享促均衡。

6. 完善政策制度，为义务教育均衡发展提供体制保障。推进义务教育均衡发展需要制定配套政策和完善制度，并运用政策杠杆解决工作中遇到的难点问题，通过制度约束保证工作的顺利进行。要建立国家统一的义务教育的办学基准，内容主要包括：制定和修订学校的校舍、场地、仪器、设备等办学条件标准。义务教育经费全额纳入财政保障系统以后，制定统一的公用经费标准，地方标准只能高于国家制定的标准，不能低于国家的标准。要设立教育质量保障体系标准。校长全面负责学校教育教学和行政工作，充分调动师生参与学校民主管理的积极性。根据义务教育均衡发展的新要求，全面推进义务教育均衡发展，进一步完善财政投入、工资待遇、人事编制、社会保障等方面的配套政策。

（三）努力扩大优质高中资源

我国高中阶段教育进入普及化阶段之后，意味着高中教育已成为提高国民素质的一种基础教育，高中教育必须为未来每个人的全面发展、生活、就业打基础。基于上述认识，我国高中教育发展的战略目标必须作出相应的调整，要从过去的关注少数学生获得优质的教育机会转到关注所有学生的基本教育权利上来。各级政府在高中教育的公共政策和实践上，要将高中教育发展的重心从过去的更加关注效率，向更加关注公平、关注教育对促进人的社会化平等方面的职能转变。因此，各级政府在高中发展的战略抉择上，必须从经济视角转向公平视角，加大高中阶段的政府投入，扩大优质高中资源，名校扶持弱校，加强薄弱高中建设，做到以下几点。

1. 应加大政府对高中教育的投入。保持政府在高中教育经费中所应保持的水平，建立高中发展公共教育财政制度。从法律上进行权责划分，中央政府致力于缩小区域之间的高中差异，地方政府致力于缩小区域内学校之间的差异；各级政府建立高中阶段规范的财政转移支付制度；建立"人人接受公平的高中教育"的家庭经济困难学生资助制度；均衡师资，在欠发达地区设立

"国家"或"地方"高中教师岗位；建立有序的成本分担与补偿机制。

2. 应理顺名校办分校的办学体制。坚持"政府管公平，市场管效率"的现代政府公共管理原则，除正常合理的教育成本分担政策和教育经费筹措渠道外，让政府支持或公办学校举办的"非公非民"、"亦公亦民"的"名校"所办"分校"有序退出民办教育市场。退出的方式可选择以下三种：一是让公办"名校"所办的分校——"混合制学校"回归公办"名校"这个母体，作为国家优质教育资源由原来的母体学校统一管理，在招生方面，统一享受"三限"政策，但不得采取民办学校的高收费政策；二是在进行规范的资产评估（含无形资产）的基础上，将"名校"所办的"分校"由民营资本买断，兴办非公有制学校；三是将"名校"与所办"分校"从体制上分开，由教育行政部门委托有学校经营权的法人单位经营，学校仍然实行民办教育的管理政策。

3. 应取消重点高中教育资源配置的特殊政策。坚持公共教育资源公平配置的原则，取消过去重点高中在资金分配、师资配备、设备配置以及招生、管理等方面的特殊政策。资金筹措方面，在继续维持优质高中招生"三限"政策的同时，对"三限"政策的实施方式作出调整，即将"三限"收费与招生学校脱钩，由教育行政部门收取，所收资金一部分用于招生，一部分用于扶持薄弱高中。

4. 教育资源应向薄弱高中倾斜。许多国家对公立教育都采取了"资源平等分配"、"积极差别待遇"等政策以解决教育发展不平衡。如为了提高基础教育质量、促进教育机会均等，美国联邦政府实施了"农村教育成就项目"（REAP），联邦政府自2002年开始累计拨款4.98亿美元，以资助和推进该项目的实施。与美国"农村教育成就项目"异曲同工的是，英国政府旨在改进薄弱学校的"教育行动区计划",这是新工党政府自 1997 年执政后在教育上采取的一项重要改革措施,旨在通过管理权的招标,吸引教育以外的社会力量参与教育薄弱地区学校的管理和运作,从而为薄弱学校带来新的管理思路、经验和资金,迅速扭转这类学校的办学质量。借鉴国际上解决教育公平的经验,建议国家启动"薄弱高中提升计划"。

5. 政府应分担民办高中部分办学成本。采取切实有效的措施,扶持民办教育的发展是政府应尽的责任,也是国际上私立教育健康发展的通行做法。在我国,从总体上说民办高中教育的发展仍然处于弱势地位。为了推动我国高中教育的协调健康发展,必须培育一批优秀的民办高中,让它们尽快进入具有"择校"吸引力的、可以与公办优质高中相竞争的民办高中。为此,建议实施民办高中教育绩效资助政策,即根据民办高中办学质量高低、社会声誉好坏,政府给予不同的政策和财政资助。一是实施优质高中支持民办高中计划,有计划地组织部分优秀教师到民办学校任教;二是由国家分担部分优秀民办高中的教师工资;三是对自愿放弃到公办高中就读,而到优质民办高中就读的学生实施资助政策,可按公办高中生均公用经费标准来补助到民办学校上学者的学费。

6. 应加大对高中家庭贫困学生的资助。在科学核算普通高中教育成本的基础上,充分考虑高中教育事业发展需求和人民群众实际承担能力,制订高中教育成本受教育者及其家庭分担的合理比例,制订合理的收费标准。加大政府对高中教育的投入,尽快建立各级政府对普通高中贫困家庭学生的助学制度,建立中央、省和市县高中教育贫困学生资助基金,通过减免学费和课本费、提供生活补助等多种形式,保证贫困家庭学生完成高中学业。明确规定学校收取的学费,特别是择校费等收入中应安排一定比例用于资助贫困学生。

（四）确保高等教育机会和质量的公平

促进教育公平是一项长期的任务，因此实现教育公平必须循序渐进。现阶段高等教育公平的首要任务和现实的选择是促进高等教育入学机会公平，在高等教育入学方面，《中华人民共和国教育法》第9条第2款规定："公民不分民族、种族、性别、职业、财产状况、宗教信仰等，依法享有平等的受教育机会"。要进一步促进高等教育入学机会公平，首先要从我国经济社会发展实际、高等教育基本需求以及高等教育发展规律出发，围绕落实科学发展观和构建社会主义和谐社会的要求，积极推动高等教育体制改革，逐步建立高等教育资源配置的科学机制，努力为经济、社会、教育发展水平不同的地区提供均等的受教育机会，在高等教育发展中推进机会公平，进一步解决不公平的问题。

1. 增强政府的高等教育宏观调控能力，协调各地区高等教育发展。通过国家教育行政部门参考不同地区的人口总额和教育水平差异，合理分配招生指标，促进招生及在校生的跨域、跨校流动，适当向高等教育不发达的西部地区及人口大省倾斜，推动东部地区或大城市高校加大对西部或中部人口大省的招生力度，尤其要鼓励经济发达地方高职院校扩大对中西部地区的招生数量，在推进人口转移中提高西部接受高等教育和就业的机会。试行"支援中西部地区协作计划"，每年从全国普通高校招生计划增量中专门拿出一定比例，安排给东部和高等教育资源丰富的省份，由其所属高校定向到中西部高等教育资源缺乏、升学压力大的省份招生，以缩小区域差距，促进教育公平。

2. 加大中央财政对西部地区高等教育发展的专项及转移支付力度，大力支持西部地区高校围绕当地经济与社会发展，尤其是围绕资源开发特色和产业发展特点，办出具有特色的高校或学科专业，形成一批培养实用能力的实训基地，通过开展特色人才培养和产学研结合的科技开发研究来推进毕业生就业和特色产业发展。继续实施好"对口支援西部地区高等学校计划",进一步提高对口支援的强度,并将以人员、科研等"硬支持"为主进一步扩展到管理、扩大社会服务等"软支持"领域。同时,鼓励和推动东部发达地区、大城市发挥自身高等教育资源优势,通过对对口支援地区提供师资、仪器设备、信息支持以及通过合作办校、合作科研、合作建设实训基地、联合招生、委托培养等途径,促进西部地区不断提高高校的办学水平和人才培养质量,增强对当地资源开发和产业发展的推动力,要用发展的思路和办法,在发展中不断缩小各地受教育机会以及教育质量、教育水平的差距,努力使各地录取率的差距进一步缩小。

3. 合理投放高考指标,促进省际入学机会均衡。要调整高校招生分配计划,向高校入学机会少的地区增加名额。高校招生计划向高等教育不发达的西部地区及人口大省倾斜,将新增招生指标全部用于高校入学机会低于全国平均水平的省份,推动东部地区或大城市高校扩大对高教资源少的西部省区和人口大省的招生名额。设立促进高教入学机会公平基金,鼓励对高教资源大省省属高校计划内招收欠发达地区的学生,促进省际高校入学机会的平衡。规定部属高校属地招生上限。部属高校属地招生不得超过现有比例,并适当降低比例,压缩的比例和新增招生计划全部用于优质教育资源分布较少的地区,使中西部学生可享受到更多的优质高等教育资源。

4. 应采取有力措施改善薄弱高校的办学条件。按照教育部制订的各类高校办学条件标准,通过各地采取专项支持、调整地区内高校招生数量等推进措施,改善薄弱高校办学条件。"十一五"期间,在教师队伍建设、办学条件配置方面消除不合格高校,以保证办学质量的不断提高。对于地方财力不足的省和自治区,需要中央财政通过转移支付加以解决。

5. 应健全高校家庭贫困生资助体系,加大贫困生资助力度。

国家要加大财政投入，改革和完善高校贫困家庭学生资助政策体系，根据落实国家助学贷款政策的精神，结合目前我国高校贫困家庭学生的实际情况，进一步改革和完善我国目前高校贫困家庭学生的资助政策体系，建立以国家助学贷款为主体，国家助学金、国家奖学金和基本生活补助为主渠道，辅之以学校其他多种形式的奖学金、勤工助学、特殊困难补助和学费减免等资助措施，建立和完善高职高专院校学生半工半读制度的政策体系。各级政府从财政安排的社保经费中安排一定比例的经费用于高校贫困家庭学生资助工作。在稳定目前高校收费标准的基础上，降低高职院校收费标准；研究制定民办高校贫困家庭学生的资助政策；进一步推进国家助学贷款工作，从地区、行业人才需要实际出发，积极探索国家助学贷款代偿机制，获得国家助学贷款资助的毕业生到艰苦地区或艰苦行业工作，只要服务期达到一定年限，就可以奖学金方式代偿其贷款的本息。此外，在政府的主导下，成立全国、各地不同类型的高校贫困生援助基金，广泛接受社会各界和海内外的捐赠，并通过制度化、专业化的援助活动，扩大家庭困难学生的援助覆盖面，加大对家庭困难学生的资助力度，让经济困难的人群同样享受高等教育发展及和谐社会建设带来的成果。

6. 应加大对各地各校招生计划和生源计划安排、招生录取工作等环节的监管，加强对招生计划安排和执行全过程的督查。对普通高校招生计划的执行情况、超计划招生、体制外招生和乱收费问题置于社会监督之下，完善高校自主招生。着眼于进一步促进入学机会公平，加强对直属高校生源计划安排科学合理性的研究，做好引导工作，指导高等学校正确处理选拔优秀人才与促进教育公平的关系。适度加大部属高校对中西部地区招生计划的倾斜，使中西部学生可享受到更多的优质高等教育资源。在加大高校自主招生改革力度的同时，进一步完善制度，加强管理，特别是坚持严格程序和集中公示制度,确保自主招生公平、公开和公正;扩大自主招生范围和招生计划,加强宏观指导、舆论引导和社会监督,为高校依法行使招生自主权创造良好的社会环境。

(五)确保进城务工农民子女的受教育权[①]

20世纪80年代以来,伴随着中国城市化进程的加快,越来越多的农村剩余劳动力流入城市。由此而产生的进城务工农民子女教育公平问题,已成为中国社会转型期的一个独特的社会问题,对此应做到如下几点。

1. 加快户籍制度改革,逐步消除城乡差别。改革户籍制度并不在于完全取消户籍管理制度,取消与户籍相联系的城乡隔离的各种制度,而是在保障劳动力合理流动的基础上,各级政府切实根据国务院办公厅转发的教育部等六部委的《意见》精神,制定和实施优惠政策,采取相应配套措施,使流入城市的农民享有与城市人口平等的权利和社会权益。同时,逐步实现以户籍制度改革为中心,拆除就业、医疗、住房、教育等制度壁垒,彻底打破维系多年的城乡"二元经济体制",引导农村富余劳动力在城乡间有序流动,这是解决进城务工农民子女教育公平问题的根本所在。为此,应鼓励和支持农民工子女进城上学并为他们提供良好的教育,使他们尽快地融入当地社会,这不仅可以为城市培养人才,也有助于提高城市居民的整体素质,并为城市未来的发展和城市市民未来的生活奠定基础。

2. 放开城市公办中小学,方便进城务工就业农民子女根据居住地就近入学。城市的公办教育资源不仅属于城市居民,也应

---

① 本节关于"进城务工农民子女受教育问题"未注明出处的材料均来源于下述两次调查:2004年5~8月教育部基础教育司"进城务工农民子女教育问题"课题组对武汉市及湖北部分市县的大规模调查;2006年4~10月,教育部人文社会科学研究基地重大项目"农村人口流动背景下义务教育体制研究"(05JJD880011)对湖北、河南部分市县教育行政部门和中小学进行的调查。

属于那些未能获得城市居民身份的所有进城务工农民。政府不仅应明确规定"两为主"的方针，而且要规定开放包括重点中小学在内的所有城市公办学校，农民工子女可以根据其居住地选择就近入学，并一律免费。每学期初，由学生家长或其他监护人持暂住证、就业证和相关证明材料向暂住地教育部门提出申请，由该教育部门向学生发放《义务教育入学通知书》，并就近安排到指定的学校就读。这些孩子进入公办中小学后，应当有正式学籍，并在评优奖励、竞赛活动、升学等方面和城里学生享有同等的权利和标准，以消除进城务工农民子女在城市接受教育所遭受到的歧视，接受均等的受教育机会。

3. 积极鼓励和支持社会力量开办民工子弟学校，帮助进城务工农民比较集中的地区解决其子女接受教育的问题。应强调进城务工农民子女上学以"流入地政府为主"和"公办学校为主"的方针，且不排斥其他社会力量参与农民工子女的教育。在现代社会，义务教育作为一种特殊的公共产品，主要由国家和政府提供，但是，这种投入并不一定必须投入公办学校或建立公办学校来承担义务教育。进城务工农民子女也不一定必须选择公立学校就学。他们可以选择上公办学校，也可以选择上民办学校。对于选择民办或民工子弟学校的学生来说，他们有权利获得公办学校学生获得的相同的公共财政支持。例如，可考虑实行"生均拨款制度"，即不分公办学校或民办学校，按照其接纳农民工子女的学生数量拨付相应的财政经费，也可采用"教育券"的方式，将政府预算内义务教育经费直接分配给学生，由学生自由选择学校。学校凭"教育券"到政府财政部门兑付现金。此种方式有利于使学生及公办和民工子弟学校公平地获得政府的财政支持，扩大进城务工农民子女入学的机会。同时，政府及其教育主管部门应规范民工子弟学校的办学行为，参照本地最低条件的公办学校的办学标准，对民工子弟学校的办学资质提出明确的要求，提升其教育能力，给予其合法地位，而不是单纯取缔，以增加和扩大达标的教育资源，满足进城务工农民子女接受义务教育的需求。

4. 实行以流入地政府为主的财政供给制度，合理分摊进城务工农民子女的教育成本。无论是鼓励城市公办中小学接纳进城务工农民子女入学，还是支持社会力量举办民工子弟学校，流入地政府面临的最大压力是财政压力。这个问题如果得不到妥善解决，将会影响进城务工农民子女教育的可持续发展。那么，究竟该由谁来为进城务工农民子女教育买单，如何保障其财政来源和投入呢？毫无疑问，流入地政府应是主要的财政供给方。这是因为：（1）进城务工农民子女进城上学不是择校，而是由于父母工作地点的变化而随迁就学，与其他市民工作调动子女转学并无不同，与那些工作地和居住地并未变化，仅仅是为了子女上更理想的学校而"择校"有本质的区别；（2）大批农民工进城务工就业，不仅为城市创造了财富，也为国家提供了税收，并推动了整个地区社会经济的发展。他们应同当地居民一样享受平等的"市民待遇"，有权享受当地公共资源和公共服务；（3）在现实社会中进城务工就业的农民仍然是城市中的低收入阶层，是社会的弱势群体，应得到社会的关爱和帮助，享受基本的生活保障，而不应向他们及其子女实行歧视性收费。流入地政府不仅应为进城务工农民子女上学提供经费支持，而且应是主要的财政供给者。除此之外，为了合理分担进城务工农民子女教育的成本，中央和省级政府也应充分发挥宏观调控作用。特别是对于一些经济发展比较慢、财政困难的地方和城市，尤其是中西部地区，中央和省级政府可以通过转移支付的方式设立进城务工农民子女教育专项资金，减轻流入地政府的财政压力。具体来讲，可以从我国的实际出发，按照各地的财政实力，将全国的城市划分为"以市为主"的市、"以省为主"的市和"以国家为主"的市三种类型。这样不仅可以减轻这些城市政府的财政负担，而且有利于全国教育的协调发展。

（六）加大对中等职业教育的投入

今后一个时期，发展职业教育将作为促进我国教育公平的重要战略举措。逐步消除制约职业教育发展的制度障碍，为公民特别是处于社会不利地位的群众提供接受职业教育的机会，进一步扩大职业教育规模，是努力促进教育公平的重要途径。

1. 应加大政府对职业教育和职业培训的领导和统筹力度。加强各级政府对职业教育的领导，努力使职业教育与培训工作从教育的边缘走向核心，从根本上改变职业教育处于教育薄弱环节和从属地位的现象。对中等专业学校、职业高中和技工学校实行统一的教学管理和学籍管理，逐步推进资源的优化配置，实现职业教育服务体系的均衡化发展，增强为弱势群体服务的能力。要切实加强对职业教育发展规划、资源配置、条件保障和政策措施的统筹管理，为职业教育提供强有力的公共服务和良好的发展环境。提高各级干部对职业教育的管理能力，把职业教育工作纳入目标管理体系，作为对各级政府主要领导干部进行政绩考核的重要指标，并接受人大的检查和指导，引导职业教育健康、协调、可持续发展。

2. 以满足弱势群体的职业教育与培训需求为重点，加大财政性教育经费对职业教育的投入力度，逐步实现教育财政均等化。教育资源配置的公平性是教育财政的一个重要原则。面对近年来中等职业教育规模扩大与生均资源配置水平急剧下降的突出矛盾，要加快提高财政性教育经费对职业教育的投入力度，向西部地区和农村地区倾斜，改变这些地区投入严重不足、办学条件普遍较差、骨干教师严重短缺、职业院校学费偏高的现象。提高财政性教育经费用于中等职业教育的比例，通过财政经费直接资助弱势群体接受职业教育的办法，使更多的学生分享到改革发展的成果，降低接受职业教育的成本，满足他们接受职业教育的需求，把完善对弱势群体的助学制度作为推进教育公平、推进教育财政服务面均等化的一项重要政策措施。

3. 履行行业、企业对职业教育的法定义务，实现职业教育办学体制的多元化。行业组织和企业应依法履行实施职业教育的义务，是我国《职业教育法》的明确要求。对企业是否"根据本单位的实际，有计划地对本单位的职工和准备录用的人员实施职业教育"；是否"承担对本单位的职工和准备录用的人员进行职业教育的费用"；是否"接受职业院校学生和教师实习，并对上岗实习给予适当的劳动报酬"进行检查，并定期公布执法检查的结果，强化企业对职业教育的法定义务。利用税收等优惠政策调动企业开展职业教育的积极性，鼓励企业继续办好已有的职业院校，建立和健全现代企业培训制度。推动公办职业学校办学体制创新，积极吸纳民间资本和境外资金，探索以公有制为主导、产权明晰、多种所有制并存的多元办学体制。推动职业学校与企业合作办学，形成前校后厂（场）、校企合一的办学实体。

4. 进一步强化就业准入制度。充分认识到强化就业准入制度是改善劳动力市场和企业低水平竞争环境的重要基础，也是推进经济增长方式转变和城市化进程有序化的重要举措。建议有关部门抓紧制定完善就业准入的法规和政策，劳动部门要重点研究并逐步扩大就业准入的岗位数量，鼓励用人单位招录职工时严格执行"先培训、后上岗"的规定，从取得职业学校学历证书、职业资格证书和职业培训合格证书的人员中优先录用。完善职业资格证书制度，推进学历证书和职业资格证书的对等制度，提高技能型人才的收入水平。进一步发挥职业院校在职业资格证书制度中的作用，强化职业院校学生的职业能力培养，加快推进职业院校学生获取职业资格证书的工作。

（七）完善促进教育公平的教育财政制度

1. 借鉴联合国教科文组织和OECD公布的各国小学、初中相对于本国人均GDP的生均公共教育经费指数，结合国情编制出我国的小学、初中生均教育经费拨款指数。要提高公共教育支出在各级财政支出中的比重，增大教育经费总量。明确各级政府提供教育公共服务的职责，保证财政性教育经费增长幅度明显高于财政经常性收入增长幅度，逐步使财政性教育经费占国内生产总值的比例达到4%及其以上，使小学生均拨款占人均GDP的比例达到0.15，初中生均拨款达到0.20的世界平均水平。为此，要进一步转变政府与财政职能，调整各级政府财政支出结构，提高公共教育支出在财政支出中的比重，完善税收制度，规定福利彩票基金中用于教育的比例。

2. 加大中央和省级教育财政转移支付力度，规范义务教育财政转移支付制度。国务院和省级政府应尽快制订义务教育办学基本标准，包括教职工编制标准、工资标准、学校建设标准、生均公用经费标准，规定限期各地区城乡所有义务教育学校达到国家规定的办学标准，并根据经济和社会发展状况适时进行调整。以此为基础将义务教育经费全面纳入财政保障范围，并在中央和地方各级政府财政预算中单列，以保证所有适龄儿童和少年接受并完成九年义务教育。近期内应按照修订后的《义务教育法》和国务院的相关规定，实行义务教育经费由省级政府统筹，农村义务教育所需经费由各级财政分项目、按比例分担的体制。条件成熟时，执行按国家和省制定的义务教育办学标准，以县级为单位按影响教育经费需求与供给的因素，测定义务教育经费标准需求和标准财政供给能力，其经费的存量与增量缺口由市、省、中央财政逐级转移支付填平补齐。对非义务教育、中等职业教育和贫困省、少数民族自治区的高等教育，中央财政应采取专项转移支付予以支持。

3. 改进对学校拨款制度，促进学校间均衡发展。财政对同级学校的拨款制度是影响学校间均衡发展的重要条件。为缩小同级学校间的发展差别，应改进财政拨款制度，具体做到：对同一行政区（县）内的实施基础教育的学校，实行以在校学生为基础的均等化拨款制度，对农村和办学条件差的学校倾斜；适当提高中等职业学校的拨款标准；同级财政负担的高等学校，对维持正常运行的基本支出，按不同学科生均标准成本一定比例实行均等化拨款制度，向办学条件差的学校倾斜；为建成世界一流或名牌大学，通过项目支出予以倾斜，在项目支出中引入市场竞争机制，采取招投标制度，并以学科建设为支持对象。

4. 完善学费制度，这是促进教育公平的重要条件。义务教育在2010年全部免除学费、杂费和教科书费。非义务教育学费按生均成本一定比例由省级政府确定，中等职业学校学费适当降低。规范学校收费行为，学校不得违反国家规定收取或变相收取费用，逐步取消基础教育阶段的择校费。义务教育阶段坚持就近入学原则，当义务教育阶段民办学校教育质量达到较高水平时，便会"择校找民校"。目前，在基础教育学校间差别较大条件下，择校收费继续采取"收支两条线"管理，大幅降低返还学校比例，提高用于薄弱学校的比例，以缩小校际差距。进一步完善现行的高等教育国家助学贷款制度，尽快建立大学毕业生就业后流动信息系统和个人信用制度，以减少贷款还本付息风险。

（八）建立促进教育公平的教师人事制度

1. 建立教师定期交流轮岗制度。交流重点是由城市向农村、由强校向弱校、由超编校向缺编校定期流动。教师定期交流轮岗制度中着重把握三个方面的政策环节：（1）政策突破口的选择要以改革创新为动力，以提高教师资源配置效益为核心，以解决中小学教师结构性矛盾为重点，以制度建设为载体，着力建立起区域内有序交流、合理配置、相互促进、共同提高的中小学教师交流长效机制；（2）在政策实施过程中，要遵循"因地制宜、政府统筹、政策引导、城乡互动"的原则，将推进交流与核编定岗相结合、调整充实与培训提高相结合、立足当前与着眼长远相结合、全面推进与重点突破相结合；（3）在教师交流形式上，重点是做好教师由城镇向农村、由超编学校向缺编学校、由强校向薄弱校的交流与流动，促进教师资源的均衡配置。

2. 组织实施城镇教师支援农村教育工作，这是当前推进城乡教师交流的重点。可以通过制定和完善有关人事政策来推动做好这项工作，具体包括：（1）在编制管理上，要完善动态管理与统筹调配使用机制，积极探索用一定的流动编制支持城镇学校选派教师到农村支教工作；（2）建立和完善城镇教师农村任教服务期制度，明确规定城镇教师有一定时间到农村任教是应尽的义务，并规定在评定中小学教师高级职称时，要把是否有农村任教经历作为一项重要条件；（3）在公开招聘新任教师时，要向农村倾斜，优先考虑农村中小学对新教师补充的需求。

3. 要建立教师保障制度，完善编制动态管理和定期调整制度和贫困地区中小学教师工资保障制度，对区域内城乡间、学校间教师工资实行统一标准，逐步缩小教师收入差别；建立教师激励制度，在待遇上建立面向农村、边远和艰苦地区中小学教师的优惠制度，如设立农村、边远和艰苦地区中小学教师特殊津贴制度，以吸引和稳定教师在该地区任教；完善教师管理与培训制度，逐步建立竞争、激励、择优的教师聘用机制，按照按需设岗、精简高效、分类指导、均衡配置的原则做好教师岗位设置工作。进一步提高农村中小学中、高级教师职称的比例，实行新任教师公开招聘制度和教师资格认定制度；建立教师退出机制。对中小学教师和校长建立定期培训制度，提高在职教师和校长的学历水平、专业水平，提高农村基础教育质量。此外，还要推进中小学校长选拔任用制度，明确把公开选拔、平等竞争、择优聘任作为选拔任用校长的主要方式，理顺体制、严格掌握任职条件，推进公开选拔。

（九）构建促进教育公平的监管机制

构建教育质量监控体系，实施教育质量监控已经成为一种世界潮流。我国在1993年颁发的《中国教育改革和发展纲要》已经开始关注这一问题，其中要求各地"建立有教育和社会各界专家参加的咨询、审议、评估机构"，"建立各级各类教育的质量标准和评估指标体系"，"通过多种形式进行质量评估和检查"，"各地教育部门要把检查评估学校质量作为一项经常性的任务"等，但这些规定目前尚未得到落实。为促进城乡义务教育的均衡发展，构建教育质量监控体系是非常必要的。

在当前和今后相当长一段时间内，教育公平问题都将会存在，并将成为我国推进社会公平、建设和谐社会的重要组成部分。因此，有必要成立专门的教育公平监管机构，如教育公平委员会，它或作为相对独立的专门机构，也可放在各级人大里面，专项负责教育公平的监管工作，从制度和组织体系上保障教育督导部门履行对各级政府的教育督导职责，对教育公平的现状、变化和影响因素的调查和监测工作，协调相关部门对各级政府推进教育公平情况进行督导和评估，将结果定期向社会公布，并提供给决策部门参考使用。

（十）加强教育法治建设，强化依法治教

要尽快修订、完善《中华人民共和国义务教育法》、《中华人民共和国高等教育法》、《中华人民共和国职业教育法》、《中华人民共和国教师法》等，还应考虑制定《农村教育法》、《教育投入法》、《学前教育法》、《高中教育法》、《特殊教育法》、《终身教育法》、《教育督导法》和《学位法》等，建立健全教育法规体系。对于教育领域中各类违法犯罪行为要坚决予以打击和制裁，对于教育收费不规范和乱收费的现象要花大力气纠正，树立教育部门的好形象，办让人民真正满意的教育，以法律作为实现教育公平的有力保障。

第六章
促进教育公平的若干政策建议（上）

为了推进我国的教育公平，进而促进社会主义和谐社会的构建，笔者根据我国教育公平的现状，针对当前教育领域存在的突出问题，结合自己的调查研究和思考，现提出如下促进教育公平的政策建议。

一、提前实行义务教育全免费

2006年2月25日，备受关注的《义务教育法修订草案》首次提请十届全国人大常委会第二十次会议审议。《草案》对义务教育法作出部分修改和补充，涉及义务教育经费保障、资源配置、学校安全、教育收费等方面的内容。其中，对义务教育的经费保障问题尤为引人关注。草案规定，义务教育经费投入实行国务院和地方各级政府根据职责共同负担，省、自治区、直辖市政府负责统筹落实的体制。在义务教育经费保障提出明确目标的基础上，规定对在公办学校接受义务教育的适龄儿童、少年，不得收取学费，并逐步免收杂费。同时规定向学生发放教科书以外的其他书籍、资料，不得收费等。《草案》还规定县级政府教育主管部门预算向农村学校和城区薄弱学校倾斜。《草案》的修订，再次引起了人们对义务教育全免费（即免学费、杂费、教科书费、补助贫困生伙食费，笔者将之简称为"三免一补"）的关注。

（一）提前实行义务教育全免费的必要性和紧迫性

在倡导教育公平、构建和谐社会的大背景下，义务教育特别是农村义务教育免费问题近几年一直是社会各界讨论的热门话题，从政府部门、两会代表、新闻媒体到学者专家、普通民众，都对此问题予以高度重视。在2006年2月底提交全国人大常委会审议的关键时刻，《义务教育法》的修改也在热烈讨论中，成为推进义务教育全免费制度实施的契机。

自从1986年中国颁布《义务教育法》二十多年来，中国农村义务教育虽有所改善，却一直未走出"贫困"的阴影，改善还非常有限，最大的问题就是没有实施全面的免费教育。义务教育作为典型的纯公共产品，是每个社会成员均须接受的基本教育，是国家的责任，教育经费理应也必须由国家承担，政府提供。直接讲，公民有义务把学龄子女送到学校去接受义务教育，政府更有义务担负义务教育的全部费用。

但事实上，政府没有加大教育投入，没有实行全免费义务教育，最直接的后果是义务教育特别是农村的义务教育的实施得不到经费保障，学生因为贫困失学，学校乱收费现象严重，学校容易通过乱收费将之转嫁到学生家庭身上，使教育质量得不到保障，人口素质得不到迅速提高。据国家教育督导团在2006年2月23日首次发布的《国家教育督导报告2005》中指出：全国尚有113个县（区）的小学、142个县（区）的初中生均预算内公用经费为零。教育财政拨款为零的县（区），85%以上集中在中西部地区。时任国家教育督导团办公室主任郑富芝介绍，预算内公用经费为零超过10个县以上的省有5个，分别是江苏、河南、河北、陕西和广西。郑富芝同时指出："乱收费的根源在于政府的投入严重不足。"①

全国政协委员、中央党校教授王瑞璞在 2005 年接受记者采访时表示：按照现在九年义务教育要求，农村辍学率不得超过 3%，但根据他的调查，现在真实的辍学率已经达到 7%。情况表明，在中国农村，教育经费所占家庭支出的比重非常高。王瑞璞指出，"好多农民已经是脱贫了，但是一旦一个孩子考上了中学，特别是上了大学，基本上又重新返贫。"他进一步用数据指出，现在农民一年实际可支配的现金收入大概是 2 000 元，在农村供一个中学生一年大概要 800 元，两个学生就是 1 600 元，大多数农民是无论如何也负担不起的。

亚洲开发银行经济学家汤敏表示，现在应该考虑将义务教育逐步过渡到全部由政府承担了。汤敏认为，对农村义务教育实行免费，相当于是通过减少农民支出而增加收入。以每年农民可减少 100 亿～400 亿元教育负担来计算，等同于增加农民平均收入 0.5 到 2 个百分点，其效果不亚于减免农业税。

从国际上看，据亚洲开发银行的报告可知，全球 190 多个国家中有 170 多个国家已经实现了免费的义务教育，除了发达国家以外，亚洲绝大部分国家，包括人均 GDP 只有中国 1/3 的老挝、柬埔寨、孟加拉国、尼泊尔等国都实行了免费义务教育。从可能性分析，中国完全具备这样的国力与财政能力。②

因此，尽快实行全免费的义务教育是维护最广大人民的根本利益的要求，是建设社会主义新农村的要求，也是贯彻科学发展观的体现。而且，如果我国的义务教育在未来几年不能尽快实行全免费，与我国的国际地位和尊师重教的传统以及正在崛起的负责任的大国形象是不相称的。因此，在实行免费义务教育大势所

---

① 当年全国尚有逾百区县义务教育拨款为零。
② 《农村义务教育全免费：中国有财力承担》，载《南方周末》2005 年 3 月 10 日。

趋的情形下，中央政府的步子更快一些是很有必要的。但问题在于，提前全面实行义务教育全免费的时机成熟了吗？要回答这个问题，必须弄清两个问题：一是国家财政是否具有保障全免费义务教育实现的财力？二是怎样落实和实施？

（二）提前实行义务教育全免费的可行性

2005年3月5日温家宝总理在十届全国人大三次会议上所作的《政府工作报告》中宣布，从当年起，免除国家扶贫开发工作重点县农村义务教育阶段贫困家庭学生的书本费、学杂费，并补助寄宿学生生活费，即"两免一补"。这意味着中国592个国家级贫困县约1 400万农村贫困家庭的中小学生将可以享受国家提供的全免费义务教育，并到2007年在全国农村普遍实行这一政策。免费义务教育开始正式起步。

随后在2005年11月28日和2005年12月3日，国务院总理温家宝先后在联合国教科文组织第五届全民教育高层会议上和接受法国《费加罗报》记者采访时都表示，从2006年开始，中国用两年时间在农村全面免除义务教育阶段的学杂费。这对今后各地实施免费义务教育是一个极大的鼓舞和推动。按照温总理的说法，从2006年开始，中国用两年时间在农村全面免除义务教育阶段的学杂费。那么，到2007年左右在农村全面实施免费义务教育，到2010年左右开始实施包括城市在内的全国范围内的免费义务教育。也就是说，在十一五期间全面实施义务教育全免费。

一直以来，"政府财力有限，拿不出那么多钱"是实行全部免费义务教育的惯性结论。实际上经过仔细地推算，笔者认为，随着近年来我国经济的迅速发展，国家财力的不断增强，我国完全具备提前实施九年义务教育全免费的条件。

或许有人会问，根据何在？国家是否具备实行农村乃至全国义务教育全免费的财力呢？

首先来看看，为农村义务教育全免费买单到底需要多少钱？目前，在农村义务教育全免费的费用测算上出现了多个版本。第一个版本来自笔者 2003 年 3 月研究的结果（参见《人民日报》2003 年 3 月 28 日周洪宇《农村九年义务教育应免费》）。该数据是 2003 年经笔者与当时的湖北省教育厅厅长、数学家路钢教授研究商定，采用人均 GDP 与生均财政经费比例的国际平均数来作为标准计算的。2003 年，全国义务教育阶段在校生合计约为 1.93 亿人，按农村人口占总人口的比例 70% 算，农村在校生约为 1.3 亿人。按小学生通常为初中生人数的 2 倍算，农村小学生约为 0.85 亿人，初中生约为 0.45 亿人。以人均 GDP 与生均财政经费比例的国际平均数为标准算，小学每年每生大约需 500 元，初中每年每生大约需 1 000 元，两者合计约 875 亿元。如从国家级贫困县开始实行义务教育全免费，贫困县 592 个，农村人口 1.98 亿，约 3 000 万学生，其中 2 000 万小学生，生均 500 元，约需 100 亿元；1 000 万初中生，生均约 1000 元，也约需 100 亿元，两者合计约 200 亿元。笔者研究的最新结果是，如按近年来我国各省实施"两免一补"经费数的平均数计算，如对农村义务教育阶段学生实行免费，只需 465 亿元左右，不需 875 亿元。如只是对 592 个国家级贫困县义务教育阶段的贫困生实行免费，只需 110 亿元左右，不需 200 亿元。第二个版本来自稍后国家统计局的计算结果：农村义务教育学杂费负担为 865 亿元。第三个版本来自农业部软科学委员会：政府一年需要的财政投入大致为 688 亿元。第四个版本是亚洲开发银行得出的结论：农民每年义务教育负担为 210 亿元。相较而言，亚洲开发银行得出的结论显然偏低太多，但无论是 2003 年笔者计算的 875 亿/年或 2006 年计算的 465 亿/年，或是国家统计局计算的 865 亿/年，还是农业部软科学委员会计算的 688 亿/年，按照 2008 年 61 330.35 亿元的财政收入，这部分教育投入在国内生产总值中所占比例很小。

那么，如果全国普遍实行义务教育全免费，政府又需要拿出多少钱呢？经过推算后笔者认为，按照2006年1月25日国家统计局刚调整过的9.9%的年增长率计算，2005年我国国民生产总值约为182 321亿元，人均国民生产总值约为14 024元。2005年，我国义务教育阶段在校生合计约为17 316万人，小学在校生约为10 846万人，初中在校生约为6 470万人。如按近年来我国各省实施"两免一补"经费数的平均数计算，小学每年每生需300元，初中每年每生需500元①，两者合计约为648.9亿元。以2004年国家财政性教育经费占国民生产总值的3.41%为基数计算，2005年国家财政性教育经费总支出应该在6 217亿元左右，用于免费义务教育的经费只占国家财政性教育经费总支出的10.44%左右；如按国家财政性教育经费占国民生产总值的4%计算，全国的财政性教育经费支出应该是7 292.8亿元左右，用于免费义务教育的经费只占国家财政性教育经费总支出的8.9%左右。

2006年，按照新调整的9.9%的年增长率计算，国民生产总值约为200 370.78亿元，人均国民生产总值约为15 413元。根据近年学龄人口的基本走势，从2004年、2005年左右开始，我国义务教育阶段在校生已逐年递减，大致每年小学生减少400万，初中生每年减少50万，2006年小学在校生约为10 446万人，初中生约为6 420万人。如按近年来我国各省实施"两免一

---

① 近年来我国各省实施"两免一补"经费数的平均数：小学每年每生需300元，初中每年每生需500元。主要依据是：2004年和2005年北京，按小学每年每生免300～400元，初中每年每生免600元；苏州，小学每年每生免360元，初中每年每生免660元；广东，小学每年每生免288元，初中每年每生免408元；湖北，小学每年每生免210元，初中每年每生免360元。取这些省市平均数为小学每年每生免302元，初中每年每生免507元，笔者为了计算方便，一律定为小学为300元，初中为500元。

补"经费数的平均数计算，小学每年每生需 300 元，初中每年每生需 500 元，两者合计约 634.3 亿元。仍以 2004 年国家财政性教育经费占国民生产总值的 3.41% 为基数计算，2006 年全国的财政性教育经费支出应该在 6 832.64 亿元左右，用于免费义务教育的经费只占国家财政性教育经费总支出的 9.28% 左右；如按财政性教育经费占国民生产总值的 4% 计算，全国的财政性教育经费支出应该在 8 014.8 亿元左右，用于免费义务教育的经费只占国家财政性教育经费总支出的 7.9% 左右。

2007 年，按照 8%①的年增长率计算（国资委研究中心副主任白津夫预测，"十一五"期间甚至到 2020 年都可能按此比率增长），国民生产总值约为 216 400.44 亿元，人均国民生产总值约为 16 646 元。如按大致每年小学生减少 400 万，初中生每年减少 50 万的近年人口递减规律，2007 年义务教育阶段小学在校生为 10 046 万人，初中在校生约为 6 370 万人。如按近年来我国各省实施"两免一补"经费数的平均数计算，小学每年每生需 300 元，初中每年每生需 500 元，两者合计约 620 亿元。如按国家财政性教育经费占国民生产总值的 3.41% 计算，2007 年全国的财政性教育经费支出应该是 7 379.26 亿元左右，用于免费义务教育的经费只占国家财政性教育经费总支出的 8.4% 左右；如按国家财政性教育经费占国民生产总值的 4% 计算，全国的财政性教育经费支出应该在 8 556 亿元左右，用于免费义务教育的经费只占国家财政性教育经费总支出的 7.16% 左右。

---

① 第一，国家统计局国民经济核算司司长许宪春于 2005 年 11 月 17 日在中国生产力发展国际论坛上预测说："21 世纪前二十年中国经济仍将保持较快增长，年均增长率将达到 8% 左右。"载《国家统计局预测我国经济发展——未来 15 年年均增长 8%》，2005 年 11 月 19 日。第二，白津夫（国资委研究中心副主任）在《十一五面临的经济难题：高成长与高成本的矛盾》中说："'十一五'期间以及 2010～2020 年，我国经济仍将以较快的速度增长，其中'十一五'期间经济增长速度年均增长 8% 左右。"

2008年，按照8%的年增长率计算，国民生产总值约为233 712.48亿元，人均国民生产总值约为17 977.88元（经国家统计局2009年底核算调整，2008年国民生产总值实为314 045亿元）。如按大致每年小学生减少400万，初中生每年减少50万的近年人口递减规律，2008年义务教育阶段小学在校生为9 646万人，初中在校生约为6 320万人。如按近年来我国各省实施"两免一补"经费数的平均数计算，小学每年每生需300元，初中每年每生需500元，两者合计约605.38亿元。如按国家财政性教育经费占国民生产总值的3.41%计算，2008年全国的财政性教育经费支出应该在7 969.59亿元左右，用于免费义务教育的经费只占国家财政性教育经费总支出的7.596%左右；如按国家财政性教育经费占国民生产总值的4%计算，全国的财政性教育经费支出应该在9 348亿元左右，用于免费义务教育的经费只占国家财政性教育经费总支出的6.48%左右。

2009年，按照8%的年增长率计算，国民生产总值约为252 409.48亿元，人均国民生产总值为19 416元。按大致每年小学生减少400万，初中生每年减少50万的近年人口递减规律，2009年义务教育阶段小学在校生为9 246万人，初中在校生约为6 270万人。如按近年来我国各省实施"两免一补"经费数的平均数计算，小学每年每生需300元，初中每年每生需500元，两者合计约590.88亿元。如按国家财政性教育经费占国民生产总值的3.41%计算，2009年全国的财政性教育经费支出应该在8 581.93亿元左右，用于免费义务教育的经费只占国家财政性教育经费总支出的6.885%左右；如按国家财政性教育经费占国民生产总值的4%计算，全国的财政性教育经费支出应该是100 096亿元左右，用于免费义务教育的经费只占国家财政性教育经费总支出的5.85%左右。

2010年，按照8%的年增长率计算，国民生产总值约为

272 602.24亿元，人均国民生产总值为20 969元。如按大致每年小学生减少400万，初中生每年减少50万的近年人口递减规律，2010年义务教育阶段小学在校生为8 846万人，初中在校生约为6 220万人。如按近年来我国各省实施"两免一补"经费数的平均数计算，小学每年每生需300元，初中每年每生需500元，两者合计约为576.3亿元。如按国家财政性教育经费占国民生产总值的3.41%计算，2010年全国的财政性教育经费支出应该在9 295.74亿元左右，用于免费义务教育的经费只占国家财政性教育经费总支出的6.2%左右；如按国家财政性教育经费占国民生产总值的4%计算，全国的财政性教育经费支出应该在10 904亿元左右，用于免费义务教育的经费只占国家财政性教育经费总支出的5.29%左右。

从以上计算可以看出两个规律：一是伴随着2006～2010年义务教育阶段学生人头数的逐年自然递减、国民生产总值的逐年增长、国家财政性教育经费总支出的逐年增加，用于免费义务教育的经费越来越少，2006年约为634.3亿元，2007年约为620亿元，2008年约为605.38亿元，2009年约为590.88亿元，2010年约为576.3亿元；二是用于免费义务教育的经费占国家财政性教育经费总支出的比率在逐年下降。如按国家财政性教育经费占国民生产总值的3.41%计算，2006年降到9.28%，到了2007年降到8.4%左右，2008年降到7.596%左右，2009年降到6.885%左右，2010年将降到6.2%左右；如按国家财政性教育经费占国民生产总值的4%计算，2006年降到7.9%左右，2007年降到7.16%左右，2008年降到6.48%左右，2009年降到5.85%左右，2010年将降到5.29%左右。即使按2006年最高的634.3亿元算，以国家现有的财力承受下来也毫无问题。

如按前述较高的标准——人均GDP与生均财政经费比例的国际平均数算，小学每年每生需500元，初中每年每生需1 000

元，2010年义务教育阶段小学在校生为8 846万人，初中在校生约为6 220万人，两者合计约为1 064亿元。如按国家财政性教育经费占国民生产总值的3.41%计算，2010年全国的财政性教育经费支出应该在9 295.74亿元左右，用于免费义务教育的经费只占国家财政性教育经费总支出的11.45%左右；如按国家财政性教育经费占国民生产总值的4%计算，全国的财政性教育经费支出应该在10 904亿元左右，用于免费义务教育的经费只占国家财政性教育经费总支出的9.76%左右。

由此可见，不管哪种算法，实行全免费义务教育所需的经费并不多，国家的现有财力完全可以承受。而且国家已决定将高等教育的财政性经费投入占总经费的比例到2010年控制在40%之内，在实施方式上可以由中央和地方共同分担，不至于完全由一方负担而难以施行。因此笔者认为，随着全国义务教育阶段在校生人数的逐年减少、我国国内生产总值的持续快速增长和国家财政性教育经费总支出的逐年增加，国家完全有条件实施包括城市在内的全国范围内的免费义务教育制度。可喜的是，2008年国务院已作出英明决策，对全国城乡义务教育阶段学生全部实行免费教育，这是一项得民心、顺民意的伟大工程。

（三）提前实行义务教育全免费的实施步骤：分步推进，分类实施

1. 分步推进

义务教育全免费实施范围逐步扩大：农村贫困地区的贫困家庭学生—所有农村家庭—所有城市家庭学生；小学—初中。笔者认为，国家实行义务教育全免费计划将分三步走，从农村592个国家级贫困县贫困家庭学生到所有的农村家庭学生再到所有的城市家庭学生。我国实行义务教育全免费的第一步目标正在实现之中，目前正在向第二步目标过渡。鉴于国家完全有财力实行义务教育全免费，2007年全国所有农村学生能免费接受义务教育，

在 2010 年前全国连同城市地区一起实行义务教育全免费（事实上，有条件的北方和东南部若干城市已经从 2005 年和 2006 年起开始启动义务教育全免费），最终达到普遍的义务教育全免费。

义务教育全免费的内涵逐步拓宽：免学杂费—免教科书费—补助贫困生伙食费。一般说来，实行九年义务教育全免费，就是对小学阶段和初中阶段的学生免收其学杂费和教科书费，并对贫困生补助伙食费。西方发达国家早已实施义务教育全免费，且效果显著。日本在战败后经济受重创的情况下，仍于 1947 年实施免费义务教育；从 1963 年起，开始对义务教育阶段的全体学生免费提供教科书；1969 年起实施完全免费的义务教育，一些地方还为学生提供学习用品和交通补助费等。美国的大多数州不仅对接受义务教育的学生，而且对幼儿园和高中生，都免费提供教科书。发展中国家如朝鲜也已如此。我国《义务教育法修订草案》规定，义务教育公办学校不得向学生收取学费，免学费这一阶段有望实现；《草案》还规定要逐步免收杂费，其他虽未正面说明，却很明确地透露出要收教科书费。也就是说，我国要全面实行义务教育全免费，还需要几个阶段的过渡，即免学杂费—免教科书费—补助贫困生伙食费，最终实现真正意义上的义务教育全免费。

另外，义务教育全免费实施时间应提前：按照国家"十一五"原有规划，到 2010 年，农村地区实行免费的义务教育，2015 年全国普遍实行免费义务教育。也就是说，还要等上相当长一段时间，即《义务教育法》（1986 年）颁布 30 年之后，中国才能实施真正意义上的义务教育全免费。这对于急盼实行义务教育全免费的广大人民群众来说，显得过于漫长。其实施时间应该提前，应努力在"十一五"期间完成。

2. 分类实施

在分类实施义务教育全免费上，应做到以下几点。

（1）明确责任。《草案》规定，义务教育经费投入实行国务院和地方各级政府根据职责共同负担，省、自治区、直辖市政府负责统筹落实的体制。值得肯定的是，将统筹的责任由县转移到省级政府，这是一大进步。我们建议将各级政府经费投入比例明确写入新修订的《义务教育法》，使义务教育经费投入规范化、制度化、法律化，从而确保义务教育经费投入有稳定来源。

（2）分类承担。义务教育经费投入实行中央和地方共同负担，以地方为主。在省级政府负责统筹落实的体制下，还要实行"分类承担"的政策。所谓"分类承担"，即是根据中国经济、社会和文化发展不平衡的国情，合理划分义务教育经费投入的责任，具体而言，即对现有的592个国家级贫困县，应由中央政府拿钱全部承担义务教育；对欠发达的西部地区（不包括国家级贫困县），则建立由"中央和省共同负责、以中央为主"的教育财政投资体制。对于中部地区，实行以"中央和省级政府共同负责、以地方为主"的教育财政投资体制。对于发达地区，则实行"以省市为主、中央适当补助"的教育财政投资体制。还可以考虑根据各地人均GDP水平或实际收入水平，对现有的不发达的592个国家级贫困县的义务教育，即处于人均GDP水平或实际收入水平之下的，以中央政府为主、地方政府拨款为辅来解决；对较发达的地区，即处于人均GDP水平或实际收入水平中线左右的，以地方政府为主、中央政府为辅拨款来解决；对发达的地区，即处于人均GDP水平或实际收入水平之上的，应完全由地方政府自己解决，这也是在当地政府的能力范围之内的。

目前，农村免费义务教育已向着既定的目标出发，根据形势的需要，相关改革正在逐步深入。在全国农村普遍实行免除学杂费的义务教育时，将义务教育全面纳入公共财政保障体系，这是我国教育发展史上的一个重要里程碑。在各界的共同呼吁和努力下，过去五年，国家全面免除了农村义务教育学杂费，建立了农村义务教育经费保障机制；在全国农村建立远程教育网络，让全国农村的孩子们能够共享教育资源；建立健全家庭经济困难学生资助体系，保障每一个农村孩子都能上得起学。这必将对提高全民族素质产生重大而深远的影响，是新世纪中国政府为民所兴建的一项重大的民心工程。

二、免除教科书费应在全国全面尽早实施

《义务教育法》的修订，必将推进我国全免费义务教育向纵深发展，也将再次引起人们对义务教育全免费的憧憬。

高兴之余，忧虑也在所难免。真正的义务教育应该是免学杂费、免教科书费，并补助贫困生伙食费。从我国义务教育的现状看，义务教育学费已经免除，《草案》也规定下一步将逐步免除杂费；然而对于义务教育中引人关注的教科书费问题，何时免除，怎么免除，草案则根本就未曾涉及。笔者认为新修订的《义务教育法》应明确规定免除义务教育教科书费的时间和方式。

（一）免除义务教育阶段学生教科书费的必要性

笔者认为收取教科书费对整个义务教育的发展是弊大于利的，因而应该免收这项费用。理由如下。

1. 继续征收教科书费会给教育乱收费预留口子，难以真正有效地遏止教育乱收费。《草案》规定向学生发放教科书以外的其他书籍、资料，不得收费，表面看来，这条规定似乎是制止乱收费，但实施的结果很可能事与愿违，因为继续收教科书费非常有利于搭车收费，哪些是教科书范围而不是教辅资料，学生和家长并没有多大的发言权。特别是这些"其他书籍、资料"在目前社会还很看重考试分数的情况下又显得不可或缺；更何况，这部分现在看起来还必不可少的"其他书籍、资料费"不得向学生收取，那又该由谁出呢？《草案》对此并未作出明确规定，在没有这部分经费来源的情况下，处在弱势地位的学生不出又有谁会出

呢？最后必然又会以收教材费的名义转嫁到学生身上。既然义务教育法明令禁止的这部分费用可以向学生收取，其他名目繁多的乱收费又怎会禁止呢？如此这般，最终会使乱收费泛滥而难以遏制。义务教育是一项典型的纯公共产品，因此政府理应担负最主要的投资责任。以前畸高的杂费实际上完成了义务教育投资责任由政府向民众的转嫁，政府的"义务"却因此而被忽略。《草案》的一大亮点是提出了由"以县为主"到"省级政府统筹"的转变，义务教育的财力基本上有了保证。在这样的前提下，为什么没有直接提出真正意义上的完全免费义务教育，而是要重申"免收学费"，留下教科书费这条继续收费的尾巴？

2. 不利于加强师德建设，影响教师的社会形象，败坏社会风气。长期以来，部分教师利用向学生推销教辅来牟利，败坏了师德师风，影响了教师在人们心目中的形象。同时，乱收资料费又容易滋生腐败。只有向学生免除这项费用，由国家买单，不给学校收费的名目，才能从根本上堵住学校乱收费的渠道，有效地遏止教育乱收费现象，真正减轻人民的教育负担，使免费义务教育早日真正实现。

（二）免除义务教育阶段学生教科书费的可行性

据统计，教科书费数额不大，政府完全有能力承担。此处以湖北省义务教育阶段学生教科书费作为全国义务教育阶段学生课本费的平均值。这是有一定科学性的，因为湖北地处我国中部地区，经济发展水平与消费水平介于东部发达地区与西部欠发达地区之间，大致可以反映出全国义务教育阶段学生教科书费的平均值。据了解，湖北省 2005 年"两免一补"中免教材费标准为：小学每学年 70 元，初中每学年 140 元[①]，依此标准来计算全国

[①] 赵莉，詹国强：《湖北对农村贫困学生实行"两免一补"》，新华网，2005 年 8 月 18 日。

小学生、初中生每年课本费的总数。按 2005 年小学在校生为 10 846 万人,初中在校生约为 6 470 万人计算,全国小学需要 75.92 亿元,初中约需要 90.58 亿元,两者之和共为 166.5 亿元。按 2005 年财政性教育经费投入占国民生产总值的 3.41% 计算,占全国的财政性教育经费支出应该是 6 217 亿元的 2.67%。况且,如果教科书由国家免费提供,可借鉴国际上通行的做法——实行教材循环使用制度。目前义务教育在校中小学生 1.731 6 亿,按湖北省 2005 年"两免一补"免教材费标准计算,全国免除义务教育课本费约为 166.5 亿元,若每本教科书能转续使用 5 年,则国家每年负担的书费为 33.3 亿元。由此可见,财政是完全负担得起的。

另外,笔者也高兴地看到,中央从 2007 年秋季开始对全国农村义务教育阶段所有学生免费提供国家课程教科书,2008 春起中央提高免费教科书补助标准,与此同时,由地方财政负担免费提供地方课程教科书。教育部副部长陈小娅在 2008 年 1 月 6 日召开的落实农村中小学免费教科书工作会议上指出,免费教科书工作是农村义务教育经费保障机制改革的重要内容,是深入贯彻党的十七大精神,坚持教育的公益性,大力发展农村义务教育,构建和谐社会的一项重大举措。这项政策实行以后,对农村学校而言,今后一律不允许再集体征订任何教辅材料,教师一律不允许向学生推荐或者暗示推荐各种教辅用书。各地教育行政部门和学校、教师要从讲政治的高度认识这项工作的重要意义,坚决杜绝一边免费、一边乱收费的现象。因此我们建议要对义务教育阶段所有学生免收教科书费而不是目前仅限于农村学生和城市贫困生,只有对义务教育阶段的所有学生都免除学费、杂费和教科书费,才是全面、彻底的义务教育免费,也才能真正减轻人民群众的负担。

三、教科书应当实行循环使用

我国长期实行的教科书供应制度是"一次性使用"模式中的"购买制",学生课本的使用寿命只有半年。每年学期结束后,都会有大批学生毫不吝惜地将用过但还很新的教科书、学习资料一股脑地卖给废品收购点,这不但给学生及其家庭造成一定的经济负担,同时也造成了资源的巨大浪费和对环境的破坏,还不利于从小培养学生的节约资源、保护环境的意识。对中小学教科书的循环使用,在国际上不少比我们富得多的国家,如美国、日本、英国、奥地利、澳大利亚等都早已是一种常规做法。一本教科书可以连续多年被不同的学生使用,学生课本平均使用寿命为5~10年。同一本教材,美国学生使用5年,日本学生使用达到10年,而在资源缺乏、经济落后的中国,课本的使用寿命仅仅半年,这是值得我们深思的。

长期以来我国是"穷国办大教育",教育经费的不足一直是困扰我国推行真正的义务教育最主要的问题。而据有关方面介绍,我国实行九年义务教育以来,书费已成为学生上学的最大一笔支出,目前小学和初中的书费在所交书杂费用中所占比例分别为53.1%和69.4%。随着我国中小学教科书逐步向国际标准靠拢,推广彩色版教科书和课程所包含内容的增多、中小学开设课程科目的逐渐增加,以及中小学教科书价格呈现的普遍上涨趋势,多种因素都使在校学生教科书费支出进一步增加。因此,在建设节约型社会和环境友好型社会的今天,我国实行中小学教科书循环使用制度势在必行。

(一) 实行教科书循环使用制度的必要性

有人曾算过一笔账:我国目前约有在校中小学生2.2亿,按每生每学期教科书平均1 500克重计算,若每本教科书能转续使用5年,可节约528万吨文化纸;节约1吨文化纸,至少可节约

100吨水、600度电、3立方米木材或9棵百年大树、1.2吨煤、300公斤化工原料。若以中小学人均课本费180元算,扣除平均成本,全国每年至少可节约书费316.8亿元;如转续使用5年,可节约1 584亿元。可见,推行这一制度,是有不少好处的。

1. 对国家而言,节省了教育经费,节约了资源,有利于环保,在一定程度上体现循环经济的要旨和科学的发展观。国家少印课本,每年可以省300多亿元的经费;纸张来自木材,可减少森林砍伐,保护环境;污染成为国难,造纸业难辞其咎,少造纸即可减少污染。教材多印制一轮,无论是造纸、印刷、运输等所有环节都将增加一轮资源浪费和环境污染。

2. 对家庭而言,可减轻学生家长的经济负担,特别是很多贫困地区的学生因买不起昂贵的课本而辍学,与政府施压、学校喊冤相比,重复使用课本最为有效。据2002年新闻出版署统计:2001年全国中小学教材和教辅类书籍的销售利润,为全行业平均利润的520%,这从反面揭示了中小学教材和教辅类书籍是一笔不小的家庭开支。另据上海浦东新区民办中心学校英语部的教材循环使用情况看,每年为每位学生节省了2 000余元。

3. 对学生而言,不仅仅是节约资源的问题,还是一个道德问题。可以借此从小培养其良好的读书习惯和爱护书籍的习惯,培养其珍惜资源的环保意识和社会责任感。在一定程度上,有利于保证全社会每一个适龄儿童平等享受教育资源的情况得以真正落实。

4. 可提高教科书的编印质量。因为我国的教科书都是由受教育者自己购买,政府为不增加受教育者的负担而限定教科书的价格,大多数编写和出版教科书的单位往往通过缩减编写内容、降低编写和制作要求来降低教科书的成本。这无论对教科书的内容还是书本身的质量都有一定程度的影响。目前我国教科书的编制、印刷质量与国际标准相比都有相当大的差距。如果实行教科书循环使用，可集中经费，以较高的投入制作高质量、大容量、更有吸引力的精装教科书，从而进一步提高教学效果。

5. 可以纯化社会风气。实行教材循环使用制度，可以减少教材垄断发行过程中出现的腐败行为，端正学风和师德，从而倡导一种文明节俭的新风尚。如此利国利民的好事，我们又何乐而不为呢？

（二）实行教科书循环使用制度所面临的问题

与发达国家相比，目前我国循环使用教科书的总体条件并不完全成熟，这也是对此制度持反对态度的人士的一些理由。

1. 义务教育课程改革正处于实验阶段，教材更换频繁，教学大纲一般两三年变一次，有的科目甚至一年一变，教材内容相对不稳定，不利于重复使用。

2. 部分家长认为，教材多次循环使用，是否会沾染病菌，对教材的卫生状况有顾虑。

3. 我国现行教育体制以"应试教育"为主，而考试一直是以教科书为主要命题范围，为了应试，大多数教师、家长和学生把教科书视为"经典"，教材尤其是主科教材是学生考试升学最重要的工具，使用频率非常高，很难做到循环使用。

4. 从我国教材内容看，既有"书"的功能，又有"本"的功能，我国学生已习惯于在教材上作标记、画重点、作记录，很难做到教材的整洁。

5. 我国出于经济方面的考虑，在教材的印制、用纸等方面采用了低成本的工艺，与发达国家硬皮精装彩印纸教材相比，更容易损坏，教材使用寿命短。

6. 从我国地区经济社会发展的差异性和人的消费需求个性化来看，硬性统一规定使用循环教材难度较大。除了无奈的特困家庭外，多数家长都希望他们的孩子能不断地拥有新的教科书，这些家长普遍担心使用别人用过的教科书会影响孩子的学习。

7. 教科书循环使用的前提是学校免费提供，学生都是自己买书，学校不能硬性规定课本回收，用于循环使用的课本从哪里来？学校从哪里找这笔钱。如何收费以及如何维护循环使用的课本，都是亟待解决的问题。

（三）实行教科书循环使用的可行性

尽管目前实行教科书循环使用面临着一些困难，但鉴于实行教科书循环使用也有一些有利条件，只要各方尤其是政府齐心协力，这些问题是完全可以解决的。

目前在实行教科书的循环使用上存在着有利条件。一是在建设节约型社会和环境友好型社会的今天，越来越多的人呼吁实行中小学教科书循环使用，加上勤俭节约是中华民族的传统美德，推行这一制度又体现了科学发展观的要求，易于得到群众的拥护。二是国家已制定相关的政策法规。《关于印发〈对农村义务教育阶段家庭经济困难学生免费提供教科书工作暂行管理办法〉的通知》（财教〔2004〕5号）中提出"国家鼓励循环使用教科书"，将采取提供免费循环使用教科书等多种办法，帮助家庭经济困难的学生接受义务教育。只是这"多种方法"至今还未兑现。三是国内有些省、市已进行了成功的试点。如山东省青州市从2005年7月开始，在农村中小学中推广教科书循环使用计划，该市仅2005年春季开学就节省教材30万本，在校生人均减负近18元。在此基础上，山东省从2006年起，在全省范围内试点中小学教科书的循环使用，2007年全面开展实施（见《人民日报》2005年4月22日报道）。还有上海等省市也进行了试点。四是基础教育改革的不断深入，为教科书循环使用扫清了一些障碍。例如，课改实施到一定阶段后，大部分科目的教科书编写将会趋于稳定，而不会像现在这样频繁变动，使得教材能有适当的使用周期；即使一些教材有变化，大都只是微调，只需在变化的地方重新设计一张卡片放入教科书即可，不影响教材循环使用。另外，随着素质教育的不断深入开展，以及高考和中考制度的改革，考试评价的重点已逐步转向能力和素质的测评，这将极大地减少教师和学生对课本的依赖；各种教辅读物的大量发行，使教材将"书"和"本"彻底分离成为可能，而不是像现在许多教材从方便学生学习等角度考虑，书中留有相应的练习等。五是国际上有成熟的经验可供我国借鉴。近些年来笔者曾考察过不少发达国家的教育，发现这些国家虽然经济发达，人民生活富裕，国家和社会对教育的投入很大，但学校普遍实行教科书循环使用制度。一般做法是：国家或州、市根据学区学生人数，核发教科书费用，专项拨发给学区教育委员会（体制上类似于中国的区教育局，但比中国的区教育局往往要稍大一些，由两三个行政区组成一个学区），由学区教育委员会成员（除极个别具体工作人员是专职外，其他多是从各学区热心于教育事务、公道正派的居民中选举出来的，他们除领取少量象征性的交通补助外，不领取工资，主要在业余时间服务，往往还要倒贴有关费用用于开展某些活动，纯粹是无私奉献的志愿工作者。但因他们热心公共事务，对地方有贡献，素为地方民众所尊崇）对所需要的学校进行核实。核实无误后，再由学区教育委员会分年级、按学科定期统一购置教科书，提供给需要的学校，再由学校提供给需要的学生。学生与学校签订使用协议，保证不污损、不撕毁，用完即还。实名登记，还书核销。循环使用，损坏赔偿。不愿使用学校教科书者，可以自己购置同类教科书，但费用自理，与政府和学校无关。

  国外中小学教科书循环使用的具体情况如下。美国：课本属于学校财产，随着课桌椅子一起编号，学生不能随意涂画、刻写。澳大利亚：新入学的学生会收到学校提供的参考课本目录和借书卡，教学用书都必须从学校图书馆借阅，学期末归还，然后由下一届学生接着使用。英国：一些地方政府对学校的书籍纸张提供回收服务。还有一些公司，专门从事旧课本的买卖，为课本循环使用提供方便。德国：中小学长期实行教科书循环使用，许多学校自发地通过在校内设立图书室和不定期举行旧书交易等多种方式，鼓励学生将自己不再使用的各种图书拿出来与其他学生交换。泰国：从1983年起拨款开展"向要书学生出借课本"计划，贫困学生在校所用课本由政府提供，同时动员已毕业的学生向贫困学生捐送已用过的课本和图书。

根据我国目前教育科书循环使用上的现状及借鉴国外经验基础上，现提出以下建议。

（1）国家提供免费的循环使用教科书，政府要出台具有一定强制性的政策，以推动这一制度的落实。温家宝总理2006年已明确表示："从明年开始，中国将用两年时间在农村全面免除义务教育阶段所有的学杂费。"可见，由政府为教科书买单是大势所趋。作为一种倡议或新的尝试，在推行之初会有许多条件不成熟不具备的地方在所难免，政府必须在这个过程中扮演积极的推动者，做坚强后盾。

（2）提高教科书的制作质量。教科书的循环使用，要求教科书的用纸和装订一定要结实，保证能用上几年。但目前为了降低成本，我国的中小学教科书多使用简本教科书，所使用的都是最差、最不结实的纸张，很多教科书翻一个学期就烂掉了。一个学生用完后下一个学生基本就不能用了。因此，要提高教科书的编制、印刷质量，制作高质量、大容量、更有吸引力的简易精装教科书。

（3）各中小学要以回收利用旧课本为载体，建设校园诚信文明。校园诚信文明建设应该从一本虽旧如新的课本做起，以届届相传的课本对学生进行诚信的文化熏陶。号召学生文明用书，要求学生尽量保证课本整洁干净，尽量在作业本上做笔记和习题。公共舆论、媒体要组织形式多样的宣传。动员学生、家长等社会各界为回收利用旧课本献计献策，征集回收利用旧课本的金点子，以营造"节约为荣，浪费为罪"的良好社会氛围。

（4）做好回收教科书的卫生消毒、破损修复工作。学校应用专业设备对回收教科书进行统一杀菌、消毒。书本破损，回收教科书公司有经过专业培训的调损工修整书本褶皱等，如发现缺页破损较严重的就当做废品处理。

（5）鉴于教科书循环使用是一个全社会的系统工程，需由国家教育主管部门结合当前基础教育改革，统筹操作，整体启动。可考虑先选择中学美术、音乐、体育、园艺等非中考、高考必考科目和小学的科技、社会、劳动、自然等科目的教科书做试点科目，逐步探索建立具有中国特色的教科书循环使用制度。①

可喜的是，教育部宣布2008年春开始在农村中小学建立部分科目免费教科书循环使用制度。教科书只对学校进行配备，由学生在本学期使用，学期结束时归还学校，供下一级学生使用。此外，中央财政还将进一步提高国家课程免费教科书的补助标准，由目前的农村小学每生每年70元、农村初中每生每年140元，分别提高到90元和180元。② 实施教科书循环使用，是真正的利国（资源保护、环境保护）的"宏伟之举"和利民（减少学生尤其是贫困地区学生的负担）的"民本之举"！

四、义务教育采用教育支票制

长期以来，我国的义务教育经费实行的是财政拨款制，在计划经济时代，财政拨款制为保证义务教育实施起到了巨大的积极的作用。随着市场经济的发展，义务教育经费的财政拨款制显得过于单一，阻碍了当前多元化教育体制的发展。义务教育经费应

---

① 本节内容吸收了汪丞博士的意见。
②《今春将建立免费教科书循环使用制》，载《京华时报》2008年1月8日。

该作为国家的一种福利，使每位接受义务教育的学生充分享受。因此对它的使用需再进一步改革。

(一) 当前义务教育经费使用存在弊端

1. 农村税费改革后义务教育经费不足。据安徽省的调查，农村义务教育经费减少18亿元，中央综合转移支付的16亿元用于教育的不到10亿元，再加上省内的转移支付和农业税的调整仍有不少缺口，用于义务教育严重不足，农村接受义务教育的学生享受政府义务教育福利资金根本不到位。因此，有关专家建议为确保农村义务教育健康发展，必须建立起由中央、省、市列出的专项的农村义务教育转移支付制度。

2. 影响了义务教育多元化的发展。改革开放带来的经济多元化产生了文化教育需求的多元化，形成国有的、国有民办的、公办民助的、民办的、股份合作制的、集体的或是私有的、个人的等教育产权多元化，非公有体制是市场经济的产物，是补偿国家财政的重要途径之一，在承担义务教育同时也应享受国家补贴，只有这样才能实现"公办"与"民办"教育的公平性。由于义务教育经费财政拨款体制主要补贴公办教育，在打破垄断教育，打破政府包揽办学模式，推动教育多元化的进程中不能起到积极作用，使非公有学校前途难料。这样不利于义务教育多元化的发展。

3. 流动人口子女享受不到义务教育福利。目前我国民工已逾1亿人，民工需要接受义务教育的子女约300万~400万人，他们接受义务教育存在着许多困难。由于财政拨款按政府逐级发放，进城务工的流动农民子女不能在户口所在地受义务教育，所以他们在异地受教育时还要交一定的借读费，对于并不富裕的民工是不公平的。

4. 地方部门为了追求升学率，将大部分教育经费集中用于少数重点学校，造成了重点学校与薄弱学校之间的明显差距，使城市学生出现"择校热"。

(二)设立"教育支票制"

为了让所有义务阶段的学生更加公平地接受义务教育,可以将义务教育经费的一部分使用改为"教育支票制"(也可称"教育代用券")。所谓"教育支票",是将教育经费变为能够对换成现金的特殊支票,是教育经费支付手段的一种创新,具体构想如下。

1. 政府将教育拨款以教育支票的形式,实行教育机构按人头拨款制度,一次性直接拨给学生以完成全过程的义务教育。在学生出生后就拥有了义务教育支票。教育支票分两张,一张用于小学义务教育,另一张用于中学义务教育。教育支票没有面额,其具体数额由政府根据当年的经济发展状况确定。

2. 教育支票可以交送任何一个教育机构,不受地点、学校所有制形式(公办、民办、社会力量办学)和学校类型的限制。教育支票在国家统一监督下,由地方教育管理部门发放,政府根据学校所得支票数量拨付当年的教育预算经费。这样,学校经费的多少直接取决于教育支票的数量,也就是取决于学校的声誉和办学质量。而办学质量的保证和提高又需要强大的财力作为后盾,这实际意味着将学校引进一个良性循环的竞争机制。

3. 对不能到学校接受义务教育的残疾学生,教育支票可到当地有关部门对换现金,以享受国家义务教育福利,此补贴可用于聘请家庭教师,以完成义务教育。

目前,浙江省长兴县实行了类似"教育支票"的"教育券"制度,并取得了良好效果,职业学校的招生形势由此改观。教育界有关人士认为,长兴县此举将政府教育的投入转化为看得见的货币化福利,为推进教育投入体制革提供了一种思路。全面实施教育经费拨款制的重大改革,已迫在眉睫。

五、高中生资助体系亟待完善

（一）高中生资助体系现状

随着人民生活的不断富裕，党和政府对社会上弱势群体越来越关注，尤其是对贫困学生更加关注。目前我国高等教育已形成了比较完备的帮困体系：各高校基本上都有不同类型的奖学金、学生贷款、勤工助学、特殊困难补助和学费减免等相关政策，上万名家庭经济困难的大学生因此而获益。然而国家对高中教育的关注程度相对薄弱，由于高中及高中职业和其他中等职业教育已不是义务教育，每年的学杂费并不低，普通高中指令性计划学杂费，每学期平均约1 100～1 500元，职业学校的学费更高，对于贫困家庭特别是农村学生仍然非常困难。

随着市场经济的多元化发展，市场需要各式各样的人才，中等教育人才将成为社会的高级蓝领。高中教育也备受企业的重视。因此政府不应忽略高中教育，应当同重视高等教育一样重视高中教育。目前我国高中毛入学率只有74%，职业教育入学率也不尽如人意，城市在校贫困高中生每校平均约7.5%，农村比例更大，家庭贫困是部分学生失学的原因之一。当前我国一些省市已出台了高中贫困生资助方案，湖北省武汉市拿出约1 000万元扶助高中贫困学生；辽宁省鞍山市建立长期解困助学基金，多方筹措资金1 154万元，解决全市5 000名困难家庭子女就学难的问题。

（二）建立并完善高中生资助体系

政府应建立并完善高中教育（含中等职业教育）贫困资助体系，让全国的高中和职校学生不再因贫困失学。笔者就建立高中阶段贫困生资助体系提出以下建议。

第一，制定长期的解困基金筹措方案。①政府出资；②动员社会力量捐资；③争取港、澳、台胞及国际友人捐助等多方位开辟多种渠道筹资。

第二，确定资助对象。资助对象应为农村、城市特困学生和具有低保证的学生。学生提交有关证明（低保证、街道或居委会和村委会出示的特困证明、中小学校或教师出示的特困证明等）。

第三，申请程序。由学生或家庭向学校提出书面申请，由学校核查学生的真实情况后报教育部门审核确定发放资助资金。

第四，资助金额。按照普通高中指令性计划学费标准为基础，根据各地区的具体情况确定具体金额。对特困生还要资助生活补助费。

第五，资助方法。学校可采取几种形式，在发放基本助学补贴基础上，设立政府奖学金，开展各种奖励形式；对部分品学兼优的贫困学生，建立优秀奖、激励奖；对学习成绩一般的贫困学生实行鼓励奖或进步奖，还可设立单项奖学金，对某一学科突出的贫困学生进行单项奖励，引导贫困学生努力学习，勤奋学习。

我国从2007年秋季学期开学起，进一步建立健全了我国家庭经济困难学生资助政策体系，从完善制度入手，通过切实加大中央和地方财政的投入力度建立新的国家奖助学金制度、落实国家助学贷款政策和学校从事业收入中安排一定比例的助学经费等措施，使家庭经济困难学生能够上得起大学，能接受职业教育。这是继全部免除农村义务教育阶段学生学杂费之后促进教育公平的又一件大事，具有重大意义。全国每年将有1 600万中等职业学校学生获得各种形式的资助，90%的中等职业学校的一、二年级学生能够得到国家资助。

六、职业教育还有待大的发展

职业教育是为了谋求人的生计、提升生存能力、促进经济发展而实施的教育。在现代社会条件下，人们的社会流动性越来越大，一生中要从事多种不同的职业已经变为现实，因此，接受一次职业教育"受用"终身的时代已不复存在。不同的职业需要不同的工作技能，寻求新的工作岗位就需要接受职业培训，这已经成为现代人的共同理念。同时，就业准入制度的逐步推行，要求从事某种职业必须接受相应的职业培训，拥有相关的资格证书。所以，职业教育也不再局限于正规学校形态的教育，而可以采取短、中、长期相结合的培训方式，形成终身职业教育体系。从终身教育的观点来看，职业教育尤其是职前教育，决不是终结性教育。因为一个人不可能通过一次性的学习就获得未来职业生涯中所需要的全部知识和技能。有研究表明，就教育传授知识的适用期看，基础教育的知识可用15年，高等教育可用10年，而职业教育则只能用5年。所以，加强职业教育与职后教育的衔接，在职业教育基础之上构建一个职业继续教育体系，这已成为新世纪职业教育促进全面小康社会发展的关键。

有关数字显示，目前我国职工队伍的人均劳动生产率只有日本的1/26，美国的1/25。我国产品的市场合格率平均只有70%，不良产品造成的损失每年近2 000亿元。如果我们的职业教育能够培养、培训高素质的应用型技术人才，就能够促进经济社会发展，为建设全面小康社会提供有力的保障。

(一) 中等职业教育如何发展

关于这个问题，世界银行东亚太地区人力开发部于1999年11月发布的报告《21世纪中国教育战略目标》认为，中国中等职业教育应放在高中后，现有中等职业教育50%的比例过高，应逐步降低，到2020年，把中等职业教育减少为零。笔者认为这个观点脱离了我国实际，不符合我国国情。从我国国情出发，我们目前需要最多的是生产、经营、管理、服务第一线的劳动者，除少数经济发达地区具备条件可以适当提高职业教育起点外，不能轻言将职业教育从高中阶段向高中后阶段推移，还是要根据《中华人民共和国职业教育法》的规定："国家根据不同地区的经济发展水平和教育普及程度，实施以初中后为重点的不同阶段的教育分流"，就是要把培养初中级人才摆在突出位置，保持"高质量、低重心"，这才符合我们当前的社会需要。

（二）高等职业教育怎样发展

应该说，高等职业教育是高等教育的重要组成部分，它承担着培养亿万高素质劳动者的神圣使命。目前，我国的高职高专院校已占半壁河山，在校生人数接近普通高校学生数一半。综观发达国家可以发现，它们都十分重视高职教育的重要作用。例如，美国以职业技术教育为主要功能的社区学院于 1996 年达 1 471 所，占高校总数的 41%；在校生 653 万人，占在校大学生总数的 40.9%；其新生占全部入学者的 50%。再如，德国 1994 年共有专科大学 164 所，占高校总数 51% 还多，培养了全国 75% 的工程师（不含校企联办的双元制职业学院，1995 年为 30 所）等。目前，我国已经进入了高等教育大众化的门槛，2006 年已达到毛入学率的 22%，正进一步迈向高等教育普及化，在高等教育大众化和普及化之交的一段时间内，高等职业教育拥有很大的发展空间。

（三）职业教育前景如何

中国已进入工业化社会，人才观念必须更新。大学的责任不光是培养研究型人才、管理型人才，还要培养一大批能在新的产业中发挥作用的技术型人才。现在很多地方有厂子，有设备，就是没人能干活，"长三角"有些企业年薪 10 万元聘不到一位符合要求的高级技师。我国作为"世界制造中心"，正面临"中国制造"缺人造的困境。

根据劳动和社会保障部发布的 2006 年二季度全国 99 个城市劳动力市场供求状况，我国中高级技能人才依然呈现供不应求的状态。其中，高级工程师、高级技师和高级技能人员的需求率最高，达到了 2.08、1.96 和 1.71，即按平均值计算，每个高级工程师要面对 2.08 个岗位，高级技师为 1.96 个。人少岗多的状况普遍存在，说明持续多年的"技工荒"依然严重。

目前我国获得国家职业资格证书及具有相当水平的技能劳动者占所有城镇从业人员的 33%，包括高级技师、技师、高级技工在内的高技能人才则仅占技能劳动者的 21%；而发达国家的这两个比例分别是 50% 以上和 30%。与此同时，高技能人才老龄化趋势已经显现，不少老企业的核心技术掌握在 40 岁以上的工人手中，更有甚者必须返聘退休职工才能完成订单，技能人才严重"青黄不接"。我国高技能人才总量不足、结构不合理的现状已经无法适应飞速发展的经济社会要求。在制造、加工、建筑、能源等传统产业和电子计算机、航空航天等高新技术产业领域，"技工荒"愈演愈烈。

"技工荒"的成因十分复杂。不少企业在改革过程中为"减员增效"实行宽出严进，结果造成了年龄断层；有的企业不愿花费时间和精力系统培训青年技工，造成他们技术提高缓慢；技能职称评定体系和与之配套的激励机制未能起到应有的激励作用；再加上许多青年认为当工人工作累、收入少、地位低，不愿学技术、当技工，更加剧了"技工荒"。当前，我国不少企业已经完成或正在进行技术改造，工人不再是靠体力和简单技术吃饭了。车工必须具有熟练操作大型数控车床的能力；铣工为操作进口铣床要具备一定的英语水平；维修电工不再仰仗钳子、扳手，而是需要软件检测、用电脑编程解决技术问题……工人工作的技术含量提高了，工资待遇也有了普遍改善。在一些地方，锻工、铣工、钻工等稀缺工种的工资增幅达 40% 以上。据 2006 年度劳动力市场工资指导价位显示，深圳的高级技师平均月收入达 6 234 元，比硕士以上学历者还高出 1 766 元。因此年轻学子不想当工人的观念需要改变，政府也需要适当引导，改变这一现状。

目前国家为此作出了努力，特别是温家宝总理在 2007 年

《政府工作报告》中明确指出:"优先发展教育的总体布局是,普及和巩固义务教育,加快发展职业教育,着力提高高等教育质量。要完善农村义务教育经费保障机制,不断提高保障水平。要把发展职业教育放在更加突出的位置,使教育真正成为面向全社会的教育,这是一项重大变革和历史任务。重点发展中等职业教育,健全覆盖城乡的职业教育和培训网络。深化职业教育管理体制改革,建立行业、企业、学校共同参与的机制,推行工学结合、校企合作的办学模式。"为了促进教育发展和教育公平,将采取两项重大措施。其中之一就是:"从 2007 年新学年开始,在普通本科高校、高等职业学校和中等职业学校建立健全国家奖学金、助学金制度,为此中央财政支出由上年 18 亿元增加到 95 亿元,2008 年安排 200 亿元,地方财政也要相应增加支出;同时,进一步落实国家助学贷款政策,使困难家庭的学生能够上得起大学、接受职业教育。"国家现在每年拿出 100 亿元扶持职业教育,教育部也将建设 100 所示范高职院校。十七大提出,要大力发展职业教育,把工作重点放在提高质量上,大力发展职业教育。这些都给职业教育带来了希望。

第七章
促进教育公平的若干政策建议（中）

一、高考公平从招生公平开始

目前重点大学录取名额投放不当，分数线不合理倾斜严重，违背了考选的公平原则，成为社会各界高度关注的热点。对此，人们提出了各种解决办法，有的主张全国统一试卷，统一分数线，有的主张按人口比例分配名额，这些都为我们提供了一些有益的思路。

就目前而言，统一高考试卷、统一分数线，其实只能有利于经济和教育发达地区的少数考生，并不利于经济和教育欠发达和不发达地区的绝大多数考生，而且在配合新课程改革、分省命题已占半壁江山的情况下，不具可操作性；而按人口比例分配名额，固然改革方向正确，但考虑得过于简单，并非最佳办法，还须加以改进完善。基本原则是高招指标投放改革重在平等、公正。

（一）要明确高校招生指标改革的基本原则

高校招生指标改革，首先要明确改革的基本原则，这是前提性问题。原则错了，思路、方法、步骤再科学，也是南辕北辙。

具体而言，高招指标改革应遵循美国著名哲学家、伦理学家约翰·罗尔斯在其巨著《正义论》中提出的两个基本原则来进行。第一个原则是平等自由的原则，第二个原则是机会的公正平等原则和差别原则的结合。其中，第一个原则优先于第二个原则，而第二个原则中的机会公正平等原则又优先于差别原则。这两个原则的要义是平等地分配各种基本权利和义务，同时尽量平等地分配社会合作所产生的利益和负担，坚持各种职务和地位平等地向所有人开放，只允许那种能给最少受惠者带来补偿利益的不平等分配，任何人和团体除非以一种有利于最少受惠者的方式谋利，否则就不能获得一种比他人更好的生活。

但这里合理的差异应该是向弱者最少受惠者的倾斜，而非向强者的倾斜。当今我国高招指标和分数线不是向经济和教育欠发达和不发达地区考生的倾斜，而是向经济和教育发达地区考生的倾斜，不是向中西部贫困落后地区特别是农村地区倾斜，而是向少数发达大城市倾斜，这就是一种极大的教育不公平。近年来教育部直属重点大学，特别是进入"985"工程的重点高校在所在地名额投放比例过高，引起了区域名额分配的严重不均衡，特别是对没有或有很少"985"工程重点高校的中西部省份尤其不公平，使这些地区的考生上重点大学的机率大大下降，远远低于有重点大学的省市，造成严重的教育不公平。

（二）要确定高校招生指标改革的正确思路

高招指标改革的原则确定之后，改革的思路是否正确就十分重要了。笔者的基本思路是：高校自主招生与综合指标体系应相结合。第一，各重点高校可留下5%～10%的名额作为自主招生名额，利用这些名额在所在地、全国甚至全球去自主招收高素质的、有特长的优秀学生，而且今后视需要和可能逐步扩大这一比例，这是日益注重个性化、多样化的高等教育改革的必然趋势。第二，新名额的分配可以重点参考四项指标：一是各省（自治区、直辖市)的总人口数;二是各省(自治区、直辖市)的总考生数;三是省(自治区、直辖市)拥有的"985"工程高校数与全国平均值的差;四是上年在各省(自治区、直辖市)投放的录取名额数(或实际录取数)。

为什么不是简单地按人口比例而是要重点参考四项指标来确定名额呢?笔者认为,第一,按人口总数分配录取名额是我国古代就一直使用的一种方法,尤其在明清以后更为强调。我国是一个重考选的国家,考选是否公平牵动着千家万户的心,影响到各省区的社会稳定,因此录取名额投放必须将总人口数作为一个基本参数。第二,考生的多少既与总人口数有关,又与各地基础教育的规模和水准相连。一般而言,人口多,基础教育规模大、水准高,考生就多。不过,也有人口多,但因经济不太发达,基础教育的规模不太大,水准不太高,考生不一定最多。所以,除了要看总人口数,还要看总考生数的多寡。将总考生数作为一个参数,也是从各地人口、基础教育的规模与水准的实际情况出发。更何况考试作为一项选拔人才的公平制度,也是激励中学生安心学习提高素质、推进民族文化素养整体提高的重要手段,只有给予所有考生尽量平等的升学机会,才能充分调动他们的学习积极性。为此,在录取名额投放时理应考虑该省(自治区、直辖市)的总考生数。第三,高等教育优质资源的合理分配有助于缩小高考录取中的城乡差别、东西差别,促进教育公平和社会公平。"211"工程中的100多所高校,其中不乏真正的名牌大学,但也有不少是出于政策性照顾而安排的一般地方省属高校,考生和家长不满的往往并不是这类地方省属高校,而是其中属于"985"工程的30多所重点高校。为了照顾十几个无"985"工程重点高校的省区,我们应将这些重点高校多的省(自治区、直辖市)的名额适当减一点,对没有重点高校的省(自治区、直辖市)则适当加一点,这主要是为了求得更大的公正和平衡。第四,由于改革是个渐进的过程，不能突如其来，一下子改变得太快、太猛，会造成现有既得利益地区和人群的严重不安和强烈反对，欲速则不达。而应当循序渐进，稳步推进。因此必须参考上一年在该省（自治区、直辖市）投放的录取名额数（或实际录取数）。这也是从中国实际出发，从国情出发而采取的改革策略。

（三）要用科学的方法步骤确保高招指标改革成功

思路确定之后，就要用科学的方法步骤确保高招指标改革的成功。笔者参照总人口数、总考生数、该省（自治区、直辖市）拥有的"985"工程高校数与全国平均值的差、上年录取名额投放数（或实际录取数），这里设计了一个录取名额合理投放的计算公式：清华、北大等一流重点大学在某省（自治区、直辖市）的录取名额投放数＝该省（自治区、直辖市）的总人口数×2/1 000 000×20％＋该省（自治区、直辖市）的上年总考生数×4/10 000×20％＋该省（自治区、直辖市）上年名额投放或实际录取数×60％－该省（自治区、直辖市）的"985"工程高校数－1.1×2。公式中"2/1 000 000"是北大、清华等重点大学2004年招生数的平均值与2004年的全国总人口数的比值；"20％"是对按人口应得名额的权重比例；"4/10 000"是北大、清华、复旦、浙大等重点大学2004年招生数的平均值与2004年的全国总考生数的比值；"20％"是对按人口应得名额的权重比例；考虑到改革是个渐进的过程，所以对上年投放或实际录取名额的权重比例定为60％；"1.1"是全国"985"高校数除以31个省（自治区、直辖市）数，用减法的意思是重点高校多的地区要从总名额中减去少量的招生数，以求得平衡。譬如，按新方法计算，2006年北大在河南的录取名额投放数应该是：（9 717万×2/1 000 000）×20％＋（72万×4/10 000）×20％＋78×60％－（0－1.1）×2＝97.17×2×20％＋72×4×20％＋78×60％＋2.2≈145。

依照这种计算方法，我们可以用 2005 年这些高校在该省（自治区、直辖市）的实际录取名额、总考生数以及 2004 年各省（自治区、直辖市）的总人口数（因为 2005 年全国各省（自治区、直辖市）的总人口数至今尚未公布）为基数，来计算 2006 年清华大学、北京大学等高校在某些省（自治区、直辖市）的模拟录取名额（下表中用"2006"来表示）。再用计算出的结果分别与上年录取情况作一一对比，就可以总结高招指标投放的经验得失了（如下表 7-1 所示）。

表 7-1 不同省份部分重点大学招生指标投放情况

省　份		北京	上海	江苏	浙江	河南	山东	河北	四川	贵州
2004 总人口		1 159 万	1 344 万	7 432 万	4 719 万	9 717 万	9 180 万	6 808 万	8 724 万	3 904 万
2005 总考生数		9.87 万	11.3 万	47.7 万	31.3 万	72 万	72 万	48.3 万	45.33 万	17.2 万
北京大学	2005	313	54	97	94	78	75	48	86	28
	2006	191	44	124	100	145	138	97	121	48
清华大学	2005	320	53	96	80	57	64	50	61	30
	2006	195	44	124	92	133	131	98	106	49
复旦大学	2005	70	1 259	120	135	38	57	23	58	20
	2006	45	767	138	125	121	126	82	104	44
浙江大学	2005	46	54	115	2 456	74	129	86	76	41
	2006	31	44	135	1517	142	169	120	115	56
南京大学	2005	55	58	1 260	85	38	83	28	56	40
	2006	36	47	822	95	121	141	85	103	56

如果将现有省保送生、特招生取消，将这些名额全部按比例投放到各省（自治区、直辖市）的话，预计按上述计算公式来合理投放录取名额是现实可行的。至于少数民族、军烈属子女等考

生可享受加分优惠政策，故不再单独投放录取名额。

在实施方法和步骤上，应循序渐进，稳步推进，分步实施，逐步到位。第一步，先从北京大学、清华大学、复旦大学、浙江大学、南京大学、中国科技大学、上海交通大学、西安交通大学、哈尔滨工业大学九所重点大学开始。第二步，其他"985"重点大学也实行该种计算方法，按照九校开展方式进行。经过两三年实践之后，将名额相对固定下来。

二、高等教育改革仍有较大空间

就世界范围而言，几个世纪以来，高等教育已经充分证明了它的活力和促进社会变革与推动社会进步的能力。没有一定的高等教育为社会造就最基本的有熟练技术和有丰富知识的人才，任何国家都不可能确保仅仅依靠自身力量去实现可持续发展。由于当今社会变革的范围广、速度快，社会已经逐渐变成了知识型社会，高等教育正作为个人、社区和国家在文化、经济和环境等方面可持续发展的重要组成部分而发挥作用。

就我国而言，"高等教育在整个教育事业中处于龙头地位。高等教育的发展程度和发展质量，不仅影响着整个教育事业，而且关系到社会主义现代化建设的未来。"可以说，高等教育是实现我国人才强国战略的主要途径，决定着我国基础教育改革的方向，对提升我国人力资源的整体水平，满足广大人们群众日益增长的接受高等教育的需要，实现十六大提出的造就数以亿计的高素质劳动者，数以千万计的专门人才和一大批拔尖创新人才，在21世纪中期实现全面小康社会，推进中华民族的伟大复兴，都起着关键性的作用。

我国自1977年恢复正常的高等教育体制以来，为社会选拔和输送了大批人才，对我国社会和经济的发展起到了巨大的推动作用。然而，随着我国社会和经济的发展，以及我国政治、经济体制改革不断深入，高等教育旧体制在考试录取、招生、收费、教育教学、就业以及评估制度等方面，弊端日益明显。从1999年《中共中央国务院关于深化教育改革全面推进素质教育的决定》颁布以来，我国在高等教育考试科目、高考形式、保送生制度、考生录取手段、报考对象、高校收费、毕业生就业等方面进行了种种探索和改革，取得了明显的成效，同时也存在许多亟待解决的问题和改革的空间。

对于如何进一步深化改革，笔者建议高校根据自己的办学特色，指定1~2门考试科目，学生可根据自己的兴趣和能力，参加不同高校指定科目的考试，增加学生与高校间的双向选择机会。在单独考试时，各高校可以增加面试、特殊能力测试，并注重考查学生的平时成绩、综合评价等。对于普通中学的学生参加高等职业学校的考试，实行"3＋小综合"的方案，降低考试的绝对难度。此外建议改革高校相关规章制度，具体如下。

（一）改革高校考试录取制度

全国高校统一考试录取为主，高校自主考试录取为辅，逐渐扩大高校自主考试录取权。

自1977年恢复的高考制度，经过30多年的实行，就像一把"双刃剑"，其优点和缺点都暴露无遗。目前，社会各界特别是教育界对高考进一步改革的呼声很高。

就目前我国的情况看，废止全国统一高考录取制度不符合我国的实际国情。尽管社会各界人士对高考有这样或者那样的批评，但是人们也不得不承认，高考是目前中国相对最公平的选拔制度。它为考生提供了一个依靠自己的努力改变自己命运的平台和依靠自己的勤奋从社会底层进入主流社会的机会。因此，就目前而言，我国的高考制度还必须以全国统一考试录取为主。

从长远看，随着高校办学自主权的不断扩大，高校应根据自己的办学特色选择不同的生源，因此，逐步扩大高校自主考试录取权是高考改革的必然趋势。

根据全国高校统一考试录取为主，高校自主考试录取为辅，逐渐扩大高校自主考试录取权的基本原则，可以采用以下具体的操作方案。

1. 普通高校考试录取，以着重考察学生的学术发展潜力为主。在现有的高考科目基础上，分文理两类，语文、数学、外语为必考科目，高校根据自己的办学特色，指定1~2门考试科目，学生可根据自己的兴趣和能力，参加不同高校指定科目的考试，增加学生与高校间的双向选择机会。

2. 各高校在统一高考的基础上，再组织一次单独考试，将统考成绩与单考成绩结合起来进行录取。全国统一高考可以采用标准化命题方式，以便快速准确评卷。各高校单独考试的命题可采用主观试题以尽显特色，同时，在单独考试时，各高校可以增加面试、特殊能力测试，并注重考查学生的平时成绩、综合评价等。为了避免高校自主招生出现的增加学生考试成本、一个学生被很多高校录取的现象，减少考生无谓的奔忙，高校可以依据全国统考的分数初步录取之后，按一定的比例让考生到学校参加第二次考试。

将高等职业学校的考试与普通高等学校的考试分开。对于普通中学的学生参加高等职业学校的考试，实行"3+小综合"的方案，降低考试的绝对难度，考试内容以学科知识为基础，侧重实用知识及相关应用能力的考查。对于职业高中的考生，实行"3+1"方案。语、数、外三门基础课，要根据职业高中的特点，重新编写教学大纲，提高职业高中文化基础课的教学积极性。同时，为职业高中组织带有职业技能性质的专业技能考试。

改革录取模式，向老、少、边、穷地区适当倾斜。目前我国的教育在城市之间、乡村之间、城乡之间还存在比较大的差距。因此，要改革当前高考的录取模式，适当向老、少、边、穷地区倾斜。分层次、分等级地发展两年制的社区技术学院，也是高校扩招的重要渠道；教学与学生管理和日常生活等的关系，一直是制约我国高等教育发展的"瓶颈"；利用全国已建成或正在建设的中小学信息技术教育站（点）、农村党员干部教育站（点），将高等教育输送到县和中心乡镇的学习点。

（二）改革高校招生制度

2002年我国的高等教育已进入大众化阶段。虽然在高校扩招后出现了这样或那样的问题，但高校扩招将仍然是今后我国高等教育发展的主要方向。

从适龄人口接受高等教育的比例看，据统计资料，1993年世界一些国家和地区高等教育适龄人口的在校率已分别达到：美国为72.2%，加拿大为71.2%，芬兰为48.2%，新西兰为44.5%，阿根廷为39.9%，法国为39.6%，韩国为37.7%，我国台湾为34.13%，泰国为23%。从从业人员接受教育的水平看，2000年我国的从业人员中，具有高中以上学历的比例为18%，具有大学及大学以上学历的比例仅为5%；而1998年世界经合组织（OECD）国家对应指标的平均值分别为80%和26%。2000年我国25~64岁劳动力人口中，接受过高等教育的比例仅为5.2%，而OECD国家这一指标的平均值为24%。另外，随着人民群众生活水平的不断提高，人们接受高等教育的愿望越来越强烈，而且由于中国目前高等教育尚属稀缺资源，形成"过度竞争"成为必然。只有进一步扩大高等教育招生，才能满足人们受教育的需要，才能从根本上解决应试教育的问题。

在国家教育政策向义务教育倾斜，不增加国家财政投入甚至减少投入的前提下，高等教育扩大招生可采取以下具体措施。

1. 鼓励社会力量办学，大力发展民办高等教育，使我国的民办高等教育真正成为我国高等教育的重要组成部分，而不仅仅是公办高等教育的补充。日本、韩国和我国台湾在高等教育从精英向大众化的过渡时期，私立学校容纳了70％的扩招学生，而以公立为主的名牌大学规模基本稳定。在美国，社区学院的办学规模不断扩大，其重要地位日益突出，这类主要进行职业教育的两年制院校目前已容纳了25％的美国高等教育阶段的学生。因此，分层次、分等级地发展两年制的社区技术学院，也是高校扩招的重要渠道。

2. 充分、合理地利用高等教育资源，加大招收走读生的力度，走学校后勤社会化的道路，逐渐实行教学与管理的分离。应该看到，一方面，随着近几年高校的扩招，高校的有限设施已不堪重负，另一方面，高校后勤社会化才刚刚起步。事实上，教学与学生日常生活管理等的关系，一直是制约我国高等教育发展的"瓶颈"，这既与过去计划经济体制的影响有关，也与社会、家庭、学生的观念有关。大学生已经是独立的公民，但在传统观念中他们还是孩子，吃、喝、拉、撒、睡一切日常生活都必须由学校来管理，学校必须为他们的一切行为负责。在这种情况下，高校扩招必然是苦不堪言。就世界范围而言，很少有哪些国家的高等教育既管教学，又包揽学生一切日常事务的。因此，要充分利用高等教育资源，加大招收走读生的力度，走学校后勤社会化的道路，逐渐实行教学与管理的分离，是高校扩招和高等教育大发展的必然趋势。

3. 加大远距离高等教育的力度。随着现代通信技术的发展，开展远距离教育已成为世界教育发展的重要趋势。由于我国高等教育资源的极度缺乏，因此加大远距离高等教育的力度，是我国高等教育发展的必由之路。教育部于2004年启动实施的"一村一名大学生计划"，就是利用现代远程教育技术，通过中央广播电视大学及全国广播电视大学系统，并集成全国农业高校和相关高校优质教育资源及实用技术课件，通过采用广播、电视、卫星、互联网等现代远程教育技术手段，利用全国已建成或正在建设的中小学信息技术教育站（点）、农村党员干部教育站（点），将高等教育输送到县和中心乡镇的学习点，每年每村招收一名大学生，真正做到"学不离村"，尽快为农村第一线培养一批"留得住、用得上"的实用科技人才和管理人才。对此，每年生均国家支付3 000元，个人支付7 000元较为合理；可根据不同学科特点制定不同收费标准；贫困学生平等享受高等教育的权利和机会，可通过贷款、还贷与就业制度的改革得到有效的保证。

（三）改革贷款还贷与就业制度

高等教育从"精英"走向大众，贷款还贷制度在调整高等教育参与的地区不平衡和就学人口的不平衡上起着至关重要的作用，它是解决贫困学生学费交纳和日常费用开支等困难，保证其平等地享有高等教育机会的根本方法和途径。但目前我国的助学贷款还贷制度，在政策和实施上，都存在着很多漏洞和不足。因此笔者提出以下建议。

除了进一步积极鼓励各大商业银行对学生实行贷款外，应尽快建立国家助学基金（或担保基金），为助学贷款提供风险担保。基金来源的主要渠道包括：政府拨款，比如占30%～40%的比例；筹集社会团体和个人捐款，比如占30%～40%的比例；基金增值；其他渠道。由于现在助学贷款的风险主要由各大商业银行承担，从而造成了越是贫困学生越贷不到款的局面。为了改变此种现象，应该：通过建立国家助学基金（或担保基金），助学贷款可优先向贫困生发放。增加学生的贷款种类，建立国家贷学金制度。国家助学基金（或担保基金）发展到一定程度后，可考虑除国家助学贴息贷款提供风险担保外，还可以直接发放国家贷学金。发展学生贷款的二级市场。可以建立中国教育信用公司，从银行购买贷款，向学生回收贷款，并将学生贷款的资产证券化，形成学生贷款的二级市场。

尽快建立全国联网的高校学生征信系统，加强大学生信用意识教育和信用指导。在影响国家助学贷款健康发展的各种因素中，学生信用是最重要的影响因素。学生有信用，就会降低贷款风险和成本，化解各种矛盾。而学生树立"以诚信为本，以诚信立身"的意识，珍惜自己的信誉，在行动上做到"一诺千金"，是实行国家助学贷款可持续性发展的关键所在。因此，尽快建立全国联网的高校学生征信系统，加强大学生信用意识教育和信用指导迫在眉睫。另外，相关部门可制定相关法律法规（比如可以引进美国社保卡制度），依照法律，对恶意欠贷者，给予严厉的惩罚。

制定有差别的还贷制度。对于愿意到大中小城市的第三产业、社区服务岗位、中西部贫困地区、国家、省级贫困县、农村就业以及自主创业的毕业生，可减少其还款或取消其还款，以此作为鼓励和激励。这种有差别还贷制度的建立，可以使国家拥有一个有效地调节人才的杠杆，它不仅可刺激一部分毕业生流向急缺人才的不发达地区或农村，把人才配置到急需人才的重点发展领域，也有利于解决毕业生"就业难"的问题。

（四）改革高校评估制度

建立有效、合理的高等教育评估系统，是保证我国高等教育质量和可持续发展的重要环节。为此笔者提出以下建议。

转变政府职能，建立独立、自治、专门的中介性高等教育评估、认可机构。建立独立运作的中介性评估机构，是国际高等教育的通行做法，它在政府和高校之间起着"缓冲剂"的角色。这些机构可由政府委托、授权，经费以政府拨款为主，社会捐资和自主筹资为辅，但政府与机构之间不存在领导和被领导的关系。

政府主管部门应尽快把现有由政府主管部门设立的评估组织（如全国学位与研究生教育发展中心等）与政府主管部门脱钩，真正实现政府主管部门对教育的规划调节、宏观管理、指导监督的职能。今后，无论是学校等级资格评估、硕士生、博士生授予资格评估、专业设置与学科设置以及学校拨款评估等，都应由社会中介机构完成（学校内部的教学质量评估则可由学校自己的教学质量评估机构完成）。对于资格申请评估（学校等级资格评估、硕士生、博士生授予资格评估、专业设置与学科设置等），无论评估结果如何，一切评估费用由欲申请的高校自行解决。

中介机构可广聘专家，在公开、公正、公平原则的基础上，公布专家名单，采用记名投票，公示评估结果，防止评估过程中因人情、关系等因素造成的暗箱操作。

建立分层、多元的评估体系。中国近年的发展促进了中国高等教育在投资主体、办学模式、体系结构、培养目标、质量标准等方面，越来越向多元、多层次发展。建议按六大区域（即东北、华北、西北、西南、华东、中南）和四类学校群体建立评价、认可分委员会。

部属院校和各省市进入"211"工程的高校应为评价和认可的第一类学校群体。这些学校的评估应由国内和国外的专家，甚至以国外专家为主建立评估专家组进行评估。首先要进行课程、专业和学科的评估，然后再进行全校整体办学水平的评估。对于其中列入"985"工程，拟进军世界一流大学的评估，评估标准应更高、更严。省办和省属院校为第二类学校群体。这一层次学校的评价、认可，可由建立的六大区域评价、认可机构进行。全国电大和众多的网络学院，为第三类学校群体。这一层次的学校有其自身特点，应由各大区评估委员会设立专门委员会，作为一个独立院校群体进行评估。民办高等学校为第四类学校群体。民办高校是中国高等教育的半壁江山，但由于各种原因，目前面临着严重的声誉危机。因此，各大区域评估委员会应尽快建立私立高校评价、认可的专门机构，制定规划，引导私立学校建立自我质量保证机制，确定努力目标，分期分批对其进行达到最起码标准的认可评价，保证民办高等教育合理、有序、迅速地发展。

中国拥有世界上仅次于美国的规模庞大、结构复杂、多元的高等教育体系，要建立国际认可并实现这一质量保证机制的有序转换，必须制订出建立健全这一机制的分步实施规划，根据不同学校群体，确定出不同工作重点，同时，对这一体系的分工，人员素质要求、招聘、培训，评估专家的条件、使用、待遇、评估收费、国家补助、评估结果发布、使用、奖惩等方面制定出明确的政策。逐步养成学校、教师、管理人员重视自评，正确对待和配合校外同行进行评估的校园文化，是评价、认可工作得以顺利进行并达到预定目的条件之一。①

三、民办高校招生制度急需规范

民办高校是我国高等教育事业的重要组成部分，是国家培养高级专门人才的主要阵地之一。据 2006 年教育事业统计，全国现有独立设置的民办高校 278 所，在校生达到 133.8 万人，加上利用新机制和普通高校联合举办、在本质上也属于民办教育范畴、拥有 146.7 万在校生的 318 所独立学院，中国的民办高校实际上已近 600 所，学生达 280 多万，在我国高等教育事业中占有重要的地位。它的表现和举动，直接关系到人民的利益和国家的利益。特别是民办高校招生工作的好坏，事关民办高等教育乃至整个教育的形象，涉及广大人民群众的根本利益，关乎高校和社会的稳定，必须站在政治的高度，站在全局的高度，来认识其重要性。

（一）规范招生管理是维护人民群众根本利益的具体体现

民办高校招生是全社会和广大考生关注的热点，涉及广大考生和家长的切身利益。规范招生行为，可以有效地将考生和家长的愿望通过招生环节客观、公正地充分体现，从而赢得广大人民

---

① 本节内容吸收了胡志坚博士的意见。

群众对民办高等教育的信任与支持。否则，将会引起人们对民办高等教育的非议，从而损害人民群众的根本利益。可见，规范招生管理是政府之职，是民办高校之责，是人民之福。

（二）规范招生管理是维护民办高等教育良好声誉的重要保障

学校是创造文明、推动文明、传播文明的殿堂，在人民群众中享有崇高的地位和美好的形象。规范招生行为，可以维护高校为国选才的权威，可以充分体现公开、公平、公正的原则，从而维护民办高校良好的社会形象。

（三）规范招生管理是维护民办高校和社会稳定的重要途径和手段

规范的招生行为是高校和社会稳定的基石，而任何违法、违规、违纪的招生行为，都会引发人们对社会公正和秩序的质疑，对党和政府的不满。特别是对违规招收的学生而言，其正常权益得不到保护，极易引发高校和社会不稳定，对构建和谐社会危害极大。

从总体上看，在中央和教育部的指导以及地方政府的监督下，近几年来我国民办高校招生坚持公开、公平、公正原则，实施"阳光招生工程"，取得了明显成绩，值得充分肯定。但由于个别地方政府对民办高校疏于管理，存在对民办高校管理的缺位、不到位和重审批轻管理的现象，有些部门之间的协调配合也不够，社会对民办高校招生进行监督的渠道也不完善，特别是少数民办高校举办者办学指导思想不端正，对坚持社会主义办学方向和教育事业的公益性原则认识有偏差，将办学作为谋取个人和组织利益的途径，注重经济效益，忽视社会效益，一些民办高校内部管理体制不健全，出资人一人说了算，党团组织建设并不健全，一些民办高校招生行为不规范，这主要表现为：一是少数高校独立学院以"专本连读"、"五年一贯制本科"、"学分制本科实验班"和"中外合作办学主办本科教育"等名义，进行违规招生；二是部分高校，特别是高等职业学院在现有招生体制之外违规招生，包括招收所谓的"预科生"；三是在计划核定数外，超计划招生；四是少数高校利用成人教育、网络教育、高职教育、中外合作办学的一些政策空隙违规招生；五是一些中介机构和个人采用种种手段诈骗招生。这些问题虽不是普遍现象，但在社会上造成了极坏的影响，破坏了国家招生制度、政策的权威性和严肃性，侵害了广大人民群众的根本利益，损害了高等学校乃至整个教育工作的形象和声誉，危及高校和社会稳定。因此，一方面，地方政府和教育行政以及相关部门要加强管理，严格督查；另一方面，民办高校要本着对党、对政府、对人民高度负责的态度，坚持公开、公平、公正原则，切实规范招生行为，努力办人民满意的教育。具体应做到如下几点。

（1）要依法依规招生。在规范民办高校招生方面，国家和各省都制定了一系列的法规和制度，这是依法治招的重要依据，有利于维护招生政策的严肃性。当前，必须要重点加强对生源计划和招生录取工作程序的管理，严禁无计划和擅自超计划招生，严禁未经省级教育行政部门批准出省招生和游离于国家招生体制之外招生等违规招生行为；要严格民办高校招生计划与新生学籍、学历注册联动管理，并规范新生录取通知书发放工作。对纳入国家计划，经省级招生部门统一录取的学生，发放录取通知书，对自己招收的非学历教育学生只能发放学习通知书，两者必须分开，事先就要让学生明确这一点，不能有任何混淆；要严肃招生纪律和工作纪律，实行招生工作责任制和责任追究制。

（2）要诚信招生。诚信是民办高校办学之本，但少数民办高校的不诚信行为有损民办高等教育的整体形象，如广告宣传夸大其辞，自我评价不合实际，盲目承诺不能兑现；采取不正当手段误导学生、家长和社会；滥设点、乱招生、滥发文凭；靠"卖"学生谋取经济利益；等等。这些不诚信行为是对规范招生秩序的挑战，必须要重点纠正民办高校招生宣传中的不诚信行为，规范招生宣传，严禁发布虚假招生广告。民办高校必须严格按照国家和省有关招生规定制定学校招生章程，开展招生宣传，认真、准确、清楚地说明学校名称、办学层次、办学类别、办学地点、收费标准、毕业证发放等事项，不得含糊其辞，弄虚作假。民办高校发布招生广告时，其内容不得超出招生章程的规定。此外，民办高校的招生简章和广告在发布前必须送交省教育行政部门审核，未经审核的一律不得擅自发布。如擅自发布，教育行政部门有权予以处罚。

（3）要"阳光"招生。要坚持不懈地实施"阳光招生工程"，努力满足考生和社会的知情权。民办高校要进一步完善招生信息公开制度，从招生实施主体、流程环节上细化、实化招生信息公开的基本内容和要求，把学校招生资格和计划、收费项目和标准、学生入学条件和录取结果向社会全部公开，接受社会监督；要引导新闻媒体坚持正面宣传，努力维护良好的招生舆论环境；要做好招生咨询接待工作，开展网上咨询活动，让"阳光招生工程"的阳光惠及每一位考生。

（4）要密切配合有关部门严厉打击非法招生中介和招生诈骗行为。民办高校不得委托中介机构和个人进行招生。要密切配合公安、工商等部门依法查处和严厉打击招生过程中的各种违法犯罪活动。要加强新生入学资格审查，严防不法分子利用假录取通知书进行诈骗。对招生诈骗案件要配合有关部门尽快查处，并及时在新闻媒体上曝光。

四、尽快完善大学生医保制度

社会保障体系的建设，是构建社会主义市场经济的重要内容，是维护社会和谐和稳定的"安全网"和"减震器"。目前，我国高等学校实施的公费医疗制度是1953年制定的，随着医疗费用的不断上涨，学生人数的不断增加，沉重的医疗费用问题日益突出，使学校、学生、家庭不堪重负，尽管近年我国经济发展速度和经济水平提高很快，但国家也只能保障基本的医疗费用，对于学生和家庭来说，微不足道的公费医疗费用实在是杯水车薪。因此，建立符合我国国情的大学生医疗保障制度已成为当前一个迫在眉睫的重大现实问题。解决好这个问题，对于大学生的健康成长，对于促进教育公平，对于建立具有社会主义特色的社会保障体系，对于构建社会主义和谐社会，都具有重大的现实意义和深远的理论意义。

对于这个问题，笔者从2004年开始进行基础性研究。并在2005年3月全国人大十届三次会议上提出了"关于建立大学生医疗保障制度的建议"，通过提交全国人大以及多家新闻媒体的报道，引起了政府有关行政部门、高等院校和社会的广泛关注，各地政府有关行政部门和高等院校纷纷出台各种救助措施，尝试采用各种方法对现有的高校医疗保障制度进行改革。2007年，湖北省教育厅发出《关于做好高校贫困家庭学生医疗保障工作的通知》，全省省属高校有2.1万名贫困生享受商业医疗保险，实行门诊由学校负责、住院治疗通过商业保险来解决、重大疾病依靠以校为单位统筹的医疗救助体系。四川省劳动和社会保障厅决定将大学生基本医疗保险纳入到社会保障体制之中，目前正在展开有关工作。有些高校则采用了不同形式的学生投保方式，如浙江工业大学采取通过保险公司公开招标方式给新生代办保险，学生根据自愿原则申请办理保险；而上海某大学则规定全校各级各类学生必须参加大学生系列保险，保险费由学生本人承担。社会上一些机构也参与进来，以基金的形式解决大学生医疗保障的难题，如湖南省有的大学酝酿建立"大学生大病救助基金"，湖南省慈善总会准备拿出100万元对基金的建立给予实际支持；武汉科技大学则采用集资返还的形式建立医疗基金。然而，尽管许多部门和高校都进行了有效的探索，但这种在缺乏统一部署、缺乏主管部门、缺乏有效投入、缺少政策文件支持的情况下所进行的改革，往往只能适应某一方面的需要。

随着今后教育的发展和高校扩招，我国的大学生将会越来越多，预计到2015年前后全国在校大学生将由2008年的2 021万人增加到近3 000万人左右。这样一个庞大的人群，如果没有得到基本的医疗保障，问题将更加严重，况且现行高校医疗覆盖的范围也仅限于计划内统招的大学生，而各高校二级学院和民办高校的学生，尚未能全部纳入进来。学生突发重症的事件接连不断，面对这群担负着国家未来希望、没有任何固定收入，且相当一部分家庭都是几乎没有长期稳定经济来源的农家子弟，这个问题将越来越突出，尽快解决大学生医疗保障问题已是当务之急，刻不容缓。

（一）大学生医疗保障制度目前存在的突出问题

通过大量的调查研究，笔者发现大学生医疗保障制度目前主要存在以下三个突出问题。

1.20世纪50年代制定的公费医疗法制，如今形同虚设

如前所述，现有的高校公费医疗制度是1953年开始实施的，随着医疗费用的不断上涨，学生人数的不断增加，沉重的医疗费用已经令学校、学生、家庭不堪重负，尽管目前我国经济水平提高很快，但国家也只能保障基本的医疗费用，对于学生和家庭来说，微不足道的公费医疗费用，实在是杯水车薪。如北京地区，每一个大学生每年的公费医疗费用是66元，而武汉地区每人每年公费医疗费用平均只有40元左右。

为了弥补旧制度下的公医不足，许多高校动了很多脑筋，想了很多办法，出台了形式不一、标准不同的新的学生公费医疗方案。但此方案类似"慈善机构"，没有法律保障不说，也仅能提供低水平的医疗服务。有的学校将国家拨发的医疗费用全部发给

学生，不再承担学生的医疗保障。大部分院校则是"国家拿一点，学校负担一点，个人承担一点"方式负担医疗费用。三个"一点"是多少？全国没有统一标准。大学生看病药品免费，但都是些陈旧药品，医疗技术偏低，服务态度又差，疗效效果不佳，学生普遍不满意。

2. 沉重的医疗费用令学校不堪重负

武汉的一所高校，一年时间里出现了13位身患重病的大学生，医疗费用都高达10万元左右。而政府给学校的全部医疗拨款不到100万元。一个重病学生就会花光全年级的医疗费用。而绝大部分大学生却只能享受低水平的医疗服务。

以省属院校湖北大学为例，学校现在学生在本校医院门诊医疗费用自付20%，学校报销80%；在校外医疗门诊费自付40%，学校报销60%；无论在校内、校外医院住院，其医疗费用累计报销金额不得超过10万元，超过部分自付。湖北大学在校学生1.6万人，而享受国家拨款的计划内学生仅1万人，即40万元拨款。据医院统计，学校平均每生每年仅门诊费用就是137元，大大超过了国家拨款标准，这还不包括住院费用。学校只有每年从"校长基金"中拿出150万～180万元作为医疗经费投入。类似的问题几乎困扰了所有高校。

3. "病不起"成为大学生的精神负担与压力

大学生每年60元左右的公费医疗能做什么？据调查，北京大学生实际平均每人每年医疗费用支出是120～130元，也就是说只能"感冒"一次。对于家庭状况不太好的学生来说，这部分费用还是比较昂贵的。

患病给学生及其家庭带来沉重的压力。中南财经政法大学某学生被确定为高危白血病，需要进行骨髓移植手术，手术费用约30万元。该学生家在福建农村，父亲下岗后一直打工，母亲在家务农，弟弟妹妹都在念书，家里负担很重。她品学兼优，一个月生活费不足100元。对于这样一个贫困家庭,学校给予了特殊照顾,全校师生为她进行了募捐,可还是无法解决她的医疗费用问题。

据调查,目前大学生大重病呈逐年上升趋势。仅乙肝病毒携带者就占8%~10%,如果按普通疗法治疗乙肝,通常一年需要10 000元。结核病也是上升趋势,武汉地区2002~2003年一年间,就有311名大学生因肺结核病住院,按常规治疗,一个普通结核病患者治愈,至少需要8 000元医疗费用。

(二)大学生医疗保障困难的原因何在

那么,大学生医疗保障困难的原因是什么呢?根据调查,笔者认为主要有以下三点。

1. 公费医疗制度呈现出各种弊端,已经完全不适应社会主义市场经济体制下学生的需求

计划经济的垄断性,使高校医疗机构占有绝对的学生医疗资源。目前大学生的公费医疗主要由两部分组成:政府承担80%,这笔资金直接拨给各个高校,其余20%由学校和学生共同承担,学校根据学校自身具体情况决定全额报销或部分报销。在这种制度下学校拥有了学生看病的绝对控制权。为了节约医药费,学生去校医院看病,一般只是开些常用性廉价药,较复杂的病症可以转院,但要经校医院的同意,由于顾虑学校应支付的医疗费用,因而会尽量少转院。学生完全没有自主选择去哪家医院看病的权利,否则不予报销。这样直接导致了高校"低标准,全包式"的医疗弊端,使得学校的医疗服务水平长期低下,服务态度不佳,不少大学生对此很不满意。有的大学生用这样一句打油诗总结了校医提供给他们的服务:"看病治疗无须望闻问切,三包良药管尽春夏秋冬"。由此反映出校医院对学生病情的不重视,也反映出校医院在管理上所存在的一些问题。

公费医疗覆盖范围的局限性,使重大疾病出现治疗费用无法

保障。现行的公费医疗体制不包含重病和特大疾病的统筹，意外事故和意外伤亡更是一个盲区。许多学校规定无论在校内、校外医院住院，其医疗费用累计报销金额不得超过 10 万元，超过自付，现实中一些重大突发疾病的费用就成了医疗空白，公费医疗无法在这个时候更充分地显示出其本身应该具有的优越性。现在每年各大高校都有十几起特大重疾病发生，一所学校几个人的治疗费用就有可能花光国家所拨给的所有费用。由于数额太大，学校也只能尽力而为，却仍力所难及，只好靠学校和社会募捐，靠热心人的援助，靠慈善机构的资助。而对于学生安全问题完全是一个盲区，大学生在校期间很难保证不出任何意外，一旦出现问题，按照目前的医疗制度，学校和个人都无法承受巨额的医疗费用。

医疗水平的有限性，无法给予学生全面有效的医疗服务。学生对校医院的设备、医务人员的态度和业务水平，以及药品的质量等都很有意见。长期以来由于经费有限，使学校医院医疗设备落后，技术水平不高，治疗水平有限，服务态度欠佳，又控制着转院权，这样很容易出现误诊、漏诊的情况。据媒体报道，某大学生因腹泻至少四次到校医院看病，校医院诊断为肠炎并不同意其转院诊疗，他自费到其他医院确诊为肠癌晚期。对一般性的疾病诊治，大学生也普遍感到不满。据调查显示，兰州大学、江西财经大学、河北大学学生都认为学校医院医疗质量不好，医生技术偏低，药品疗效不佳。西安 6 所大学 50 名在校大学生，就高校医疗水平调查的数据为：满意者为 1 人，占 2%；认为水平还行的为 14 人，占 28%；不很满意的为 20 人，占 40%；极不满意的为 15 人，占 30%。虽说这样的结果不能准确说明全部事实，但从中反映出大学生对当前大学医疗现状的态度。

2. 商业保险市场不完善，保障不全，操作烦琐，理赔困难

作为公费医疗的补充手段之一的商业保险，本来是一种很好

的医疗保障补充机制，但是由于我国商业保险市场尚不完善，使之对一些疾病赔付能力有限，对于重大疾病仍然是杯水车薪，而且手续操作相当繁琐，理赔困难，不能用于救急。目前大学生系列保险含大学生平安保险、大学生住院医疗保险、大学生住院补贴保险、团体重大疾病保险和健康保险、意外伤害保险、人寿保险等。由于商业保险的品种名目繁多，分类很细，如不注意保单条款的限制，很难顺利享受保障服务。要想得到全面保障，需要购买多种保险，这只有较富裕的家庭才能做到，对于一般家庭根本就不可能。某位家境困难的大学生被确诊为肝硬化伴腹水，生命垂危，由于该病不在学院公费医疗范围，尽管学生入学时买了保险，但因属于人身意外保险，根本不能覆盖这次危及生命的病患。

3. 学生保险意识不强，参保人数有限

当前中国社会的保险意识仍十分薄弱，人们没有意识到保险是帮助当事人在意外发生时，将损失降到最低程度的一种手段。尽管商业保险还有许多不尽如人意的地方，就目前条件而言，国家只能保障基本医疗费用，保障范围之外的只能由个人自己承担。随着近年来大学生特大重疾病呈逐年上升的趋势，商业保险仍然是最有效的补偿手段。可是由于人们受传统观念的影响，加之对商业保险的不了解，保险意识不强，大学生普遍对商业保险认识程度不高，有的同学对保险不信任，不能确信当意外发生时所买的保险能否给自己提供保障；有的同学认为自己很年轻，生大病几率很低，没必要买，有这样观点的人占一定的比例。由于参保是大学生自愿参加，没有任何强制措施，参保人数还没有形成一定规模，保险公司也感觉难堪其负，甚至萌生退意。

（三）构建我国大学生医疗保障制度的思路和建议

要解决以上问题，必须建立一个完善的大学生医疗保障制度，如果没有一个多层次、规范的、完善的医疗保障体制，难免会顾此失彼。有专家指出，社会保障制度的缺陷不应该由公众的同情心来弥补，济危扶困也完全应该有更科学合理的救助方式。解决贫困家庭中的重症大学生救助的问题，最好的办法是要有完善的医疗保障体系。现在虽然有了商业和社会两种医疗保险，但不是覆盖面太小，就是费用太高，相对于绝大多数人，特别是广大农民的收入水平和高昂的医疗价格来说，无异于画饼充饥。需要救助的人为数不少，而社会的同情心又毕竟是有限的，况且，动辄就靠人们的同情心来筹集资金，会使善良的人付出更多，也不符合社会公平。

在发达国家，不存在所谓校医院的问题，因为发达国家的后勤完全是社会化的。例如，美国斯坦福大学虽没有校医院，但学校周边整个社区服务都很完备，包括医院。大学旁边的医院收费，不会因为是大学生而有所不同。发达国家的大学生医疗保障制度也较好，大多实行全民保险制度，所有国民（包括低收入和无收入人群）都必须加入某种形式的医疗保险。美国的医药费用十分昂贵，但学生主要通过各种医疗保险进行支付，大学也不例外，保险覆盖率非常高，一般来说大学生不投保，就不能注册入学。

随着我国经济的不断增长，自1998年以来，全国开始建立城镇职工基本医疗保险制度，现在已有1亿多城镇职工参加了基本医疗保险。临时就业人员、进城务工的农民工、个体工商户和城镇居民都将参加基本医疗保险；农民新型合作医疗保险已在一些地方试点运行，即将在全国推行。大学生不应成为被社会遗忘的角落，我国大学生的医疗保险制度也应提上政府的议事日程上来。我们应在吸收各国经验的基础上，根据我国国情建立起具有中国特色的大学生医疗保障制度。具体建议如下。

1. 建立社会保险、商业保险和救助基金相结合的三位一体的大学生医疗保障制度——以社会基本医疗保险为主，商业保险为辅，救助基金为补充的大学生医疗保障体系。参照《城镇居民基本医疗保障制度》，将大学生基本医疗保险纳入社会保障制度之中。高校医院应逐步实现社会化,并参与社区服务,学生持医保卡,可到任何医保医院就医,个人支出费用应为医疗费用的5%~20%,或由各学校研究自行规定。具体操作可参考四川、江苏等地区的做法。建议每个大学生至少购买一份商业保险,例如,住院治疗保险、意外伤害保险、重大疾病保险等。费用主要由个人承担。对于少数家庭极为贫困的大学生,可考虑由学校代付。大学生参加社会基本医疗保险时,同步参加大病医疗商业保险,每人每年缴费30元左右,解决超过基本医疗保险封顶线以上的医疗费用负担,以弥补基本医疗的不足。具体操作可参考北京大学和上海等地一些大学的做法。高校设立专项医疗救助基金。由教育部行文,规定高校从学校所收的学生学费中提取3%~5%用于设立救助基金,还可积极吸引社会机构、企业和个人的爱心捐助,对贫困生、特大重疾病和意外伤亡等需要救助的大学生实施帮助。学校专项医疗救助基金的管理可参照政府养老基金的管理办法,也可参与银行的理财产品项目以保证基金的保本增值。具体操作可参考湖北、湖南等省的做法。

2. 制定相关政策和措施以保证大学生医疗保障制度顺利实施。对不设立专项统筹医疗救助基金的高校,国家及省级教育行政部门实行挂钩政策:一律不核准招生计划;对该校不进行各种办学水平评估;不拨发相关的办学经费;不批准科研计划和项目;不受理高校硕士、博士授予权的立项和申请;不受理升格、改名等。

五、建立国家教育公务员制度[①]

(一)我国教师队伍建设的现状与问题

我国教师队伍经过几十年的建设,取得了巨大的成绩,但在

---

① 本节内容吸收了汪丞博士的意见。

发展过程中,也暴露出了一些突出的问题,诸如:中小学教师的工资待遇过低;教师队伍的专业性不强;地区之间、城乡之间、学校之间师资力量发展严重不平衡;中小学教师社会地位不高,中小学教师职业缺乏吸引力等,导致我国教师队伍特别是中小学教师队伍的专业化程度不高,与国际水平存在较大差距。

如何把最优秀的人才吸引到中小学教师队伍中来,培养基础教育的教育家,并且尽可能地减少优秀教师流失,是教育发展过程中必须解决的重要课题,因为没有优秀的教师,就不可能教出优秀的学生,更不可能成就民族复兴的伟大事业。

众所周知,"造成'最优秀'的中学生不愿意报考师范院校、'最有才华'的大学毕业生不愿意当中小学教师的原因,是中小学教师的政治、经济、社会地位不高和待遇偏低。尽管《中华人民共和国教师法》规定教师的平均工资水平不低于或高于国家公务员的平均工资水平,并应逐步提高,且《义务教育法》也有类似规定,但这一法律规定一方面根本没有落实。另一方面,规定仅局限在工资收入水平上,实际上,公务员所享受的各种津贴、补贴,教师都很难享受到。在现实中我们看到,脆弱的教师津补贴制度,并不能很好地在提高农村中小学教师基本的工资待遇上发挥作用。就目前而言,许多地区的农村中小学教师,其"三金"等福利尚未得到保障。而在一些财政收入欠佳的县市,对提高农村教师待遇上确实存在实际困难,相关政策又缺乏明确的、强制性的规定。待遇问题直接影响到师范院校的招生质量,影响到现有教师队伍的稳定。

(二)建立国家教育公务员制度的政策建议

在国外的公务员系列中,公务员有一般公务员、特殊公务员(或称准公务员)和合同制的政府雇员之分。公立学校的中小学教师一般属于特殊公务员(或准公务员)系列。例如,日本《国家公务员法》、《教育公务员特例法》就规定,公立学校的中小学教师是国家公务员,但不是一般的公务员,因为其行政级别不能升迁。但同时,教师除了一方面享受公务员的待遇外,另一方面,还要享受教师该享受的待遇,如:每年寒暑假带薪休假,教师进修的权利等,并履行相应的义务。由于教师和公务员两种职业还是有一些各自的特点,因此,称之为国家教育公务员,以与公务员区分。鉴于我国教师队伍的发展现状,笔者认为,只有参照美、英、法、德、日、韩等国的做法,修改《中华人民共和国教师法》或对《公务员法》作出补充规定,将取得教师资格证书并获得教师职位的公办普通学校的中小学教师的身份确认为国家教育公务员,纳入国家公务员行政管理系统中,明确其"公务性"身份,依法对其实施规范监督,使其享有与公职身份相应的权利和义务,并执行相应的收入分配制度,保护中小学教师的政治地位和经济利益。这样,从法律上保证中小学教师的工资待遇与公务员一致,才能提高教师职业的吸引力及其社会地位,进而提高其专业化水平。

笔者认为,尽早建立国家教育公务员制度是解决中小学教师队伍建设中一些棘手问题的根本途径。

第一,有利于保证教师的工资待遇的落实。实行教师公务员制度后,中小学教师的工资待遇就与公务员一样发放,不仅能从根本上杜绝拖欠中小学教师工资的现象,而且能保证法定的教师的工资待遇不低于公务员的落实。

第二,有利于提高中小学教师的社会地位,从而在全社会掀起尊师重教的社会风气。实行教师公务员制度后,中小学教师的工资待遇就会有大幅度的提高并与公务员持平,这将极大地提高教师职业的吸引力,吸引更多优秀生源投身教育事业,从而在全社会掀起尊师重教的社会风尚,真正使教师成为最受尊重的职业,使教育成为最受尊重的事业。

第三,有利于从整体上提高中小学教师队伍的素质。实行教育公务员制度后，中小学教师的工资待遇有了保证且有大幅度的提高，教师的社会地位得到提升，就可以吸引更多的学生报考师范院校，报考人数会大幅度增加，师范院校的生源选拔余地加大，优秀教师的产出率会提高。同时，实行教育公务员制度，也就意味着要实行如公务员同样严格的教师资格考试，教师的入职门槛必将进一步提高，也就意味着要成为中小学教师必须经过如公务员考试同样激烈的竞争，能成为教师的竞争优胜者的素质必将大幅提升，教师的专业化程度也必将进一步增强，进而有利于培养、造就一支素质精良、德才兼备的中小学教师队伍。

第四，有利于地区之间、城乡之间、学校之间师资力量的均衡发展。实行教师公务员制度，中小学教师就有了公务员的身份，而公务员是有任期的，必须要参加流动，定期流动就成了教师的义务。流动期间，公务员的工资待遇不变，流到偏僻地区还有津贴，这样就有利于大规模地实施教师定期流动制度，从而促进地区之间、城乡之间、学校之间师资力量的均衡发展。

毫无疑问，建立和推行国家教育公务员制度有很多好处。推行国家教育公务员制度可以破解我国教师队伍发展中的诸多难题，有利于从根本上提高教师职业的吸引力，保持中小学教师队伍的稳定，从而提高中小学教师队伍的整体素质。

六、实行国家统一的教师资格考试

教师资格证书制度是国际通行的教师任用制度。各国教师资格证书制度的实践表明：促进师范教育和教师职业的专门化，提高教师专业地位，争取社会的承认，是建设和发展教师队伍的重要途径。我国实行教师资格证书制度已经13年了，对于提高教师素质，促进教师专业化，加强教师队伍建设起到了重要的作用。然而，由于我国仍处于教师专业化的初步阶段，与高等教育领域内的其他专业教育，如培养医生、律师、会计师、工程师等专业教育相比，教师教育在高等教育领域内还远没有取得稳固的专业教育地位。长期以来，我国教师尤其是中小学教师的工资待遇和社会地位不高，而教师资格证书制度所规定的入职门槛过低，极大地制约了我国教师队伍的专业化水平，降低了教师队伍的整体素质。为此，要提高教师的专业化水平，必须像医生、律师、会计师、工程师等职业那样，从一开始就通过严格、规范的国家统一资格考试，提高教师的入职门槛，持续提高教师的社会地位，特别是解决好教师的经济待遇、工作条件等问题。

（一）实行国家统一教师资格考试的必要性和迫切性

当前，我国教师资格认证制度和教师资格考试亟待进一步完善。如《中华人民共和国教师法》（以下简称《教师法》）第10条规定：国家实行教师资格制度。

> 中国公民凡遵守宪法和法律，热爱教育事业，具有良好的思想品德，具备本法规定的学历或者经国家教师资格考试合格，有教育教学能力，经认定合格的，可以取得教师资格。

第11条　取得教师资格应当具备的相应学历是：

（1）取得幼儿园教师资格，应当具备幼儿师范学校毕业及其以上学历；

（2）取得小学教师资格，应当具备中等师范学校毕业及其以上学历；

（3）取得初级中学教师、初级职业学校文化、专业课教师资格，应当具备高等师范专科学校或者其他大学专科毕业及其以上学历；

（4）取得高级中学教师资格和中等专业学校、技工学校、职业高中文化课、专业课教师资格，应当具备高等师范院校本科或者其他大学本科毕业及其以上学历；取得中等专业学校、技工学校和职业高中学生实习指导教师资格应当具

备的学历,由国务院教育行政部门规定;

(5) 取得高等学校教师资格,应当具备研究生或者大学本科毕业学历;

(6) 取得成人教育教师资格,应当按照成人教育的层次、类别,分别具备高等、中等学校毕业及其以上学历。

不具备本法规定的教师资格学历的公民,申请获取教师资格,必须通过国家教师资格考试。国家教师资格考试制度由国务院规定。

从《教师法》的规定可以看出,具备以上规定的学历或者经国家教师资格考试合格都可以申请取得教师资格。那么,教师资格又是怎么认定的呢?

根据2000年9月23日颁布的中华人民共和国教育部《〈教师资格条例〉实施办法》的第12条规定:

申请认定教师资格者应当在规定时间向教师资格认定机构或者依法接受委托的高等学校提交下列基本材料:

(1) 由本人填写的《教师资格认定申请表》一式两份;

(2) 身份证原件和复印件;

(3) 学历证书原件和复印件;

(4) 由教师资格认定机构指定的县级以上医院出具的体格检查合格证明;

(5) 普通话水平测试等级证书原件和复印件;

(6) 思想品德情况的鉴定或者证明材料。

不难发现,对于具备《教师法》所规定的学历的人申请教师资格的,除了对普通话和难以准确量化的思想品德有要求外,缺乏硬性的量化指标,导致教师申请入职的门槛过低。而对于不具备《教师法》规定的学历的公民,可通过参加教师资格考试申请获得教师资格。对于教师资格考试又是怎样规定的呢?1995年12月12日国务院发布的《教师资格条例》对此作了以下规定:

第四章 教师资格考试

第8条 不具备教师法规定的教师资格学历的公民,申请获得教师资格,应当通过国家举办的或者认可的教师资格考试。

第9条 教师资格考试科目、标准和考试大纲由国务院教育行政部门审定。

教师资格考试试卷的编制、考务工作和考试成绩证明的发放,属于幼儿园、小学、初级中学、高级中学、中等职业学校教师资格考试和中等职业学校实习指导教师资格考试的,由县级以上人民政府教育行政部门组织实施;属于高等学校教师资格考试的,由国务院教育行政部门或者省、自治区、直辖市人民政府教育行政部门委托的高等学校组织实施。

从以上教师资格考试的规定中,我们不难发现:首先,教师资格考试的对象是针对学历不达标的公民,而非所有申请者。其次,教师资格考试科目、标准和考试大纲是由国务院教育行政部门"审定"而非"制定"。这就意味着全国各地的教师资格考试科目、标准和考试大纲只要达到教育部的审定要求,是可以不一致的。而教师资格考试试卷的编制、考务工作和考试成绩证明的发放是由县级以上教育行政部门组织实施,或由国务院教育行政部门或者省、自治区、直辖市人民政府教育行政部门委托的高等学校组织实施。这表明,各地教师资格考试的时间、试卷的编制、考务等工作也都是不一致的。因此,从严格意义上讲,目前的教师资格考试还不能说是国家考试。而《教师资格条例》第16条规定:教师资格证书在全国范围内适用。这意味着教师资格作为一种法定的国家资格,一经取得,即在全国范围内不受地域限制,具有普遍适用的效力。也就是说,各地对申请者的能力、水平的要求标准不一致而获得的教师资格证书,在全国范围内具有同等的效力。这无形中降低了教师资格考试和教师资格证的公信力。

从考试科目和大纲来看，由于《教师资格条例》第 16 条规定：

> 非师范院校毕业或者教师资格考试合格的公民申请认定幼儿园、小学或者其他教师资格的，应当进行面试和试讲，考察其教育教学能力；根据实际情况和需要，教育行政部门或者受委托的高等学校可以要求申请人补修教育学、心理学等课程。

从这一规定出发，各地教师资格考试的科目基本上变成了教育学、心理学。这势必难以真正考察出申请教师的能力和水平，必然带来教师资格证书制度自身的贬值，损及通过实施教师资格证书制度提高教师专业素质的初衷。

通过以上的分析，我们不难发现，目前实行的国家教师资格证制度仍是以学历为本位的制度，即便是实行的教师资格考试，其要求和标准较国家其他职业资格考试诸如律师职业资格考试、会计资格考试、医师资格考试等的要求相对较低，与国际水平差距就更大了。而且对师范生的要求更低：他们只要取得相应的学历，普通话过关，基本上就能获得教师资格证书，导致我国教师队伍的专业化程度不高。

（二）实行全国统一教师资格考试的可行性

目前，师范院校曾经遭受考生冷眼，师范生曾想方设法改行的现象已渐成历史。根据近期的大学生择业取向调查，愿意到学校从教的比例明显增高。教师职业正变得越来越抢手。一些人开始拉关系、走后门，拼命往教师队伍里挤。虽然国家实行了教师资格认证制度，颁布了《教师资格条例》和《教师资格条例实施办法》，但一方面由于教师资格认证制度本身对申请者所定的要求和标准过低，另一方面在教师资格认证程序上，目前对不同层次的教师认定有一些规定，不过有些地方执行不严格，导致一些人滥竽充数，使教师队伍总体上的教育观念、教学方法和手段还比较落后，"应试教育"的观念还在一定范围内存在。教师队伍的整体结构特别是教师的专业化水平仍不能适应现代化教育的要求。教师职业过低的入职门槛导致教师队伍良莠不齐，降低了教师队伍的整体素质，影响了教师队伍的专业化进程。

随着教师的合法权益日益得到法律保障，人们越来越关注教师履行义务的表现。尤其是高等教育的快速发展，社会上拥有高学历的人越来越多，社会对教育质量的需求越来越强烈，全面提高教师的教育和教学质量与水平已成为全社会关注的热点。随着教师队伍整体状况的不断改善，教师入职门槛的标准也必须随着社会的发展而不断地加以提高。因此，建议国家应采取积极措施把好入口关，不断规范和提高教师入职门槛标准，采取公正的遴选机制，进一步提高对教师综合素养等各方面能力的要求，争取将越来越多的优秀人才选拔到教师队伍中来。

首先，借鉴国家其他职业资格考试，遵循国际惯例，实行国家统一教师资格考试制度，它是解决这一问题的有效途径，将极大地促进教师专业化水平的发展。为此，建议国家要进一步完善教师资格证书制度，建立国家统一教师资格考试制度；要求所有申请进入教师职业的公民，在学历达标的前提下，必须参加国家统一的教师资格考试，也即学历达标且考试合格者才可以申请教师资格证书。

其次，为了规范教师资格考试工作，建立公开、公平、公正的考试制度，保证教师队伍质量，推动教师队伍健康发展，应尽快制定《国家统一教师资格考试办法》，实行国家教师统一资格考试。该办法应包括以下内容。教师资格考试是国家的专业资格考试。考试成绩达到录取分数并经认定合格的人员，由教育部授予教师资格证；教师资格考试由教育部组织，每年举行一次。每年报名、考试时间由教育部统一规定。教育部考试中心或师范教育司设立教师资格考试机构，如教师资格考试办公室，负责承办教师资格考试的考务工作；教师资格考试办公室负责确定考试科目，制订《教师资格考试大纲》和命题工作，以及每年考试合格标准的确定。

鉴于目前的教师资格考试仅考《教育学》和《心理学》，难以真正地鉴别学生是否具有入职教师职业的能力和水平，建议适当增加能考察申请者当教师的能力和水平的科目，如将教育法规作为考试科目。同时，鉴于师范教育是整个国家教育的"母机"，为了进一步提高师范教育的吸引力，借鉴目前教师资格考试的一些好的做法，建议师范生可以免考一些科目。

教师资格考试办公室下设教师资格考试命题委员会，命题委员会由教育部有关人员和命题委员组成，命题委员会委员每届任期两年，可以连选连任。由其负责试卷命题和指导评卷工作。试卷命题的范围，以教育部公布的《教师资格考试大纲》为限。各省、自治区、直辖市教育厅（局）负责具体承办本辖区的考务工作。

各省、自治区、直辖市教育厅（局）教师资格考试办公室由教师管理部门和教育行政部门的相关部门的人员组成，教育行政部门主管厅（局）领导担任负责人，其职责如下：

（1）划定考区；

（2）组织本省（自治区、直辖市）教师考试报名工作，并组织本省（区、市）报名人员的统计、准考证号的编排和准考证的印制和发放；

（3）组织本省（自治区、直辖市）试卷的接收、保管、分送、回收和返送；

（4）指导本省（自治区、直辖市）考区的监考工作；

（5）依照规定权限处理本地区考试报名、监考中出现的问题；遇有重大问题时，应当及时请示报告。

只有借鉴国家其他职业资格考试和遵循国际惯例，推行国家统一的教师资格考试，进一步完善国家教师资格制度，形成公开、公正的教师遴选机制，不断提高教师职业的入职门槛，才能不断地将优秀人才遴选进教师的行列，从而促进教师专业化水平的提高，造就一支德才兼备的教师队伍，使教师队伍建设步入良性循环的轨道。

七、师范生免费制度亟需推广

2007年3月5日，国务院总理温家宝在十届全国人大五次会议上《政府工作报告》中说，为了促进教育发展和教育公平，将采取两项重大措施，其中之一就是在教育部直属师范大学实行师范生免费教育，建立相应的制度。同时称这个具有示范性的举措，就是要进一步形成尊师重教的浓厚氛围，让教育成为全社会最受尊重的事业；就是要培养大批优秀的教师；就是要提倡教育家办学，鼓励更多的优秀青年终身做教育工作者。2007年9月，12 000多名免费师范生走入教育部6所直属师范大学的校门，标志着部属师范大学实行师范生免费教育正式启动，也意味着近代中国在相当长时间内实行的师范生免费制度重返大学校园。

回顾我国近代师范教育建立的历史，国家对师范生一直给予优惠待遇，免学费和其他费用。但自1997年以来，在受教育者普遍按照成本分担原则缴费入学和高等师范院校转型的背景下，师范教育出现被弱化的倾向。2007年7月高校招生期间，6所高校免费师范生生源充足，甚至出现了多年难得一见的6个考生争一个名额的火爆局面。这充分表明，师范生免费教育得到了广泛认同，影响广泛。

正如教育部师范教育司副司长宋永刚指出的，实行师范生免费教育是继中央实行义务教育保障机制后，为促进教育发展和教育公平采取的又一项重大举措，也是促进教师队伍建设的一项示范性举措。

免费师范生政策在2007年顺利起步后,很多人开始关注这样的问题:免费师范教育能在多大程度上解决我国农村师资短缺、整体水平不高以及师资发展严重失衡的难题?如何让他们真正走向基层并在农村发挥作用?笔者经过认真调研发现:仅靠6所部属师范大学的免费师范生是难以从根本上解决我国农村师资短缺、整体水平不高和师资发展严重失衡的难题的。解决我国农村师资问题的根本出路在于:在全国所有师范院校包括省属师范院校推行免费师范生教育。因此,建议尽快推行师范教育全免费政策。

(一)师范教育全免费的必要性

免费师范教育是政府履行其职能的需要。师范教育具有公共产品属性,理应由政府承担教育投入的责任。因此,推行师范教育全免费政策,是政府履行其职能的需要,也是政府公共服务职能的一种回归,同时也是我国落实教育优先发展战略、促进教育公平的一个积极强烈的信号。

免费师范教育是在全社会更大范围、更深层次掀起尊师重教的社会风尚的需要。近年来,教师专业不再成为高中毕业生首选的专业。但2007年7月,6所部属师范大学刚一推行免费师范生政策,就出现了生源竞争激烈的火爆局面。然而,真正能够成为免费师范生的1.2万多考生与全国570多万高考招生计划相比,所占比例实在太小。因此,从根本上讲,6所部属师范大学实行师范生免费教育,是党中央、国务院向全社会发出的进一步弘扬尊师重教的社会风尚的一个信号,但对整个国家庞大的基础教育教师队伍,特别是中西部广大农村的师资队伍而言,实际影响有限,其象征意义大于实际意义。因此,只有实行师范教育全免费政策,才能在全社会更大范围、更深层次掀起尊师重教的社会风气,才能使教师成为最受尊重的职业,使教育成为最受尊重的事业。

免费师范教育是从根本上解决中西部农村师资数量短缺、质量不高的需要。服务农村基层教育是免费师范生的一项重要内容。但6所部属师范大学的免费师范生很难真正地服务于师资最为短缺的中西部基层农村。一方面，6所部属师范大学的免费师范生数量太少难以满足中西部农村的教师缺口；另一方面，从以往6所部属师范大学的师范毕业生的流向来看，由于部属师范大学的师范毕业生整体素质水平较高，社会声誉较好。因此，这些学校的毕业生大多流向了东部沿海经济发达地区，即使留在中西部的也主要留在大中城市，至少也在县城或是经济较为发达的镇级学校。可见，这些师范院校的毕业生不太可能真正到教师稀缺的中西部农村，即使去了，也主要是留在高中任教。他们很难到最需要教师的义务教育学校，服务于乡村级中小学校。这与这项制度的设立初衷相去甚远。因此，这为数不多的6所部属师范大学的免费师范生对于整个中西部农村的师资短缺而言，无异于杯水车薪。在当前形势下，指望这6所部属师范大学的免费师范生从根本上解决农村师资短缺、素质不高的问题并促进教育均衡，是不太现实的。而最有可能到这些地方任教的应该是同一省市的省属师范院校的师范毕业生。由此可见，解决中西部农村师资数量短缺、质量不高的根本出路应该是将免费师范生政策推广到省属地方师范院校，从而有更多的免费师范生投身于农村基层的中小学教育。

免费师范教育是改变师范教育遭遇弱化现状的需要。统计资料显示，最近几年，由于大学普遍向综合型方向发展，很多师范大学、师范学院、教育学院通过更名、合并，升格为非师范院校，使我国师范院校数量急剧下降。即便是仍旧保留师范院校之名的高校，也在追求向综合大学发展，工作重心转向拓展非师范专业，一些部属师范院校的非师范专业已占整个学校专业的

70%。师范教育被弱化,直接动摇了作为教师教育主体力量的师范院校的办学定位,导致教师教育被边缘化。据了解,现在很多师范院校,师范专业的学生不足在校生数的一半。师范生免费政策对教师教育边缘化可以说是一种补救,将推动教师教育走上良性发展道路。因此,师范生免费政策不能仅局限于6所部属师范大学。

免费师范教育是提高师范生生源质量、建立一支高水平中小学师资队伍的需要。长期以来,我国对师范生采取提前招生、提供专业奖学金及统一分配等特殊政策,以吸引优秀中学生上师范院校。但是,随着1997年高校开始实行招生、收费并轨和自主择业,师范生保障措施逐步取消或有名无实,使教师专业不再成为高中毕业生首选的专业,导致师范生生源质量总体呈下降趋势。自从中师被取消后,师专只能招收高考第三批录取的学生,对师范生生源质量是雪上加霜。教师质量亟待提高。

师范生免费教育政策的实施,可吸引更多的考生报考师范院校,预期报考人数会大幅度增加,师范院校的选拔余地加大,优秀教师的产出率会提高。同时,实行免费师范生本科提前批次录取,可以吸引优秀考生报考,这对优秀学生报考师范专业就是一种正面的导向,有助于形成优秀学生读师范、优秀人才当教师的局面,增强考生从事教育事业的光荣感。因此,必须以6所师范生免费教育试点高校为起点,尽早推及所有的师范院校,以吸引更多优秀生源投身教育事业,进而培养、造就一支素质精良、德才兼备的中小学教师队伍。

(二) 师范教育全免费的可行性和建议

免费师范生政策在2007年顺利起步,全国省属师范院校要推行这一政策,需要:一方面,要有章可循,有切实有效的实施办法;另一方面,既然免费,就要涉及经费问题。这笔钱从哪里来,如何有效地使用?也都是亟待解决的问题。

对于前一个问题，师范生免费实施办法——《教育部直属师范大学师范生免费教育实施办法》（试行）已经出台，并在2007年已顺利推进。至于免费师范生的培养方案，6所试点师范院校都重新制定教师培养方案，它们根据基础教育的发展和课程改革的要求，围绕造就大批优秀教师和教育家的目标，精心组织实施免费师范生培养教育方案，大力推进教师教育改革，已为全国师范院校作出榜样，作出示范和表率。可见，免费师范生政策的实施及培养已经有现成的模式可资借鉴。

同时，教育部于2008年启动实施"国家教师教育创新平台建设计划"，积极支持有条件的地方试行师范生免费教育，这都为尽早推行师范教育全免费创造了有利条件。

对于师范生免费所需的费用，由于各省（市）属师范院校的师范毕业生大多服务于本省的基础教育，本着"谁受益，谁买单"的原则，同时考虑到我国地区经济发展不平衡的实际，中央政府可根据各地区的实际情况，实行"分类承担"的政策，即将全国依经济发展水平划分为三类地区。一类是广东、上海、江苏、浙江、北京等经济发达的地区。由于这些地区生活条件好，教师的待遇高，对大学生就业有很强的吸引力，加之吸纳的大学生就业能力强，不仅本地省（市）属高校的师范生大多留在本地服务，还能吸纳大量中西部的优秀师范毕业生，加上这些地区的地方政府有很强的财力。因此，可以考虑让这些地区的地方政府拿出专项经费，中央政府对免费师范教育实施好的地方和高校给予经费奖励。另一类是湖北、湖南、江西等中部经济欠发达的省份。一方面，这些地区能够吸纳大部分本地省属师范毕业生在辖区内就业，另一方面，又有相当一部分优秀师范毕业生"孔雀东南飞"到经济发达地区。加上这些地区的财力还有限，因此，可以考虑由中央政府通过转移支付提供30%的经费，地方政府承担70%的经费来解决免费师范教育的经费问题。同时，中央政府对免费师范教育实施好的地方和高校给予经费奖励。还有一类是青海、西藏、新疆等西部经济不发达的省区。由于这些地区经济发展水平低，教师的工资待遇相对较低，加上由于政府财力有限而导致教师编制紧张，使得这些地区尽管教师非常短缺但吸纳师范毕业生的能力有限，导致省属高校师范毕业生外流比例相对较大。因此，中央政府要加大财政转移支付的力度，可由中央通过转移支付提供50％的经费，地方政府承担50％的经费来解决免费师范教育的经费问题。在中央财力许可的情况下，考虑到这些地区经济发展的实际，也可逐步实现由中央通过转移支付提供70％的经费，地方政府承担30％的经费来解决，从而通过分类实施、逐步推进、整体发展师范生免费教育。

八、尽早启动强师三大工程①

《国民经济和社会发展第十一个五年规划（2006～2010年）》明确指出：全面建设小康社会的难点在农村和西部地区。要从社会主义现代化建设全局出发，统筹城乡区域发展。坚持把解决好"三农"问题作为全党工作的重中之重，实行工业反哺农业、城市支持农村，推进社会主义新农村建设，促进城镇化健康发展。落实区域发展总体战略，形成东中西优势互补、良性互动的区域协调发展机制。要按照以人为本的要求，从解决关系人民群众切身利益的现实问题入手，更加注重经济社会协调发展，加快发展社会事业，促进人的全面发展；更加注重社会公平，使全体人民共享改革发展成果；更加注重民主法制建设，正确处理改革发展稳定的关系，保持社会安定团结；并提出建设社会主义新农村的五项基本措施：积极推进城乡统筹发展；推进现代农业建设；全面深化农村改革；大力发展农村公共事业；千方百计增加农民

---

① 本节内容吸收了胡志坚博士的意见。

收入。

建设社会主义新农村是我国现代化进程中的重大历史任务,也是以科学发展观为指导,贯彻以人为本,注重社会公平,使全体人民共享改革发展成果,建设和谐社会的重要保证和体现。而大力发展农村公共事业,特别是加快发展农村文化教育事业,则是建设社会主义新农村的"造血之源"。"图自强,舍教育别无他途。"但随着农村义务教育"两免一补"政策的逐步实施,农村义务教育教师队伍建设和教育质量的提高,已经成为制约农村教育发展的瓶颈。为从根本上实现建设社会主义新农村的历史任务,提出以下建议。

(一) 在农村贫困地区设立"百万国家教师岗位",解决农村教师严重不足问题

中国教育的根本问题是农村教育问题,农村教育问题的关键是教师问题,是对教师的"有效需求"不足。我国目前一方面很大一部分农村地区合格教师缺乏,另一方面又有足够的高校毕业生特别是师范院校毕业生不愿到农村任教。农村教师工资缺乏保障,落后的生存环境和教育教学条件,几乎成为优秀教师外流、新任合格教师无法补充的一个难以解开的"死结"。要破解贫困地区农村教育面临的这一难题,把农村教师的工资水平提高到高于城市教师的水平,打通合格教师到农村学校任教的"瓶颈",短期内依靠当地财政是难以做到的。具体建议如下:由中央财政在农村贫困地区设立100万个国家教师岗位,分5年实施,每年设立20万个;国家教师岗位占用当地教师编制,由县级教育行政部门统一管理,实行聘任制,合同管理,聘期5年;国家教师岗位实行公开招聘,被聘人员需具有专科或专科以上学历,并具有国家颁发的教师资格证书;按照相应的学历、任职年限和职称,除享受国家规定的基本工资待遇外,给予特殊津贴,每年不

少于1万元人民币①；制定大学毕业生有差别的还贷制度，对于愿意到农村聘任国家教师岗位的大学毕业生，可减少其还款或取消其还款，以鼓励和激励大学生到农村建功立业，扩大大学生就业渠道，缓解大学生就业压力。

（二）实施农村"百万在职教师培训工程"，加大农村在职教师培训力度

第一，实施农村100万在职教师培训工程，分5年实施，每年培训20万人次，由中央指定具有教师教育资质的高等院校承担实施。

第二，稳步实施农村代课教师的转正、辞退工作，逐步取消代课教师现象。首先必须承认，农村代课教师为我国农村教育，特别是落后农村的教育，付出了艰辛的劳动，作出了巨大的贡献。但农村代课教师水平良莠不齐，也极大地影响了农村教育水平和质量的提高。因此，稳步实施农村代课教师的转正、辞退工作，逐步取消代课教师现象，是提高农村教育质量，建设社会主义新农村的重要举措和必由之路。

农村代课教师的转正、辞退工作可分三方面具体实施。一是1~2年内，解决优秀代课教师的转正，使他们享有国家正式教师的工资福利待遇。二是对具有培养潜质的农村代课教师，通过农村百万在职教师培训工程，提高他们的专业水平，成绩合格者颁发教师资格证书，转为国家正式教师并享受相关的工资福利待遇。三是5年内，全部辞退不符合教师资格认证的代课教师。

第三，农村百万在职教师培训工程和代课教师转正后工资福利待遇的财政支出，视地方经济发展水平而定。经济发达地区，由地方财政支付。中等发展地区，由地方和中央财政分担支付。

---

① 以上四点参见袁振国教授等人《缩小差距——中国教育政策的重大命题》一书中的观点，特此注明。

落后地区，特别是592个国家级贫困县，由中央财政支付经费。

（三）实施城乡"百万在职教师交流工程"，有效提高农村教育质量

人人都有受教育的机会和享受文明成果的充分权利，这体现了社会主义教育的本质，也是现代文明建设的标志。同时，也反映了教育的公平性。实行农村免费义务教育制度，既表明国家对发展教育事业负有责任，也表明人人有享受教育的权利。接受优质教育，不仅是广大农民子弟的强烈愿望，也是建设社会主义新农村的必然要求。而优质教育资源中最主要的一部分就是优秀教师，因此，实施城乡100万在职教师交流工程，不仅是提高农村教师专业水平的有效途径，也是农民享受优质教育资源、有效提高农村教育质量的可行措施。

实施城乡100万在职教师交流工程需分5年，每年交流20万人次，每人交流年限为1年。把城市优秀教师支持农村教育事业，农村教师接受城市学校校本专业培训作为城乡教师晋级、评奖等资格的重要考核指标，拒绝参加城乡教师交流的教师不得晋级或评奖，不得享受相关工资福利待遇。参加城乡交流的城市优秀教师，除享受原工资福利待遇外，每年奖励不少于5 000元，由原所在城市财政收入支付。参加城乡交流的农村教师，除享受原工资福利待遇外，每年给予不少于1 200元的生活补助，由中央财政收入支付。

九、实行教师定期轮换制度[①]

基础教育发展的严重失衡以及其所折射的教育公平问题已成为当前我国教育发展中亟待解决的课题。因此，现阶段的首要任务是缩小区域内校际间的差距，解决区域（一市、一县）内学校

[①] 本节内容吸收了汪丞博士的意见。

间发展不均衡问题，真正实现区域内校际教育的均衡发展。而解决校际教育发展不均衡的问题，归根结底，是要促进学校办学条件和师资的均衡发展，从而扩大优质教育资源，满足人民群众对优质教育资源的需求。近几年来，中央和地方政府、教育主管部门以及一些知名学校采取了一系列措施，如建名校的分校、办改制校、兼并薄弱学校等。一方面，使得一批以重点学校、示范学校为主体的品牌学校的规模得到了快速扩张；另一方面，国家也加大了对薄弱学校的扶植改造力度，加大了资金投入，改善了硬件条件。此举取得了一定的实效，然而，也存在一些不如人意的地方，其中最突出的一点就是"择校生、条子生、高价生"等择校现象并未因此而有所缓解。相反，却愈演愈烈。此外，就是重点品牌学校的教学质量相对下降，薄弱学校基建改造完成后，教育质量也未见明显提高。之所以如此，我们认为，缩小甚至消除办学条件的不均衡，归根结底是教育经费的投入问题。而优质教育的另一关键因素——优质师资队伍建设，却很难在短期内达到理想境界和预设目标。因为教师有自己的成长规律和周期，不能一蹴而就。要办优质教育最不能缺的是优质教师，但无论是重点学校扩张还是薄弱学校的改造，只能说在学校硬件方面逐步实现或接近均衡化。但其教师队伍的整体质量的提高与预期目标还相距甚远。学校间的师资差距非但没有缩小反而进一步拉大，且有继续扩大的趋势。因而，在师资不均衡并无多大改观的状况下，择校现象愈演愈烈也就不足为怪了。可见，区域内校际间师资的均衡发展是更为关键的问题。没有校际间师资的均衡发展，就不可能有校际教育的均衡发展。

（一）实行教师定期流动轮换制的必要性和可行性

在当前促进教育均衡的各项措施中，除了加强各地各校硬件的标准化建设外，提高教师素质、促进师资均衡发展当属根本之策。而现阶段，区域内校际师资发展不均衡的问题十分突出，校际间师资力量发展到严重失衡的状态,直接影响了教育全面、健康、均衡的发展,危及教育公平,带来一系列诸如择校、教育乱收费、教育机会不均等甚至腐败等社会问题。因而,解决校际师资发展不均衡的问题对促进校际教育的均衡发展,进而促进整个基础教育的均衡发展就显得非常的必要和紧迫。

怎样才能促进校际师资的均衡发展呢?笔者认为,实行教师定期轮换流动制,是促进区域内各校师资的均衡发展并整体提高教育质量的有效途径。它对促进校际间师资的均衡发展,进而促进校际间教育的均衡发展,并最终促进区域间及整个教育的均衡发展,无疑将起到事半功倍的效果。何为教师定期轮换流动制?即是指一名教师在一所学校连续任教几年后,教育行政主管部门就安排他轮换流动到其他学校任教。日本、韩国早已实行了类似的制度。日本教育法规定,每个教师每4～5年必须流动一次。韩国教育政策规定,每个教师每4年必须流动一次。这两个国家都认为,实行教师流动制,能保证各校间师资和教育水平的相对均衡。

在我国,实施这一制度显得尤为必要和迫切。它有助于在更大范围内发挥优秀骨干教师的辐射、示范作用,从而指导、带动更多教师(特别是普通、薄弱学校的教师)更快成长;普通、薄弱学校教师流动到重点、示范学校,也可以在良好的氛围中更快提高;使教师流动呈现良性动态平衡,在逐步实现各校师资力量均衡的基础上,整体提高教师质量,有助于实现教育公平。

此外,实施这一制度还有以下好处。

1. 从学校层面看

(1) 有助于保持学校间教师队伍的年龄结构、专业结构、性别结构的相对合理。(2) 有助于各校管理的民主化、制度化和管理水平的相对平衡。由于教师的流动,各校易于接纳被认为先进的管理经验,革除不合时宜的陋习、理念、做法。也因为教师的定期流动，使各校在管理中必须注重制度建设，而不因人设策，从而提高管理水平和实效。

2. 从教师层面看

有助于保持教师对工作环境的新鲜感，从而激发他们的工作热情，最大限度地挖掘自身的潜能；有助于相同专业的教师在业务上能在更大范围内交流切磋，从而加深和更新教师的知识结构，增强自身的业务能力。

3. 从学生层面看

有助于学生接触更多风格迥异的老师，从而有利于学生个性更全面、更和谐的发展；有助于学生接受公平、均衡的优质教育。

4. 从行政管理的角度看，运行成本较低

其对促进我国区域内校际师资和教育的均衡发展，不仅具有现实意义和可行性，也具有较强的可操作性。目前，我国一些地区已经开始了教师定期轮换流动制的试点，如辽宁省沈阳市就规定，区内每所学校每年必须有30%的教师参与校际间的轮换流动。湖北省十堰市从2005年秋季开始实施城乡教师互换制度，规定城区教师至少必须有一年定期流动到农村任教，农村教师可通过考试进城工作。此外，河南省南阳市、江苏省徐州市等地也实施了或准备实行教师定期流动制。各地开展的对农村不发达地区的支教活动，也可看做这一制度的一部分。可以说，这一制度的实施面越来越广，影响也越来越大。从实施的情况看，这一制度对缩小区域内校际间师资水平的差距，改善贫困地区学校、薄弱学校的师资状况，合理配置教师资源，效果是明显的。但由于是在起始阶段，各项政策和法规还欠完善，实施过程中也难免出现了一些不尽如人意的地方，因此，必须进一步完善有关的政策法规，逐步建立一套完善的教师定期轮换流动制度。

（二）建立教师定期流动轮换制的建议

1. 制定法规，完善制度

（1）构建完善的教师定期流动政策、程序和制度。以法规的形式确定教师流动的义务性、流动的程序性、流动的定期性、流动者的待遇等，并进行规范化、制度化的操作，保障教师流动的公正、公平和有效，形成一套完善的教师定期流动轮换制度。可设计以下实施程序：①由国家制定教师定期流动相关的政策、法规，尤其强调每名教师流动的义务性；②各地根据本地实际情况制定出具体的应该流动对象的条件（包括工作年限、业务水平、身体健康程度等）；③县（或相当县一级）一级教育行政部门发布教师定期流动的实施细则，内容包括地区的指定、有关原则、要求、待遇等；④全体教师都要求填写一份调查表，主要包含流动意向等内容；⑤由校长决定人选（充分尊重本人意愿并与之商谈）并报上一级教育行政主管部门审核，最后由县（或相当于县一级）教育局长批准；⑥落实教师轮换到岗。

（2）制定多向、轮换、定期的流动政策。应树立通过教师合理流动促进教育均衡的思想。首先强调流动的定期性。即使教师流动到农村偏贫地区学校和城区薄弱学校任教，也不必一辈子扎根在那里，而是有一定的期限（如1～2年），从而解除教师参与流动的顾虑。其次，教师要实行多向、轮换流动。不仅仅局限于两校间的互相交流，而且要在同级同类学校之间、同级不同类学校之间交流。也就是说，教师可在在重点学校、普通学校、薄弱学校之间流动。但主要在重点、示范学校和普通学校、薄弱学校之间轮换流动。这是均衡各校师资的关键。否则，就达不到均衡各校师资的目的，反而会继续拉大校际间师资差距，损害社会公平，使基础教育发展不均衡更趋突出。当然，安排教师流动时，还应尽量考虑该教师的实际情况。如家庭与学校的距离（一般以就近为原则），女教师是否处于待生育阶段需要照顾等。

2. 实行"同工同酬"政策，强化激励约束机制

现阶段，实施教师定期轮换流动制最大的障碍，从某种意义

上讲，是学校间（特别是重点学校和普通薄弱学校）教师收入的巨大差距。因此，各区（县）教育行政部门必须采取各项措施，统一配置区（县）内教育资源，逐步统一各校福利的发放标准。通过建立收入平衡机制，即抑制过高、提高过低的教师收入，最终实现重点学校与普通学校、城市学校与乡村学校同级别教师同工同酬，为实现教师流动创造条件。

教师在流动期间的工资待遇户口等保持不变，同时，还应出台中小学教师津贴政策。以学校的位置、交通、医疗、工作环境等工作条件确定若干类别，分别按教师职务工资和津贴部分之和的一定比例发放农村教师和薄弱学校教师津贴（具体标准有各地制定）。调出农村和薄弱学校后，工资的提高（或上浮）部分自然撤销。在同一区域内工资由高到低的顺序为：最偏远、条件最差的学校—乡镇中小学、条件较差的学校—城郊学校、城区薄弱学校——一般普通学校—重点、示范学校。这样就可以消除教师逆向流动的根源，促进校际师资更快的均衡发展。同时，给予贫困地区、薄弱学校教师在晋级、晋升方面以政策倾斜。在职称评定时，要求评高级职称的教师需有一年以上城区薄弱学校、农村学校工作的经历。选拔校长时，要求候选对象必须有在城区薄弱学校或农村地区学校三年以上的经历。还可适当提高城区薄弱学校、农村学校晋级评优名额比例，以加强落后学校的师资建设，也解决了条件较好学校的超编问题，促进区域内师资的均衡发展。

严格任期考核，实行告诫制。流动期间，对于不能履行现职的教师，首先进行告诫，要求限期改正，并可高职低聘，允许有1～2次流动到其他学校奋起直追的机会，告诫期满，仍达不到要求的予以解聘。同时，设立专项基金，奖励在边远学校薄弱学校作出突出成绩和贡献的教师。将工作的好坏与物质利益和职务晋升挂钩，逐步建立教师"能进能出、能上能下"的教师聘用新机制，为教师创造公平合理的竞争环境。

3. 改革教师人事制度，实行教师全员合同聘任制，实行无校籍管理

要实现教师的定期交流，只有将教师的管理权限收回到县（区），由县（区）教育行政部门统一聘任，统一管理人事、工资，统一配置师资，学校之间师资力量才容易均衡。实行"无校籍管理"，教师全部由单位人变为系统人，便于优化组合，按需设岗，科学管理，为教师的定期流动创造条件。此外，还要积极推进中小学校长选拔任用和管理制度改革，建立校长定期轮换交流机制。这有利于各校办学经验的交流和实现各校管理水平的相对均衡，也会增强各校的办学活力。

教师合理有序地定期轮换流动，必将有利于教育资源的合理配置，有利于区域内校际师资的均衡发展，也必将促进基础教育的均衡发展。但是，教育的均衡发展，绝不是要平均的、以降低质量为代价的同步发展。要在确保教育整体质量不断提高的前提下，实现教育均衡。当然，还要考虑到中国社会、经济发展的阶段性和非均衡性，实施教师定期轮换流动制时，要考虑地区差异，城乡差别，从各地实际出发，总体规划，分步实施。

第八章
促进教育公平的若干政策建议（下）

一、教育投入还需大力加强

2006年10月颁布的《中共中央关于构建社会主义和谐社会若干重大问题的决定》中，唯一的数字性指标是"逐步使财政性教育经费占国内生产总值（GDP）的比例达到4％。"据教育部日前公布的中国教育经费统计情况，2006年，中央和地方各级政府预算内教育拨款为5 795.61亿元，比上年增长24.22％。其中，中央财政教育支出为538.33亿元，比上年增长了53.88％，高于中央本级财政经常性收入18％的增长幅度。虽然中央财政教育支出增幅加大，但2008年国家财政性教育经费仅占GDP的3.48％，未达到4％的要求。有1/3的省份没有达到《教育法》规定的增长要求。① 这与我国是世界第四大经济实体的国际地位极不相称。

国家财政性教育经费投入占GDP的4％是个什么概念呢？

---

① 资料来源：中央政府门户网站 www.gov.cn，2008年1月5日。

国际上，通常把一国公共教育经费占 GDP/GNP 的比重作为衡量该国教育投资水平的指标，是由国家能力及国家考虑对教育支出的优先程度决定的。国家财政性教育经费，是指国民收入分配中用于教育方面的开支，即中央和地方政府在教育上的经常性支出和资本性支出，主要是各级政府的财政拨款（不包括家庭教育支出）。由于历史和国情原因，我国目前的财政性教育经费还包含尚未纳入预算管理但仍属于预算资金的城乡教育费附加、企业办学支出和校办产业减免税部分用于教育的支出等项。

（一）国家财政性教育经费投入尽早达到 GDP4% 的必要性

国家财政性教育经费占 GDP 的比例应尽早达到 4%，这是由其必要性、国际普遍性和紧迫性等因素决定的。

1. 维护政府承诺的严肃性的需要

为什么要将国家财政性教育经费占 GDP 的 4% 作为重要目标呢（以下简称 4% 的目标）？这里有必要简单回顾一下该目标的制定过程。

1988 年，为研制 20 世纪末我国教育改革和发展纲要，国家教委成立了教育工作研讨小组，受国务院的委托，该小组下设的"教育经费研讨小组"根据当时及今后一个时期支撑我国教育事业改革发展的基本需要，参照国际通用的把公共教育支出（相当于我国的财政预算内教育拨款）占国民生产总值的比例，作为衡量一国政府对教育经费投入水平的主要指标的惯例，考虑到世界发展中国家公共教育支出占 GNP 的比例在 20 世纪 80 年代中期平均已达到 4% 的状况及 20 世纪 90 年代我国财政性教育经费已接近 3% 的实际，向党中央、国务院提出了"我国财政预算内教育拨款在国民生产总值内应有一个比例，这个比例在 20 世纪 90 年代中期或到 2000 年应达到发展中国家 4% 的水平"的建议。在 1992 年国务院两次常务会议、中央政治局常委会议和全体会议上，都先后讨论并批准这一目标。1993 年中共中央、国务院正式印发《中国教育改革和发展纲要》，其表述为"逐步提高国家财政性教育经费投入占国民生产总值的比例，在 20 世纪末达到 4％"。此后，1995 年颁布的《中华人民共和国教育法》、1999 年发布的《面向 21 世纪教育振兴行动计划》等法规和政策都反复强调国家财政性教育经费投入要按期实现占 GNP4％的目标。然而，到 2000 年时，4％目标的达标期，我国财政性教育经费占 GDP 的比例仅为 2.87％，不仅没有达到 4％，反而低于 1986 年和 1990 年的水准。自 2001 年起，政府将 4％目标的实现时间推延到 2005 年。但 2002 年以来，国家财政性教育经费占 GDP 的比例分别为 3.41％、3.28％、2.79％、2.82％，非但没有逐年提高反而每况愈下。如今，离再次顺延的达标时间也已过去几年，财政性教育经费投入仍然没有达标的迹象，还在"逐步"实现过程之中。

可见，4％的目标已成为政府的教育行动纲领，并上升为国家法律，体现了国家的意志，是国家层面的庄严承诺。如果这一承诺长期得不到兑现，或者将兑现的时间一拖再拖，那就是政府不诚信的行为；从法律意义上讲，是政府"集体违法"行为。在当前信息不对称、社会诚信监督和惩诫系统尚未形成的社会，树立政府诚信形象尤为重要。因此，实现 4％的目标已不仅仅是个单纯的教育经费投入问题，而且是关系到政府形象和诚信社会构建的重大问题；在经济全球化的时代，也关系到我国的国际声誉和形象。从这个意义上讲，4％的目标已不是可不可以实现或者能否实现的问题，而是应当实现、必须实现的一项重要的政治任务。为此，国家必须尽早兑现这一承诺，达到 4％的目标，这是维护政府承诺的权威性、严肃性以及赢得良好国际声誉的需要。

2. 教育事业健康发展的需要

教育经费的及时足额筹集、合理分配与有效使用，是教育事业健康发展的重要保证。伴随经济持续 30 年的高速增长，我国教育经费投入总量有了较大幅度的增长,但从投入水平和实际需求来看,总体水平仍然偏低。其中,政府教育经费投入不足是教育经费短缺的主要根源。

2000年是法定的4%目标的达标期,但当年全国中小学事业经费拨款尚不足以支付教职工工资,缺口达141亿元,近2亿中小学生公用经费缺口达256亿元。从1997~2000年,普通高校三年来净增在校生规模380万人,按应投入标准计算,应达1 600亿元以上,但三年的实际投入总额仅为800亿元,缺口近半。义务教育是世界各国政府投入的重点,但国家对义务教育投入比例长期偏小。2001年,义务教育财政性投入占77.23%,预算内拨款占63.3%,而OECD国家1998年对以义务教育为主体的初等、中等教育财政性教育经费占总投入的平均比例已达90.9%。

由于教育经费的持续紧缺,许多农村中小学至今连基本的办学条件都得不到保障。据国家教育发展研究中心近年来对西部地区农村中小学的抽样调查,样本小学课桌椅残缺不全的占37.8%,实验教学仪器不全的占59.5%,购教具、墨水、纸本、粉笔等资金不足的占32.5%;样本初中课桌椅残缺不全的占49.5%,实验教学仪器不全的占70.3%,购教具、墨水、纸本、粉笔等资金不足的占35%。中小学危房问题依然严重:2004年全国农村小学、初中校舍的危房率分别达到7.2%和5.1%,西部学校高达10%以上。由于可用校舍面积不足,初中超大班额现象相当普遍。2001年全国初中66人以上的超大班占初中班额总数的21.3%,超大班在读生约1 619万人,约占在校生总数的1/4,中部地区人口大省初中超大班额问题尤为明显,鄂、豫、赣、皖等省的超大班额比例要高出全国平均水平8~21个百分点。超大班额使学生上课十分拥挤,严重影响了教育质量。

近年来,为了减轻农民的教育负担,国家先后实行了"一费制"和"两免一补"政策，这些政策对减轻学生家长负担效果明显，但对学校而言，办学经费不足的窘境并未因此得到任何改善；相反，由于这些政策在一定程度上堵住了乱收费的口子，而财政性教育经费投入又没有相应的增加，使农村中小学办学经费更为紧张。一些中小学为节省开支甚至不再向学生提供学校必备的课桌椅，而改由学生自己负担。农村教育仍然在低水平上徘徊，许多学校消防、卫生等设施不达标，存在严重的安全、卫生隐患。教育的信息化、现代化水平低，边远地区现代化教学设施几乎是空白。

由于经费投入长期不足和高校连年扩招，教育经费缺口增大，部分地区普通高校的生均经费和生均办学条件出现了相当程度的下降。学校住宿拥挤，教师短缺，教学、科研、生活设施严重不足，采用100人以上大班上课习以为常。2001年一半以上的省、自治区、直辖市地方高校的生均教学仪器值低于全国标准，最高与最低相差3.5倍以上。绝大多数高校图书馆、自习室、实验室和学生宿舍、食堂等办学场所和设施都处于超饱和、超负荷运行状态，难以满足教育教学的正常需求。

国家财政性教育经费投入不足，使地区之间、城乡之间教育投入不平衡加剧。20世纪90年代以来，我国省际间的普通小学、初中预算内生均公用教育经费的基尼系数不断加大。2000年分别为0.53、0.52，最高省区与最低的初中生均教育经费、生均公用经费、生均财政预算内教育经费分别相差5倍、9倍、6倍以上；小学生均公用经费竟相差17倍。到2005年，东、中、西部义务教育投入差距仍然很大。小学生均预算内事业费分别为1 840元、1 131元、1 097元，初中生均预算内公用经费分别为2 226元、1 196元、1 208元，小学生均预算内公用经费分别为247元、127元、140元，初中生均预算内公用经费分别为354元、166元、210元。义务教育城乡差异也十分显著，2005

年，小学生均预算内事业费支出和公用支出城乡倍率分别为1.4、1.7；初中生这两项的城乡倍率分别为1.4、1.6。农村教育与城市教育发展差距仍然巨大，高校教育经费投入水平也有较大的地区差异。如2001年全国生均预算内公用教育经费为2614元，而内蒙古、新疆、贵州、安徽不足500元，不到全国平均水平的20%。由于生均财政性教育资源分配不均，导致教育机会不均等的问题日益突出，严重危及教育公平。

因此，加大财政性教育经费投入，尽快实现4%的目标，这是解决办学困难，确保教育健康、均衡、和谐发展的基本要求。

3. 达到国际公共财政性教育投入平均水平下限的需要

从世界发达国家和发展中国家公共教育支出占GDP的比例来看，不仅普遍高于4%，且有进一步提高的趋势。通过对部分发达国家与发展中国家历年公共教育支出占GDP比例的变化情况进行比较分析可以发现：主要市场经济国家公共教育支出占GDP比例年平均值大体在4%～6%。根据世界银行的统计数据，1999～2000年，澳大利亚、加拿大、法国、日本、英国等高收入国家公共教育支出占GDP的均值为4.8%，而哥伦比亚、古巴、约旦、秘鲁、泰国和突尼斯等中等收入国家公共教育支出占GDP的均值为5.6%。基于此，联合国教科文组织呼吁各国公共教育经费支出占GDP的比例应达到6%。从当前的发展趋势来看，6%将是未来一段时间内世界各国公共教育经费支出的平均水平。

我国政府尽管在理念上对教育高度重视，但与世界各国相比，教育经费投入总体水平仍然偏低，财政性教育经费投入一直低于发展中国家20世纪80年代中期就已达到的4%的水平。不仅落后于发达国家，甚至也远低于一些发展中国家。据瑞士洛桑国际管理发展学院（IMD）2002年世界竞争力年鉴评价，我国公共教育支出占GDP的份额在49个参评国家和地区中处于第

47位。

按照国际有关标准，当一国人均GDP达300、500、600美元时，其平均教育预算应分别占GDP的3.2%、3.5%、4%，而据厉以宁教授等人的实证研究，当人均GDP达到800~1000美元时，要实现教育与经济的良性发展，这个比重的下限是4.07%~4.25%。2005年，中国人均GDP就已达到1700美元，但财政性教育经费占GDP的比例仅为2.82%，比国际上人均GDP为1000美元的下限还相差甚多。

从生均经费绝对值来看，我国各级教育经费投入都是极低的。据联合国教科文组织1991年统计，中国公共教育支出约占世界的1.04%，三级正规教育人数却占世界的17.9%，人均教育经费只有10.13美元，相当于发展中国家平均数的1/3。到2001年，按购买力平价计算，我国普通小学、初中、高中的生均教育经费分别只有522元、720元、1724元，仅相当于OECD国家1998年平均水平的1/8、1/7、2/7；普通高校生均经费为6961元，相当于OECD国家1998年平均水平的3/4、日本的3/5、美国的1/3不到。因此，从世界各国财政性教育经费投入的现状和发展趋势来看，尽早实现4%的目标势在必行。

4. 化解当前教育债务危机、消除社会隐患、维护社会稳定的需要

我国财政性教育经费占GDP的比例，长期低于世界发展中国家20世纪80年代的平均水平（4%），形成了严重的教育经费缺口，带来了一系列的危机。一方面，相当多的农村中小学连基本的办学条件都得不到保障且短期内难有根本的改善，农村中小学拖欠教师工资的情况仍然存在，农村学校教育长期处于低水平，直接阻碍了素质教育的实施。高校由于投入不足与教育规模的急剧扩大，基础设施建设严重滞后，办学条件日益紧张，改善困难，已成为高校教育教学质量不能完全保证的重要诱因和制约

高等教育持续健康发展的"瓶颈"。另一方面，国家对教育投入严重不足，导致中小学和高校纷纷走乱收费、乱集资、拉赞助、搞产业化的偏门，向家长和学生转嫁经费负担。尽管中共中央、国务院和教育部三令五申禁止教育乱收费，但乱收费现象还是屡禁不绝。究其原因，这些毕竟只是治标措施，财政性教育经费投入不足，才是教育乱收费屡禁不绝的一个根本原因。此外，由于教育经费短缺而出现的各种名目繁多的"赞助费"、"降分费"、"选热门专业费"等，造成高等学校入学机会存在差距，使教育越来越悖离机会均等原则，违背了教育公平。

低水平投入造成教育经费缺口巨大。为了生存和发展，中小学和各高校都不得不为教育举债，相当多的学校卷入债务危机之中。在基础教育阶段，20世纪90年代末，为了"普九"达标，不少农村学校举债搞建设，形成巨额债务。2000年，安徽省就达到20亿元债务，广东农村义务教育负债也很普遍，个别县甚至达到3亿元，是其年财政收入的2倍多。2002年，温州苍南县教育负债总额近2亿元，36个乡镇中有32个乡镇的中小学都是负债运行。高等教育阶段，由于大学扩招使在校生的总规模迅速扩大，而大学经费投入却没有相应增长，公立高校贷款扩建校园十分普遍。中国社会科学院发布的《2006年：中国社会形势分析与预测》社会蓝皮书称，目前中国公办高校向银行贷款规模约在1 500亿～2 000亿元之间。个别高校贷款已高达20多亿元。有人估计高校贷款总量在2 000亿～2 500亿元。

负债对教育造成了前所未有的伤害。在基础教育阶段，自2000年以来，许多地方发生债权人封堵校门或教室，殴打教师和校长，乃至将校长告上法庭并使其身陷囹圄的事件，屡屡见诸报端，严重影响了学校正常的教学秩序。不少校领导债务缠身，无暇顾及教学管理，教师的教学积极性和责任心下降，人心不稳，优秀教师纷纷"东南飞"，师资严重短缺，教育质量下滑。

更值得关注的是,农村中小学教育负债引发的各种社会矛盾已露端倪,且有不断激化之势。农村中小学对工程队、新华书店的巨额欠款,导致工程承包商、材料供应商、新华书店、书商等陷入债务危机链,债主讨债行为不断升级,随时都有可能引发过激行为。学校乱收费、学校布局调整后一些学生上学偏远、一些初中班额严重超员,教育质量下降,群众意见颇大,引发纠纷不断,严重威胁着社会和谐。

在高校,随着 2008 年前后还贷高峰的到来,由于贷款额度太高,部分高校已基本没有偿还能力,有的连利息都难以承受,个别学校甚至资不抵债,"破产"隐患凸显,完全靠银行贷款度日。高额债务已成为高校发展的沉重负担。据国家审计署调查,目前少数高校的财务管理有失控现象。由于是公办大学借国有银行的钱,部分高校领导对银行贷款的风险认识不足,还贷的责任意识不强,缺乏切实可行的还贷计划和措施。这与当年国有企业借国有银行的钱,最后企业破产,职工下岗,企业向社会、向国家转嫁债务是何其相似。高校贷款成为又一个高风险贷款项目。由于数额巨大,一旦资金链断裂,会带来巨大的金融风险。

据估计,目前中国教育负债总额高达 3 500 亿~4 000 亿元。在现有的教育经费投入水平上,要保证学校教育的正常运转,完全靠学校自身来偿还这些高额债务,几乎是不可能完成的。因此,增加财政性教育经费投入是化解教育债务危机、治理教育乱收费以及由此带来的一系列问题的治本之策,也是教育健康发展的迫切需要。因此,尽早实现 4% 的目标不仅必要而且非常紧迫。

(二)国家财政性教育经费投入达到 GDP4% 的可能性

2006 年 3 月 1 日教育部部长周济在国务院的新闻发布会上表示:一定在"十一五"期间,在本届政府任期内,逐步把中国财政性教育投入占 GDP 的比重提高到 4% 的水平。因此,2010

年应该是实现4%的目标的时间表。

从理论上分析，实现这一目标是完全可能的。长期以来，我国财政体制带有明显的"生产建设财政"痕迹。在资本短缺的时代，政府要靠资本投资来拉动经济增长，因而将财政经费主要投入到经济建设上。但目前这种资本短缺的状况已得到了根本改善。改革开放至今，我国利用外资规模与速度名列世界前茅，城乡居民储蓄余额巨大且在不断增加，外汇储备已是世界第一，经济实力已今非昔比。因此，现在可以更多地利用外资和民间资本来发展经济，而将财政资金更多地投入到教育中。《中共中央关于构建社会主义和谐社会若干重大问题的决定》也明确提出，要调整财政收支结构，把更多财政资金投向公共服务领域，加大财政在教育等方面的投入。

从政府财政收入的增长趋势看，达到4%的目标是完全可行的。1999～2006年，我国经济总量翻了一番多，财政收入增长率更是高达20%以上。2006年，全国财政收入预期高达3.9万亿元，增幅达24%。财政收入在国民生产总值中的比例将保持稳步增长的势头。因此，国家完全具备在2010年实现4%的目标的财力。

另外，从数据的实证分析看，根据逐年增长的原则，我国是否具备在2010年实现4%的目标的财力呢？为了在2010年达到4%的目标，可以设定2006年后，如未出现突发事件或经融危机等特殊情况，就预计按每年递增0.3%左右的速度提高。由此制定4%目标实现的时间表，设定的各年度目标值（见表8-1、表8-2）。

为了进行合理的推算，首先，必须设定两个数据。一是未来四年中国GDP的年增长率。对此，有一些不同的预测，但大体集中在8%～10%。其中有代表性的观点是：厉以宁教授认为，中国经济8%～10%的高速增长至少可以维持到2025年。鉴于1978～2005年中国经济平均增长率9.6%（校正后），同期世界经济平均增长率仅为3.4%。笔者认为"十一五"后四年我国GDP的增长率完全可以保持在8%～10%的水平。而2001～2005年我国GDP的平均增长率为8.8%，所以先可以保守地设定未来四年GDP的平均增长率为8.8%，以此标准推算出今后四年各年的GDP总量（见表8-1）。另外，鉴于最近四年我国GDP连续以高于10%的速度高速增长，同时据中国社会科学院预测，2007年中国GDP增长率仍可保持在10%或大约10%的水平。所以，可设定未来几年GDP的平均增长率为9.8%，以此标准推算出今后四年各年的GDP总量（见表8-2）。二是我国未来几年的财政收入年增长率。从1993～2006年，中国财政收入年平均增长率高达18.94%，呈持续高增长势头。以2006年度全国财政收入为基数，以此平均数作为未来几年财政收入的增长率，推算出今后四年各年的财政收入（见表8-1、表8-2）。

其次，以设定的每年财政性教育经费占GDP的比例乘以每年的GDP总量，得出每年所需的财政性教育投入总量。最后，将每年的财政性教育投入的总量除以每年的财政性总收入，得出财政性教育经费占财政收入的比例，并计算出每年新增的财政性教育经费数额及其增幅。

从表8-1、8-3可以看出，无论未来四年GDP的增长率是按8.8%还是9.8%来推算，只要每年财政性教育经费投入保持在每年财政收入的15%～16%的水平，就完全可以在2010年实现财政性教育经费占GDP4%的目标。而该比例的世界水平一般为15%～20%。参照我国1993～2005年财政性教育经费占国家财政支出的比例及每年财政性教育经费的增幅（见表8-3）可以发现，以往的大多数年份都高于15%，设定的每年财政性教育经费的增幅在这些年份中也并不鲜见。

表 8-1　2005～2010 年 GDP 年增幅按 8.8% 计算　单位：万亿（人民币）

年份	国家财政性教育经费占GDP的比例	GDP的总量（按年增长率8.8%计算）	年财政收入总量(按年增长率18.94%计算)	年财政性教育经费总量	财政性教育经费占财政收入总量的比例	每年新增财政性教育经费	每年财政性教育经费的增幅
2010	4%	29.342 17	7.805 06	1.173 69	15.03%	0.175 79	17.61%
2009	3.7%	26.968 9	6.562 18	0.997 90	15.21%	0.155 12	18.4%
2008	3.4%	24.787 6	5.517 22	0.842 78	15.28%	0.136 52	16.2%
2007	3.1%	22.782 72	4.638 66	0.706 26	15.23%	0.115 752	19.3%
2006	2.82%	20.94	3.9	0.590 51	15.14%	0.078 972	15.3%
2005	2.82%	18.308 4	3.164 9	0.516 11	14.58%	0.063 716	15.84%

表 8-2　2005～2010 年 GDP 年增幅按 9.8% 计算　单位：万亿（人民币）

年份	国家财政性教育经费占GDP的比例	GDP的总量（按年增长率9.8%计算）	年财政收入总量(按年增长率18.94%计算)	年财政性教育经费总量	财政性教育经费占财政收入总量的比例	每年新增的财政性教育经费	每年财政性教育经费的增幅
2010	4%	30.435 89	7.805 06	1.217 44	15.60%	0.191 8	18.7%
2009	3.7%	27.719 39	6.562 18	1.025 62	15.63%	0.167 3	19.49%
2008	3.4%	25.245 35	5.517 22	0.858 34	15.56%	0.145 6	20.43%
2007	3.32%	24.952 99	4.638 6	0.828 021	16.26%	0.193 2	30.43%
2006	3.01%	21.087 1	3.9	0.980 531	18%	0.139 6	16.59%
2005	2.82%	18.308 4	3.164 9	0.516 11	14.58%	0.063 7	15.84%

表 8-3　财政性教育支出占财政支出的比例及增长率　单位：%

年份	1993	1994	1995	1996	1997	1998	1999	2000	2001	2002	2003	2004
比例	18.69	20.28	20.69	21.06	20.17	18.82	17.34	16.31	16.17	16.20	14.68	14.90
增幅	19.08	35.38	20.16	18.43	11.42	9.12	15.53	12.04	19.29	14.21	10.29	15.98

资料来源：《中国统计年鉴 2003》，教育部网站：《2004 年全国教育经费执行情况统计公告》。

还有几个因素要考虑进去：一是我国近四年GDP的增长速度都高于10%，正常情况下，未来几年的增幅极有可能高于设定的8.8%~9.8%；二是我国财政收入近三年的增幅都高达20%以上，未来几年的实际增长速度很有可能会高于18.94%；三是改革开放以来，国家财政支出一直都大于财政收入，国家财政性教育经费占国家财政支出的比例会更低。如果考虑了这些因素，国家财政性教育经费占国家财政收入的比例会略有降低，在个别年份，还可适当调低增幅。

（三）国家财政性教育经费投入达到GDP4%的实施建议

通过以上分析可以发现，在2010年实现国家财政性教育经费占GDP4%的目标不仅必要而且可能。那么，在遵循"逐年提高、逐步实现"的原则下，应该怎样尽早达到这一目标呢？

1. 加大投入

各级政府要站在时代和全局的高度，认识到优先发展教育、实施科教兴国战略对国家和民族未来的深远意义，把加大教育投入作为优先发展教育、实施科教兴国战略的基础性、前提性工作来抓，下大决心，出大政策，用大措施，作大努力，进一步强化财政投入的主渠道作用，提高中央和省级政府本级财政支出中教育经费支出的比例。

建议到2010年，中央本级财政支出中教育经费支出的比例，每年按同口径至少能比上一年增加1个百分点，到2010年时与2006年相比，争取至少提高4个百分点左右。与此同时，省级政府本级财政支出中教育经费所占的比例，每年平均增长至少2个百分点；省以下各级政府（贫困地区除外）本级财政支出中教育经费所占的比例，每年平均将增长近2个百分点。

建议国家财政性教育经费投入占GDP的比例，按照每年递增不少于0.25个百分点，最好0.3个百分点的速度提高，在2010年达到4%的目标，使我国的教育经费在每年5 000亿元左右的基础上增加一倍，达到1万亿元以上的总额。

此外，鉴于我国目前尚处于社会主义初级阶段，还没有完全摆脱"穷国办大教育"的困境，完全靠国家出钱办教育既不应该也不可能，因此，在加大财政性教育经费投入的同时，还必须拓宽教育经费的来源，要尽快开征教育税，发行教育彩票和教育公债，鼓励和支持社会民间资本参与办教育。

2. 完善法规

要尽快制定《教育经费投入法》（或《教育预算法》），从法律层次上保证教育投入。在《教育经费投入法》中，一要将各级预算中教育经费支出单列，设置"教育经费类"级科目，列入各级政府预算。二应规定各级政府教育经费投入总量。预算安排时，要遵照《教育法》中规定的"三个增长"，即中央和地方政府财政预算内教育拨款的增长要高于同级财政经常性收入的增长，在校学生人均教育费用要逐步增长，保证教师工资和学生人均公用经费逐年有所增长。三要完善教育财政预算决策程序。加强各级人民代表大会对同级政府教育预算的审查监督，在各级人大下设教育经费拨款委员会。该委员会的主要职能是审核、批准本级教育财政预算方案，决定教育经费预算的经费项目、经费标准、教育经费在预算支出中的比例，以及教育经费在地区和学校之间的分配等重大事项；同时，明确教育经费的分配原则、执行、审计等环节。教育预算必须在每年的人大会上单独报经各级人大下设的教育经费拨款委员会审议批准，凡教育经费支出未达到整个财政支出比例指标的预算，均不予通过；凡教育经费支出占整个财政支出的比例数字，未能实现在上年基础上有所增长的预算，要推倒重来，从而加强教育预算的法制性、透明性和完整性，以改变教育支出在财政支出项目中处于相对"软"的地位，确保教育投入稳定增长。此外，教育经费拨款委员会还要对教育经费预算的执行情况进行严格监督。四要明确责任。教育财政的实施不仅取决于社会制度、国家教育发展政策，而且取决于利益集团之间和各级政府之间的博弈。因此，必须以法律形式明确各级政府间教育投入责任，明确各自承担的比例。从国际上看，中央和地方政府教育财政投资分担比例一般为60∶40，而我国平均为37∶63。在小学义务教育投入方面，我国地方财政负担80%以上，中央投入比例不足20%。这种政府间财力与教育支出责任的非对称性，必然会造成教育发展的不均衡。考虑到实行分税制后，中央财政收入大增，因此，在新增教育经费的总量上，应加大中央政府的投入比例，逐步使中央与地方政府承担比例达到60∶40，形成中央、省、市、县对教育财政投入的合理分担机制，在财力上形成财政性教育投入不断增加的有效保障机制。

3. 分类承担

新增教育经费投入实行中央和地方共同负担的原则，还要实行"分类承担"的政策，即根据我国经济、社会和文化发展的不平衡性，合理划分新增教育经费投入的责任。具体而言，即对现有的592个国家级贫困县新增的教育费用，应由中央政府全部承担；对欠发达的西部地区（不包括国家级贫困县），则由"中央和省共同负责，以中央为主"；对于中部地区，实行以"中央和省级政府"作为教育投入的主体，建立"中央和省级财政共同分担，各占50%"的投入机制；对于发达地区，则实行以"省市为主"的教育经费投入体制，中央只适当予以资助。

4. 分项负责

对于义务教育，新增教育经费投入应由中央负主要责任，基础教育则由中央和地方共同负责；对于职业教育，由于其对当地经济的发展有重要作用，应由省级政府负主要责任，中央政府予以协助，但鉴于当前职业教育的发展不尽如人意，因此，近几年也应加大中央对职业教育的投入力度；对于高等教育，教育部直属高校,所需经费由中央政府承担,省属高校,所需经费由地方政府承担。

5. 分步实施

新增教育经费主要投向流程为:在学段上,鉴于当前教育经费紧张,政府应明确义务教育在教育经费投入中的优先地位,将教育经费的增量优先推行全免费义务教育。遵循先小学,后初中,再高中;由基础教育到职业教育再到高等教育的投入流向。在地域上,财政性教育投入的增量重点用于缩小地区间、城乡间教育投入差距,因此,要加大转移支付力度,优先确保贫困县农村中小学义务教育的投入。具体来说,先投入国家级贫困县,后中西部农村地区(不包括国家级贫困县),再发达地区;从城乡看,先农村,后城市。在教育投入方向上,鉴于我国教育领域中公用经费投入的比例偏低,新增教育经费应扩大对公用经费的投入比例。重点推行全免费义务教育,先免学杂费,再免教科书费,并补助贫困生伙食费,再改善办学条件,直至提高教师待遇。

2010年是4%的目标提出后的17年,离国家法定的达标时间已过去了10年,对于广大群众来说,这一过程已显得过于漫长,因此,决不能将这一目标拖到2015年或是2020年才实现。建议通过各方的努力,确保在本届政府任期内,在2010年实现这一重大目标。这将是对当前和今后一个相当长时期中国教育发展和改革具有重要意义的大事。

二、教育乱收费要标本兼治

2004年3月,笔者曾在十届全国人大二次会上提出《关于治理教育乱收费问题的建议》。时隔数年之后,教育乱收费的现象虽然有所好转,但并没有得到根本的遏制,仍然是人民群众关心和议论的社会焦点之一。据一些媒体引述教育专家的保守测算,10年来我国教育乱收费总额超过2 000亿元。2002年国家发展和改革委员会在全国组织部署了教育收费专项检查工作,检查发现各级各类学校、教育主管部门及各级行政部门乱收费现象依然严重。根据对20个省(自治区、直辖市)的初步统计,各级价格主管部门共对63 484所大、中、小学和教育主管部门进行了重点检查,查出违法收费案件12 634件,违法收费金额高达21亿多元。乱收费的项目可谓五花八门,有捐款、补课费、赞助费、复习费、集资费、危房改造费,等等。

对于治理教育乱收费现象,党中央、国务院历来给予了高度重视。近年来国家实行了各种高压政策下决心治理,但效果甚微,教育乱收费现象却有愈演愈烈之势。教育涉及千家万户,教育收费关系到广大群众切身利益。因此,必须把治理教育乱收费上升到维护社会稳定和教育形象的高度,上升到确保教育公平、构建社会主义和谐社会的高度,充分认识到治理教育乱收费的重要性和紧迫性。

(一)产生教育乱收费现象的主要原因

根据笔者的观察,产生教育乱收费现象的原因是多方面的,也是十分复杂的。究其原因,主要有以下几个方面。

1. 政府对教育投入总量严重不足,导致许多学校为了生存而乱收费。长期以来,国家财政性教育经费投入占GDP的比例偏低,甚至有时还会下降,譬如1990年为3.04%,1992年为2.73%,1993年为2.54%,1996年为2.46%,到2008年,这一比例也仅达到3.48%(最新调整数),离1993年颁布的《中国教育改革和发展纲要》中提出的"到20世纪末,国家财政性教育经费投入占国民生产总值的比例应达到4%"的指标相去甚远。而据世界银行《1997年世界发展报告》中教育经费占GDP比重的资料了解到,低收入国家平均为3.1%,中等收入国家平均为4.3%,高收入国家平均为5.7%。就占GDP的比重看,我国是教育投入最少的国家之一，仅占3.48%。政府对教育的投入不足，自然导致学校为了生存不得不想方设法筹钱，这可以说是目前教育乱收费的主因之一。

2. 教育政策导向失误，教育资源配置机制失灵，教育行业非均衡化日益突出。这种非均衡化现象主要表现在城乡之间、地区之间、学校之间。而教育主管部门在分配经费时，往往向大学、城市、城市中的重点学校、示范学校、优秀学校倾斜，从而使上述现象更为严重。名校是一种稀缺教育资源，一种资源越是稀缺，其市场价格也就越高。据专家推测，2002年全国共有9.88万所中学和45.69万所小学，其中大概2%为省市级重点学校或所谓的示范学校、先进学校。正是这些少数学校垄断了全国的优质教育资源，择校也主要发生在它们中间。一方面是供给有限，另一方面是对名校的需求旺盛。在一个竞争激烈、就业不易的社会里，家长怎能不为了孩子将来能够顺利找到一份好工作而尽其所能让孩子得到最好的教育呢？供给与需求的极不平衡导致择校的不可遏制，收费则不断攀高。据最保守的估计，每所重点中、小学年收择校费分别为500万元和200万元，单这一项全国一年就超过270亿元，这当中大部分是属于乱收费的。不过，在名校教育乱收费之中，情况也不完全一样。有些名校，过去办学条件不好，为了抓住机遇，改善办学条件，利用上级给的政策（如所谓的"调节生计划"、"三限生计划"可以多收学杂费），在计划外又多收取一大笔费用，用于学校发展，改造校舍，增添设备，主要目的是为学生服务。而另外有些名校，则完全是利用名校的牌子、名校的资源，为自己、为领导，附带也为这些学校的教师牟取额外的利益，把学校办成了"学店"，把学生当成了商品，唯利是图，使公办的教育性质变了味。有些条件稍差的学校，一见名校如此生财有道，也跟风学样，大搞乱收费，从而加剧了教育乱收费歪风的蔓延。

3. 教育行业垄断严重，若干地区政府、教育主管部门、名牌公办学校校长和教师客观上已形成了一个共生共荣的利益共同体。让与名牌公办学校有千丝万缕利益联系的地方政府特别是教育主管部门去治理教育乱收费，其效果可想而知，往往虎头蛇尾，雷声大雨点小，雨过地皮湿，风头一过，自然便没事了，接着照收不误。

上述教育乱收费原因不一，不宜一概而论，必须区别对待，区别处理。在这些乱收费中，有些是生存型的教育乱收费，是被逼的，固然要批评，要整顿，但总的来说，多少还令人同情。因为在这种情况下，谁当校长都不得不如此，否则学校就得关门大吉。政府不解决教育投入问题，撤谁都没用。有些是发展型的教育乱收费，这种情况固然要谴责，要处理，但也能够理解，毕竟主要用到了学生身上。还有些就是牟利型教育乱收费了，是典型的歪风邪气，必须下狠招，出重拳打击。

（二）治理教育乱收费应标本兼治，综合治理

治理教育乱收费是一个长期的过程，不能奢望短期内根治，因为教育投入不足的问题不会短期内就得到根本解决。一定要本着实事求是的科学态度，从治本和治标两方面同时入手，标本兼治，综合治理。

1. 各级政府要真正认识到教育的基础性、全局性、根本性战略地位，切实转变政府职能，做好教育、卫生等公共产品的提供工作。尤其是教育主管部门应重点做好教育行业发展的规划和依法对行业（主要是各类学校）进行动态、有效的监管工作。要从根本上切断政府、教育主管部门与教育机构的利益关系，使他们真正做到依法管理、公正执法，从而确保中国教育事业快速、稳定、持续和有序的发展。

2. 继续加大对教育的投入力度。在综合国力不断增强、可支配资金不断增加的情况下，国家财政性教育经费投入占国民生

产总值的比例应依法逐年提高，力争在本届政府内达到4%的目标。中央和地方政府要切实做到"三个增长"：要改变教育投入的结构，调整教育投入的方向，重点投入到基础教育特别是义务教育上，尤其是要将更多力量用于治理薄弱学校，改善薄弱学校和条件较差的名校的办学状况；政府要多做"雪中送炭"的事；少做"锦上添花"的事；要调整教育政策导向，合理配置教育资源，向薄弱学校倾斜，向不利人群倾斜，向农村学校倾斜，向老少边穷地区倾斜，缓解教育发展严重失衡状况，做到义务教育均衡化，非义务教育差异化。

3. 重新构建适应市场经济发展的教育体系，从根本上打破教育行业垄断。积极改革教育投资体制，扩大教育投入的主体，鼓励有远见、有使命感、有责任心、有实力的民营资本和社会力量，对一些不适应社会需求、濒于关门的教育机构进行兼并。积极扶持和大力发展民办学校，适当降低民办学校的办学准入门槛，废除审批制，实行核准制。在适当的时候，开放境外办学机构在国内办学，参与国内教育市场竞争，打破公立学校一花独放、一枝独秀的垄断局面，公办不择校，择校找民校，公办无差异，民办有区别，公办保公平，民办求效率，降低广大人民群众的受教育成本，满足不同社会阶层、不同家庭条件者的不同需求，形成公办与民办、本国与境外等各种办学组织、办学形式有序竞争、协调发展、各个社会阶层各得其所的新教育格局。

4. 按照新修改的《义务教育法》，取消基础教育阶段现行的重点学校或所谓的示范学校、优秀学校。加快基础教育阶段标准化学校的建设。停止审批和兴建基础教育阶段高标准、超豪华学校的项目。在学校内部真正建立优胜劣汰的用人机制，形成有进有出、合理流动的教师人才市场。改善薄弱学校的师资条件，实行名校与薄弱学校校长、教师对口交流制，定期轮岗，待遇不变。特别是加强农村学校师资队伍的建设，提高农村教育的质量。改革地方政府对教育主管部门、对学校及教师的评估标准，把评级改为评学校的办学合格度，把评改革、评创新、评特色、评成长率和发展潜力等作为评估教育主管部门、学校和教师的主要指标，严禁以升学率的高低作为考核教育主管部门、学校、教师的唯一标准，让教育主管部门、学校和教师真正把精力放到实施素质教育上，放到"减负增效"上。同时，大力发展各种经济，增加就业机会，改革劳动用人制度，缓解家长和学生因上重点学校而带来的压力。

5. 严格依法办事，真正做到依法治教、依法治校。为了做好学校的收费工作，应依据相关的法律法规和各地的实际情况，制定统一的收费标准。制定标准前，应召开听证会，广泛听取社会各界的意见。开前门，堵后门，合理收费。所有收费一律对社会公示，接受社会各界特别是广大人民群众的监督。要充分发挥人大、政协、发改委、物价和新闻舆论的监督作用。对教育乱收费现象应真正分清性质、责任单位和个人，依法追究其各自的责任，真正落实问责制。

三、重新建构农村教育体系

我国是农业大国，农村人口现有 7.96 亿，占全国总人口的 62.3%。① 2000 年，我国农村 15 岁及以上人口平均受教育年限为 6.85 年，与城市平均 9.8 年的水平相差近 3 年；全国文盲、半文盲的 90% 以上集中在农村。农村牧渔业从业人员中 95% 为初中、小学及以下文化程度，大专以上的文化程度比例仅为 0.16%。农村人口的素质和农村教育的现状与全面建设小康社会的要求存在极大差距。大力发展农村教育，使广大农民群众及其

---

① 中华人民共和国国家统计局：《中华人民共和国 2001 年国民经济和社会发展统计公报》(2002 年 2 月 18 日公布)。

子女有接受良好教育的机会，是社会主义教育的本质要求，是提高劳动者素质，促进传统农业向现代农业转变，从根本上解决农业、农村和农民问题的关键所在；是转移农村富余劳动力，推进工业化和城镇化，将人口压力转化为人力资源优势的重要途径；是加强农村精神文明建设，提高农民思想道德水平，促进农村经济社会协调发展的重大举措。我们应该从统筹城乡发展、区域发展、全面建设小康社会的战略高度来认识和发展农村教育。

（一）大力发展农村教育的重要性

十六大报告指出："农村富余劳动力向非农产业和城镇转移，是工业化和现代化的必然趋势。要逐步提高城镇化水平，坚持大中小城市和小城镇协调发展，走中国特色的城镇化道路。"改革开放以来，我国城镇化取得了长足进展，城市概念已跨越城区，城市功能逐步扩展，"市带县"的格局正在形成，但总体上仍处于发展的初级阶段。2000年全国城镇居住人口为4.56亿，仅占总人口的36.09%，与发达国家相比还有很大的差距。预计到2010年，我国城镇人口将达到6.3亿，城镇化水平（城镇人口占总人口比重）将上升到45%左右。① 大力发展农村教育，是城镇化、劳动力转移的必然要求。在农村地区城镇化以及数以亿计的农村富余劳动力向非农产业转移的过程中，农村富余劳动力的基础素质并不能自然而然地满足转移的需要。初中文化程度的农村劳动力仅仅具备谋生的基础，离许多行业的岗位规范还差得很远，尤其是那些虽然手握初中文凭，却没有接受过一定的职业技术教育培训的劳动力，将在这种转移中难以谋生，而刚刚脱盲或仅有小学文化程度的劳动力在绝大多数非农产业方面根本不具备任何上岗资格，其谋生将更成问题。因此，要实施农村地区城镇

---

① 国家教育发展研究中心：《2001年中国教育绿皮书（中国教育政策制度分析报告）》，教育科学出版社2001年版，第36页。

化以及数以亿计的农村富余劳动力转移，必须大力发展农村教育。

与此同时，发展农村教育，还是由我国农村人力资源的现状所决定的。我国目前农村的人力资源明显地呈现出两大特点：一是数量过大，劳动力剩余严重；二是劳动力质量不高，素质较差。农村人力资源之所以数量过大，主要是由两方面原因造成的：一是历史性原因，即新中国建立后的很长一段时间内，我国的人口生育政策曾出现偏差，以致人口增长过快，目前人口基数仍居世界首位；二是现实性原因，即受农村生产的现实特点所影响，目前在农村实行的是"鼓励一胎，控制二胎，禁止三胎"的政策。由于我国育龄人口多在农村，加上农村浓厚的男尊女卑、多子多福观念的影响，使农村劳动力的绝对数量仍不断上升。

数量过大必然造成劳动力剩余。1996年以来，全国农村从业人员总数为56 085.58万人，其中直接从事农业劳动和在本乡从事农业劳动的人数分别为42 441.19万人和48 862.98万人。①根据农村现有生产力水平测算，全国14.3亿亩耕地仅能容纳2亿劳动力，也就是说，目前2亿人的工作，是由4亿多人共同承担的。农村生产的低效由此可见。可以预计，随着农业技术的推广和农业现代化水平的不断提高，现有耕地能够容纳的劳动力必将大幅度减少，劳动力剩余现象将更为突出。不把这数以亿计的剩余劳动力转移到非农产业，农村的低效、重复性生产就势难避免，农民的生活、卫生状况就难有大的改观，全面建设小康社会就无法实现。

广少奎博士的研究表明，目前我国农村劳动力的质量状况令

---

① 全国农业普查办公室：《关于第一次全国农业普查快速汇总结果的公报》（第3号）。

人担忧。第一，文化素质不高。我国现有文盲6 000多万人，大都生活在农村和边远地区。到目前为止，全国尚有5%的青壮年未脱盲，而青壮年正处在最佳的劳动年龄内，是我国农村劳动力的主要构成。低于劳动年龄（15岁及15岁以下）的占农村从业人员的1.25%，超过劳动年龄（男性60岁及60岁以上，女性55岁及55岁以上）的占9.86%，两者相加，超过或低于劳动年龄的从业人员占全国农村从业人员的11.11%。另外，虽然绝大多数青壮年已经脱盲，但大多仅具有小学文化程度，并且很容易返盲。这样文化程度的劳动力群体，是很难正确理解、接受与贯彻党的农村经济政策的，并且在吸收、转化农业科技等方面也处于十分被动的地位。第二，科技素养较差。目前我国农村劳动力中94%以上基本仍属于体力型和传统经济型的农民，不具备现代化生产对劳动者的初级技术要求。1996年末，全国农村农民科技人员仅有271.7万人，占全国农业从业人员总数的0.64%；农村参加过农业技术培训的人员为2 245.8万人，占全国农业从业人员总数的5.3%。① 如此低的比例，使得农业生产力很难有大的提高，富余劳动力向非农产业的转移也很困难。第三，经营观念不强。农村从事种植业的农民，多停留在传统的耕作水平上，生产方式简单，劳动手段陈旧，经营管理粗放。他们往往不计劳动资料成本和劳动力投入成本，不讲投入产出效益，不会合理配置劳动资源、调整生产结构。他们的生产商品化意识远没有建立起来，不能科学预测市场变化，往往是"随大流"、"大呼隆"地生产，很难有"一招鲜"的举措。从事乡镇企业、交通运输、商业服务的农民，经营管理观念要好一些，但绝大多数的经营管理并非自觉意识和科学预测下的行为，而是凭直觉经验，带

---

① 全国农业普查办公室：《关于第一次全国农业普查快速汇总结果的公报》（第3号）。

有相当程度的盲目性。第四,身体状况不佳。由于农村人均年收入的水平较低,农民大多处于"填肚子"、"搞饭吃"的生活状态,其食物构成和营养搭配简单,加上卫生保健条件较差,从事的多是重体力型劳动,因而身体素质相对较差。

要全面建设小康社会,必须正视农村人力资源数量多、质量差的问题。数量多,就需要把富余人员转移出去;质量差,则需要一个从低到高的转化过程。要实现这两大任务,别无他途,只有通过教育。从根本上讲,只有大力兴建农村的各种教育、培训的场所和机构,大幅度提高农村人口的受教育年限,并保证质量,注重实用,才能把农村庞大的人力资源转化为巨大的人力资本,把人口负担转化为人口财富,为推进农村的城镇化进程提供基础和可能。

要在广大农村实施城镇化战略,不仅需要以物质文明为基础,还需要进行精神文明建设。建设一个繁荣、富强、文明、民主的新农村,建设一座座物质富足、精神高尚的现代化新城镇,这是全面建设小康社会的目标应有之义。因此,农村教育还承担着农村思想文化建设、民主法制建设的重任。毋庸讳言,在当前农村思想文化中还存在着一些陈腐落后的思想和观念,如男尊女卑、封建迷信、宗族观念、唯利是图、自私狭隘等;在民主法制建设中也存在着以权代法、任人唯亲等现象。要转变农民落后的传统观念,荡涤各种陋习,树立法律在现代化城镇中的神圣权威,做到依法行事,以德治村,也必须通过教育。其中最根本的乃是要改善农民的精神面貌,使农民能够转变成掌握自己命运、维护自己权益、规划自己前途的现代化公民。

总之,大力发展农村教育,既是全面建设小康社会对农村教育提出的历史使命,也是农村教育为全面建设小康社会应承担的神圣职责。①

(二) 我国农村教育存在的主要问题

由于我国地域的广袤性、教育空间的分散性和管理体制上的一致性，使得人们对我国教育的多样性和复杂性、城乡教育的差异性和不平衡性，特别是农村教育的特点认识不明，往往将城乡教育不加区分的一锅煮，再加上由于教育过程的长期性、效果的迟效性和价值的潜隐性，使得人们特别是某些缺乏战略眼光、全局观念与紧迫意识的领导人，只是把农村教育当做一项任务来落实。在我们看来，目前我国农村教育存在的主要问题如下。

1. 农村教育目标严重错位

农村教育的根本问题，在于其目标的单一应试性、唯城市性和离农性。俗话说，未考上大学的农村青年是"种田不如老子，养猪不如嫂子"，考上大学的是"鲤鱼跳农门"。早在20世纪初，陶行知、晏阳初、梁漱溟等一批有识之士就对农村教育这种目标的偏离曾作过深刻的批判。然而一个世纪以后，农村教育尤其是贫困地区的农村教育仍然把应试升学作为教育的主要目的和人才培养的主要目标。农村教育不是面对全体学生，而是面对少数尖子学生；不是面对学生的全面发展，而是偏重于智育；在智育方面，不是力图促成学生智力均衡、全面的发展，而是偏重于知识的传授；在知识的传授方面，不是立足于农村的实际，忽视了关于农村发展和如何做一个现代化农村建设者的诸多知识，而是偏重于传授与高（中）考相关的知识。这样，农村教育的目标一窄再窄、一偏再偏。结果是，极少数农村教育的佼佼者考上学，走向了城市或发达地区，"黄鹤一去不复返"；绝大多数落榜者则带着失落与沮丧的心情回到农村。农村教育把目标定位得如此狭

---

① 周洪宇主编：《千年梦想圆于建国百年——小康社会与教育新使命》，湖北教育出版社2003年版，第157页。

窄，使得人们自觉不自觉地以发达地区或城市的教育为标准来衡量本地的教育，其结果是，一方面，本地教育的空疏无用日渐明显，人们对教育失去了应有的热情；另一方面，升学与否以及数量多少成为评价农村学校的主要指标，升学率的高低则成了改变农村面貌的同义语。因此，重新构建农村教育的目标体系，明确城乡教育一体化的新定位，乃是农村教育走出困境的重要一环。

2. 农村教育投入严重不足

为了农村教育的发展，新中国建立以后，中央和地方各级政府虽然尽了很大的努力，但所给予的经费与农村教育发展的需要差距还是极大的。根据国务院有关部门调查，在税费改革前的农村教育投入方面，乡镇政府投入占78%，其余22%由县级以上政府投入，其中，中央财政投资只占2%。这种投入体制与国家资源有限有很大关系。在资源有限的发展中国家，都是首先把钱投到能较快转化为生产力的高精尖人才的培养上。我国的"两弹一星"的问世是对这个策略很好的诠释，问题是国民经济发展到一定阶段后需要调整。研究表明国民人均收入达到1 000美元时，社会服务政策、公共服务政策都要作相应调整，否则就会导致严重的社会混乱。由于农村人口基数大，很多家庭生有两个孩子，因而农村中小学承受的就学压力很大，再加上农村经济状况不一，不少地方甚至缺乏最起码的办学条件，所以仅靠政府有限的拨款是远远不够的。而其他的经费筹措渠道又往往是不经常、不稳定的，缺乏制度性的保障。同时，有些地方还出现把教育经费挪作他用的现象，从而使经费的短缺更是雪上加霜。这样，农村中小学生的人均教育费也就少得十分可怜了。而这可怜的人均经费，往往被拿来搞"一无"、"两有"、"六配套"的学校基础建设，使学校的正常活动缺乏必要的经费支持。可以说，经费的短缺尤其是现在禁止向农民征收教育税费和严禁农村集资所造成的巨大的经费缺口，已成为制约农村中小学发展的"瓶颈"。

同时，值得注意的是，在农村教育中还存在着严重的浪费现象。表现之一是学生的流失率、复读率相当高；表现之二是教育资源的利用率不高，学生数额不足。据几年前对湖北省某县的不完全调查，有些乡镇初中20多名教师，却只担负着100余名学生的教学任务，生师比之低让人震惊。某村集资兴建了一幢价值40万元的教学楼，内有设施齐全的实验室、功能配套的活动室和若干整洁漂亮的教室，却只有120名学生，平均班额不足25人，有的只有14人。类似的学校竟占该县学校总数的20%左右。在人口出生率已大幅度下降、农村小学已普遍"吃不饱"的今天，可以肯定，这种浪费现象已不是绝无仅有。

一边是缺钱，一边是浪费。这种反差现象充分说明，农村教育已到了非改进不可的时候。不然的话，有限的教育经费就难以发挥出最大的效益，"普九"质量难以稳步提高，农村教育的可持续发展也会成为空谈。①

3. 农村教育结构高度单一

由于我国的现实国情，农村学校绝大多数的学生是要留在当地，为当地的建设服务的。如何把农村这一大批力量转化为合理的人才资源，是农村教育面临的十分迫切的任务。但是，目前农村教育在结构类型和教学模式上与农业和农村经济发展对人才的需求很不适应。农村基础教育、职业技术教育和成人教育都不同程度地存在各种问题，在农科教结合上，各有关部门缺乏应有的协调配合。

作为九年义务教育重要阶段的初中教育，从总体上看，其结构基本上是单一的普通教育。据国家教委1993年统计，全国有初中校68 415所，职业初中仅占初中校总数的2.3%。由于农村

---

① 周洪宇主编：《千年梦想圆于建国百年——小康社会与教育新使命》，湖北教育出版社2003年版，第157页。

办学条件差，师资水平低，而全国义务教育实行统一的课程计划和教学要求，这就造成大批学生因学习困难而厌学，因厌学而辍学，导致他们没受过初等职业教育就直接走向了社会。这一状况使农村初中成为实施九年义务教育最困难的阶段。高中阶段的教育结构，虽然从20世纪80年代开始就作了较大调整，并在招生数量上取得较大突破，但在办学效益和办学质量上却不尽如人意。职业技术教育在农村教育中仍然是最薄弱的环节，面临不少困难。(1) 职业教育的管理体制还不完善，实行农科教结合的配套政策和相应法规不健全。农、科、教各部门没有很好地统筹协调，部门分割依然很严重。职校基地建设、校产实体、勤工俭学在资金、设备、产销渠道上没有得到应有的支持。职业中学毕业生就业没有得到很好的安排。(2) 职业中学和技校的办学经费短缺，许多学校设施简陋，教学仪器、图书资料奇缺，学校既没有实验设备，也没有实习基地和厂房，专业教师队伍不稳定，流失严重。(3) 由于农村职业学校缺乏对学生的吸引力，普遍存在着严重的生源困难。许多家长不愿让孩子上职业中学，学生本人也都向往普通中学，以便将来升学，不到万不得已，如因成绩不够上不了普通中学，不会去读职业中学，其中不少人一开始便抱着到职业中学混的思想。

4. 农村教育内容脱离实际

课程在整个学校教育工作中居中心地位，它规定了师生在教育活动中"教什么"和"学什么"。目前我国农村学校的课程设置，无视城乡差别和地域差异，实行的是以学科知识为中心，以升学为目标，千校一面、万人一书的应试教育模式，且课程门类过多，课程中主要是文化知识课程，劳动技术和专业技术课程很少，有的甚至被全部取消，课程的开设同中考高考对等起来，考什么就学什么，不考的干脆不学。现行的大纲、教材的知识内容都是为升学而编写的，为学生升学而服务的，忽视了青少年进入社会生产、生活所需的基本技能。由于教学内容一再下放，把原来高中的内容下放到初中，中学的内容下放到小学，导致现行的教材、大纲内容过多过深，要求过高。这种"步步高"的做法，迫使学生只能生吞活剥，死记硬背，应付考试。基础差的学生更是适应不了，两极分化加剧，差生越来越多，致使一部分学生流失。

另一方面，由于许多农村实用的知识在教材上没有，在课堂上也不讲授，学生未能掌握，到了节骨眼上只能干瞪眼。农村学生家长及群众普遍反映，孩子学了语文不会写合同书、协议书之类的农村应用文，学了数学算不了账，学了化学不懂化肥和农药。农村毕业生回乡之后，欲干无能，无所适从。他们本应成为推广农业科技成果的生力军，但由于他们学非所用，用非所学，身无一技之长，发挥不了应有的作用。

5. 农村学校师资水平低下

目前农村教师队伍主要由公办教师、民办教师和代课教师组成。由于农村学校"普九"达标欠债严重，只能聘请薪水低廉的民办教师和代课教师任教，而且这部分教师在农村教师队伍中占有相当大的比例。民办教师和代课教师大都未受过严格的师范训练，其教学效果可想而知。再者，公办教师中也有相当部分不合格、学历未达标的教师，一些教师虽然通过继续教育具备了相应学历，但所学非所教，教学基本功差。同时，农村教师由于信息资源匮乏，还存在教育观念比较落后的问题，导致教师整体教学质量和科研水平低下。此外，由于音、体、美、劳技专职教师数量不足，质量偏低，多由文化课教师兼任，教学质量也难以保障。造成这种状况的原因主要有两点：一是师范院校的毕业生难得分配到农村；二是农村在编教师人心浮动。这种现象在贫困地区尤为严重。大量教师的流失使农村学校的师资缺乏问题更加突出，教学质量受影响，由此又阻碍了农村经济与社会的发展。与农村教师数量不足形成明显反差的是,各地都存在为数不少的师范类大中专毕业生未能得到安置的情况。这与农村教育仍然以计划经济方式来配置资源有很大关系。此外,我国农村教育还存在缺乏专门性的法律法规来规范和保障、教育教学手段落后、与城市教育缺乏有深度的交流与合作等问题。

(三)促进我国农村教育发展的对策

为促进农村教育的良性发展,我们认为当前应重点做好以下工作。

1. 把农村教育作为最大的扶贫工程和全面建设小康社会的基础工程来抓

近几十年来我国农村教育事业得到了极大的发展,但是从整体上看农村教育仍然比较薄弱,城乡之间的教育差距还比较大,而且这种差距还有进一步拉大的趋势。农村教育的落后状况虽然有客观原因(农村经济社会发展的落后等),但也和我们长期以来对农村教育的发展重视不够有一定关系。教育的迟效性也使得不少地方党政领导更注重经济发展而不是农村教育的发展。

经济发展的实践表明,教育是扶贫的最佳手段和根本途径,大力发展教育是减少、改变贫困和地区发展不均衡的关键。农村教育不发展,直接受损害的不仅仅是农民的利益,也必将对党的十六大以来确定的全面建设小康社会的奋斗目标顺利实现产生重大影响。因此,国家应把农村教育作为当前最大的扶贫工程和全面建设小康社会的基础工程来抓,要把农村教育提到统筹城乡发展、区域发展的高度来认识,切实抓紧抓好。

2. 加强对农村教育的领导,强化政府行为发展农村教育是中央政府的责任,也是地方政府的责任

不仅教育内部要整合资源、协力推进,教育外部也要确立有利于农村教育发展的机制;不仅基层要统筹、"综合",县以上政府也要统筹、"综合"。为此,建议进一步加强对农村教育工作的

领导，由国务院成立农村教育工作领导小组，由分管教育的领导牵头，教育部、财政部、农业部、科技部等相关部门的领导同志参加，每年定期研究农村教育工作，就农村教育发展的重大事项进行协商、协调和决策。同时，教育部也成立一个"三教统筹"的机构，做好教育内部的协调工作。省以下各级地方党政领导一把手应高度重视农村教育，切实把这项工作变成政府行为。

3. 转变教育观念，重新定位农村教育的发展目标和办学方向

我国农村社会和教育发展的现实基础之一是城乡二元结构。由于我国现有的社会和教育发展政策主要是针对城市的，大多数农村人口不可能通过接受教育进入城市，因此农村教育发展不能套用城市教育发展的模式，应当采取适应农村发展的、和农村经济社会发展紧密结合的整体发展的模式。为适应新世纪农村的发展，促进传统农业社会向现代农业社会的转型，今后农村教育发展应在城乡教育一体化新的定位下，以"建设学习型的农村社会"为长远的和总体的发展目标。

在这一长远的和总体的发展目标之下，我们还应对农村教育发展的若干具体目标和办学方向进行重新审视。农村教育的目的应从培养传统的劳动者和传授简单的农业劳作技能，转向培养全面发展的适应现代化大农业需要的人才，为人的全面发展、终身发展、创业能力的形成服务。农村教育的模式应从传统的分流教育、早期定向教育转变为学生全面发展奠基的素质教育。在完成九年义务教育的前提下，针对学生发展的实际需要，开设地方课程和校本课程，重视培养学生的素质和能力，为农村劳动力的转移和从事第二、三产业打好基础。在坚持"农科教"结合的同时，进一步发展符合时代特征的"经科教文"结合。从"三教统筹"发展到依托基础教育，共享各类教育资源，实行"一校多牌、一校多教"，充分利用现有教育资源为全民教育、终身学习

服务。

4. 调整农村教育结构，构建人才成长的立交桥

要大力推进农村教育的办学模式改革，实行多种学制、多种课程类型和三教相互融合、协调发展的弹性动态结构，打通职业教育和普通教育之间衔接与沟通的通道，在职业教育和普通教育内部建立"多入口"和"多出口"的通道，为农村青年开辟成才的多种途径。以农村中小学和农民文化技术学校为依托，大力发展农村社区教育，建立和完善农村终身教育体系。

5. 从农村实际需要出发，改革课程设置、教学内容和方法

农村学校要根据当地农村生产生活实际和中小学的培养目标以及青少年身心发展的规律，对办学模式、课程结构、教学方法等方面进行改革。一是要突破教学内容的局限性。在各科教学内容中渗透职业技术课程内容，增加农村实用知识的教学内容。在普通文化基础课的学习中，使学生掌握与农村生产技术相关的基本原理和基本技能。例如，政治课增学党的农村有关经济政策、生产管理、经营管理；语文课增学书法、应用文、农村文艺创作等；数学课增学珠算、土地丈量、生产统计等；化学课增加化肥、农药、土壤成分简易测定等学习；物理课充实有关家用电器的安装与拆修、农用机械的保养与维修知识等。二是要突破课程设置的单一性。增加"劳动课"、"职业技术课"，组织学生学习农村当前和未来发展需要相适应的基础理论知识和以农业技术为主的各种劳动生产技能。如结合学校及当地的种植、养殖实际，开设"果树栽培与嫁接"、"淡水养鱼"、"杂交水稻的栽培"、"蔬菜的种植"等劳动技术专业课。组织学生参加适量劳动，也是贯彻教育与生产劳动相结合的需要。要让学生在勤工俭学、生产劳动中增强劳动观念，树立兴农爱农的思想。同时为学校创收一定的办学资金。三是要打破关门办学的封闭性，实行课内外与校内外教学、生产劳动、科技服务"开放型"教学体系。在坚持以课

堂教学为主体的同时，重视学生的实践性教学。开设活动课程，作为学科课程的必要补充。活动课程要根据农村实际，具有农村特色。学校的生产技术课和科技活动课，要与农业生产需要息息相关，使学校生产技术教育符合当地经济发展的需要，学生毕业后回乡生产能直接发挥作用。四是要建立分科课程与综合课程并举、必修课与选修课结合的多元课程模式。一方面要依据全面发展的教学任务，使学生在德智体各方面都受到良好教育；另一方面要依据学生认识活动的整体性特点，使农村教育各科教学内容既有针对性又有类别性，并使之统一起来。农村中学的课程设置要体现文化课和技术职业课并重、选修课与必修课并重的特点。选修课的开设应给学生一定的自主权，有利于调动学生的学习积极性，使所有的学生都能根据自己的特长爱好，学有所获，学有所用，带着满意的心态投身社会。选修课应根据本地经济发展的需要和学生本人的志向开设，如外语、财会、种植、养殖、食品、市场知识等。

6. 大胆创新，努力提高农村师资水平

在我国，长期以来形成的由教育行政部门调配教师的方式，不能从根本上解决优质师资的互动与共享。因此，要解决农村师资量少质低的问题，首先必须破除妨碍农村教师整体素质提高的体制性障碍。比如从多年来在计划经济体制下形成的"管学校"走向市场经济条件下"经营学校"，以强带弱，组建教育集团，把优质学校的教育理念、教育思想、教育资源嫁接到薄弱学校，实现资源共享，共同发展；赋予农村学校自主办学的法人地位，使教师由"身份管理"转向"岗位管理"，能进能出；核定中小学教职工编制必须考虑农村教育的特点，实行城乡分开，并允许各地有一定的灵活性，同时处理好总额超编与学科短缺的矛盾；优先补充师范院校毕业生充实到农村中小学教师队伍，缓解英语、音乐、美术等科目专业教师严重短缺的问题；通过学校布局调整，把分散的教师力量集中起来，用一流的师资去支撑一流的教育质量。其次要扩大教师交流，实现优质教育资源共享。教育行政部门和学校要十分重视和做好教师的选送培训工作。同时，还要按照国务院《关于进一步加强农村教育工作的决定》要求，建立中小学教师农村服务期制度，积极引导和鼓励城镇教师到农村中小学任教。再次要加大教师教育投入，大力提高教师的师德修养、人文素养和科学素养，不断提高教师的教育教学基本功，练就教好农村学生的真功夫、开发学生潜能的真功夫、培养学生自我发展的真功夫、熟练应用现代教育技术的真功夫，消灭不合格课和劣质课，不断提高课堂教学效益。

7. 加快发展农村远程教育，实现农村教育的超常规发展

实现农村教育的超常规发展，必须实现教育手段和方式的创新。应当充分借助信息技术和网络的力量，用信息化推动农村教育的现代化。为此，我国应尽快制订规划，在农村学校开展并逐步普及计算机教育。大力发展远程教育，在每所农村中学设立一个远程教育站。分步实施，建立起全国范围的农村教育网，运用网络教学覆盖农村，使广大农村都实现网络化，让偏僻农村的孩子和城里的孩子一样在网上漫游，真正做到"网络面前，人人平等"。同时，国家应组织力量，建立师资、教材、教学资料等网络教育的资源库。

8. 建立"城乡教育共同体"，促进义务教育区域性的均衡发展

从传统的结对子、对口扶持薄弱学校的做法进一步走向建立"城乡教育共同体"。其基本形式是：城区和农村的中小学分别建立相互对应、相对固定的实体。城乡学校的校长分别为共同体的第一、第二责任人，教育局领导和各科室负责人分别同各学校共同建立密切联系，在城乡学校、教育局之间形成"理念共享、资源共享、方法共享、成果共享"的共同体关系。核心内容包括：

师资配备一体化、督导评估一体化、学校管理一体化等。

9. 国家要加大投入,并建立以财政拨款为主的农村义务教育财政体制

目前我国在教育经费投入方面的问题,一是投入总量偏低,二是投入结构不合理。2001年我国财政性教育经费支出只占到国民生产总值的3.19%左右,而且投入明显偏重于城市教育和高等教育,致使农村基础教育得不到有力的经费保障。因此,应进一步增加财政性教育经费支出的比重,近两年内力争达到《教育法》规定的4%的目标。同时,要强化政府对义务教育经费投入的主渠道作用,确立义务教育财政拨款在公共财政中的优先地位,优化投入结构,重点投入基础教育,确保基础教育经费的增长。

建立规范的基础教育财政逐级转移支付制度,明确各级政府的基础教育财政责任。中央政府和省级政府掌握了较大的财力,是转移支付的主体。国家可根据一定的规则,科学地计算生均义务教育经费定额标准,县财政负担不足的部分由省财政补足,省财政负担不足的部分由中央财政补足。国家财政应重点加强对农村教育特别是中西部地区农村教育的转移支付。①

10. 多渠道筹措农村教育经费

义务教育属于公共产品性质,政府应当承担办学经费,但是为了义务教育的更快发展,也不应当排斥社会资金的进入;义务教育阶段以上的各种教育属于准公共产品性质,政府和私人理应共同承担经费。鉴于我国"穷国办大教育"的现实,吸引社会资金进入农村教育意义重大。在社会资源配置日益市场化的当今,应当充分运用市场手段来筹集教育资源。一是建立教育政策性银行,通过贷款、投资、担保、补贴、贴现等资金运作方式来保障

---

① 周洪宇:《农村教育:最大的扶贫工程》,载《人民日报》2003年9月17日。

教育金融业务的顺利开展,这样既有利于保证教育政策性金融资金的筹集,又有利于教育政策性金融资金的运用,充分发挥政策性金融手段在教育融资中的作用;二是发行教育彩票,广泛吸纳社会资金,将所筹得的资金切块定向用于农村教育;三是以国家投入为基础,建立全国性教育发展基金;四是运用产业政策优惠、税收减免等手段,鼓励社会捐资农村教育等;五是设立教育税,用于农村义务教育发展。在我国义务教育经费来源中,教育费附加是仅次于财政拨款的第二大经费来源。改费为税具有理论和现实可行性。改教育费附加为教育税后,要适当改变计税依据,即以产品销售收入、营业收入为依据,实行 0.1%～0.3% 的税率。另外,可以高收入者和受过高等教育者为对象开征教育税,建议税率为 5% 左右。依照现行税制,教育税由地方税务局征收,但要建立中央和地方的合适分摊比例。收取的教育税当前应主要用于农村义务教育,以增加国家对农村义务教育的投入。

11. 设立中小学助学金和"教育代用券",确保农村学生就学

为进一步解决农村中小学贫困生的就学问题,应建立农村中小学贫困生助学金制度。国家和省级政府应设立专项资金用于资助农村中小学贫困生,建立助学的标准、助学金发放的资格、程序、使用和监督等有关制度;地、市、县和基层政府、学校也应确定自己的助学措施。总之,建立起从中央到地方的资助农村中小学贫困生的助学体系。

另外,要改革义务教育财政拨款方式,将义务教育经费的一部分改为"教育代用券"或"教育支票",发放给农村贫困学生。具体办法是:政府将部分教育拨款以"教育代用券"或"教育支票"的形式按人头一次性直接拨给农村贫困学生,以帮助其完成义务教育。其具体数额由政府根据当时的经济发展状况和义务教育的经费标准,并综合考虑其他因素来定。"教育代用券"或

"教育支票"可以送交任何一个教育机构,不受时间、地点、学校所有制形式、学校类型的限制,从而保证农村贫困学生不因随父母流动而失去接受义务教育的机会。"教育代用券"或"教育支票"在国家统一监督下使用,由地方教育行政部门发放,政府根据学校所得"教育代用券"或"教育支票"数量拨付相应的经费。

12. 建立和完善农村教育发展的法律保障机制

义务教育特别是农村义务教育具有强制性、免费性、公共性的特点,需要法律来规范和保障。国外一些国家一直比较重视通过立法来推动农村教育发展。如美国早在1757年就通过了关于农业职业教育的立法,并且后来进一步进行立法加以完善,从而有力地促进了农业职业教育的发展。目前我国关于农村教育的立法还只有见诸于《中华人民共和国教育法》、《中华人民共和国义务教育法》等综合性法律中的笼统性的规定,远远不能适应农村教育发展的需要。因此应制定专门的《农村教育法》,以保证农村教育的优先发展。

农村义务教育的投入也应通过专门性的法律法规来规范和保障。我国现行的教育法律法规对教育财政的规定很不具体,应修订现行有关教育法规和财政法规中有关教育财政的条款,尽早制定《教育投入法》或《义务教育投入法》,明确政府的教育财政责任,使教育经费的筹集、负担、分配、使用有法可依,责任明确。[1]

四、积极支持中部地区教育发展

进入21世纪以来,国家在继续推进东部地区率先发展战略的同时,相继提出了西部大开发战略、振兴东北老工业基地战略

---

[1] 周洪宇:《农村九年义务教育应免费》,载《人民日报》2003年3月28日。

和中部崛起战略。2006年以来，党中央、国务院对中部崛起提出了一系列重大方针和举措，中部各省也迅速采取了相应重大措施，中部崛起已迈出了重要的第一步。中部教育在中部崛起中具有独特的地位和作用。

这里所指的中部地区是指山西、安徽、江西、河南、湖南、湖北等六省所组成的位于中国中部的区域。截至2005年底，有总人口3.52亿，约占全国总人口的26.92%。农村人口高达2.23亿，约占全国农村人口的30%[①]。

中部地区具有承东启西的重要战略地位，历史上素有"得中原者得天下"之说。封建时代，中部地区曾是群雄逐鹿的主战场。今天，在推进中国现代化的实践中，中部地区的战略地位更加重要。中部教育现代化是中部地区现代化的重要内容，它直接制约着中部科教兴国战略和人才强国战略的实施，制约着中部崛起战略的实施，制约着中部新农村建设的进程，制约着中部创新型国家的建设，制约着中部地区现代化的进程。

（一）中部教育在中国教育发展史上具有独特的作用和地位

山西地处黄河中游地带，在中国古代发展史上占有重要地位，是中华民族的主要发祥地和中国古代文明的主要发源地之一。近代以来，山西教育曾在全国领风气之先。如1902年5月8日开办的山西大学堂，是中国近代第一所省立大学，与国立京师大学堂（后为北京大学）、北洋大学堂（后为天津大学）一道开创了中国近代高等教育的新纪元。民国期间，阎锡山主政多年，厉行义务教育，使得山西教育后来者居上。从1918年起，山西义务教育便在全国居于领先地位。20世纪20～30年代，山西省成为社会稳定、教育发达的"模范省"。

---

① 中华人民共和国国家统计局编：《中国统计年鉴》（2006），中国统计出版社2007年版。

河南省是中原文化的发源地。从中国第一个世袭王朝夏朝建都于河南阳城（今登封），至清王朝覆灭的 4 000 余年历史中，河南处于全国政治、经济、文化的中心地位长达 3 000 余年，社会经济文化发展曾几度达到鼎盛，先后有 20 多个朝代建都或迁都于此。漫漫历史长河中，河南大地上孕育的千古风流人物灿若群星。民国初年创建的河南大学培养了冯友兰、范文澜、嵇文甫等一批中国近现代大师级人物。

三湘四水的湖南，奇山秀水，孕育出了特有的人文环境和湖南人特有的性格。近 100 多年来，青史留名的湖南人灿若星辰。"一部中国近代史，半部由湘人写就"。"唯楚有才，于斯为盛"，贴在岳麓书院门口的这副对联，可以说写尽了湖南人的地位。岳麓书院是中国最古老的书院之一，由古老的书院到湖南大学，一脉相承，弦歌不绝，人称"千年学府"。从岳麓书院至湖南大学的千年办学历史，反映了中国教育制度的变迁，是我国高等教育发展史的一个缩影。

江西自古以来素有"物华天宝"之美称，有着悠久的历史文化传统，唐宋八大家中江西占了三家：欧阳修、王安石和曾巩。特别是朱熹曾任山长的白鹿洞书院是我国著名书院之一，被誉为"海内书院第一"、"天下书院之首"，对中国教育影响巨大。白鹿洞书院所开创的自由讲学、相互切磋、质疑问难的优良传统，值得今天中国的每一所大学认真学习和继承发扬，是现代大学办学思想的源头活水。

安徽是古徽州文化的发源地。徽州文化是中华民族优秀传统文化百花园中的一朵奇葩。"徽学"被誉为与敦煌学、藏学比肩而立的中国三大地方学之一。歙县、绩溪、休宁至今仍保留着徽州文化的历史遗存和文化传统。徽商是中国历史一支重要的商业力量，徽商有重视文化教育的传统，因而自古徽商中儒商多。安徽不仅文化发达，而且重视教育，孕育、培养了一大批杰出人才，如陈独秀、胡适、陶行知、詹天佑等。

湖北省是以浪漫瑰丽著称于世的楚文化的发源地，也是近代新产业、新军事、新教育的发源地。张之洞督鄂近二十年，建工厂，练新军，兴学堂，派游学，设学会，开书局，为辛亥革命武昌起义奠定了物质基础和人才基础。张之洞所创办的两湖书院、自强学堂、蒙养园等，奠定了湖北现代教育的基础。武汉大学等一批全国知名的大学都是在此基础上发展起来的。华中理工大学系解放后由武汉大学工学院、南昌大学等几所高校有关院系合并组成，其发展速度惊人，被称为新中国高等教育的缩影。

中部教育深厚的文化底蕴和优良传统，在中国教育发展史上留下了浓墨重彩的一笔。中国古代教育灿烂于此、中国近代教育发源于此、中国现代教育雄强于此。少了中部教育这一重要篇章，中国教育发展史将是一部残缺不全的教育史。

中部教育规模庞大，体系完整。据不完全统计，截至2005年底，中部地区共有小学校12.2万所，有小学在校生3 154.39万人，约占全国的29.04%，适龄儿童毛入学率均高于99%，高于或接近99.15%的全国平均水平；共有初中学校近2万所，有初中在校生1 922.59万人，约占全国的30.93%，初中适龄人口入学率均高于94%，毛入学率高于或接近全国95%的平均水平；有普通高中（含完中）4 356所，有高中在校生722.88万人，约占全国的30%；有中等职业技术学校4 175所，在校生达485.8万人，约占全国的29.95%。高中阶段在校生普职比达到6∶4，高中阶段毛入学率均接近或超过全国平均水平52.7%，其中山西省达63.73%，江西省达60.4%，湖北省达54.7%，河南省为48.3%。有普通高校467所，有普通本专科在校生426.17万人，约占全国的27.29%；在学研究生达18.26万人，约占全国的18.66%。有独立设置的成人高等学校98所，在校学生100.87万人，约占全国的23.13%。2005年，湖北省高等教育毛入学率已达24.9%，山西省为22%、江西省为20.43%、河南省为17.02%，接近或超过全国高等教育毛入学率的平均值21%。统计数据显示，中部地区的人口虽然只占全国人口的1/4，但教育规模约占全国教育总规模的近1/3，可谓三分天下，鼎足而立。①

中部教育基础雄厚，质量甚高。中部地区的教育发展与改革取得了丰硕成果，有些在全国处于领先水平。如作为20世纪80年代和90年代教改成果的结晶，湖南培育了享誉全国的素质教育之花——汨罗经验，深刻地影响了全国基础教育，成为中国当代教育史上辉煌的一页。江西省民办中等职业教育异军突起，新余市在促进民办中等职业教育发展方面受到全国关注。2005年，该省民办中等职业教育的在校生已占中等职业教育在校生的34.78%。② 安徽省铜陵市推行基础教育均衡化，在取缔择校、促进教育公平方面的改革走在全国前列。湖北省武汉市江岸区的"和谐教育"、武昌区粮道街中学的"希望教育"，以及华中师大一附中的"素质教育学分制"等，均在全国产生重要影响。至于由黄冈中学而带来的"黄冈现象"，更是闻名遐迩。

（二）中部教育发展存在的差距

与此同时，我们也要清醒地看到，与东部和西部教育比较，中部教育发展还存在一些明显的问题，在某些方面甚至还有差距。

---

① 数据来源 山西省教育厅：《山西省教育2005年教育事业发展统计公报》、湖南省教育厅：《湖南省2005年教育事业发展水平主要结果分析》、河南省教育厅：《河南省2005年教育事业统计通报》、江西省教育厅：《2005年江西省教育发展情况》、湖北省教育厅：《2005年湖北省教育事业发展统计快报》、安徽省教育厅：《安徽统计年鉴2006》和教育部：《2005年全国教育事业发展统计公报》。

② 江西省教育厅：《2005年江西省教育发展情况》，http://www.jxedu.gov.cn/ztgz/dzzw03/222222229/index.html。

1. 城乡发展差距太大

由于中部地区有限的教育资源主要投向了高等教育和城市，造成城乡教育差距巨大。以河南省为例，2003年全省生均教育事业费城市初中生平均值是601元、小学为468元，而农村则分别为539元和428元；生均公用经费城市初中平均90~120元、小学为60~100元，而农村初中为80元、小学为50元。① "十五"前期，湖南农村小学的生均教育经费支出不及城镇的1/3，相差悬殊。②在办学条件方面，无论在教学场地、校舍建设方面，还是教学仪器、实验设备、图书资料等方面，中部农村学校与城市相比都有很大的差距。据2005年8月8日《中国教育报》报道，在东部，先进的教育理念、现代化的教学手段经常会让人眼前一亮；在西部，刚落成的高标准校舍、崭新的教学设备，让人随处可以感受到条件改善后师生们的喜悦。而在中部农村，当年"普九"建设的校舍，经过近十年的风吹雨打已有些破旧，校长们却仍在为当年欠下的债务而烦恼；缺失、破损的教学仪器得不到及时补充，紧张的公用经费让老师们为一支粉笔精打细算。

2. 区域之间差距不小

中部地区各省教育发展的差距不小，特别是高等教育的优质资源主要集中在武汉市、长沙市、合肥市等地，其他省份和地区相对不足。据2005年统计，中部地区现有"985"工程学校5所③，其中湖北省2所、湖南省2所、安徽省1所，其他三省没有。中部地区现有"211"工程学校16所④，其中湖北省7所、

---

①② 崔国欣：《发展中部地区农村教育的思考》，载《中国发展观察》2006年第3期。

③《中国教育在线，入选"985"工程学校名单》，http://www.eol.cn/article/20050508/3136460.shtml。

④《教育部，"211工程"学校名单》，http://www.moe.edu.cn/edoas/website18/info3569.htm。

湖南省和安徽省各3所，河南省、江西省、山西省各1所。中部地区现有国家实验室2个①，其中湖北省1个、安徽省1个。中部地区现有国家重点实验室19个②，其中湖北13个、湖南3个、山西2个、安徽1个。中部地区现有国家重点学科108个③，其中湖北53个、湖南24个、安徽21个、山西5个、河南3个、江西2个。

3. 教育投入普遍不足

在全国教育科学"十五"规划国家重点课题——"转型期中国教育重大政策案例研究"课题中，以人均教育经费、生均教育经费、生均预算内教育经费和生均预算内公用经费四项基本指标，对我国教育经费进行了考察，结果出乎很多人意料：指标最高的是经济发达的东部，但指标最低的并不是经济最不发达的西部，而是中部，课题组称这一现象为"中部凹陷"。课题组根据2001年的统计数据计算：从人均教育经费看，东部地区的平均值是619元，西部地区为282元，中部地区则为264元。排在最后两名的是两个中部省份——河南和安徽。从生均教育经费看，小学生均经费在东部为2 075元，西部为987元，中部为851元；初中生均经费在东部为2 655元，西部为1 474元，中部为1 165元。从生均预算内教育经费看，小学生均预算经费在东部为1 412元，西部为776元，中部只有597元；初中生均预算经费在东部为1 617元，西部为1 142元，中部为719元。再从生均预算内公用经费看，小学生东部为200元，西部为50元，中

---

① 科技部：《关于批准北京凝聚态物理等5个国家实验室筹建的通知》（国科发基字〔2003〕389号），2003年12月15日。

② 科技部：《国家重点实验室》，http：//www.chinalab.gov.cn/labsite/Site/LabList_region.aspx。

③ 教育部：《国家重点学科名单》（2002年），http：//www.moe.edu.cn/edoas/website18/info12969.htm。

部仅为 31 元；初中生东部为 317 元，西部为 86 元，中部为 57 元。① 从这四项指标中可以看出，无论从教育的总体情况，还是财政对义务教育的支持程度，或是财政对改善办学条件的支持程度，中部与东部都相差甚远，甚至与西部地区相比，差距也不小。

2006 年 11 月 23 日，广东省省长黄华华在公开场合表示②，2006 年 1~10 月，广东 GDP 同比增长 14.1%，预计全年 GDP 可以突破 2.5 万亿元，全年财政总收入预计可突破 5 000 亿元。广东省一年的 GDP 约相当于 2005 年除河南省外中部地区其他五省的 GDP 总和，其财政收入将比 2006 年中部六省的总和还多，而其人口仅为中部总人口的 1/4。如果实现国家财政性教育经费投入占 GDP4% 的目标，广东省将比中部地区多获得 4 倍以上的教育资金。目前，中部地区不仅 GDP 总量少，一些省份财政性教育资金占 GDP 的比重连全国平均水平都达不到。经费的短缺制约了中部教育的发展速度，使中部教育投入普遍不足。

4. 师资队伍问题严重

城市师资队伍问题固然不少，但农村师资队伍问题更加突出。而农村师资队伍问题，首先是数量问题，其次是质量问题。

（1）数量问题。农村学校教师数量不足，学科结构、年龄结构不合理，存在师资"断层"的危机。

贫困地区中小学教师整体数量依然缺编。根据华中师范大学在 2004 年 5~6 月开展的《中部地区农村中小学教师队伍现状调查报告》显示，2004 年，湖北省监利县按省定标准，缺编 4 252 人，缺编率达到 34.3%，即使按县定标准（在省定标准的基础

---

① 中国教育报记者：《教育投入遭遇"中部凹陷"——中部教育启思录》，载《中国教育报》2005 年 8 月 8 日。

②《广东今年 GDP 将破 2.5 万亿有望 2008 年超越台湾》，http://www.chinanews.com.cn/cj/news/2006/11-28/828131.shtml。

上缩减10%）仍缺编3 012人，其中高中缺131人、初中缺162人、小学缺2 719人（其中村小缺2 085人）。① 此外，农村音乐、美术、体育、英语、化学等科目教师缺编现象严重。高中教师普遍缺编。

同时，农村教师的年龄结构也存在巨大的危险，面临"断层"危机。"爷爷奶奶教小学，叔叔阿姨教初中，哥哥姐姐教高中"，真实地描述了中部地区农村教师年龄结构的现状。湖南省一个地级市曾经对辖区内的中小学师资现状进行过一次比较详尽的调研，调研结果显示，全市小学教师过剩5 000人，而高中教师却有着2 000人的缺口。② 为了弥补高中教师的"口子"，高中纷纷从初中挖教师，初中学校就只能从小学挖教师，挖走的基本上都是前几年从师范院校毕业的年轻教师，这样层层"掐青苗"，留在小学教师岗位上的几乎都是上了年纪的教师。"'年龄不老小，工资不老低，水平不老高'是老百姓对小学教师严重老龄化的一个形象的说法"。以湖南省平江县为例，近年该县小学教师中，45岁以上的占70%。城关镇510名中小学教师中，30岁以下的只有95人，45岁以上的有183人，平均年龄43岁；而在该县童市镇完全小学14名教师中，30岁以下的无1人，平均年龄48.5岁。③

（2）质量问题。农村教师的质量问题十分突出，骨干教师流失严重。

贫困地区小学代课教师的比率较高。据华中师范大学进行的调查，湖北省某县有村小代课教师2 000多名，占小学教师总数

---

①③ 刘理、涂艳国：《中部地区农村中小学教师队伍现状问题调研报告》，载《教育发展研究》2005年第4期。

② 《农村师资面对结构矛盾——中部教育启思录（二）》，载《中国教育报》2005年8月9日。

的55.2%①，大部分乡村小学基本靠代课教师维持。分布在乡村小学的这些代课教师，大都只有初中学历，仅有一小部分有高中学历。这些代课教师缺少必要的专业训练，加上待遇低，工资属于临时性质，所以个人缺乏中长远规划，许多代课教师不备课，不批改作业，更谈不上个别辅导，教学质量无法得到保证。此外，中学教师的学历合格率也不高。根据华中师范大学对湖南省平江县的调查，该县教师学历合格情况是：初中为82%、高中为50%，部分乡镇学校教师学历合格率很低，如该县虹桥镇三所初中的128名教师中，有专科学历的只有1人；普通高中县七中教师学历合格率为44%，113名教师中第一学历是本科的只有3人。②

由于多方面的原因，特别是受市场经济的影响，多年来一直存在"骨干名师向东南飞，乡村教师往城里挤"的现象，教师队伍中骨干力量大量流失，中部农村中小学成为向东部经济发达地区以及城市输送优质教师的基地。据江西省吉安市的统计，从2001年以来，仅4年时间，该县共流失教师210人，占全县教师总数的6%左右。③ 正如河南一位中学校长所说："现在我们学校都不敢让老师去参加学科竞赛，只要一获奖，第二天就有人来挖人。"④ 这位校长告诉记者，以前学校还能靠控制人事关系留住一些老师，现在城里的一些学校开出的条件很有诱惑力，除了高薪、解决住房问题、子女入学，就是人事关系都能重新再建一套。一个不能回避的现实是，一些边远的农村学校现在成了城里

---

①② 刘理，涂艳国：《中部地区农村中小学教师队伍现状问题调研报告》，载《教育发展研究》2005年第4期。

③ 张和平：《中部地区农村教师流失情况的调查与思考》，载《江西教育科研》2005年第9期。

④ 《农村师资面对结构矛盾——中部教育启思录（二）》，载《中国教育报》2005年8月9日。

学校的教师培养基地，总在培养人才，却总也留不住人才。师资匮乏成了困扰基层教育的另一个难题。

中部地区主要是农业区域，农村师资队伍问题较东部和西部更为突出和严重，由于多种原因，解决起来更为复杂和棘手。

(三) 中部教育滞后的原因分析

中部地区教育存在问题已是不争的事实，究其原因，主要有以下三点。

1. 经济发展水平较低是造成中部教育困境的根本原因

人类社会发展的历史实践证明，经济发展是整个社会发展的重要基础，教育发展也不例外地受到经济发展的影响。据统计，改革开放以来，中部与沿海的发展差距不断扩大。1980年，东部地区人均 GDP 是中部地区的 1.69 倍，1990 年扩大到 1.77 倍，2003 年扩大到 2.25 倍，2005 年进一步扩大到 2.95 倍。①近年来，西部地区经济增长逐年加快。在西部大开发的过程中，西部得到很多资金和政策优惠。6 年来，中央财政给了约 1 万亿元的基础设施投入、1 220 多亿元的生态建设和环境保护投入和 310 多亿元的改善农村生产生活条件投入，使西部地区城乡面貌发生很大变化。② 在国家投入的带动下，西部地区全社会固定年均增长 20% 左右。③ 在此背景下，西部地区的经济增长逐年加快。从 2000～2003 年，GDP 增长分别为 8.5%、8.7%、10.0%、11.3%，从 2003 年起，开始超过中部地区的增长速度。2000～2003 年，中部地区 GDP 平均增长速度低于西部地区 0.2

---

①③ 冯杰：《中部地区的基本特征和促进中部崛起的政策建议》，在中部崛起战略论坛上的发言（2005 武汉）。

②《经济发展述评：西部大开发向战略纵深推进》，http://news.xinhuanet.com/fortune/2006-12/02/content_5421763.htm。

个百分点。① 据统计，2005年人均财政支出，东部地区为4 661元，中部地区为1 339元，西部地区为1 738元。中部地区的人均财政支出不仅远远低于东部地区，而且低于西部地区，仅为全国平均水平的69%。经济上的差距必然影响教育的发展水平，导致中部教育投入不足、办学条件不足、教师待遇较差。

2. 非均衡发展的教育政策和教育制度供给不足是造成中部农村教育困境的主要原因

（1）新中国成立以后，特别是改革开放以来，我国经济社会建设百废待兴，各行各业急需人才。在当时的历史条件下，尤其是国家财力、人力极其有限的情况下，实际上采取了一种非均衡发展的教育政策，集中财力、人力优先发展重点学校、城镇学校等，为快出人才发挥了不可替代的作用，在特定的条件下为国家教育发展作出了重要贡献。但教育资源（财力、物力、人力和政策）过度地向优质学校和城镇学校倾斜，使城乡教育差距拉大。（2）有些教育目标定的过高。普及九年义务教育对提高人口素质具有十分重要的作用，但由于目标过高、时间过快，超出了当地经济社会发展水平，造成农村教育沉重的债务，目前，因"普九"债务引起的纠纷时有发生，严重影响了学校的正常教学秩序。（3）农村义务教育出现制度性供给不足。一方面是农村经济变化不能延缓主要依靠农民负担农村义务教育的制度安排，农村实施"税费改革"，并逐步取消农业税；另一方面是在国家财政体制调整、中央与地方财政收支变化、县以下政府无法承担农村义务教育经费保障主要责任，为了解决农村义务教育的问题，2000年后，国家先后实施了"贫困地区义务教育工程"、"农村寄宿制初中建设工程"、"农村危房改造工程"和"西部'两基'

---

① 冯杰：《中部地区的基本特征和促进中部崛起的政策建议》，在中部崛起战略论坛上的发言（2005 武汉）。

攻坚计划"等一系列工程，逐步实现农村教育农民办向政府办的转变。但是这些工程还是政府实施的专项政策，并不是制度安排。虽然上述三个原因全国各地都一样，但由于中部地区都是全国的农业大省，不仅农业人口多，而且农业人口比重高，加上近年来东部经济发展加速发展、西部受到国家重视，主要的教育专项资金都投到了西部，使中部农村教育的矛盾更加尖锐。

3. 中部教育自身尚不能适应社会主义市场经济体制的需要

随着社会主义市场经济体制的建立，人才的资源配置方式已逐步由原来的计划体制向市场体制转轨。目前，市场已在人才配置中起着基础性作用。但目前中部地区的职业教育和高等教育还不能很好地适应这一变化，主要表现在以下几个方面。（1）教育观念相对滞后，一些学校还在按照计划体制下培养干部的模式来办中等职业教育。（2）学校缺乏自主权，不能很好地适应经济社会和教育自身发展的需要。湖北省宜城市是教育部联系的全国中小学教师人事制度改革试点市。在调查中，校长反映最突出的是学校缺乏自主权，教师的工作积极性无法调动，教师干好干坏一样、干和不干一样、干多干少一样。该市开展教师人事制度改革已历时多年，但始终未破解"人往哪里去，钱从哪里来"等难题。（3）高等学校科研成果转化为现实生产力的机制不畅，体制不活。科技成果转化过程中一般涉及三个方面的因素：一是政府；二是高等院校和科研院所；三是企业。在市场经济体制下，企业应该成为科技成果转化的主体，政府的职能是舆论、政策、法律导向和作为高等院校、科研机构与企业的中介，高等院校和科研院所为企业提供技术支持和服务。但是，据我们对湖北省高等学校的调查，高校真正面向市场、面向企业的很少，很多高校不了解市场需求和企业大量的技术难题，仍然主要依赖政府的项目和经费。同时，高校衡量科研人员学术水平和工作成绩的最主要标准就是其论文发表期刊的级别和论文数量，对工程应用型成果不够重视。在这种环境中,很多科研工作者感觉从事科技成果转化工作低人一头,风险大,往往吃力不讨好。所以,很多人不愿选择应用型研究课题,更不愿意从事科技成果转化工作,甚至忘记了研究的真正目的是应用,而不是发表论文。

（四）振兴中部教育的若干建议

2006年,对于中部教育是个不平凡的一年。3月27日,胡锦涛同志主持召开中央政治局会议,专题研究促进中部地区崛起工作。会议提出:"要充分发挥中部地区的区位、资源、产业、人才等综合优势,进一步形成东中西互动、优势互补、相互促进、共同发展的新格局。"2006年4月15日,中共中央、国务院正式出台了《关于促进中部地区崛起的若干意见》,提出要"把人力资源开发放在首位"。在十届全国人大四次会议批准的《国家国民经济和社会发展第十一个五年规划纲要》中对促进中部地区崛起进行了具体规划,提出"公共教育资源要向农村、中西部地区、贫困地区、民族地区以及薄弱学校、贫困家庭学生倾斜。"党的十六届六中全会上,中央也提出:中央财政转移支付资金重点用于中西部地区,尽快使中西部地区基础设施和教育、卫生、文化等公共服务设施得到改善,逐步缩小地区间基本公共服务差距。在2006年中央经济工作会议上,中央再次提出,"要积极促进教育公平,大力加强素质教育,更加注重教育的普惠性,推动公共教育资源向农村、中西部地区、贫困地区、边疆地区、民族地区倾斜"。这一系列关于促进中部地区教育发展的重要意见,使中部教育发展面临难得的机遇。从国际角度看,促进区域协调发展已成为一种普遍潮流。沿海地区经济发展的优势是由它的区位因素造成的,统计数据表明,目前全世界人口和经济的80%都分布在离海岸500公里范围内。① 因而，对于远离沿海的地区，世界各国都有相应的扶持政策。如欧盟采取的两大基金加若干辅助性基金的模式，用于促进区域教育和农村发展。② 因此，我们要抓住国内这一难得的历史机遇，顺应区域协调发展的国际潮流，进一步深化中部教育改革，加快中部发展，共同开创中部教育的新局面。现提出以下建议。

1. 加快建立中部教育协调工作机制，加强中部地区各省之间的教育交流与合作

中部地区各省面临着类似的发展困境，也面临着共同的发展机遇和共同的发展任务。为了加强交流各自的发展经验，研讨发展中共同面对的矛盾和问题，共同推动中部教育的振兴，笔者建议：在国家发展和改革委员会负责中部地区崛起工作的协调机构中成立教育协调办公室，建立中部六省教育合作联席会议制度，形成中部六省教育部门的工作研讨机制，通报各自的工作计划和有关合作项目进展等情况；每年轮流在中部省份举办一次中部教育发展论坛，加强中部教育工作者的思想观念交流，重点研究如何共同加快发展，迎接挑战；整合教育资源，在互惠互利原则下进行项目合作，建立中部六省之间专家学者互访、互派机制，开展示范性中小学校际交流；加强高校校际合作，开展互派访问学者、互聘客座教授、互带博士（硕士）研究生活动。加强博士后科研流动站、科研工作站研发中心和产业基地间的交流合作，实现资源共享；推动中部六省之间教育信息资源共享，建立健全各省教育专家库及其他各类教育资源信息库，充分运用网络技术，定期通报教育资源状况，预测和发布中部六省教育人才供求信

---

① 孙久文：《央视国际：关心城市就是关心我们的未来》，http：//www.cctv.com/financial/20040831/100314.shtml。

② 刘勇、陈瑞莲、陈喜生：《中国经济报告：欧盟区域发展对中国的启示》，http：//www.cerfn.com/doc.asp? DocId=1790。

息，逐步实现区域内教育人才信息的互联互通和数据库资源实时共享，建立教育人才信息和各类教育资源信息交换合作机制；破除区域界限，共同组织各类教育专家服务团定期深入农村基层学校，开展巡回教学，从事教育扶贫。共同组织农村教师培训班，加强农村师资队伍建设，提高农村教育质量；联合举办各类教育理论高级研讨班和国际教育学术研讨会，促进区域间、国际间教育学术交流，共同发展教育学术事业。

2. 深化中部教育改革，加快中部教育发展，共同开创中部教育的新局面

（1）要进一步巩固提高"普九"成果。贯彻落实新《义务教育法》，按照建设社会主义新农村的总体要求，统筹城乡教育事业发展，坚持农村教育"重中之重"的战略地位，巩固和提高农村义务教育水平，促进中部义务教育的均衡发展。进一步完善"防流控辍"制度，遏止农村初中生的辍学现象，杜绝新文盲的产生。做好学校布局结构调整，重点加强城镇和乡镇中小学的新建和改、扩建工作，尽快解决农村义务教育阶段中小学饮水难、交通难等问题，努力缩小县（区）域内中小学校之间的差距。切实解决农民工子女的教育问题。逐步建立以农村社区为基础，多渠道多形式的农村学前教育。继续实施以"三教统筹"、"农科教结合"为主要目标的农村教育综合改革，促进农村教育更好地为"三农"服务。（2）大力发展职业教育和培训。认真贯彻《国务院关于大力发展职业教育的决定》精神，统筹城乡职业教育发展、普通高中和中等职业教育发展、公办民办职业教育发展、中等职业教育和高等职业教育发展；进一步扩大中等职业教育规模，以服务为宗旨，以就业为导向，深化职业教育改革，加强"双师型"教师的培养，提高学生的实践能力和就业能力，增强职业教育服务区域经济的能力，促进中部地区职业教育的发展。（3）提高高等教育质量。进一步加强高校特色和优势学科建设；

加强学生实践能力、创造能力和就业能力、创业能力的培养，促进高校毕业生就业；加强高校科技自主创新能力建设，提升服务地方经济社会发展水平；加强高校对外开放，扩大国际合作与交流。进一步规范高等教育管理，强化质量保障和评估监控体系，促进中部地区高等教育持续、健康、协调发展。

3. 加大中央对中部义务教育的投入力度，给予中部义务教育以项目和政策支持

实施中部省份农村中小学寄宿制学校建设工程。建议比照中央支持西部（省均约6亿元）的资金额度，实施中部省份中小学寄宿制学校建设工程；加大"三免一补"支持力度。比照新机制中央与西部省份8∶2的经费投入分担的比例，对中部农村中小学安排中央免学杂费资金、公用经费补助资金（目前中部为6∶4）；按西部省份贫困学生占有学生总数30%比例安排湖北省免费教材资金；比照中央对西部400元/m^2的补助标准测算下拨新机制校舍维修改造资金（中部现行标准为300元/m^2）；安排普通高中建设和改造专项资金。目前，中部普通高中教育投入严重不足，基本现状是"运转靠收费，发展靠举债"。据统计，截至2006年3月，仅湖北省普通高中异地新建和改扩建形成的债务就达41亿元。建议中央设立中部地区普通高中建设和改造专项经费；帮助中部地区化解"普九"债务。根据中部地区锁定的"普九"债务总额，按中央与地方6∶4的比例，安排化解"普九"债务的专项资金。

4. 加大中央对中部职业教育的投入力度，给予中部职业教育以项目和政策支持

加大实施县级职教中心建设工程支持力度。建议"十一五"期间，中央对中部实施该项目的投入水平由现在的每年1 800万元提高到3 600万元；加大职业教育实训基地建设项目支持力度。建议"十一五"期间中央财政对中部地区职业教育实训基地

建设项目的支持力度提高到每省每年5 000万元;对实施职业教育贫困生资助工程给予奖励与支持。建议"十一五"期间中央财政通过以奖代补的方式在中部各省分别安排专项经费5 000万元,确保各省能每年资助5万名家庭贫困中职生资助计划的顺利完成;在实施农村劳动力转移培训工程中,加大对中部地区的政策支持力度。

5. 加大中央对中部高等教育的政策倾斜力度,给予中部高等教育以积极支持

增加中部高校研究生招生计划,同时安排研究生教育创新计划项目向中部高校倾斜;增加中部成人高等学校招生计划,特别是成人本科招生计划;建议教育部在院校更名为大学、高职审批备案、高校体制改革、成人高校改制等遗留问题的解决等工作中,对中部不过多强调以财政投入作为必要条件,并给予政策倾斜;建议国务院学位委员会和教育部参照对西部高校的政策,优先考虑中部增列博士或硕士授予单位及博士点和硕士点问题;加大对中部国家奖助学金发放力度和国家助学贷款奖励经费支持力度。

6. 加大中央对中部地区师资队伍建设的扶持力度,给予项目和政策支持

(1) 根据中共中央办公厅、国务院办公厅印发《关于引导和鼓励高校毕业生面向基层就业的意见》的通知(中办发[2005]18号)中关于"加大财政支持高校毕业生面向基层就业的力度"的要求,建议中央财政和有关部委进一步加大对中部地区转移支付。(2) 为缓解中部和艰苦边远地区基层单位急需人才与编制紧缺的矛盾,建议中央组织人事和编制部门每年给中部地区的基层乡镇下达一部分周转编制,用于接收应届或往届高校毕业生。(3) 根据教育部、财政部、人事部、中央编办《关于实施农村义务教育阶段学校教师特设岗位计划的通知》(教师[2006]2号)

精神,国家从2006年起公开招募高校毕业生到西部"两基"攻坚县以下农村义务教育阶段学校任教。建议将中部国家级扶贫开发重点县纳入国家"农村义务教育阶段学校教师特设岗位计划"的实施范围。(4)建议在分配长江学者计划、新世纪优秀人才计划和科研项目计划指标和国家级专家选拔、博士后工作、留学人员回国创业等方面,向中部倾斜。中部教育振兴,机遇与挑战并存,希望与困难同在。加快中部教育发展是由中部教育在中国教育发展中的重要地位决定的,是克服中部教育之痛的现实需要,也是顺应中部崛起的时代要求和区域协调发展的国际潮流的需要,更是办人民满意教育的需要。简言之,没有中部教育的现代化,就没有中国教育的现代化;没有中部教育的良性发展,就不会有中部地区的真正崛起;而没有中部地区的真正崛起,就不可能有真正的中国崛起。①

五、建立教育政策咨询委员会

(一)教育决策的公开性、公正性和科学性要求成立教育政策咨询委员会

公共政策是利益分配的一种方式,任何教育政策的制定与实施必然会牵涉到与教育有关的教师、学生、家长等社会群体的切身利益。公共政策丧失公共性必然导致公共政策变质,而保持决策的公共性是解决公共教育政策"事与愿违"的根本。因此,政策制定应当充分体现各方意愿,制定过程中就要广泛听取利害相关群体各方的意见。必须要真正走入民间,走进广大的教师、学生和家长当中,多进行田野研究,而不能闭门造车,仅凭坐在办公室里的主观臆断,或者仅依据各级政府提供的统计资料来决策。因为要真正研究中国的教育,研究解决中国教育问题的对

---

① 本节内容吸收了刘国卫研究员的意见。

策，与教育关系最密切的广大教师、学生和家长的感受和体会是最真切、最有代表性的，因而他们也是最有发言权的。但长期以来，在我们的教育研究和决策过程中，来自一线基层的声音过于微弱。

（二）政策目标与政策实效相背离的社会现实要求成立教育政策咨询委员会

据 2006 年 9 月 15 日《时代商报》报道，2006 年 9 月开学之初，辽宁省丹东市振安区同兴镇的 80 多名教师，有近 60 名教师突击离婚。更令人意想不到的是，"离婚"动机竟缘于区教育局下发的"竞聘政策"规定：离异或丧偶且抚养未成年子女者，可直接聘用。一时间，离婚证变成了上岗证。这在中国教育史上，恐怕在世界教育史上都是一大奇闻！为了保住饭碗，教师可以牺牲婚姻和家庭（至少表面上是这样，其中绝大多数应该是假离婚），这是一种怎样的无奈和悲哀？

客观地说，政府在制定该政策时，并未料到会导致如此局面。但不管怎样，此类"事与愿违"的政策，虽然其政策内容可以在后期亡羊补牢，但政策执行的负面影响却覆水难收。由此造成的教师的心理创伤，已耽误的学生课程等所导致的学生和家长的损失等影响却难以在短期内消除。更重要的是政府部门政策的朝令夕改，暴露出了政府依法行政能力的缺乏，消解了政府的公信力，严重影响了政府的形象，也延缓了改革进程。

制定照顾"离异或丧偶且抚养未成年子女"的政策，本意并没有错，也很人性化。但由此引发的社会负面效应却很难消除。其实，在我国教育发展进程中，类似这样的政策目标与政策实效背离的现象是不断出现的，这就不得不引起我们深刻的反思：为什么我们的教育政策屡屡"事与愿违"？从中折射出政策决策过程中一些值得关注的问题，因此，为了有效防范公共教育政策的"事与愿违"，有必要成立教育政策咨询委员会。

（三）争取群众理解和支持、减少新政策实施的阻力需要成立教育政策咨询委员会

教育政策决策过程必须公开，要多方听取不同阶层、不同社会群体的意见，要发扬民主，集思广益，使政策尽可能兼顾不同群体的利益，并不断地完善政策方案，保证政策的科学性和实效性。因为只有公开，才能避免暗箱操作，才可能有决策民主，才能保持决策公正。而公共政策必须取得群众的信任和支持才能顺利贯彻和实施。广泛征集政策意见的过程，事实上也是宣传政策的过程，能够加深群众对新政策的了解，赢得群众对新政策的拥护和支持，增加群众贯彻执行新政策的自觉性，从而减少新政策实施的阻力和由于新政策实施所造成的社会震荡。

笔者建议如下。（1）教育政策咨询委员会作为一种咨询组织，从中国的现实情况看，一开始可以先挂靠在教育行政部门，以后再逐步独立出来，由一种官方性的组织发展到相对独立的半官方、半民间的组织。其成立和运转经费可由政府先全额承担逐步过渡到半额承担。但无论是全额承担还是半额承担，政府都不应通过经费的提供来试图影响政策的公正性。（2）教育政策咨询委员会须依法依规逐级建立，成员可考虑包括与教育有关的各方面的人士，要求他们思想素质高，专业能力强，富有实践经验，社会责任感强，对国内外教育和社会发展的情形比较熟悉，富有真知卓见并善于归纳表达。其产生可采取上级指定、组织推荐、个人自荐多种方式，不拘一格选用人才，唯才是用。每级组织人数可视需要和可能，除特殊情形可适当增加外，一般在 20～30 人之间为宜。太多不易组织活动，且易影响效率，太少代表性不够，难以体现广泛性、公平性。任期五年一届，可连选连任。人员队伍组成采用专职和兼职相结合。最高层次的全国教育政策咨询委员会的成员可考虑包括教育部部长和若干相关副部长及司长、国家发改委和财政部等相关部委的若干负责人、国家教育发

展中心和中央教育科学研究所的若干专家、大学和科研院所乃至NGO组织的教育专家、全国人大代表和全国政协委员中的若干教育专家、若干有代表性的大学、中学和小学校长、企业界和社会关心教育的若干代表、关心教育的若干家长乃至学生代表等。其他各级层次的教育咨询委员会也可参照相应组成。(3) 教育政策咨询委员会的主要任务,可考虑以下方面。①对重大教育政策的制定,从立项论证、开展调研到制定过程、形成结果整个全过程,提出咨询意见,为中央和地方出台重大的教育政策和措施提供依据。②每年有计划地召开若干次会议,对社会各界普遍关心的重大教育问题进行讨论咨询,形成咨询意见,尽量反映和体现社会各阶层的利益,提交有关部门参考。③对其他教育咨询委员认为应该讨论咨询的重大教育问题和政策进行咨询等。(4) 在运行机制和程序上,大致可依循如下程序。第一步,教育咨询委员对人民群众反映强烈的教育问题进行调查归纳,形成咨询意见。在此基础上,教育行政部门与相关部门共同研究,提交解决问题的政策草案,提交给教育政策咨询委员会论证。第二步,教育政策咨询委员会将政策草案以绿皮书的形式下发,向社会公示。在一定的期限内,一般可三个月,多者可半年,通过座谈会、对话会、研讨会、热线电话、电子邮件、问卷调查、书信等多种形式向有关各方征求意见并对草案进行修改、完善。第三步,教育政策咨询委员会在处理完反馈信息后,形成正式的政策建议书,提交给政府,得到政府确认后,形成正式的政府政策性文件即白皮书,再由各级教育政策咨询委员会审议通过,正式颁布实施。教育行政部门负责执行,人大负责监督,从而确保决策的民主性、科学性,使政策得以顺利实施。

六、完善教育督导评估制度

（一）我国教育督导评估制度的现状与问题

教育督导是对教育工作的行政执法监督，教育督导法制不健全无疑会降低教育督导的权威，影响教育督导的效率和质量。自20世纪80年代恢复教育督导机构以来，我国建立起了国家、省、市、县四级教育督导机构，教育督导工作基本建立了一套较为完整的教育督导制度，初步形成了一个相对独立的教育督导网络体系，逐步积累了一些比较成功的教育督导工作经验。面对教育改革与发展的新形势，我国的教育督导面临新的挑战。其中最突出的是教育督导机构体制不顺，缺乏相对的独立性，尚未建立起有效的运行机制；同时教育行政部门与教育督导机构各自的职责分工不够明确，在部分职能上存在交叉现象，教育督导机构难以有效地行使对政府部门（包括教育行政部门）在教育执法工作中的监督，教育督导的特殊作用和功能没有得到充分发挥。因此，完善教育督导制度和法规就成了当前教育发展的迫切要求。

需要指出的是，我国地方教育督导机构名义上是人民政府教育督导部门，但实质上实行的是教育行政部门代管教育督导部门的体制，而且还存在三种不同的设置模式：一是教育督导部门由政府授权，但属教育行政部门编制和领导；二是教育督导部门完全隶属于教育行政部门；三是教育督导部门是与教育行政部门的平行机构，其主要负责人由教委（教育厅、局）领导兼任。这样，教育督导的监督只不过是教育行政系统的内部监督，而中国教育督导政策制度区别于世界其他国家的一个显著特色就是教育督导既要督学又要督政。从国际惯例来看，绝大多数国家的教育督导是只督学而不督政的。但从现阶段我国教育发展的实际情况来看，各级政府及有关部门在教育方面有法不依、执法不严、违法不究的现象比较普遍。因此，教育督导不可避免地要督政。而且在今后较长的一段时间内，必须在坚持督学的同时，突出以督政为重点。但目前我国督导机构的设置现状使督导部门从法理上无权督政，特别是对同级的教育行政部门难以进行监督，在实践中也无力督政，对同级的政府部门就更不用说了。因此，只有改变教育部门如教委或同级人民政府部门代管教育督导部门的体制，理顺关系，才能真正发挥教育督导对加强和改进实施素质教育各项方针和政策的监督、检查，确保加强素质教育的各项措施落到实处。

（二）完善我国教育督导评估制度的政策建议

1. 应进一步明确督导的地位、职能、规范和程序，同时，在法律中明确建立科学的学生学习质量监测评估体系，切实扭转以考试成绩和升学率作为主要标准来评价学生、教师和学校的做法。建立教育发展水平和质量监测体系，逐步形成国家、省、市、县四级基础教育监测网络；建立区域教育公平监测体系；改革和创新教育督导工作机制；明确教育督导队伍的任职资格，提高督导队伍的素质和水平，逐步使我国教育督导走上法制化、规范化和科学化的轨道。

2. 改革教育督导的机构设置方式和程序，推行教育督导委派制，即教育督导部门实行垂直领导，只对上级督导部门负责，对同级或下级人民政府的教育行政进行督导，以保持教育督导机构的独立性，从而保证其不受干扰的开展工作。为了加强教育部对全国各地基础教育的领导和监督，可以实行教育部直接委任制，即教育部委任省级教育督导部门负责人并组建督导队伍，省级教育部门委任市、县级教育督导部门负责人并组建督导队伍。人员编制和经费纳入当地政府编制并由当地政府提供经费，或者将教育督导机构作为全国人民代表大会教科文卫委员会的下属机构之一，由全国人大委派省级教育督导部门负责人并组建督导队伍，省级人大委任市、县级教育督导部门负责人并组建督导队伍。各级教育督导机构直接对各级人民代表大会负责。

七、实施教育公平监管制度

党的十六届六中全会把"坚持教育优先发展，促进教育公平"作为教育发展的基本方针，这充分地反映了广大人民群众的意愿。保证人民群众有公平的接受教育的机会，是国家义不容辞的职责，是政府的重要公共职能之一。尽管党和政府对推进教育公平、促进教育均衡发展作了坚持不懈的努力，也取得了重大的进展，但当前我国教育公平所面临的形势依然严峻，人民群众受教育机会不均衡的问题相当突出。在当前和未来相当长的一段时间内，教育公平问题将长期存在，并将成为我国推进社会公平、建设和谐社会的重要组成部分，因此极有必要建立专门的教育公平监管机构。

（一）受教育机会不均衡迫切需要建立专门的监管机构

1. 从宏观上看

（1）教育投入在城乡之间及东部、中西部之间差距巨大。义务教育城乡之间预算内生均事业费支出和公用支出差异十分显著。2005年，小学生均预算内事业费支出城市为1 679元，农村为1 205元，城乡倍率为1.4；小学生均预算内公用支出城市为236元，农村为142元，城乡倍率为1.7；初中生这两项的城乡倍率分别为1.4、1.6。到2005年，东、中、西部义务教育投入差距仍然很大。小学生均预算内事业费分别为1 840元、1 131元、1 097元，初中生均预算内公用经费分别为2 226元、1 196元、1 208元，小学生均预算内公用经费分别为247元、127元、140元，初中生均预算内公用经费分别为354元、166元、210元。高校教育经费投入水平地区差异也较大。如2001年全国生均预算内公用教育经费为2 614元，而内蒙古、新疆、贵州、安徽不足500元，不到全国平均水平的1/5。由于生均财政性教育资源分配不均,导致教育机会不均等的问题日益突出,严重危及教育公平。

(2)城乡之间、地区之间,重点学校和普通薄弱学校之间的办学条件差距巨大。由于教育经费投入长期不足,各地基本的办学条件特别是城乡之间、地区之间、重点学校和普通学校之间的差距巨大。由于教育经费的持续紧缺,相当一批农村中小学至今连基本的办学条件都得不到保障。基本的实验仪器和图书严重匮乏,开不齐国家规定的课程,达不到教学的基本要求,学校技术设施严重不足,宿舍拥挤,中小学危房问题依然严重。由于可用校舍面积不足,初中超大班额现象相当普遍。一些中小学为节省开支甚至不再向学生提供学校必备的课桌椅,而改由学生自己负担。农村教育仍然在低水平上徘徊。许多学校防火等设施不达标,存在比较严重的安全、卫生隐患。教育的信息化、现代化水平低,边远地区现代化教学设施十分欠缺。农村教育量大、面广、底子薄、条件差的现状长期得不到改善。

(3)师资队伍城乡之间、地区之间,重点学校和普通薄弱学校之间差距巨大。农村教师队伍中约有31万教师学历未达标,中高级职务比例偏低,初中尤为突出,2005年城市初中高级职职比例为12.36%,而农村仅为2.33%。小学教师老龄化现象十分严重。农村教师补充难,教师编制制度和补充机制难以适应农村教育的发展。目前全国还有50万左右代课教师。农村教师在职培训提高困难。农村教师待遇偏低,地方政府出台的津补贴难以落实,使优秀教师向城区、经济发达地区、重点学校流动,使优秀教师越来越集中于少数重点示范学校,使城乡之间、地区之间、重点示范学校与普通薄弱学校之间的师资差距加大,导致"强校更强,弱校更弱",教师因素成为制约城乡之间、地区之间、学校之间教育均衡发展的重要因素。

总之,基础教育阶段,城乡之间、地区之间、重点示范学校与普通薄弱学校之间的教育经费投入、办学条件和师资差距巨大，使教育发展不均衡的形势十分严峻。

2. 从微观上看

（1）相当一部分学生难以承受高中和大学阶段的学费。目前，高中阶段和高等教育阶段的学费使部分贫困家庭难以承受，高校的贫困生比例占到了20%，特别困难的学生有123万，占在校生总数的8%左右，高中阶段也有相当数量的贫困生，由于高中阶段贫困生救助体系尚未建立，部分学生由于家庭困难放弃读高中或辍学。

（2）进城务工的农民工子女上学比较困难。首先，部分进城农民工子女失学。据2003年国务院妇女儿童工作委员会办公室和中国儿童中心对北京、武汉等地的抽样调查，就读城市的农民工子女义务教育入学率为90.7%左右，有26万多农民工子女入学。其次，大部分农民工子女接受教育的质量不高。尽管目前大部分农民工子女就读于公办学校，但绝大部分上不了重点学校，还有相当数量的学生在质量较差的民办学校就读。再次，很多学校仍然要收借读费、赞助费，常使农民工家庭难以承受。教育费用仍然是农民工家庭最大的负担之一。

（3）重点示范学校与普通薄弱学校教育质量相差悬殊，择校压力巨大。拥有较多经济资本和社会资本的家庭可以凭其拥有的资本以较低的分数上好学校，而一般家庭的子女只能靠分数上重点中学。拥有较多文化资本、社会资本和经济资本的子女在高等教育入学机会上更占优势。阶层差距正成为影响教育公平的重要因素。

（4）地区之间高等教育入学机会存在明显的差异。由于历史和现实原因，我国高考录取分数线以及高校招生指标投放计划存在地区差异。每年高考录取率东部高于中西部，大城市高于广大农村地区。由于高校教育资源布局的不平衡性，直属高校在属地投放的招生计划比例较大，导致稀缺的优质高教资源配置的合理性受到民众的强烈质疑。可见，目前我国推进教育公平的压力较大，迫切需要统一的监管机构来促进教育公平。

（二）办学主体多元化与办学条件不均衡需要建立专门的监管机构

中国尽管长期实行中央集权，但教育历来是由中央和地方分工负责，在国家实行分级办学政策以后，我国基础教育由地方负责，目前主要是由县级政府负责。由于我国本来就存在的经济、教育、文化等方面的差异，导致各地的教育经费保障水平相差较大，即使在同一个省区内，经济较为发达的县教育保障能力和水平较高，而经济欠发达的县保障能力和水平较有限，因而不同地区之间，同一地区不同的县的办学条件可能有天壤之别。其次，由于我国长期以来实行城乡"二元分治"政策，导致城乡之间的办学条件、教育水平形成了巨大的鸿沟。再次，目前我国还有相当一部分地区，在不正确的政绩观的主导下，仍然热衷于打造重点学校、明星学校，动辄砸上亿元，人为地造成同一区域内的教育发展不均衡。即使在同一区域，不同的领导对教育的理念可能也不尽相同，从而会导致教育保障水平的差异。

中职和高职学校的办学主体也大不一样，有省属的，也有市属的，还有县级行政区办的。而高校，有教育部直属重点高校、中央部委直属高校，也有省属高校、市属高校，在各级政府所属的高校中，有重点投资建设的重点高校，也有一般的普通高校。尽管各级各类学校都在教育部的统一领导下，教育大纲、课程设置以及学制都大同小异，但由于办学主体的财力以及对教育的重视程度的差异有可能带来经费保障水平、师资条件以及由此而来的教育质量的巨大差距。

正因为办学主体多元化，所以就有可能"政出多头"，使同一级学校经费投入水平、办学条件、师资水平、生源条件，以及由此带来的业已存在的教育发展不公平的现状千差万别，同时办学主体（各级政府）的教育观念，特别是对教育的重视程度以及对教育公平的理解也可能有较大差异，迫切需要一个统一的监管机构来督促指导其促进教育公平。另外，各高校每年投入各地的招生指标地域差异很大，造成了各地受高等教育的机会不均。而各高校在各地招生指标的投放完全由各校制定，因此也迫切需要一个全国统一的教育公平监测机构来指导和监督各校进行公平的投放。

（三）发展不平衡与经费投入不足需要建立专门的监管机构

由于我国地域辽阔，各地经济社会发展极不平衡，教育经费投入普遍不足。为更好地推进教育均衡发展，必须要设立专门的教育公平监管机构。

长期以来，教育经费投入不足是制约我国教育发展的重要因素。教育经费不足主要分两种情况。一是当地政府确实财力有限，难以拿出更多的钱来发展教育，诸如592个国家级贫困县。对于这些区域，政府采取不同的政策，如对于国家级贫困县，由中央政府进行转移支付，在一个省、区内，对欠发达的地区，由省级政府实施转移支付。二是政府虽然财力雄厚，但由于领导认识上的偏差，不愿将钱投入到教育上，导致教育经费保障水平低。如广东省、深圳市历年的财政性教育经费投入占GDP的比例偏低。对于前者，即对那些靠自身财力难以保障教育发展的地区应实行中央财政转移支付，对这些地区的认定需要一个全国统一的教育公平监测机构来进行。对于后者，即对那些并不是没有财力而只是不愿意拿钱出来发展教育的当地政府，需要有一个全国统一的教育公平监测机构来督促其落实；此外，对于仍然热衷于搞重点示范学校和明星学校的地区，以及由此而来的收取高额择校费而降分录取等行为，也需要这样一个机构来纠正其错误。因此，设立教育公平委员会就势在必行，这是我国教育和社会发展的需要。具体建议如下。

1. 将教育公平委员会作为各级人大的下属机构之一，设置在各级人大的教科文卫委员会下面，直接对人大负责。人员组成采用专职和兼职相结合的原则，其主要职能是受人大委托，运用法律和行政手段对各级政府和各级各类教育机构的教育公平进行监督管理，专项负责教育公平的监管工作，从制度和组织体系上保障对各级政府的教育督导职责。

2. 将教育公平纳入各级政府工作绩效考核体系，加强政府教育工作问责制度建设。推进包括教育公平在内的社会公平是各级政府的重要职责和不可或缺的公共职能之一。在对各级政府工作绩效考核时，应将对教育工作的考核作为一项重要的考核指标。要依据有关法律法规，对没有切实推进教育公平的主要负责人严肃追究其责任，并将其作为干部政绩考核和干部升迁的重要指标。

3. 要建立定期的教育信息公开披露制度。信息公开是推进包括教育公平在内的社会公平和公正的基础。目前的许多教育不公平仍然体现在信息不公开、信息的不对称问题上，直接影响了人民群众、新闻媒体和教育主管部门对教育公平现状的了解、判断和督察，也成为导致某些利益集团或个人谋取私利，损害教育公平的重要因素。因此，教育公平委员会的重要工作是公开与人民群众利益密切相关的教育信息，如高校招生名额的分配过程及其结果、中高考的录取信息、各级学校的收费问题、优质学校的招生指标的分配等，以及各级政府的教育经费投入、现实的教育政策和法规解读等，还给广大人民群众的知情权。

4. 要建立教育公平督导、监测和报告制度。由教育公平委员会组织对教育公平的现状、变化和影响因素的调查和监测工作，协调相关部门对各级政府推进教育公平情况进行督导和评估，定期向社会公布督导和评估结果，并提供决策部门参考。

5. 要建立教育公平人大报告制度。每年各级人大代表会议期间，教育公平委员会向大会报告各级政府一年来推进教育公平工作的进展情况，并作为《政府工作报告》的组成部分之一，接受人大代表的评议和考核。

第九章
关于教育公平的若干立法建议

教育公平要想尽快见效并长期得以保持，尚需制定相关的法律、法规来作保证，否则就会出现做表面文章、前热后冷、先见效后反弹等现象。在促进我国教育公平实践中，每位有责任心的公民都会积极建言献策，以期加快我国的教育公平进程。笔者正是本着这种期盼，近年在全国人民代表大会上提出了许多立法建议，现就关于教育公平方面的立法建议，择其要者概述于下。

一、义务教育法

《中华人民共和国义务教育法》（以下简称《义务教育法》）是1986年4月12日于六届全国人大四次会议上通过的。《义务教育法》的颁布实施，标志着我国义务教育走上了法制化轨道。从此，我国的义务教育取得了举世瞩目的成绩，用占全世界约2％的教育投入承担了全世界约20％适龄儿童、少年的义务教育。义务教育的实施，为高等教育的发展和民族素质的提高奠定了良好基础；农村义务教育经费投入也有较大增长，建立了以政府投入为主体的经费投入体制；农村中小学办学条件明显改善，师资队伍建设不断得到加强。但从全局来看,离全面实施免费义务教育还有很大差距。我国的农村义务教育在实施过程中尚存在不少问题,经费投入不足、政策体制不够完善、缺乏相应法律保障、区域发展严重失衡以及教育本身问题,等等。

  导致这些问题产生的原因很多,但重要的一点是原有的《义务教育法》中缺乏规范各级政府行为,进而保证全面而持久地推行免费义务教育的法律条文。1986年颁布的《义务教育法》由于受到当时社会环境和立法水平的限制,20年后,《义务教育法》的实施环境和社会背景均发生了巨大变化,《义务教育法》规定的内容已难以在新形势下推动义务教育的有效实施,甚至会制约义务教育的发展;再加上近年来我国的义务教育政策有了新的变化,同时在实施义务教育过程中也出现了不少新问题,这样,修改《义务教育法》成为当务之急。因此,在2003年3月十届人大一次会议上,在代表们关于建议修改《义务教育法》的议案中有近600人签名,在2004年的"两会"上建议加快修改《义务教育法》的议案数量又高居教育类议案之首,2005年要求尽快修订《义务教育法》的呼声更加强烈,仅2005年"两会"期间,就有740名人大代表参与提出修改《义务教育法》议案①。2005年见之于报刊有关《义务教育法》修改建议的文章和报道多达近千篇,可见,修改《义务教育法》已成为全社会关注的焦点。2005年,全国人大和国务院在修改《义务教育法》方面迈出了第一步,进入了实质性的操作阶段,召开了多次座谈会、听证会和讨论会,广泛征求社会各界的意见。2005年7月,国务院法制办将《义务教育法》修订稿发往全国各地及中央、国务院部委征求意见;8月18日全国人大教科文卫委员会召集部

---

① 储召生:《人大召开座谈会保障义教投入成立法焦点》,载《中国教育报》2005年8月20日。

分全国人大代表召开座谈会，听取对修订《义务教育法》的意见和建议，《义务教育法》的修订于2006年列入全国人大常委会会议进行审议。① 面对我国经济与社会发展的新形势，针对近年来农村义务教育实施中存在的问题，只有重新修改《义务教育法》，使之更加适应社会的需要，以保证教育在构建社会主义和谐社会中发挥应有的作用。因此，修改《义务教育法》成为自2005年以来社会各界关注的又一焦点。

在2005年修改《义务教育法》的过程中，社会各界人士都从不同角度提出了建议和期望，归纳起来主要有以下几方面的焦点。

（一）建立义务教育经费投入保障机制

北京理工大学高等教育研究所研究员杨东平认为，这次修订的是事关国家前途和民族命运的人民之法，我们不是为修法而修法，如果这样一次千呼万唤始出来的义务教育修法，在解决教育经费问题上无所作为，那么正如有些人的激愤之言：不修也罢！笔者认为，随着近年来我国经济的迅速发展、国力的不断增强，我国实施九年义务教育完全免费制，如前章建议部分中所述，已具备充分的条件和基础，国家的现有财力是可以承受的。况且国家已决定将高等教育的财政性经费投入占总经费的比例到2010年控制在40％之内，在实施方式上由中央和地方共同分担，不至于完全由一方负担而难以施行。因此，随着全国义务教育在校生人数的逐年减少和我国国内生产总值的持续快速增长，最近几年完全有条件实施包括城市在内的全国范围内的免费义务教育制度。全国人大代表、南开大学校长侯自新呼吁：各级政府要依法增加对教育经费的投入，确保教育投入占GDP的比重稳步、快

---

① 张宗堂：《义务教育法修订今年有望进入审议程序》，新华网，2005年8月18日。

速增长，尽早达到和超过 4%。"不增加投入，即便《义务教育法》修改了也起不到太大作用。"他强调这应该是修订《义务教育法》时值得决策者首先予以关注的一个大问题。要建立五级财政对义务教育经费的分担机制，明确规定对义务教育经费管理和使用的审计制度，规定义务教育经费使用效益和教育质量的督导评估制度。① 而笔者认为，《义务教育法》应着重解决"该谁买单？""如何买单？""怎样实施？"三个问题，提出"分类承担、分步实施"原则，还提出了义务教育投入的三级分担保障机制的建议：中央财政承担教师基本工资和义务教育阶段教科书的全部费用，并建立和完善义务教育阶段转移支付制度。地方财政承担教师补助工资及福利、公用经费和基本建设经费，并建立和完善贫困生的奖学金、助学金制度。省、地（市）两级财政承担教师补助工资及福利，县级财政承担事业性经费的公用部分和基本建设经费。

（二）进一步完善义务教育制度，发挥政府职能

为顺利实行全面免费义务教育制度，笔者提出从制度、经费和立法三方面去保障该制度的具体落实。经费与立法两方面在其他内容中已有所涉及，因此这里重点介绍有关制度保障方面的建议。笔者认为必须充分发挥政府在实施全面免费义务教育制度中的职能作用，美国经济学家、诺贝尔奖获得者弗里德曼教授指出，政府的职能主要有四种：第一种是提供国防和外交；第二种是维护司法公正；第三种是提供公共产品，弥补市场失灵；第四种是为社会弱势群体提供基本保障。义务教育属于纯公共产品，不同于半公共产品的高等教育可以由受教育者、社会、政府三者共同分担，义务教育应当由政府全部承担。公民有义务把学龄子

---

① 程刚：《全国人大义务教育法修订座谈会召开》，载《中国青年报》2005 年 8 月 19 日。

女送到学校去接受教育，政府更有义务担负义务教育的全部费用。国家要制订一些行之有效的条例和制度来规范与约束各级政府和个人的行为，以保证全面免费义务教育的顺利实施。政府要优化投入结构，重点投入义务教育。建立规范的义务教育财政逐级转移支付制度，实施好经费三级分担配制，明确各级政府的基础教育财政责任。

（三）关注困难群体，保障受教育权利

随着社会的变革，经济的发展，教育领域新情况、新问题不断出现，原有的《义务教育法》已不能完全适应时代的需要。比如，流动人口子女的入学问题。近年来，随着我们国工业化进程的不断加快，进城务工农民越来越多，进城务工农民子女在城市接受义务教育难是众所周知的。尽管不少地方出台了一些相应的政策，但进城务工农民子女就学难、受歧视的问题仍没有得到根本解决。全国人大代表程立新曾经提出，在城市，进城务工农民子女入学难的问题没有得到完全解决。有些地方虽有打工子弟学校，但条件简陋；有些地方借读费太高，远在农民工的承受能力之上，因此建议在《义务教育法》中增加相关的法律内容。刘岩、熊光林等代表也分别提交议案，建议对经济欠发达地区的义务教育发展、家庭经济困难等弱势群体子女接受义务教育问题作出法律规定，明确城市政府对进城务工农民子女教育的法律责任。[①] 家庭贫困学生、进城务工农民子女、残疾儿童平等受教育权问题，有待于在这部新修订的法律中作出规定。[②] 目前，我国农村家庭经济困难的适龄少年和儿童有2 000多万人，进城务工农民的子女约达数百万人，适龄的残疾儿童、少年约有37万人。

[①] 周飞、范绪锋：《修改义务教育法：风急帆满正当时》，载《中国教育报》2005年3月13日。

[②] 仁达：《义务教育法今年有望进入修订程序》，载《光明日报》2005年8月19日。

修订《义务教育法》时,国家应在已有助学办法的基础上,建立起一套行之有效的保障机制。笔者认为,将义务教育经费的一部分改为"教育代用券"发放给农村学生,以帮助其完成义务教育。"教育代用券"可以送交任何一个教育机构,不受时间、地点、学校所有制形式、学校类型的限制,从而保证农村贫困学生不因随父母流动到城市而失去接受义务教育的机会。"教育代用券"在国家统一监督下使用,由地方教育行政部门发放,政府根据学校所得"教育代用券"或"教育支票"数量拨付相应的经费。

(四)加强统筹规划,促进全国义务教育的均衡发展

给全国范围内的中小学生创造公平的受教育机会和良好的就学环境,是很多人民群众的心声,也是大多数人大代表的共同呼声。全国人大代表范谊曾提出,中央和省级政府要统筹义务教育发展问题,必须修改《义务教育法》,体现促进教育均衡发展的思想。首先,县级财政统筹能力太弱,因此义务教育经费要由省级财政统筹,为义务教育均衡发展提供可靠的经费投入保障;其次,在教师待遇上,必须解决拖欠教师工资问题,参照公务员标准保证教师工资按时足额发放,并在法律中予以明确。此外,中央政府要对义务教育阶段的学校制定最低标准,以法律的形式要求任何地方的中小学不得低于这个标准。教育均衡化发展,解决城乡差别最为迫切;另外,还要关注区域内部教育资源的均衡、教育理念与思想的均衡、教育内容以及学科的均衡等。程立新代表也曾提出,为保障义务教育的均衡发展,建议义务教育所需事业费由国家或省统筹,基本建设投资由国务院和省市县各级政府负责统筹,并明确各自应承担的比例。全国人大代表谭仲池曾提出,义务教育发展严重失衡地区差距、城乡差距加大,政府义务教育经费的投向要有利于促进义务教育的均衡发展,重点向贫困地区、贫困学生倾斜。上海市普通小学生均预算内教育事业费和

生均预算内公用经费，分别是河南省的10.4倍和58.5倍。"这表明，义务教育发展的不平衡问题已经到了相当突出的程度。"谭仲池强调，不仅是东部发达地区和中西部欠发达地区之间义务教育发展严重失衡，同一省份的不同地区之间的发展水平亦相距甚远。以长沙市为例，2004年经济发展较好的长沙县，生均公用经费多达105元，比经济欠发达的宁乡县高出10倍以上。这种严重失衡的现象有悖《义务教育法》普及基础教育、提高全民族素质的要求。陶西平也曾强调，修订《义务教育法》，要有利于推动贫困地区和少数民族地区义务教育事业加快发展，因为义务教育发展的重点在农村，难点在贫困地区。这些地区经济基础和办学条件差，贫困家庭多，需要国家重点扶持。在修订《义务教育法》时，国家应当对贫困地区加大扶持力度，对少数民族地区给予特殊的支持和帮助政策。全国人大教科文卫委员会副主任委员邢世忠提出，政府义务教育经费的投向，要有利于促进义务教育的均衡发展，重点向贫困地区的农村和城乡贫困学生倾斜。义务教育的免费教育如果全国一步到位有困难，应首先免除贫困地区乃至整个农村地区学生和城市低保家庭子女入学的杂费，继续扩大义务教育"两免一补"的范围。①

（五）关于《义务教育法》的修改建议

笔者在2005年7月回复全国人大常委会信函中曾提出了比较系统的修改意见。

1. 关于第一章总则的修改意见

（1）应补充与完善"义务教育"的概念。现行《义务教育法》（征求意见稿）未对"义务教育"作明确界定，不符合法律要求，也与其他相关法律特别是教育法律体例不相统一，故有必要

---

① 程刚：《全国人大义务教育法修订座谈会召开》，载《中国青年报》2005年8月19日。

补充关于"义务教育"的概念。同时,"征求意见稿"只谈实行九年义务教育制度,不提未来实行十二年义务教育制度,与国际通行的十二年义务教育制度不符,缺乏前瞻性、灵活性,故有必要将原有的"国家实行九年义务教育制度"一句改为"义务教育是指国家为适龄儿童、少年提供的基本教育,是提升全民族素质的基础性教育。国家目前实行九年义务教育制度,应在条件成熟时,逐步实行十二年义务教育"。(2)第4条,在原有表述的"家庭状况、地域等"之间,加上"身体状况",显示一视同仁的意思,反对入学方面的身体歧视等。(3)第6条,在原有表述的"学费、杂费"后补加上"教科书费"。义务教育全免费,不仅仅是免学费、杂费,还要免教科书费,并对贫困生提供免费餐,因为按发达国家的一般做法,教科书通常也是由国家提供的。至于校餐费,国家按人头每年给予一定补助,通常是每餐实际费用的2/3,个人出1/3。家庭贫困的学生说明或登记后即可享受免费餐。义务教育不免教科书费,不对贫困生提供免费餐,谈不上是全免费。我国现在所宣传的义务教育全免费其实仍是不完整、不全面、有欠缺的。这一点人们往往没有注意到。

2. 关于第二章义务教育对象的修改意见

(1)第11条在原有表述"免试入学"前加上"就近"二字,隐含反对过度选择学校的做法,有利于义务教育阶段"择校热"的降温。(2)第12条在原有表述"该适龄儿童、少年可以在其父母或者其他监护人居住地"之后,加上"就近"二字。

3. 关于第三章义务教育学校的修改意见

(1)第26条在原有表述"各级人民政府及其部门不得将义务教育学校分为重点学校和非重点学校"之后加上"也不得以其他形式或名义将义务教育学校分为不同层次。理由是防止以所谓'示范学校'、'实验学校'等名义变相划分重点学校。

4. 关于第四章教育教学的修改意见

（1）第34条在原有表述"候选人员由教师、校长"之后加上"学生"二字，体现"以学生为本"、民主治教的理念。（2）第37条在原有表述"思想道德教育"之后加上"公民教育"、"生命教育"，在"心理健康教育"之后加上"性教育"，在"促使适龄儿童、少年养成良好的"之后加上"思想品德"。理由是德育应具体化、实效化、过程化，与时俱进，其目的不仅促使适龄儿童、少年养成良好的行为习惯，还应养成良好的思想品德。（3）第41条在原有表述"对学生进行安全教育"之后加"和生存教育"五个字。理由是"生存教育比一般安全教育更全面、更重要、更迫切，近年先后发生的印度洋海啸和黑龙江洪水等灾害给人们特别是青少年学生的生存教育敲响了警钟。国外重视生存教育也给我们提供了有益启迪。

5. 关于第五章条件保障的修改意见

第44条在原有表述的前面加上一段文字："国家承担义务教育支出的责任。中央财政承担教师基本工资和义务教育阶段教科书的全部费用，并建立和完善义务教育阶段转移支付制度。地方财政承担教师补助工资及福利、公用经费和基本建设经费，并建立和完善贫困生的奖学金、助学金制度。省、地（市）两级财政承担教师补助工资及福利，县级财政承担事业性经费的公用部分和基本建议经费。"以便调动各方的办学积极性。

6. 关于第六章"监督与督导"的修改意见

第64条在原有表述"国务院和县级以上地方人民政府"之后加上"得设立教育督导机构"。理由是明确规定教育督导机构，应该设立以及由何设立，为下面展开论述教育督导工作奠定基础。

7. 关于第七章"法律责任"的修改意见

在第85条原有表述严禁"向接受义务教育的学生收取学费、

杂费"之后加上"教科书费"。①

总之,实施全面免费义务教育,是人心所向,势在必行。义务教育引起了社会各界的高度重视,在实施农村免费义务教育和修改《义务教育法》方面,中央和各级政府均都作出了积极的努力和探索。

二、教师法

(一)《教师法》的一些条款与教育现状不相适应

《中华人民共和国教师法》(以下简称《教师法》)是我国教育史上第一部关于教师的单行法律。作为全国1 400多万教师的一部基本法,自1993年制定颁布以来,《教师法》已经走过了15个年头,在保障教师权益和待遇方面发挥了非常重要的作用。但随着社会的发展,《教师法》的一些条款与教育现状不相适应的矛盾日益突出,已经不能完全适应新形势的要求,给教师队伍建设和人才培养带来诸多不利影响。近几年"两会"期间,不少人大代表、政协委员纷纷呼吁重新修订《教师法》。笔者认为,重新修订《教师法》的主要条件已经基本成熟。因此,建议国家将修订《教师法》提到日程上,完善原《教师法》的不足,使其真正成为保障教师权益的有力武器,同时与其他教育法规,尤其是新修订的《义务教育法》相协调、相配合。

(二)修改《教师法》的具体建议

现行《教师法》共9章43条,其中有哪些条款需要进一步完善和修改呢?笔者经过多次调研并征求有关专家的意见,建议对以下一些条款重新修订。

1.《教师法》第3条规定:"教师是履行教育教学职责的专

---

① 周洪宇:《关于〈中华人民共和国义务教育法(征求意见稿)〉的修改意见》,2005年7月。

业人员"，这是对教师职业性质和身份的一种定位，但这一身份并不能解决实践中发生的侵权问题，同时鉴于基础教育阶段特别是义务教育阶段的教师工资水平较低，所以，建议新修订的《教师法》应该增加内容，明确规定："基础教育阶段公办学校的教师是国家教育公务员"，把教师列入公务员行列。

2.《教师法》第7条教师享有的权利中第6款规定："参加进修或者其他方式的培训。"借鉴国外教师继续教育的常规做法，应加入"带薪脱产进修"等内容，事实上，我国现行的教育硕士就有一年的带薪脱产学习期。因此，建议新修订的《教师法》将此条修改为："参加在职进修和带薪脱产进修或者其他方式的培训。"

3.《教师法》第8条规定："教师应当履行下列义务：（1）遵守宪法、法律和职业道德，为人师表；（2）贯彻国家的教育方针，遵守规章制度，执行学校的教学计划，履行教师聘约，完成教育教学工作任务；（3）对学生进行宪法所确定的基本原则的教育和爱国主义、民族团结的教育、法制教育以及思想品德、文化、科学技术教育，组织、带领学生开展有益的社会活动；（4）关心、爱护全体学生，尊重学生人格，促进学生在品德、智力、体质等方面全面发展；（5）制止有害于学生的行为或者其他侵犯学生合法权益的行为，批评和抵制有害于学生健康成长的现象；（6）不断提高思想政治觉悟和教育教学业务水平。"

建议修改为：

"教师应当履行下列义务：（1）遵守宪法、法律和职业道德，为人师表；（2）贯彻国家的教育方针，遵守规章制度，执行学校的教学计划，履行教师聘约，完成教育教学工作任务；（3）公职教师不得从事有偿家教，公立学校中小学教师必须参加校际间定期轮换流动；（4）对学生进行宪法所确定的基本原则的教育和爱国主义、民族团结的教育，法制教育以及思想品德、文化、科学技术教育，组织、带领学生开展有益的社会活动；（5）关心、爱护全体学生，尊重学生人格，促进学生在品德、智力、体质等方面全面发展；（6）制止有害于学生的行为或者其他侵犯学生合法权益的行为，批评和抵制有害于学生健康成长的现象；（7）不断提高思想政治觉悟和教育教学业务水平。"

当前，教师职业正变得越来越抢手，根据大学生择业取向调查，愿意到学校从教的比例明显增高。因此，有必要而且完全有条件进一步提高教师的入职门槛，同时还要建立公正的遴选机制，以从入口提高教师质量。《教师法》的规定实际上是"学历"和"教师资格考试合格"具备其一，即有机会获得教师资格证。因此，建议修订的《教师法》将"国家实行教师资格制度"修改为："国家实行统一的教师资格考试制度，实行国家教师资格制度"；并将"具备本法规定的学历或者经国家教师资格考试合格"修改为："具备本法规定的学历并且经国家教师资格考试合格"。

4.《教师法》第11条对取得教师资格应当具备的学历作了规定。鉴于当前大学不断扩招，高等教育规模不断扩大，教师学历水平大幅度提高的现实，同时，对照国际上通常的教师学历水平，提高教师的学历水平不仅十分必要而且也成为可能，因此建议新《教师法》作以下修改。

将"（1）取得幼儿园教师资格，应当具备幼儿师范学校毕业及其以上学历"修改为："（1）取得幼儿园教师资格，应当具备幼儿师范学校毕业或具有其他高等学校专科及以上学历。"

将"（2）取得小学教师资格，应当具备中等师范学校毕业及其以上学历"修改为："取得小学教师资格，应当具备高等师范专科学校或者其他大学专科毕业及其以上学历"。

将"（3）取得初级中学教师、初级职业学校文化、专业课教师资格，应当具备高等师范专科学校或者其他大学专科毕业及其以上学历"修改为："（3）取得初级中学教师、初级职业学校文化、专业课教师资格,应当具备高等师范本科学校或者其他大学本科毕业及其以上学历"。

将"(5)取得高等学校教师资格,应当具备研究生或者大学本科毕业学历"修改为:"(5)取得高等学校教师资格,应当具备研究生学历"。

将"(6)取得成人教育教师资格,应当按照成人教育的层次、类别,分别具备高等、中等学校毕业及其以上学历。不具备本法规定的教师资格学历的公民,申请获取教师资格,必须通过国家教师资格考试。国家教师资格考试制度由国务院规定",修改为:"(6)取得成人教育教师资格,应当按照成人教育的层次、类别,分别具备高等学校本科毕业及其以上学历。"

5.《教师法》第15条规定:"各级师范学校毕业生,应当按照国家有关规定从事教育教学工作。"建议新修订的《教师法》修改为:"各级师范学校免费师范毕业生,应当按照国家有关规定在规定的期限和地域内从事教育教学工作。"由此保证其在享受优惠政策后能在规定年限内为基础教育事业效力。

6.《教师法》第16条规定:"国家实行教师职务制度,具体办法由国务院规定。"此条未对教师的职务制度作具体的规定,建议新修订的《教师法》补充相关内容,并修改中小学老师的职称评定办法,积极培养基础教育的专家。

7.《教师法》第25条规定:"教师的平均工资水平应当不低于或者高于国家公务员的平均工资水平。"建议改为:"教师的平均工资水平应当高于国家公务员的平均工资水平。"

8.《教师法》第27条规定:"地方各级人民政府对教师以及具有中专以上学历的毕业生到少数民族地区和边远贫困地区从事教育教学工作的,应当予以补贴。"鉴于教师学历水平大幅提高的现实,建议新修订的《教师法》将其修改为:"地方各级人民政府对教师以及具有大专以上学历的毕业生到少数民族地区和边远贫困地区从事教育教学工作的,应当予以补贴。"

9.《教师法》第 28 条规定:"地方各级人民政府和国务院有关部门,对城市教师住房的建设、租赁、出售实行优先、优惠。县、乡两级人民政府应当为农村中小学教师解决住房提供方便。"但事实上,国家已经出台有关规定,从 1998 年下半年就开始停止住房实物分配,逐步实行住房分配货币化,所以这条规定中的"优先、优惠"已经没有实际意义。建议新修订的《教师法》将此条修改为:"地方各级人民政府和国务院有关部门,应优先落实教师住房的分配货币化政策,并适当提高补贴标准。"

10.《教师法》第 29 条规定:"教师的医疗同当地国家公务员享受同等的待遇;定期对教师进行身体健康检查,并因地制宜安排教师进行休养。""定期"一词并未对时间周期作出具体规定,建议新修订的《教师法》对此予以明确为:"地方教育行政部门应当每年至少组织一次教师健康检查。"

11.《教师法》第 31 条规定:"各级人民政府应当采取措施,改善国家补助、集体支付工资的中小学教师的待遇,逐步做到在工资收入上与国家支付工资的教师同工同酬,具体办法由地方各级人民政府根据本地区的实际情况规定。"由于我国现行的中小学(民办学校除外)已纳入国家财政体系,此条可删掉。

12.《教师法》第 32 条规定:"社会力量所办学校的教师的待遇,由举办者自行确定并予以保障。"为了保障民办学校教师的合法权益,提高民办学校的师资水平,建议新修订的《教师法》将此条修改为:"社会力量所办学校的教师的待遇,不得低于当地同级同类公办学校教师的待遇,并保证其医疗保险、养老保险和失业保险的落实。"

13.《教师法》第 36 条规定:"对依法提出申诉、控告、检举的教师进行打击报复的,由其所在单位或者上级机关责令改正;情节严重的,可以根据具体情况给予行政处分。国家工作人员对教师打击报复构成犯罪的，依照刑法第146条的规定追究其刑事责任。"建议新修订的《教师法》将此条修改为："对依法提出申诉、控告、检举的教师进行打击报复的，由其所在单位或者上级机关责令改正，并根据具体情况给予相应的行政处分。情节严重、构成犯罪的，依照刑法第146条的规定追究其刑事责任。"

14.《教师法》第38条规定："拖欠教师工资或者侵犯教师其他合法权益的，应当责令其限期改正，违反国家财政制度，拖欠教师工资，损害教师合法权益的，由上级机关责令限期归还被挪用的经费，并对直接责任人给予行政处分。"但该条文的主体和期限不清，上级机关指的是什么？归还方式、额度等关键性内容均无实际规定，势必导致实际操作落空。建议新修订的《教师法》对此作出明确的规定。

15.《教师法》第39条规定："教师对学校或者其他教育机构侵犯其合法权益的，可以向教育行政部门提出申诉"，"教师认为当地人民政府有关行政部门侵犯其根据本法规定享有的权利的，可以向同级人民法院或者上一级人民政府有关部门提出申诉，同级人民政府或者上一级人民政府有关部门应当处理。"这些规定存在很多缺陷：其一是受理机关不明确；其二是申诉人对申诉的处理结果不服，如果申诉内容属于行政复议、行政诉讼受案范围事项的，教师应当被允许依法提起行政复议或者行政诉讼，否则便失去了司法救济这一最后方式。建议新修订的《教师法》对此作出明确规定。

总之，新修订的《教师法》应该像新修订的《义务教育法》那样，既宏观，又微观，既有原则，又有细致的条文以及违反相关规定后的法律责任，以便于监督和执行。只有有了好的法律，真正做到"有法可依，执法必严，违法必纠"，才能真正保护教师的合法权益。

《教师法》以教师为立法对象，把国家尊师重教的方针上升为法律，体现了全国人民的共同愿望和意志。《教师法》的制定和颁布体现了党和国家对人民教师的重视。修订的《教师法》有利于从根本上提高教师的社会地位，保障教师的合法权益，使教师成为社会上受人尊重的职业；有利于加强教师队伍的建设，造就一批具有高素质的教师队伍，促进社会主义教育事业的发展。因此，我们应当从构建和谐社会、建设创新型国家的高度，增强修定《教师法》的紧迫感。

三、教育督导法

（一）制定《教育督导法》是实现依法治教的现实要求

依法治教是发展我国教育的重要指导思想，是实现依法治国基本治国理念的重要途径。迄今为止，我国缺乏专门的教育督导法律，教育督导的最高规章也停留于1991年国家教委颁布实施的《教育督导暂行规定》，这是我国教育督导制度恢复重建以来仅有的一部部门法规，也是目前教育督导方面的最高法律依据。1995年国家教委起草并上报国务院审核的《教育督导条例》至今未正式出台，21世纪的教育督导形势与1991年已大相径庭。毫无疑问，我国教育督导法制建设进程严重滞后于教育督导实践。教育督导是对教育工作的行政执法监督，教育督导法制不够健全无疑会降低教育督导的权威，影响教育督导的效率和质量。因此，必须尽快以单行法律的形式出台《教育督导法》，由全国人大通过颁行。

（二）制定《教育督导法》是完善教育督导制度的迫切需要

自20世纪80年代恢复教育督导机构以来，经过20年的不懈努力，我国的教育督导工作基本建立了一套较为完整的教育督导制度，初步形成了一个相对独立的教育督导网络体系，逐步积累了一些比较成功的教育督导工作经验。然而，当前，全面推进素质教育已成为教育发展的主题，面对教育改革与发展的新形势，我国的教育督导面临新的挑战。其中最突出的是教育督导机构体制不顺，缺乏相对的独立性，尚未建立起有效的运行机制；同时教育行政部门与教育督导机构的职责分工不够明确，在部分职能上存在交叉现象，教育督导机构难以有效地行使对政府部门（包括教育行政部门）在教育执法工作中的监督，教育督导的特殊作用和功能得不到充分的发挥。

要以理顺督导体制和创新工作机制为重点，以建立专业化的督学队伍为关键，以完善督导法律法规为基础，坚持督政与督学并重、监督和指导并重，统筹规划，分布推进，不断开创督导工作新局面。因此，完善教育督导制度和法规就成了当前教育发展的迫切要求。为此建议：由全国人大委托教育部牵头，国家发展和改革委员会、人事部、财政部等参与，尽快研究、制定《教育督导法》。如一时有困难，也可先起草《教育督导条例》，由国务院或教育部尽快颁布实施；在拟制定的《教育督导法》（或《教育督导条例》）中，应进一步明确督导的地位、职能、规范和程序，同时，在法律中明确建立科学的学生学习质量监测评估体系，切实扭转以考试成绩和升学率作为主要标准来评价学生、教师和学校的做法。建立教育发展水平和质量监测体系，逐步形成国家、省、市、县四级基础教育监测网络；建立区域教育公平监测体系；改革和创新教育督导工作机制；明确教育督导队伍的任职资格，提高督导队伍的素质和水平，逐步使我国教育督导走上法制化、规范化和科学化的轨道。

四、反就业歧视法

所谓歧视，简言之，指不平等地看待（人或事）（参见《现代汉语词典》第 896 页，商务印书馆 1983 年版）。1789 年法国《人权宣言》宣告："所有公民都是平等的，故他们都能平等地视能力担任官职，公共职位和职务，除了德行和才能上的差别外，不得有其他差别。"《中华人民共和国宪法》第 33 条庄严宣告："中华人民共和国公民在法律面前一律平等。"尽管歧视作为一个概念基本含义人们能够予以感知，但是其内涵与外延人们尚存争议。签于此，国际劳工组织在《关于就业和职业歧视公约和建议书》中给"歧视"下了一个较规范的定义：任何根据种族、肤色、性别、宗教、政治观点、民族、血统或社会出身所作的区别、排斥或优惠，其结果是取消或有损于在就业或职业上的机会均等或待遇平等，从而构成歧视。

（一）就业歧视严重导致社会矛盾加剧

我国是社会主义国家，理应对平等权利和公平正义有着更高的价值追求和更有力的保护措施。自新中国成立后，我国在尊重人权和平等自由方面确已取得了长足的进步。然而，我国现实生活中的歧视现象还非常严重。在我国，无论在政治、经济、军事、文化、体育及工农商各行业哪个领域，从经济管理、金融投资到生活消费，从受教育到就业及公务员录用，歧视现象仍普遍存在。随着我国社会转型加剧，社会结构激烈震荡，社会各阶层矛盾有可能激化，加之相应法规政策滞后，社会歧视现象普遍严重，尤其集中反映到就业方面。

第一，就业歧视在所有歧视现象中最为突出，对就业或再就业人们危害最大，是社会矛盾激化最大之隐患。近期由蔡定剑等 24 位学者组成的"反就业歧视研究课题组"调查结果显示：有 85.5% 的人认为存在就业歧视，其中认为严重和比较严重的占 58%。西南政法大学最近组织的女大学生就业情况调查显示，目前约 70% 的女大学生认为在求职过程中存在男女不平等。上海市妇联公布的调查数据显示，求职过程中有 55.8% 女生认为遭遇了性别歧视。对残疾人的就业歧视也依然严重，如某校大学生周吉，在校时是校优秀学生干部、校三好生、预备党员、电脑高手、写作能手，仅仅因为下肢有点残疾，说话口齿不清，求职两年被用人单位拒绝了上百次。

因就业存在着严重歧视现象而引起的社会矛盾加剧，给目前我国构建社会主义和谐社会造成极大威胁。就业歧视导致的自杀、暴力乃至凶杀、爆炸等案件常有发生，据媒体报道，近年来在北京、浙江、重庆、厦门、江西、四川、安徽、广西、成都、泉州等地已经发生了多起乙肝携带者因受到歧视而自杀、自焚、杀人、纵火等事件。这些事件加剧了社会矛盾，直接威胁着国家实现社会主义和谐社会的战略目标。

第二，因歧视导致就业及公务员录用矛盾也相当普遍激烈，诉讼急剧增加，如苏州一外资企业"泰金宝"集体辞退22名乙肝携带者引发劳动争议纠纷；河南女大学生秋子，相貌并不丑陋，仅仅是头部比常人偏大，在就业时就被用人单位拒绝接受，引发"相貌歧视案"；天津女孩张静因受容貌歧视，不得不进行整容，而因容貌歧视造成"人造美女"、"人造美男"的泛滥，导致悲剧不断。此外，户籍歧视、年龄歧视、体型歧视，等等，可谓五花八门，不胜枚举。而有关就业歧视导致的诉讼案件或纷争与日俱增。但这类就业歧视在诉讼时歧视的受害者却经常面临维权无法无据的尴尬境地，例如四川大学法学教授周伟代理过十几起就业歧视诉讼案，发现这类就业歧视诉讼案很少能胜诉。

第三，就业问题乃民生之本，关系祖国兴旺与发达，不可等闲视之。而我国存在严重就业和再就业压力，面临就业和再就业的形势严峻，就业市场出现了就业歧视的种种现象，这势必严重扭曲人力资本的正常流动，破坏了就业市场的公平竞争环境，导致人力资本巨大浪费。

第四，我国对就业歧视立法存在空白和不足。尽管我国《劳动法》和制定中的《劳动合同法》对就业平等作出了原则性规定，但因无适当的配套制度与之共存，共同发挥作用，客观上确实难以执行。法律的缺失，致使就业歧视愈演愈烈，其案例俯拾即是，过去就业要求（一般职工）高中毕业生，而后是大专生，现在普遍要求是大学本科毕业生，更有甚者，要求研究生学历和学位。而国家劳动和社会保障部制定的《促进就业法》虽然对反就业歧视有所体现，比过去完全没有相关规定好，但《促进就业法》毕竟不是专门的反就业歧视的法律，缺乏独立性、系统性、深刻性，有明显不足。而且，制定了《促进就业法》与再制定《反就业歧视法》也不矛盾，两者是部分交叉、相辅相成的关系，不是完全包容、相互替代的关系。特别值得注意的是，近年来我国的就业规模不断扩大，从 1990～2008 年，我国从业人员从 6.5 亿人增加到 8 亿人，然而，就业歧视的现象不但没有随着就业的促进而减少，反而不断增加。因此，目前还是很有必要尽快制定《反就业歧视法》。

第五，制定《反就业歧视法》是落实宪法保障人权和公民平等的劳动权的必然要求，是我国人权平等事业进步的一项不可或缺的重要内容，是我国社会全面进步的客观标尺。

第六，制定《反就业歧视法》，以专门的法律来约束和消除就业歧视现象是国际通行的做法，也是适应当代国际潮流的重要举措。例如，美国目前有《雇用年龄歧视法》、《公平就业机会法》、《公平工资法》、《怀孕歧视法》和《残障人士法案》等，惩治年龄、残障、国籍、种族、信仰、性别等方面的就业歧视行为；英国贸工部 2006 年 3 月初向议会提交了"2006 年就业平等（年龄）条例"，该条例涵盖了就业与职业培训领域，禁止直接或间接的非法年龄歧视；日本在 1985 年制定了《雇用机会平等法》，作出了相应的反歧视规定；香港 1995 年成立了平等机会委员会，运用政府的有关专门法令监管就业中的性别歧视等问题；爱尔兰于 1998 年颁布了《就业平等法》，规定在同劳动关系相关的任何方面禁止根据性别、婚姻状态、家庭状态、性取向、宗教信仰、年龄、残疾、种族以及国别进行直接和间接歧视。

（二）国家应尽快制定《反就业歧视法》

有鉴于此，2004年3月、2005年3月和2006年3月，在十届全国人大二次会议、三次会议和四次会议上，笔者曾呼吁国家尽快制定《反歧视法》和《反就业歧视法》，笔者认为《反就业歧视法》是其他法律所不可替代的，制定《反就业歧视法》已迫在眉睫。因此建议：全国人大常委会应将制定《反就业歧视法》纳入"十一五"立法规划；全国人大常委会委托劳动和社会保障部牵头，国家人事部、卫生部、教育部等相关部门参与，尽快起草《反就业歧视法》草稿，提交讨论研究；《反就业歧视法》制定的根据是宪法，切实落实宪法赋予公民的劳动平等权、自由权等基本人权。其地位应属于社会类基本法律，应与《劳动法》以及正在制定中的《劳动合同法》等对应与配套。对违反此法行为给予相应的、充分的司法救济，最大限度避免私力救济。与此相适应，应放宽司法诉讼的准入条件；在起草《反就业歧视法》建议稿时，要对"就业歧视"概念及行为进行科学的界定，对禁止就业歧视有具体和明确规定。另外，反就业歧视毕竟是一个复杂的社会系统工程。该法制定目前宜粗不宜细，不妨经过一段时间的实施后再逐步完善；根据初步研究，《反就业歧视法》立法框架大体可由总则、禁止就业歧视、法律责任和附则四章和若干具体条例构成。按照人大立法议案必须同时提供立法建议稿的要求，笔者此次也提供了一个《反就业歧视法》建议稿，供有关部门起草参考，详见本文附录五。①

可喜的是，2008年1月1日我国终于出台了《就业促进法》。《就业促进法》最重要的精神就是反对就业歧视，倡导公平就业，用人单位招用人员、职业中介机构从事职业中介活动，应当向劳动者提供平等的就业机会和公平的就业条件，不得实施就

---

① 本节内容吸收了陶双文、陆军同志的意见。

业歧视。其中破除了"录用时强查乙肝"等六大"潜规则"。（《经济参考报》2008年1月2日）但是反就业歧视的力度还应继续加大（详见附录五）。

五、特殊教育法

（一）国内外特殊教育立法现状

受教育权是人最基本的权利之一。然而，人类对于残疾的理解与认识却经历了许多曲折。当我们从全球的范围审视特殊教育发展的历史以及推动其发展的动力时，我们很容易发现人类对于在如何对待残疾人士这个问题上经历了从杀戮到遗弃、忽视、怜悯与过度保护，进而发展到逐渐接纳，尽最大程度地融合进主流社会的发展过程。

在西方的古罗马与希腊时期，对于残疾人的遗弃、绝育、杀戮非常流行。在西方中世纪时期，一方面，在基督教宣扬的仁慈、博爱的精神的影响下，许多有残疾的人士得到人道主义的收容与关怀；另一方面，残疾人又被视为"魔鬼缠身"、"上帝的惩罚"。据不完全统计，在中世纪的欧洲，有超过30万的人因为被认为"魔鬼缠身"需要驱邪而被处死。

直到18世纪末，在文艺复兴、工业革命以及法国启蒙思想运动的影响下，自由、平等、博爱的价值观在欧洲得以确立，对残疾人的系统的学校教育才得以产生。从这里我们也可以看出，特殊教育从一开始就与人的基本权利的尊重与保护紧密联系在一起，它体现了一个社会文明发展的水平。

第二次世界大战以后，由美国黑人发起的反种族歧视、隔离的民权运动遍及全美，民权运动者要求黑人在政治、教育及社会生活上的平等权利，也鼓舞了其他少数民族包括残疾人士争取平等的努力。这一运动对特殊教育的发展产生了深远的影响，它以西方所谓追求个人自由、社会平等等价值为社会文化基础，为有特殊需要的人士平等、有尊严地参与社会生活以及新的特殊教育理念的诞生提供了动力。一种全新的特殊教育哲学：回归主流就是在这种背景下在美国发展起来的，并在 1975 年颁布的《教育所有伤残儿童法案》（简称为 EHA 或者《94-142 公法》。1990 年此法案被重新修订确认）中得到确认。这一法律所确定了：（1）"免费、适当的、公立的教育"（FAPE）的原则，即学校应向社区所有儿童提供平等教育机会与高质量的教育（也就是零拒绝的哲学）；（2）最少受限制环境的原则（即改变原来隔离的、封闭的特殊教育形式，尽量将特殊教育需要人士安置在正常的社会环境中学习和生活）。在英国，1978 年出台的《沃诺克报告》被英国议会所接受并成为 1981 年与 1993 年"教育法"的基础，这两部法律详细规定了地方教育当局确保残疾儿童在普通教师接受适当的教育的义务与办法。《94-142 公法》与《沃诺克报告》作为两部重要的特殊教育法律文件，对全球特殊教育政策的制定与教育实践产生了巨大的影响。

　　据联合国教科文组织统计，至少有超过 52 个国家近 140 部法律是专门针对残疾人问题的。除了上述提到的美、英法律之外，在美国，还有 1973 年颁布的《1973 年职业康复法案第 504 款》、1990 年的《美国残障人士法案》以及 1990 年对《卡尔·帕金斯职业教育法案修正案》等。仅从 1827～1975 年间，美国就出台了 175 部专门针对残疾人的法律。意大利不仅在 1971 年颁布了《社会福利法案》，而且在 1977 年颁布《517 法案》，以保障残疾人士在普通学校接受教育并获得必要的支持与服务。日本 1956 年颁布《公立学校为残障儿童提供服务的特殊办法法案》。在我国台湾，1980 年颁布了《残障福利法》，1984 年又颁布了《特殊教育法》，对天才及残障人士的教育与社会福利都进行了详细的规定。所有这些法律中都列入了包括残疾人在内的人人都有平等接受教育的权利的条文，更重要的是都详细地对特殊教育需要儿童的教育安置形式、残疾的鉴定方法与程序、教学内容与方法、课程调整、教学评估、财政与资源等进行了规定。

中华民族自古以来就有"尊老、慈幼、扶弱、助残"的优良传统，早在两千多年以前，当欧洲人（如斯巴达）还在遗弃或杀戮残疾人时，中国一些先贤就倡导公众应该关心残疾人。新中国建立以后，特别是改革开放以来，特殊教育事业有了巨大的发展。我国宪法明确规定国家和社会帮助安抚盲、聋、哑和其他有残疾的公民的劳动、生活和教育。1986年通过的《中华人民共和国义务教育法》规定"地方和各级人民政府应为盲、聋、哑和弱智的儿童、少年举办特教学校（班）"。全国人大于1990年通过了《中华人民共和国残疾人保障法》，在其第三章里专门对残疾人的教育进行了规定。1995年全国人大通过的《中华人民共和国教育法》中规定"国家扶持和发展残疾人教育事业"。除此之外，国务院、教育部联合其他部委颁布了一系列政策文件，例如，1989年的《关于发展特殊教育的若干意见》、1994年的《残疾人教育条例》与《关于开展残疾少年儿童随班就读工作试行办法》等。这些法律与政策文件对于推动我国特殊教育事业的发展起到了重要的作用。据统计，截至2003年，我国在校就读的残疾学生为364 700人，而据1987年的统计，6～14岁学龄残疾儿童就有625.26万，而我国残疾人有5 164万，约占人口的5%，影响到全国1/5的家庭和数以亿计的亲属。尽管经过多年的努力，特别是随着20世纪80年代中期以来在我国大规模进行的残疾儿童随班就读试验的推广，残疾儿童的入学率得到很大的提高，但残疾人受教育程度低的现状仍然没有得到根本的改变。残疾少年儿童教育仍然是普及初等教育最薄弱的环节。已经进入普通学校就学的残疾儿童由于师资与教学资源的缺乏而出现"随班混读"的现象。现有的师资培训体系还没有系统地包含特殊教育部分，普通学校教师不能够很好地适应课堂内特殊需要儿童的学习需求。残疾儿童定义与分类混乱，鉴定环节出现滥用测量工具（如智力测量量表）、随意下结论的现象，尤其是智力落后、自闭症、学习障碍等较难鉴定的障碍类别。教学资源尤其是资金与教学材料、教具和学具等不能得到保证。学校与社会的衔接，特别是残疾儿童的职业教育以及毕业后就业与生活的适应方面缺乏明确的保障。大多数残疾人没有得到必要的康复医疗；社会上对于残疾人的歧视与偏见仍然不同程度地存在着；残疾人参与公共生活存在着环境上的障碍；残疾人事业仍然滞后于社会经济发展水平；残疾人仍然是社会中一个特殊困难的弱势群体，他们多数仍然生活在社会的最底层，离平等参与社会生活、共享人类文明成果的目标还甚远。从全球特殊教育发展的趋势与人权发展的角度看，通过立法实施特殊教育已成为特殊教育的一个重要组成部分，并成为衡量一个国家残疾人特殊教育需要是否得到满足、参与机会是否平等、是否享受平等人权的基本尺度。我国残疾人受教育程度低，目前特殊教育实施过程中出现的诸多问题，都与缺乏法律手段对相关部门、组织、群体、人员的权利与义务进行规范有关。

（二）制定《特殊教育法》的建议

首先，由全国人大常委会委托教育部组织起草工作。由教育部相关部门牵头，民政部、卫生部等政府部门以及中残联等相关社会组织参与，共同组织相关专家组成起草小组，在广泛调查研究国内外相关法律文献基础上，结合中国国情尽快拟定《中华人民共和国特殊教育法》草案。

其次，《中华人民共和国特殊教育法》应包含以下方面的内容：对公立学校包括特殊学校与普通学校平等接受特殊教育需要儿童，保证特殊教育需要儿童接受九年义务教育以及高中阶段教育、高等教育的权利提供切实的法律保障；对各级地方政府、社会组织、教育管理机构及其他政府部门、学校承担教育特殊教育需要儿童的义务与办法制定具有约束性的条款；对特殊教育需要的类别与定义进行严格的规范，应包含天才与残障的多种类别，并反映特殊教育研究最新发展的成果；对残疾的鉴定小组成员构成、鉴定人员的资格、鉴定的原则与程序进行严格的规范；对特殊教育的师资培训进行系统的规定，明确各级师范院校以及教育培养机构的各级学位教育、教师培训课程应包含的特殊教育课程模块；对残疾儿童教育的财政投入、教学资源保障、各类学校应提供的设施与支持进行严格的规定；对残疾儿童教育的教育安置形式、入学条件、学制、教材、教学内容与方法、课程调整、教学评估手段、升学、职业教育的形式等进行详细的规定；对区（县）、乡、乃至学校针对特殊教育需要儿童建立资源教室的条件、标准、服务对象与内容以及对资源教室教师的数量与资格进行规定；对残疾儿童学校后生活，即学校与相关就业指导、康复、福利部门的衔接进行规定；对高中阶段的特殊教育需要学生的入学、教学要求与评估手段、教学材料与其他资源、师资等进行明确规定，对高等学校招收有特殊教育需要的学生的入学条件、教学要求与评估、教学资源、管理、环境与设施（如教学楼的无障碍通道设计）的改善进行规定。

最后，广泛进行宣传。残疾少年儿童教育是提高整个民族素质不可缺少的一部分，是实施联合国提出的"全民教育"目标的重要举措；也是体现我国文明发展水平的标志，是建立和谐社会的必然要求，是实现我国人权平等事业进步的重要步骤。①

六、终身教育法

（一）制定《终身教育法》的必要性与紧迫性

我国作为世界上最大的发展中国家，已经积极接受了联合国

---

① 本节内容吸收了邓猛教授的意见。

教科文组织倡导的终身教育的观念，把它作为国家的基本教育政策和策略，并以此指导教育体制改革。目前，已经有了《教育法》、《教师法》等一系列法规，这些综合性法规对促进"终身教育"无疑有着十分积极的作用。国务院在批转教育部《面向21世纪教育振兴行动计划》中提出，到2010年基本建立起终身学习体系。要在短时间内在一个拥有13亿人口的发展中国家构建终身教育体系，其艰巨性是不言而喻的，我们的工作还面临亟待解决的诸多难点，因此制定和出台《终身教育法》已迫在眉睫。

首先，"终身教育"是全面建设小康社会的目标内容。十六大报告就全面建设小康社会的目标明确指出："人民享有接受良好教育的机会，基本普及高中阶段教育，消除文盲。形成全民学习、终生学习的学习型社会，促进人的全面发展"，"发展继续教育，构建终身教育体系"。终身教育作为建设小康社会的一项重要指标，被提升到一个前所未有的高度，"终身教育"、"终身学习"是社会发展和时代对我们的要求。

其次，为"终身教育"立法是世界性潮流。联合国教科文组织早就建议"将终身教育作为发达国家和发展中国家今后若干年内制定教育政策的主导思想"。美国1976年就通过了"终身教育法"，韩国在20世纪80年代将"终身教育"写进了宪法，日本1990年由国会通过了终身学习振兴法等，欧盟将1996年确定为终身学习年，这些都表明，为"终身教育"立法，对于形成全民学习、终身学习化社会有着重大意义。

（二）制定《终身教育法》的建议

建议尽快制定国家《终身教育法》，以促进学习化社会的形成。具体步骤为：借鉴各地尝试的此类成功法规经验，修订现行的有关法律法规，以渗透和补充终身教育的法规内容，集思广益，加工完善；在尝试和修订的基础上，把有关法律法规中的终身教育内容进行概括与总结，制定国家的《终身教育法》，形成纲领性母法；借鉴国外终身教育法的有益内容，洋为中用。

七、学位法

学位是根据某一国家意识形态的特点，为该国有关法律制度所规定，国家或某种公认的教育机构授予给公民个人用以代表公民个人受教育水平的终身荣誉称号。以立法的形式来确立和完善学位制度，规范学位的层次、门类、标准、授予机构及授予程序等，对于确立学位的权威性和严肃性，促进各类专门人才的成长，具有重要的作用。《中华人民共和国学位条例》（以下简称《学位条例》）于1980年2月12日经第五届全国人民代表大会常务委员会第十三次会议通过，1980年2月12日全国人民代表大会常务委员会令第4号公布自1981年1月1日起施行。自《学位条例》实施20多年来，我国的学位工作获得了长足进步。三级学位（学士、硕士、博士三级）授予单位不断增加，初步形成了适应国民经济和社会发展的多层次、多形式、学科门类基本齐全的高等教育体系。学位授予人数大幅增长，学位授予质量不断提高，学位工作在促进我国教育、经济、科技文化发展方面取得了显著的成绩。

（一）制定《学位法》是建设创新型国家的迫切要求

我国已经明确提出建设和谐社会的目标，并提出到2020年建设成为创新型国家。这就需要进一步做好学位工作，培养大批拔尖创新人才。20多年前颁布的《学位条例》，在学位制度建立初期发挥了重要作用，但是，在学位工作得到较大发展后的今天，已经不能适应新形势的要求。据有关学者研究，目前我国学位领域存在的主要问题如下。

1. 许多相关概念未界定。随着高等教育的发展，出现了许多与学位有关的概念，需要在法律上作出明确的界定。

2. 学位分类体系不完善。中国现行学位制度中存在的一个重要问题是分类体系不完善，只有"学位分学士、硕士、博士三级"的简单规定，没有分清职业取向的专业学位与学术取向的科学学位之间的界限，对现行的 MBA、MPA、教育硕士、工程硕士等专业学位均未作出相应的规范。

3. 学位评定、答辩、授予程序不够规范，很难维护学位申请者的合法权益和保证学位评定、答辩、授予程序的公正性。

4. 学位管理体制不合理。在目前的管理体制中，中央政府对学位实行严格的计划管理，从学位授权审核到学科专业设置、学位评定、证书发放等几乎都纳入国家统一计划中，学校很少有自主权。这种行政化的管理限制了学校主动性的发挥，抑制了学校内部学术自由的发展。同时，省级政府对学位的管理职能在实际工作中显得越来越重要，但在法律上缺乏明确的规定。

5. 各主体之间的职责权限不清，权利义务不对等。在学位授予的整个组织结构中，存在多层授权关系，各主体之间的职责、权限相对模糊。《学位条例》对于教育行政部门和教育管理者只强调职能的行使和权利的拥有，没有责任性的规定和义务性的约束；对学位申请者的权利和权利保障的途径缺少规定。

由于《学位条例》存在以上诸多不完善之处，必然给学位工作和人才培养带来诸多不利影响。实践中出现的许多与学位有关的纠纷，也常常困扰着我们。近 10 年来，将学位问题诉诸法律的事例越来越多。1999 年 7 月我国首例田永诉北京科技大学拒绝颁发学位证的行政诉讼案，开创了我国学位授予行为法律救济的先例。随后，刘燕文诉北京大学不授予博士学位案，陈海关诉中国科技大学不授予学士学位案，以及华西医科大学博士生张峻霄、郑州航空工业管理学院学生樊兴华、福州大学管理学院学生穆某等因学位而与母校发生的法律纠纷等案例一个接一个。这些案例表明，人们对《学位法》的期待越来越迫切。因此，我们应当从构建和谐社会、建设创新型国家的高度，增强制定《学位法》的紧迫感。

（二）发达国家学位立法为我们提供了有益借鉴

学位制度是世界上大多数国家在高等教育阶段所通行的一种教育制度，学位立法也是各国教育立法的重要内容。英、美等普通法系国家是判例法国家，它们的学位法可以分为实体性内容和程序性内容两个部分。实体性的内容基本上由学校规定，程序性内容则由判例法和学校规定共同加以规范。法国和德国同属大陆法系国家，注重制定法和法律体系的完备，两个国家都不仅有国家层次的学位立法，而且有学校层次的立法。法国的国家学位立法内容最为详尽，法律文件也最多。法国对其大学与多学科技术学院的学位制度规定来看，大约涉及 30 多个法令、政令和通知，它们共同构成国家学位立法的框架。日本至今仍保持着受德国法律影响的传统理论和大陆法系法律制度的特征，其学位立法也分为国家立法和学校立法两个层次。

（三）制定《学位法》的主要条件已经基本成熟

一方面，现行的《学位条例》已经确立了我国学位制度的基本原则与框架，为制定《学位法》奠定了重要的基础，在 20 多年的实践中，已经积累了多方面的经验教训。另一方面，依法治国、依法治教已经成为各级政府和广大人民群众的共识，近几年的"两会"期间，不少人大代表、全国政协委员呼吁制定《学位法》，这就表明，人们越来越关心、越来越重视学位立法，这些都为制定《学位法》创造了良好的大环境。所以，当前制定《学位法》的主要条件已经基本成熟。

对此，笔者建议：建议全国人大常委会将《学位法》纳入"十一五"立法计划；建议全国人大责成教育部组织相关部门和专家学者，在学习借鉴国外有关法律法规的基础上，抓紧做好《学位法》的起草工作；建议《学位法》在基本构架和主要内容上与《中华人民共和国教育法》、《中华人民共和国高等教育法》、《中华人民共和国教师法》和《中华人民共和国民办教育促进法》等教育法律相协调；建议教育部等部门在《学位法》初稿形成后，向有关专家、学校和社会广泛征求意见，使之更加完善。

八、民办教育促进法

（一）落实《民办教育促进法》刻不容缓

《中华人民共和国民办教育促进法》已于 2002 年 12 月 28 日在全国人大常委会获得通过。这部起草、审议达四年之久的法律终于出台了。民办教育促进法的颁布实施，无疑是我国科教兴国的重大举措之一。作为教育大国，我国仅靠 GDP 的 3‰ 左右的教育经费是远远不够的。综观世界，任何一个现代化的国家，无一不是教育强国，美国、日本、德国、新加坡、韩国等无一不重视教育。因此，民办教育是我国成为中等发达程度国家的重要教育内容之一，今后民办教育将在法律的保护下迅速发展，成为我国教育体系中一支不可缺少的重要力量。

（二）落实《民办教育促进法》的建议

（1）政府和社会应给予民办教育以真正的国民待遇，绝不能另眼相看。要把民办学校与公办学校一样看待，不能歧视，以便给民办教育一个良好的生存与发展空间，使民办教育真正成为科教兴国的重要方面军。

（2）民办教育兴办的时间短，经验不足，各级政府及教育行政主管部门应对其加大关注和扶持力度，为其创造规范发展的条件，在《教育法》和《民办教育促进法》等法律的范围内尽可能使民办学校做大做强（政府应给予其一系列优惠政策，在土地、资金、师资等方面为民办教育做好服务及保障工作）。

（3）依法规范我国现有的民办各级各类学校，对民办教育资源进行合理配置。对不符合办学条件而又在规定期限内整改不力的，坚决予以取缔（特别是其中纯粹以营利为目的的学校），加强对民办学校的宏观管理和业务工作的指导，逐步使民办教育真正融入国家已有的教育体系。

（4）在认真科学地借鉴国外民办教育的经验基础上，以国情和不同地区的实际情况为依据，稳步有序地发展民办教育，绝不能出现一哄而上的混乱局面。同时在反思与总结我国民办教育十几年的发展经验与教训的基础上把好民办教育的入口关，切实做好监督与管理，使民办教育在起步时就能规范发展。

（5）新闻媒体应加大对民办教育的宣传力度，对民办教育的好经验广而告之，对存在的问题也正确对待，让社会各界都来关心民办教育，使其在一个良好的社会氛围中健康发展。

第十章
阳光教育：促进教育公平的现实探索

教育公平的终极目标就是确保教育之光普照到所有人身上，让所有人都能接受到教育。笔者倡导的阳光教育理论指导下的教育实践，正是在教育公平方面所进行的现实探索之一。首先，阳光教育作为一种面向全体学生、面向学生发展的各个方面、面向学生发展的整个过程的教育，关注一切学生的成长而非少数尖子学生的成长，关注学生一切方面的发展而非个别方面的发展，关注学生发展的整个过程而非发展的最终结果，体现了教育的平等性和公平性、全面性和整体性、发展性和实践性，符合教育的本质属性。其次，它强调教育工作者要用爱心来关怀、理解、尊重、激励学生，使之成为人格健全、性格活泼、身心健康、自立自强、合群合作的一代新人，要使自己阳光，给学生阳光，让大家共同阳光，充分体现了教育的关爱性，符合教育的内在要求。此外，它强调年轻一代要自强自立、合群合作合享，有助于目前我国独生子女克服孤僻、自私、自傲、冷漠、脆弱等不足，体现了教育的针对性，符合教育的现实需要。它既是一种面向全体学生、面向学生发展的各个方面、面向学生发展整个过程的教育理念，同时也是一种融德于智、德智一体、德智互动的教育模式。

一、阳光教育的基本理念

（一）阳光教育论

所谓"阳光教育"，就是用阳光之心育阳光之人的教育。它通过面向全体学生、面向学生发展的各个方面、面向学生发展的整个过程的教育，强调一切为了学生，为了一切学生，为了学生的一切，要求教师和家长用爱心来关怀、理解、尊重、激励孩子，使他们成为人格健全、性格活泼、身心健康、自立自强、合群合作的一代新人。它是针对现实教育中存在的缺陷和弊端提出来的，也是为适应正在不断深入开展的教育教学改革（特别是课程改革和教学实验）的需要提出来的，是一种新的内涵丰富、现实针对性强、便于操作的教育理念。阳光教育是促进教育公平的有效途径。

1. 中国教育中的"灰色教育症"

众所周知，灰色是介于白色和黑色或者亮色和暗色之间的一种色调。作为一种比喻和意象，以"灰色教育症"来论称学校教育和家庭教育存在的某些问题，就是说，学校教育和家庭教育既不是一无是处，也不是无可诘责，而是利弊兼存、瑕瑜互见的。

（1）弊端甚多的学校"灰色教育症"。在我国中小学教育发展过程中，主要存在以下弊端。①对国家的教育方针贯彻不力。改革开放以来，我国的教育方针曾有过明确的表述，"教育必须为社会主义现代化建设服务，必须与生产劳动相结合，培养德、智、体等方面全面发展的社会主义建设者和接班人"。江泽民同志在中共十六大报告中对教育方针又作了新的表述，指出要"坚持教育为社会主义现代化建设服务，为人民服务，与生产劳动和社会实践相结合，培养德智体美全面发展的社会主义建设者和接班人"。可以看出，我国的教育方针都把为社会主义现代化建设服务和促成人的全面发展作为学校教育的主要任务和目标。但是，这些并没有在教育实践中得到切实的执行。具体表现是：学校工作不是面对全体学生，而是面对少数尖子学生；不是促成学生的全面发展，而是偏重于智育；在智育方面，不是力图促成学生智力的均衡发展，而是偏重于知识的传授；在知识的传授方面，不是传授与生产劳动和社会实践相关的知识，而是偏重于传授那些与高（中）考相关的知识，导致了教育工作的具体目标一偏再偏。②教育内容不同程度地偏、难、窄、怪。当前不少中小学仍然把工作的重心锁定在应付各种考试、竞赛上，搞变相的应试教育。学生非考不学，教师非考不教，各种机械操练、题海战术层出不穷。结果是教育内容之偏之难与日俱增，之窄之怪花样翻新。③教学形式与方法相对陈旧。教育目标的定位褊狭、教育内容的偏、难、窄、怪，对教学形式与方法有着直接的影响，使之陈旧有余、创新不足。机械训练、死记硬背、师传徒受的接受型学习仍相当严重，而长于思考、善于探究、勤于动手、乐于参与的研究型教学远未确立。这就使得学校教育仍缺乏相应的生机和活力，学生的各种能力也未能得到应有的开发。④师生关系不够和谐。与上述相联系，在不少学校，学生依然被看成可以被塑造、被训练、被加工的对象，处于相对被动的地位，师生之间的平等、民主、和谐、合作、互动等良好的关系仍有待进一步确立。

  目前学校教育的弊端还有一些，以上不过是择要而言。在笔者看来，这至少会给年轻一代带来以下不良影响。①感觉钝化。教育目标的褊狭、教育内容的繁难、学业竞争的激烈，迫使学生每天想着学习、考试、分数、名次，常常对周围的一切无暇他顾、熟视无睹，这样日积月累，必然会令他们对与学习无关的东西无动于衷，进而造成感觉的麻木与钝化。②疾病增多。疾病主要是由心理的失衡、锻炼的减少和活动的单调引发的。面对学习与升学的巨大压力，学生往往感到紧张、压抑甚至恐惧，进而引发失眠、头痛、焦虑、抑郁、免疫力下降等功能性、器质性疾病。专家近年来所发现的"感觉综合失调症"、"注意力缺乏综合征"等稀奇古怪的病症，也肯定与学生巨大的学习压力有着直接的关联。③人格扭曲。在机械操练、强行灌输所构筑起来的教育模式里，学生原本鲜活可爱的人格被割裂，风格迥异的个性被压抑，千篇一律、千人一面成为这种模式的必然结果。加上独生子女的日益普遍，在学生中间就会出现程度不等的孤僻、自私、自闭、自傲、自卑、消沉、怯懦、情感冷漠、言行过激、意志脆弱、性别倒错等人格的扭曲和不健全。近年发生的刘海洋、马加爵事件就是明证。④能力不强。教育本来是要促成人的全面发展的，但是我们的教育却畸形发展了学生的部分能力，而置其他许多能力于不顾。且不说学生的生活自理能力、心理自制能力、生存适应能力等相对较差，就是与学习有关的搜集和处理信息的能力、发现和获取新知识的能力、分析和解决问题的能力、交流与合作的能力等，也未得到有效的培养。

上述弊端绝非夸大其词、危言耸听，而是程度不等地存在于中小学学校教育中，但如因此而完全否定学校教育，却是大错特错的。因为学校拥有专职的教学人员、详密的教学计划和完备的教学设施，这是社会其他机构所无法比拟的。而且学校今天是，以后还将依然是培养人才的最重要场所。虽然社会上不乏自学成才者，但更多的人才还是由学校培养出来的。还应看到，现代教育制度发展数百年来，已积淀下来许多有价值的形式、原则与方法，至今仍然是行之有效的。这正是我们把学校教育的弊端称为"灰色教育症"的原因所在。

（2）沉疴甚重的家庭"灰色教育症"。现在我国家庭中绝大多数的年轻一代都是独生子女。望子成龙、望女成凤，是众多家长的愿望，这本无可厚非。然而，独生子女的广泛存在，却使得家庭教育出现了前所未有的新特点，并且出现了许多不良的现象。就目前来看，有几种现象应特别值得注意：第一种是放任自流、不管不问；第二种是独断专行、强迫命令；第三种是纵容溺爱、包办代替。不管家长们有多少"理由"，也不管出于何种动机，这肯定对孩子的健康成长有害无益，因而必须引起家长们的警惕。还有一种现象则是人们往往习以为常，却应该引起特别警惕的，就是不少家长把家庭教育变成了变相的"第二课堂"或者学校活动的延伸。有的家长亲自出马，或者聘请家教，在家里为孩子加班加点，增开"小灶"；有的则威逼孩子去学习各种乐器，或者参加各种培训培优，而不管孩子的天赋、个性、承受能力和发展可能性究竟如何。令人担忧的是，这种现象非常普遍，并且被家长认为是天经地义的，被冠以种种堂皇的理由。一旦孩子不从，家长往往抱怨孩子少不更事、不识苦心，或者甚感委屈，或者暴跳如雷。殊不知，这种对孩子的过分关心、设计与期望，恰恰是对孩子的活泼成长最大的戕害。

以上做法对孩子的不良影响是显而易见的。①这极易造成孩子的心理疾病和行为倒错，如孤僻自私、自卑消沉、情感冷漠、言行过激等。②这会使孩子失去真正的童年，因为各种加班加点、培训培优，剥夺了孩子的游戏时间，使他们整天疲于奔忙，结果是不堪其苦，失去了生命应有的鲜活和生活的乐趣。③这极易造成孩子的个性压抑和兴趣的单一，因为孩子的一切活动都是家长已经设计、安排好的，孩子只需照做，也只能照做。孩子的兴趣爱好被忽视，他们的天赋得不到真正的重视和开发。长此以往，他们的个性必然被压抑，产生逆反心理，表现出对周围一切事物的反感、厌恶、怨怒乃至仇视。

2. 实施阳光教育，对"灰色教育症"对症下药

笔者认为，确立阳光教育这一理念，可以有效地矫正以上弊

端。具体而言，阳光教育的实施可简要概括为一个宗旨、两个重点、三大领域、四个特征、五大法则、六大实践、七大目标。

（1）一个宗旨，指的是阳光教育旨在通过面向全体学生、面向学生发展的各个方面、面向学生发展的整个过程的教育，来培养人格健全、性格活泼、身心健康、自强自立、合群合作的新人。提供一种适宜的环境，是成功进行某种教育的必要条件。

（2）两个重点，指的是阳光教育重点关注师生关系（亲子关系）、生生关系完善和课程教学改革（包括教育评价改革），要给予孩子充分的理解、信任两种关爱，同时关注教育质量，通过这种完善和改革，让教师充满职业成就感，让家长充满幸福感，让学生充满快乐感。

（3）三大领域，指的是在学校教育领域、家庭教育领域和社会教育领域是阳光教育的工作领域，而重点尤其放在学校教育领域。学校的教育阳光化主要包括三个具体方面：管理阳光化；德育阳光化；教学阳光化。

（4）四个特征，指的是阳光教育具有民主性（平等性、公平性）、全面性（整体性）、发展性（实践性）和关爱性，也充分体现了教育公平的要求。

（5）五大法则，即第一法则，提供一个适宜的成长环境是教育的必要前提；第二法则，给予理解和信任两种关爱是教育的重要动力；第三法则，培养智商、情商、意商三种品质是教育的基本内容；第四法则，做到学会学习、学会做事、学会关心、学会生存是教育的根本目标；第五法则，实施德育、智育、体育、美育、合育五育是教育的重要途径。

（6）六大实践，即阳光校务实践（校务公开、民主决策等）、阳光德育实践（孝亲教育、救困扶贫、帮残助学、环保教育、生命教育等）、阳光教学实践（因材施教、分类推进、教师周记、家校合作等）、阳光社会实践（社会调查、学农学军等）、阳光身心实践（师生心理健康教育、每日一小时户外锻炼等）、阳光评价实践（阳光少年评选、阳光教师评选、阳光家长评选等）。

（7）七大目标，即人才的具体培养目标是科学的头脑、艺术的趣味、善辩的口才、健康的身心、和谐的沟通、高效的工作和负责的精神。

（二）意商论

在阳光教育论中，意商与合育是两个十分重要的理论概念。在这里，先重点谈谈意商这个概念。众所周知，要使幼苗根深叶茂，仅仅靠空气、阳光和水是不够的，还需要氮、磷、钾等养分。对孩子的成长而言，"氮、磷、钾"就是智商、情商和意商三种品质。现在人们都很重视培养孩子的智商和情商，却忽视了对孩子意志品质的培养。其实良好的意志品质不仅是成功必不可少的重要条件，而且也是健全人格不可或缺的重要组成部分，甚至可以说，在一定程度上，意商对于事业的成功比智商、情商更为重要。那么，什么是意商？它与智商、情商有何不同，三者是何关系？为什么当前要特别强调培养孩子的意商？如何更好地培养孩子的意商？

1. 什么是意商

所谓意商，是用以反映人的意志品质及其发展水平的一个概念，包括意志的自控性、果断性、坚毅性、持久性等。它是与人的意志过程密切相关的，是人在克服困难时所表现出的心理状态，如克服干扰、知难而上、坚忍不拔、持之以恒等。这是在吸收了心理学家关于意志问题的研究成果并结合笔者自己对教育问题的研究后提出来的。之所以提出这一概念，不仅仅基于"独生子女综合征"日益严峻的现实，还考虑到未来社会对人才的需求。现在社会竞争已呈现出愈演愈烈的趋势，可以肯定，未来的社会竞争必将更加激烈。未来的人才不仅要有广博的知识、较高的创造才能和平和而健康的心态，更要有坚忍不拔的毅力、一往无前的精神和直面竞争的勇气。因此，优秀的意志品质是未来人才不可缺少的一大素质。即便是对普通人来讲，一生中也难免会遇到各种挫折和坎坷。只有具备较好的意志品质，才能够迎接各种风浪的考验，驾好人生之船。大凡成功人士都有这样的体会：天赋和机遇固然重要，但更重要的是要有百折不挠、持之以恒的意志品质。

2. 意商与智商、情商的关系

意商与智商、情商有何不同，它们彼此之间是什么关系？为了说清楚这个问题，我们有必要对智商，特别是情商的内涵作出分析。明了智商与情商的内涵，智商、情商、意商三者的区别以及彼此的关系就容易理解了。智商是指人的智力年龄与实际年龄的比值，反映的是人的智力品质及其发展水平。智商这个概念，平时人们谈论最多，理论界研究也最充分，这里不拟展开，以免重复，只想侧重谈谈情商。严格地说，情商应该叫"情绪智力"，而不是像人们望文生义地认为是"情感商数"的简称。那么，什么是情绪智力呢？按照我国著名心理学家郭德俊教授的说法，情绪智力"是社会智力中的一部分，也可以说是一个分支。人们在面临许多社会问题时，都需要在情绪、情感信息的参与下才能正确地解决。这种对情绪信息加工的能力就是情绪智力"。美国心理学家萨洛维和梅耶在《什么是情绪智力》一文中，对这一概念做了如下阐述：情绪智力包括准确地觉察、评价和表达情绪的能力，接近并产生情感以促进思维的能力，理解情绪及情绪知识的能力，调节情绪以促成情绪与智力发展的能力。我国情商说研究者在综合各方成果的基础上提出了新的情绪智力说。该学说认为，把动机、兴趣等排除在情绪智力之外是不恰当的，因为动机、兴趣与人的情绪关系极为密切，甚至有时就表现为一种情绪或情感。基于此，该学说对情绪智力进行了重新定义，认为情绪智力乃是人认识、调控自我以及他人的情绪，寻求自身心理平衡，形成自我激励机制和动机与兴趣相结合的机制，以及妥善对待与处理人际关系的心理素质和能力。虽然用情商来指称情绪智力有欠准确，但鉴于情商一词已为国内一般民众所熟知，在此笔者们也沿用了这一概念。在笔者看来，情商是人在情感过程中产生的，用来调控自身情绪、寻求心理平衡、协调人际关系、驾驭人生风帆的素质和能力。所谓培养情商，具体说来就是要使人尽力做到以下四点：认知和调控自己的情绪；识别和理解他人的情绪；构筑和形成动机、兴趣和自我激励相结合的动力机制；处理和协调人际关系。

既然情商也叫情绪智力，它也就应该算是智力的一种了。那为什么不用"智商"来统而称之，非要再搞"情商"这样一个新名词呢？这个问题有点复杂，大致可以从两方面来回答。首先，这与智商说以及传统的智力观有关；其次，与人们对智力的深入探讨有关。

先说前者。传统智力观认为，智力是以语言能力和数理—逻辑能力为核心，以整合的方式存在的、与人的认识过程相联系的一种能力，可分为记忆力、观察力、思维力、想象力等。智商就是用来测定这些能力的一个概念，是人的智力年龄与实际年龄的比值。多年来，人们一直认为，智商越高的人就越聪明，反之则越愚笨。这种观念根深蒂固，甚至在一些国家，特别是美国，学生的入学性向测验也一度是基于这样的观念设计的。这种观念近些年来受到了普遍的质疑。学者们研究发现，一方面大量的成功人士并非那些智力测验中智商很高的人；另一方面许多被认定为智商很低的人却在某些领域表现出了突出的才能和聪明过人之处。这样的例子生活中不胜枚举，这说明了一个问题：智商不高的人未必就不"聪明"！这种现象迫使人们思考：以往的智商理论能否完全测定人的聪明程度？其背后的智力观能否涵盖人类智力的全部？人类的智能结构究竟如何？说到底，就是人们应该如何来理解智力这一概念。

为了正确认识人的智力成分和智能结构，学者们进行了大量研究。越来越多的人认识到，智力是由不同因素构成的，是多元的。英国心理学斯皮尔曼、美国的桑代克和瑟斯顿等人都表达了类似的观点。20世纪80年代以来，美国的斯腾伯格提出了著名的智力三元论，认为智力是由分析能力、创造能力和应用能力三个相对独立的能力组成的，个体智力的差异主要表现为三个方面的不同组合。之后又提出智力的领域独特性理论，认为每一学科或职业领域的活动都有其独特的内容和方式，因而从事不同学科领域研究的人或不同职业领域工作的人在智力活动方式上存在着差异。美国哈佛大学教授、当代著名心理学家霍华德·加德纳则将智力分为八种能力，它们以相互独立的方式存在，以不同程度和方式有机组合在一起。这些研究从不同侧面、在不同程度上揭示了智力的本质，促使人们对智力进行更深入的探讨。

由此可以看出，传统智力观充其量只是部分地揭示了人类智力的内容，因而与此相关的传统智商说既不可能精确测量出一个人的聪明程度，也不可能全面反映出他的智力面貌。在此情况下，情绪智力说便应运而生了。作为20世纪90年代盛行至今的一种理论，情绪智力说是在吸收了多元智力理论的成果尤其是综合了自知—自省和交往—交流两大智力的基础上，并参照了教育学的最新研究成果而提出的。可见，情商说有着传统智商说所无法涵盖的内容，二者是不能相互替代的。

通过上面对智商特别是情商的分析，我们可以看出，意商与智商、情商是有明显不同的，它是反映人的意志品质及其发展水平的一个概念，包括意志的自控性、果断性、坚毅性、持久性等。人的心理过程通常可分为认识过程、情感过程和意志过程，意商主要与人的心理过程中的意志过程相联系，是人在克服困难时所表现出的心理状态，如克服干扰、知难而上、坚忍不拔、持之以恒，等等。在孩子的培养过程中，其认识过程、情感过程和意志过程，这几个方面是相互影响、不可分割的，因而智商、情商、意商的培养也不能偏废。

3. 为什么要特别强调意商的培养

当前之所以要特别注重孩子意商的培养，一方面是基于对我国独有的"独生子女综合征"日益严峻的现实思考，另一方面也是出于对未来社会人才需求的长远考虑。我国有世界上最庞大的独生子女群，这是我国教育方面最基本也是最重要的国情之一。许多研究表明，在我国的独生子女中，由于家庭教育和学校教育的偏颇，相当一部分学生出现程度不同的孤僻、自私、自傲、任性、娇气、意志脆弱、情感冷漠、唯我独尊等人格不健全的毛病，专家称之为"独生子女综合征"。这样的年轻一代最为缺乏、最需培养的，就是情商和意商。如果只注重他们智商的培养，不注重情商特别是意商的培养，他们未来一旦走上社会，就会成为自私自利、个性压抑、孤独冷漠、怨天尤人、意志薄弱的人，成为一代"输不起"的心理懦弱者和"站不直"的精神缺钙者。

一个人要真正成为人才，必须具有以下一些基本素质。（1）强健的身体素质。"体者，载知识之车而寓道德之舍也。"真正的人才，应该是会劳逸、懂作息、擅健体的人。那种因透支身体而英年早逝者，或为病魔缠身而昙花一现者，虽也称为人才但为我们所不取。（2）优秀的心理素质。优秀的心理素质，是使之能成为真正人才的必备条件。人才首先应该具有良好的意志品质，即面对困难不是退避三舍而是愈挫弥坚，不是怨天尤人而是逆境图强；其次应该具有较强的心理调适能力，即与人不睦时不是清高自诩、顾影自怜，更不是自艾自怨、轻言生死，而是以积极的心态面对一切；再次还应该具有较高的创造能力，即不仅有敢为人先的勇气，还应有力避俗套、独辟蹊径的眼光和才干。（3）良好的道德素质。真正的人才还应该是那些德才兼备的贤才，而不是目空一切、妄自尊大的怪才，更不是口若悬河却百无一能的庸才。那种依恃霸权损人起家者，抄袭剽窃瞒天过海者，以及小肚鸡肠妒贤嫉能者，如果硬要称之为"才"，充其量也只能是"损才"、"歪才"与"妒才"，为真正的人才所不齿。(4)适当的科技文化素质。人之能成为人才固然与其创造能力关系最密切，但创造能力不是凭空而来的，而必须以一定的知识为基础。尤其在科技突飞猛进、竞争日趋激烈的今天，没有一定的科技文化素质，是不可能成为真正人才的。

以上所论只是就通常情况而言。当前，日趋激烈的国际竞争和日益严峻的社会现实，对人才素质又提出了新的要求。这些要求主要是：知识结构上，应具有"博"与"新"的特征，即不仅应有广泛的学科知识，还要了解学科的前沿动态，有不断更新的知识视野与勇于创新的学科意识；能力结构上，应具有全面与综合的特征，即不仅应有掌握、探究、运用知识的能力，还应有社交、组织、管理等能力；品德结构上，应具有传统与现代相融合的特征，即不仅应有仁、义、诚、达、勇、逊等传统美德，还应有公平、信任、合作等现代品质；个性结构上，应具有立己与立人相结合的特征，即不仅要能够自立、自主与自强，还应有开放、合群、热情等特征；审美结构上，应具有高尚的情趣与情操，以及欣赏美、鉴别美、创造美的能力。也正因为如此，我们要高度重视并采取切实措施加强对孩子意商的培养。

4. 如何更好地培养意商

如何更好地培养孩子的意商，需要学校和家庭共同努力。既然意商与人克服困难密切相关，家长就不应该对孩子学习和生活中遇到的挫折和困难大惊小怪、揪心焦虑，更不能借口孩子能力不足而事事包办代替，而是要鼓励孩子勇敢地去面对困难，协助孩子积极地去克服困难，甚至可以创设一些适度的困难情境，让孩子独立去面对。要相信孩子身上有着家长未曾发现的、比家长想象的要大得多的潜力，要相信只有通过困难和挫折的砥砺，孩子才能真正成熟起来。对于学校而言，更应该在学生意商的培养方面责无旁贷。笔者发现，尽管挫折教育已在教育理论界提倡了好些年，但在实际工作中，人们并没有把它放在应有的位置上。如果我们培养的是一些除了会读书、能应考就别无所长的"专才"，培养的是一批大事做不了、小事不愿做的"奇才"，培养的是一群一有挫折便"缩头"、偶遇困难就"袖手"的"怪才"，那么我们就造就了一代精神上的"缺钙"者。这将是学校教育最大的失败和悲哀。要使年轻一代都能成为"站直了，别趴下"的一代强者，笔者认为首先教育工作者要确立新观念，把培养学生的意商放在与智商、情商同等重要的位置，充分认识到加强此项工作的重要性、必要性和紧迫感。其次，要制订与培养智商、情商同样详密的计划，有系统、有步骤地加以安排，把培养学生的意商真正落到实处。最后，要加强评价与督导，把意商的培养状况作为衡量学校整体教育质量的一项必备内容。只要切实采取以上措施，就能够把学生培养成自理、自立、自制、自强的一代新人。

最后需要说明一点，与情商一样，意商或许不是一个十分科学的心理学概念。它的提出，可能会引起心理学专家们的批评，对此笔者有清醒的认识。但坦率地说，提出这个概念，并非想对心理学理论有什么原创性贡献，笔者所面对的读者不是心理学专家而是广大的家长和教育工作者，我们的目的无非是试图通过提出这个概念，引起广大家长和教育工作者对孩子的意志品质培养的进一步重视。如能达此目的，则吾愿足矣。

（三）合育论

所谓"合育"，是指以和合、合作、交往等思想为指导而对年轻一代实施的一种教育，目的在于使他们既能善待自己，又能正确地对待他人和社会，成为合群、合作、合享的一代新人。合育与意商一样，都是笔者首次提出的新理念，也都是阳光教育理念和模式的重要内容。在教育理论原创性探讨非常热烈的今天，笔者为什么要提出这一教育理念？它的理论依据何在？其基本含义是什么？应该怎样实施？以下将对这些问题作出阐述，希望能引起教育界的关注与讨论。

1. 提出"合育"的背景

笔者之所以提出"合育"这一理念，首先是基于对当前世界教育发展大势的关注。自20世纪70年代以来，联合国教科文组织接连发表了一系列报告，反复强调各国应注重培养学生与他人共同生活的能力，把它放在教育的重要位置来抓。例如，在《学会生存》一书中，埃德加·富尔在谈到委员会的设想时，认为"人类发展的目的在于使人日臻完善；使他的人格丰富多彩，表达方式复杂多样；使他作为一个人，作为一个家庭和社会的成员，作为一个公民和生产者、技术发明者和有创造性的理想家，来承担各种不同的责任"[1]。《教育——财富蕴藏其中》把"学会共同生活，学会与他人一起生活"作为"教育的四个支柱"之一，并且认为"这种学习可能是今日教育中的重大问题之一"[2]。为此，该报告呼吁各国都应教会学生"发现他人"，因为"教育的使命是教学生懂得人类的多样性，同时还要教他们认识地球上的所有人之间具有相似性又是相互依存的"，而"认识他人必须首先认识自己。要使青少年正确地认识世界，无论是在家庭、社会还是在学校进行的教育，都应首先使他们认识自己。只有在这个时候，他们才能真正设身处地去理解他人的反应"。可以肯定地说，教会学生合群与合作、理解与尊重，已经并将继续成为世

---

[1] 联合国教科文组织国际发展委员会编著，华东师范大学比较研究所译：《学会生存——教育世界的今天和明天》，教育科学出版社1996年版。

[2] 联合国教科文组织国际发展委员会编著，联合国教科文组织总部中文科译：《教育——财富蕴藏其中》，教育科学出版社1996年版，第82页。

界教育的发展潮流。因此，及时确立合育理念，是我国教育面向世界、面向未来的应时之举。否则，我国与其他发达国家的差距就会越来越大。

笔者之所以提出合育这一理念，还基于对我国教育现状的基本认识。目前我国教育存在着两大基本"国情"：一是穷国办大教育；二是独生子女日益普遍。人们对于前者往往关注较多，因为这是制定教育宏观政策、确定教育发展规模等的重要依据。对于后者虽然也有所关注，但从认识的程度和深度上来看，都还是远远不够的。独生子女问题乃是由我国长期执行计划生育政策所造成的。回溯以往，计划生育作为我国的一项基本国策，是在20世纪70年代确立起来的，至今已有30多年。30多年间该政策由宽渐严的执行，使我国拥有了世界上最为庞大的独生子女大军。据有关专家估计，该政策至少还要延续到2050年。这是我们需长期面对的重大问题。

以上国情给我国教育带来了一些新的特点。一方面，独生子女的广泛存在，使得他们的活动方式与以往有了很大的不同。以往多生子女在家里共同生活、共同游戏，共同分享父母的爱与期待，他们之间形成了一个既相互促进又相互制约的环境。在这样的环境里他们学会了怎样与人相处，懂得了权利与义务，不会感受到父母特别的关注。现在则不同，独生子女在家里没有玩伴，没有竞争对手，只能与成人为伴。这样他们就很容易受到成人过多的呵护，或者被过多的期望所压迫，很难有一个和谐自由的人格发展空间。另一方面，就生活方式而言，由于独生子女背负着过多的期待和要求，他们往往每天被大人们诱惑着或逼迫着去考虑学习、分数、名次，去加班加点、培训培优，每天或奔波于学校与家庭之间，或埋头于书山与题海之中，很少有与同伴交往的时间，这就使得独生子女的生活变得日益乏味、枯燥、呆板和单调。此外，就居住方式来看，城市里的独生子女大多住在彼此隔绝的公寓里，他们每天或只能与父母为伴，或因父母忙碌而只能独居一室，少有交往，难有交流，这与以往小平房、四合院式的其乐融融环境有了极大的不同。

以上状况对独生子女的不良影响是很大的。首先，这易于造成他们的感觉钝化。培训培优的屡禁不止、学业竞争的日益激烈，迫使孩子每天想着学习、分数，常常对周围的一切无暇他顾、熟视无睹。这样日积月累，必然会令他们对与学习无关的东西无动于衷，进而造成感觉的麻木与钝化。其次，这会使他们的疾病增多。疾病主要是由心理的失衡、锻炼的减少和活动的单调引发的。面对学习与升学的巨大压力，孩子们往往感到紧张、压抑甚至恐惧，进而引发失眠、头痛、焦虑、抑郁、免疫力下降等功能性、器质性疾病。专家近年来发现的"感觉综合失调症"、"注意力缺乏综合征"等稀奇古怪的病症，就与巨大的学习压力有着直接的关联。再次，会造成他们的人格扭曲。在这种狭小而单调的生活空间里，孩子们原本鲜活可爱的人格被割裂，风格迥异的个性被压抑，这样在他们中间，就会出现程度不等的孤僻、自私、自闭、自傲、自卑、消沉、怯懦、情感冷漠、言行过激、意志脆弱、性别倒错等人格的扭曲和不健全。最后，各种加班加点、培训培优，不仅会使孩子们失去应有的生活乐趣和生命活力，而且还极易造成他们的个性压抑和兴趣单一，因为孩子的一切活动都是成人们已经设计、安排好的，孩子只需照做，也只能照做。孩子的兴趣爱好被忽视，他们的天赋得不到真正的重视和开发。长此以往，他们的个性必然被压抑，进而产生逆反心理，表现出对周围一切的反感、厌恶、怨怒乃至仇视。

上述种种状况，与世界其他各国普遍重视学会生存、学会交往的时代潮流极不相符，也与全面建设小康社会所需要的人才素质相距甚远。世界教育的发展趋势指明了"合育"的重要性和必然性，而我国教育的现实国情则使得合育的确立变得日益必要和迫切。笔者认为，我国教育要面向现代化、面向世界、面向未来，应该从现在开始就注重确立合育理念。这不仅是我国教育的应时之策，而且是长远之计。

2. 合育的理论依据

合育不仅是基于世界教育的发展趋势和我国教育的现实状况提出来的，还包含着笔者对有关先进思想、理论的吸收和改造。总的来说，合育主要的理论依据有如下几个方面。

（1）我国古代思想。我国古代关于合群、合作以及和谐的思想非常丰富，许多思想家、教育家都非常重视养成年轻一代的这种品德，强调人应该与他人、与社会、与周围的一切和谐相处。例如孔子曾言："礼之用，和为贵"[1]，认为人之礼只有和谐、恰当、恰到好处，才最难能可贵。又言："君子和而不同，小人同而不和"[2]，认为能用协调的方式使不同的东西达到和谐的境界，这样的人才堪称君子。孟子认为人们之间应该和睦、团结，这样力量才最强大，即所谓"天时不如地利，地利不如人和"[3]。战国末期的荀子对于人合群、合作的意义有更为清楚的认识。他说："水火有气而无生，草木有生而无知，禽兽有知而无义，人有气有生有知亦且有义，故最为天下贵也。力不若牛，走不若马，而牛马为用，何也？曰：人能群，彼不能群也。"[4] 对于人合群、合作的意义和作用做了非常精彩的论述。《中庸》则把"中"、"和"提到了一个新的高度，认为它们首先表现为人对周围世界的态度，即所谓"喜怒哀乐之未发，谓之中；发而皆中节，谓之和"。同时中和也是宇宙万物存在的根基和依据，即所谓"中也者，天下之大本也；和也者，天下之达道也"。至于源

---

[1]《论语·学而》。
[2]《论语·子路》。
[3]《孟子·公孙丑下》。
[4]《荀子·王制》。

远流长的和合思想，则更为众多思想家所推崇。在他们看来，和合乃是宇宙生成的根本，任何人文世界无不涵纳于和合的逻辑结构之中。因之，和合要求人们要敞开自己，以博大的胸怀对待周围的一切，成为天地的辅相者、参赞者。这些都为合育理念的提出提供了丰富的思想营养。

(2) 合作教育理论。合育不仅吸收了我国古代的有关思想，还注意吸收当代教育的新理念，合作教育理念便是其中之一。合作教育作为一种重要的教育思潮，是在20世纪50年代末新技术革命的冲击下兴起的。它汇集了多个国家的著名教育理论，如苏联的合作教育学、美国罗杰斯的人际关系理论、德国的交往教学论、美国斯莱文的合作学习理论等。合作学上的应用、过于重视教学手段的现代化，将使学生从小就处于缺乏生气、缺乏人际交往的人—机环境中，极易造成他们心理上的缺损，进而导致教育的"非人化"和"人的灾难"。基于此，合作教育理论呼唤传统人际关系的回归，注重诸多教育关系和教师与学校领导、学校与社区、教师与家长、学生与学生等关系的健康与协调，尤其注重民主和谐的师生关系的健康与协调。合作教育理论认为人历来就是学校教育的资源之一，应该通过人与人之间的合作来扩展教育的力量。① 不过，合作教育所关注的人际关系主要是在师生关系的视野之内，并且主要是把师生关系作为学校教育的资源和力量来看待；合育则力图突破这种局限，特别注意养成年轻一代对自己、对他人、对社会、对世界的良好态度和认知。因此，合育这一理念是在对合作教育理论批判吸收的基础上提出的。

(3) 多元智力理论。传统的智商理论和皮亚杰的认知理论认为，智力是以语言能力和数理—逻辑能力为核心的、以整合的方

---

① 顾明远、孟繁华编：《国际教育新理念》，海南出版社2001年版，第50～60页。

式存在的一种能力。在这种认识基础上,各种智力量表被编制出来,以确定人的智商高下。但在现实生活中人们发现,大量的成功人士并非是那些智力测试中得分很高的人。另一方面,许多"智商"很低甚至是"弱智"的人却在某些领域里表现出了突出的才能。这说明传统的智力观并不科学。

为了正确认识人的智力成分和智能结构,学者们进行了大量研究并取得了重大的进展。1983年,美国哈佛大学教授、著名心理学家霍华德·加德纳出版了《心智的结构》一书,系统阐述了他的智力观。他把智力定义为"在某种社会和文化环境的价值标准下,个体用以解决自己遇到的真正难题或生产及创造出某种产品所需要的能力",认为智力不是一种能力而是一组能力,不是以整合的方式而是以相互独立的方式存在的。在此基础上,加德纳提出了多元智力理论,认为人类的智力至少可以分为八种,即言语—语言智力、数理—逻辑智力、音乐—节奏智力、视觉—空间智力、身体—动觉智力、自知—自省智力、交往—交流智力和自然—观察智力。它们在人类的心智结构中都占有同样重要的位置,难分优劣高下,只不过具体到不同的人身上,其表现的程度和方面有所不同而已。①

如今,多元智力理论已得到了越来越多人的认同。相比之下,传统的学校教育发展的只是学生的部分智力而非全部,这就在很大程度上妨碍了学生个性的多方面发展。从根本上讲,让学生学会认识自己、认识他人,学会交往与合作,学会关心自然、关心社会,不仅是对学校教育补偏救弊的必然选择,也是对自知—自省智力、交往—交流智力、自然—观察智力等的重视和开发。这正是我们确立合育这一理念的深层次理论思考。

---

① [美] Linda Campbell 等著,王成全译:《多元智能教与学的策略》,中国轻工业出版社 2001 年版,第 1~5 页。

（4）社会互赖理论。社会互赖理论（social interdependence theory）源于20世纪初的格式塔心理学。该理论原初研究的主要是群体及其成员之间的相互关系问题。创始人之一的卡夫卡（K. Kafka）认为，群体是由相互依赖的不同成员构成的，其互赖性可因不同情况而有所变化。卡夫卡的同事勒温（K. Lewin）对上述观点进行了阐发，他认为群体是其成员基于共同目标而形成的，是由于相互依赖而成为一个整体；群体中任何成员的状态有所改变都会影响到其他成员，使他们也发生相应的变化；群体成员内在的紧张状态能够引发完成共同目标的动机。勒温的弟子道奇（M. Deuatsch）于20世纪40年代末从目标结构角度提出了合作与竞争的理论，界定了三种目标结构：合作的目标结构、竞争的目标结构、个人的目标结构。道奇的弟子约翰逊兄弟将这一理论进行统整与拓展，形成了社会互赖理论。该理论认为，群体间积极的互赖将产生促进性互动，成员之间会形成良性的合作，结果会使群体中每一个成员的发展水平都大大提高；消极的互赖则产生对抗性互动，成员之间会形成恶性竞争，结果就会造成多败俱伤的结局。

虽然社会互赖理论主要研究的是群体间的互动，并且是基于西方国家的情况而提出来的，但在笔者看来，它也为合育理念提供了有益的理论鉴照。因为它虽然提示了群体可能带来的消极影响，却也指明了群体可能产生的积极效果。目前，我国独生子女的合群意识还非常淡薄，合作观念还远未形成，群体互动更较为鲜见。在此情况下，培育独生子女的群体意识，有助于减缓或消除他们彼此隔绝所造成的心理问题，加强沟通与合作，最终养成健全的人格。至于竞争，笔者认为主要可以分为两种：一是消极互赖所产生的对抗性互动，即所谓群体"内耗"；二是彼此之间缺乏沟通所造成的竞争，即所谓"囚徒困境"。前者可以通过群体间的协作（如弘扬合享观念）加以解决，后者则是我们目前所面临的主要问题。合育正是在对社会互赖理论的这种深入思考后提出来的。

应该说明的是，虽然合育的理论依据已如上述，但在笔者看来，其中最重要也是最基本的还是我国古代的相关思想。正是从我国古代教育家、思想家那里，我们找到了确立合育的丰富思想素材。这既为我们提出"合育"理念提供了足够的信心支持，同时也使我们坚信，"合育"理念一经提出，必定会在我国生根、发芽，逐渐受到越来越多的认同。由此来看教育理论原创性问题，可以断言，今天提出的任何理论都不可能是凭空新创的，都必须吸收既有的相关理论成果，因之都只能是程度不等的创新。这种创新固然需要吸收古今中外的一切理论成果，但最重要的还是要从本土文化土壤里去寻找智慧，并且要密切关注现实，注重解决我国教育的实际问题。否则，这种创新就只能是空中楼阁，隔靴搔痒。

3. 合育的基本内容及其实施策略

确立合育理念不仅是世界教育的发展趋势和我国教育的现状使然，其自身也有着丰富的理论基础。人不仅是自然人、生物人，更是文化人、社会人，因而合群合作应是人所必备的一种素质。随着未来社会竞争的日益激烈，社会分工与协作的日益加强，合群合作更应为人所必须。从这种意义上说，合育将日益显示出它的重要性和必要性。就其所涵盖的内容来讲，合育至少应包含以下三个方面。

（1）合群。

现在我国的年轻一代多是独生子女，往往对自己缺乏一个准确的认知与定位。在家里，他们往往被众多的成人所围绕，并且被寄予过多的希望。望子成龙、望女成凤，成为很多家长的共同愿望。有人说：所谓"六一"儿童节，就是六个成人（父母及祖父母）围绕着一个儿童。此说虽为戏言，却也多少道出了独生子女在家庭中的状况。在学校,独生子女则被过重的学业负担所压迫,或被灌输以很强的竞争意识,每天考虑的是学习、考试、分数和名次。这样,他们在家里往往成为饭来张口、衣来伸手的一代"贵族",成为高高在上、目无尊长的"皇帝"、"公主"。在学校,则或者成为"两耳不闻窗外事,一心只读圣贤书"的现代"书虫",或者成为清高自诩、目无他人,"只扫自家门前雪,休管他人瓦上霜"的冷漠之人。这种状况对于他们今后走向社会显然是非常不利的。因此,培养独生子女的合群精神,是现实赋予我国教育的重要使命。

培养合群精神,就是培养他们的群体意识和群体观念。这是合育整个流程的基础阶段。要做到这一点,应该遵循由内到外、由此及彼的原则,从以下几方面入手。①认识自己。独生子女的孤僻、自私、冷漠、自闭等问题,固然与他们的生存环境、生活内容有关,但也与我们过于强调学习而对他们的心理健康有所忽视有着密切的关系。因此,应该加大对他们自我认知的教育力度。应该使他们懂得,在家里,他们只是普通的家庭成员;在学校,也只是学校集体中的普通一员。在家里他们没有也不应该有任何特权。父母长辈的照拂只表明了对年轻一代的关爱,而权利与义务从来都是相伴而生的,他们也应以同样的关爱来回报父母;在学校则更无特权可言,学习成绩的高下决不能成为自傲或自卑的理由,学业竞争的成败更不能成为高人一等的依据。只有使独生子女们具有了清醒的自我认识,才有可能逐渐培养起他们的合群精神。②理解他人。认识自己还只是为合群精神的培养奠定了必要的基础,要真正培养起他们的这种精神,还要教育他们设身处地地去理解他人。"他人"的范围是广泛的,既包括独生子女们朝夕相处的学习伙伴,也包括教师、家长以及周围其他的人。要使他们认识到,每个人都不是十全十美的,都有着这样那样的缺点,都是在特定的环境中成长起来的,都有着鲜明的个性和特长,因此要学会欣赏别人的优点,学会容忍别人的不足。只有学会以包容、宽和的原则来处理人际关系,才能真正养成合群的精神。③关注社会。每个孩子都不可能长期呆在家庭或学校之中,不可能长期受到父母的关爱和照拂,他们迟早要走向社会,面对社会问题,要在社会上生存,要与他人打交道。因此,从学习阶段开始,就应该改变他们"两耳不闻窗外事,一心只读圣贤书"的活动方式,使他们做到"风声雨声读书声声声入耳,家事国事天下事事事关心"。只有这样,才能更好地养成他们的合群精神。

(2) 合作。

一提到合作,就不能不提及社会学的一个有趣的话题——"囚徒困境"(the prisoners' dilemma)。"囚徒困境"的原意是这样的:有一次,两个犯罪嫌疑人被警方逮捕。但是,警方并没有十分确切的证据以证明该罪行究系何人所为,只能根据二人同在事发现场,从而断定其中至少一人必是罪犯。基于此,警方将他们分别加以审讯。审讯时明言,如果嫌疑人A能够指证嫌疑人B为罪犯,那么A将被作为证人无罪释放,B将被判处15年徒刑;如果A被B指证为罪犯,那么B将被作为证人无罪释放,A则被判处15年徒刑;如果A、B二人相互指证,那么二人就都被判处10年徒刑;如果二人都拒不招供,警方将因证据不足而将他们刑拘1年后释放。

虽然对二人来讲,最好的结局莫过于都选择否认而被拘禁1年,但是二人在信息相互不通的情况下,都对自己的困境做了如下判断:如果选择否认,那么结局无非两种,一是自己被对方指证为罪犯而被判处15年,二是被拘禁1年后释放;如果选择指证,结局也是两种,一是有可能被判处10年,二是有可能因成为证人而被无罪释放。两害相较取其轻。面对1年、15年和0年、10年四种选择,结果二人都选择了指证对方,于是都被判处了 10 年监禁。

很明显，每个嫌疑人面对困境所做的选择都是理性而明智的，然而两种明智的选择加在一起，产生的结果却不明智，是皆判 10 年的两败俱伤结局。这一命题之所以能够不胫而走并耐人深思，就在于社会上的"囚徒困境"比比皆是，而陷入此种困境的也绝不仅仅是两个囚徒。如果人人都想投机得利，结果大家都会成为输家；如果都想略施小贿抢先得逞，结果贿价高涨还未必能够得逞；如果都想成为刀俎，结果是大家一道成了鱼肉。① 因此，"囚徒困境"现象提醒人们，每个人的选择虽然是理性的，但加在一起却未必理性，关键要看他们之间是否具有必要的沟通与合作。

"囚徒困境"在教育中是极为常见的，从学生之间的学业竞争、教师之间的各类评估，到家庭之间的聘请家教、培训培优，再到学校之间的搞"片追"、创"品牌"，无不是"囚徒困境"的具体表现。对独生子女来说，他们每天活动在学校—家庭这样一个狭小的圈子里，很少有与他人特别是同龄人的沟通，因而极易陷入"囚徒困境"之中。具体表现是，为了避免学业竞争的失败，他们每天要加班加点地学习，但一番苦学之后才发现，真正的竞胜者只能是少数，大部分人注定要扮演陪衬者、牺牲者、失败者的角色。而无论是竞胜者还是失败者，都被残酷的学业竞争搞得身心疲惫、苦不堪言，并没有真正意义上的赢家。因此，只有养成独生子女的合作意识，才能逐渐消除"囚徒困境"的束缚，使他们走出恶性竞争的阴影，获得健康的人生。

培养合作意识，就是要鼓励独生子女与他人在生活上相互关心，在学习中相互协作、共同提高。这是合育整个流程的中间阶段，也是联结合群、合享的重要环节。要培养这种意识，笔者认

---

① 郑也夫：《走出囚徒困境》，光明日报出版社 1995 年版，第 209 页。

为，在教学中合作学习的理论是可资借鉴的。合作学习是20世纪70年代初兴起于美国，并在70年代中期至80年代中期取得明显实效的一种教学理论。该理论非常注重教学活动的所有参与者之间的互动，认为教学过程就是一个人际交往、信息互动的过程。与传统的教学互动观相比，合作学习的互动观主要包含以下几个方面的内容。①把教学活动定性为一种复合活动，即由单向型（视教学为教师传递信息的过程，教师是信息发出者，学生是接受者）、双向型（视教学为师生之间相互获得信息的过程，强调双边互动）、多向型（视教学为师生之间、生生之间相互作用的过程，强调多边互动）、成员型（视教学为师生平等参与和互动的过程，教师不再充当唯一的信息源）等四种互动类型所构成的活动。②突出生生互动的潜在意义，即认为生生互动是教学系统中尚待开发的宝贵人力资源，是教学活动成功的不可缺少的重要因素。③强调师师互动的前导性作用，即认为教师之间在知识结构、智慧水平、思维方式、认知风格等方面存在重大差异，通过师师之间的互动，教师可以相互启发、相互补充，实现思维、智慧的碰撞，从而使原有的观念更加科学和完善，有利于达成教学的目标。①

　　合作教学理论为人们重新认识教学活动打开了一片新的天地，有助于增进所有参与者之间的互动，有利于学生更好地掌握科学知识。但是，该理论主要关注的是教学这一特定领域，我们所说的合作则宽泛得多。我们认为，合作不仅表现在学习上，还应表现在生活中。合作的对象不仅是学习的同伴，还有家长、教师以及周围其他的人。合作的前提是信息的沟通与资源的共享，实质则是相互关心与相互协作。只有养成这样的合作意识，才能使得独生子女们真正走出狭隘的圈子，成为人格健全、性格活

---

① 王坦：《论合作学习的基本理念》，载《教育研究》2002年第2期。

泼、充满爱心的一代新人。

（3）合享。

所谓合享，就是共同享有合作后的成果，共同分享努力后的喜悦。如果说合群是合育的基础，合作是合育的手段，那么合享就是合育所要达到的目标。培养合享观念，就是要使独生子女们破除狭隘、自私，学会与他人共同分享、共同拥有。这是一个完整的合育流程的最后环节，也是合育整个进程能够顺利进行并且不断深入的推进剂和增效器。只有切实养成独生子女的合享观念，合育才能说是真正落到了实处。

常言道：让人分担一份痛苦，就减少了一半痛苦；让人分享一份喜悦，就拥有了两份喜悦。然而，此话说说容易，要做到是很难的。因为独生子女的生活空间相对狭小，生活内容过于单调，很容易形成自我中心意识，在此情况下，让人分担痛苦就会被认为是授人以柄或使人幸灾乐祸，让人分享喜悦则被认为会惹人嫉妒或自讨无趣。只有在合群的基础上和合作的过程中使独生子女摆脱狭隘的自我中心意识的禁锢，才能逐渐养成合享的观念。

要达到这一目标，应该着重做好以下几项工作。①家校合作，共创合享氛围。要培养独生子女的合享观念，仅仅依靠家庭或学校一方面是不够的。因为合享不仅表现在学习上，还体现在生活中，合享的对象不仅是学习的同伴，还有家长、教师以及周围其他的人。如果家长注意引导孩子与他人共同分享成就和喜悦，而学校却鼓励学生去搞优胜劣汰式的竞争，或者学校倡导合享，家长却鼓励竞争，都会使孩子们感到无所适从、不知所措，合享的目标就很难达成。因此，家庭和学校之间应该携手合作、互通信息，共同为合享的培养创造优良的环境和氛围。②鼓励交往，催生合享观念。家长、教师都应该意识到，培养孩子的合享观念，远比让孩子多学点知识更为重要，因为学会共同分享是现代人应该具备的一种宝贵素质。人如果具备了这种素质，就会极大地增强其自身的亲和力和感召力，会在现代社会中游刃有余。因此，成人们应该具有长远的眼光，不仅要关注让孩子多学点知识，而且要鼓励孩子走出家门，到街道、到社区去交往，学会与他人共同活动，从活动中获得成果，学会共同分享。③订立目标，推进合享实现。要使独生子女尽快学会合享，不能仅仅依靠他们自发活动、自己探索，成人应该给予必要的指导。协助孩子成立活动小组、订立活动目标，是一条行之有效的策略。小组成员不宜过多，可由年龄相仿、兴趣相似、居住较近的若干人组成；目标则应该具体和适宜，要让孩子们努力一下就能达到。这样，在小组活动中，孩子们就能够相互交流，彼此协作，互教互学，共同提高；而目标一旦达到，就会成为大家努力后的共同成果，自然会为大家所共享。

  合群、合作、合享，是前后衔接、层层递进的三个环节，共同构成合育的一个完整的流程。客观事物是千变万化的，对年轻一代的教育也是一项长期性的工作，因此，实施合育也应该流程相继，常抓不懈。另外，既然合育是我国教育现状使然，是全面建设小康社会的必然要求，那么实施合育就不仅是教育工作者的责任，也需要家长以及社会各界的参与。刘海洋、马加爵等事件相继发生更是给我们全社会敲响了警钟，只有全社会都来关注青少年的成长，加强德育和合育，青少年才有可能茁壮成长。

  人们以往谈起人的全面发展教育及教育方针时，往往是指德、智、体、美、劳五育。其实，这只是教育理论发展到一定阶段的产物。如果简要回顾一下历史就会发现，近代以来，我国的教育方针（教育目的、教育宗旨）实际上经历了一个不断丰富和发展的过程。1895 年，严复在《原强》一文中，提出"新民德"、"开民智"、"鼓民力"的德、智、体"三育"论；1906 年，王国维在《论教育宗旨》一文中，提出了德、智、体、美"四育"论；1912年初，蔡元培在《对于教育方针之意见》一文中，认为我国应实施军国民教育、实利主义教育、公民道德教育、世界观教育和美感教育，提出了"五育"并举的主张；之后，因世界观教育"陈义过高"，国民政府实际采用了"四育"并举的教育方针；新中国成立后，由于受苏联以及其他种种因素的影响，我国长期奉行的是德、智、体、美、劳的"五育"方针。事实上，这一方针没有也不可能穷尽全面发展教育的全部内容。我们认为，参照世界教育发展的趋势和我国教育的实际情况，现在有理由也有必要把合育列入我国的教育方针之中。

在大力提倡教育理论原创的今天，我们提出合育这一新的理念，希望能引起大家的讨论，也希望能对理论原创的探讨有所助益。我们相信，随着全面建设小康社会进程的逐步推进和对人才素质要求的不断提高，合育必将日益显示出它的必要性、重要性和紧迫性。从现在开始就确立这一理念并研究如何具体实施，不仅有助于年轻一代的健康成长，而且也有利于我国教育公平目标的顺利实现。①

二、阳光教育在小学的实施

（一）浙江省芝村中心小学构建"阳光校园"

随着社会的进步、教育的发展，新的时代对学校提出了新的要求。阳光校园是在实施阳光教育的基础上才能构建成功的，是一个学校给人的一种整体感受。其中包括具有阳光教育理念的教师，实行阳光管理的学校办学体系，打造阳光文化的校园文化建设，以培养健康健全的人为终极目标的阳光行动的开展等。尽管阳光教育论目前还谈不上是一种完善的教育理论，只是一种新的内涵丰富、便于操作、正在动态生成中的教育理念。它与赏识教

---

① 本节内容吸收了广少奎博士的意见。

育、激励教育等关系密切，其中包含着母爱教育、亲子教育、亲职教育、爱心教育等许多内容。阳光教育也不能仅仅理解为一种教育结果，而更应该理解为一个过程，一个多向反馈和多向影响的过程。

作为产生这些教育模式的场所——校园以及实施这些教育手段的教师，功能的更新与发展却相对滞后。长久以来，学校似乎就是由一群教师通过这样那样的教育模式，对学生实施教育的一个地方。特别是在"应试教育"理念还在某些人头脑中生根开花的形势下，学校几乎变成了"制造工厂"。教师一旦达到了合格的学历，取得了教师的资格，便可以长久地对学生进行"塑造"的工作。外面的世界瞬息万变，学生的个性千姿百态，学校教师却几十年如一日，希望从学校出去的一批批学生都能符合心目中的想象，成为一个个标准件。现实令我们常常失望，我们也注定要失望，因为这根本不符合科学。但教师就是"咬定青山不放松"，用工程师的理念，用造机器的手段，来培养一代又一代的人。

对于这类"灰色学校"和"灰色教师"的育人热情，我们的孩子是如何感受与体验的呢？不可否认，有相当多的孩子有厌学情绪，到学校只是应付父母，应付老师，为了一份不得不完成的任务，有的甚至什么都不为，一天天就这么来了又去，去了又来……真正从学校生活中享受到童年乐趣和学习幸福的少之又少。究其原因，孩子在"剃头担子一头热"的校园系统中，只是被动的容器，正确的自我意识与自我体认在这一代孩子身上正不断流失，久而久之，人格上的缺陷便愈加明显。

要让孩子具有阳光般健康的人格，关键在于教师是否是一个和谐、健康的人。没有健全人格的教师，不可能培养出具有健全人格的学生；没有教师在工作中的幸福感辐射，学生不可能在学校中得到学习的乐趣；没有健康的发展观的教师，不可能引导学生向和谐与科学的方向发展。而建设一个良好的教师群体，关键在学校的引领。所以，浙江省崇福镇芝村小学教育工作者设想以一所小学为先导，通过改造崇福镇芝村中心小学的"灰色教育"，构建"阳光校园"。

该校是一所农村小学，面对的是长期在农村扎根的教师，素质结构与素质层次参差不齐。在教育教学领域中，传统的"教"的观念根深蒂固，重学业成绩提高轻行为习惯的培养，重学校课堂教学轻家庭社区教育，造成评价观念和评价机制的偏差。可以说，一方面，多数教师患有不同程度的"灰色教育症"。教师对于自身的要求也大多停留在教好班里的学生，让他们学会书本上的知识，考试的时候有个好成绩，在平行班中不至于落后。他们对于自身专业上的成长很少甚至不敢要求，对于自身能从工作中得到幸福体验更是无法想象。所谓快乐与幸福要从业余闲暇时间以及家庭生活中去得到，很少考虑过要从天天从事的这一份工作中得到内心的愉悦与激情。这固然是在市场经济条件下实用主义泛滥而导致的大众普遍的思维方式，也是校园功能长久以来没有系统开发，缺乏引领力所造成的。教师对于学校只有工作场所的概念体认，没有生活空间、发展舞台的概念体认。另一方面，农村教师因为缺乏对外的交流，缺少一些学习、比较的机会，坐井观天与向往发展的思想并存。假如能有良好的发展空间和优良的发展机会，同样可以让自身得到进步，这也是大多数教师内心的迫切愿望。要让教师成为一个对工作有激情、对自身发展有要求、对执教生活有幸福体验的人，关键在于我们的校园是否"阳光"，是否能成为一个让教师敢于产生目标、勇于产生激情、易于产生幸福的地方。

在该校所处的这个地区，2000年抓获了一个特大青少年流氓犯罪团伙（多达44人）。这一团伙在几年中涉及多起性犯罪，强奸和轮奸了60余名妇女，并牵涉到一起命案。除此之外，平时他们结成团伙，作恶乡里，为非作歹不计其数，可以说是民怨沸腾。其中未满18周岁的占10人左右，年龄最小的不满16周岁。在这个案件中，还有多名女青年从最初的受害者演变成了整天跟随的共犯者、帮凶。此案在2001年上半年宣判，其中一人判死刑，立即执行，其他死缓、无期、10～15年重刑者达10人左右。虽然在这些让人震惊的大案中，在校学生无一人涉案，可这样的现象的确让人深思，青少年的心灵为何那么阴暗？我们的教育（包括家庭、社会、学校）对孩子评价、要求的天平到底偏向何方？是学业成绩至上，一优遮百丑，还是人格健康至上，让孩子拥有一个不再是"灰色的"而是"阳光"般明亮健康的心灵？案件中的青少年内心的空虚与阴暗、人性的残暴让人警醒。如何驱散青少年心头的阴暗，让他们心中充满阳光，这是值得探讨的问题。

针对这所学校的现实情况，学校教育工作者也看到了它非城市可比的优势。这里有着广阔的活动天地，有着丰富的教育资源，有着优良的民风民俗，这一切都是让一个人得到全面、和谐发展的良好土壤。基于这样的现状与思考，学校教育工作者提出了"让每一个人都和谐发展"的办学理念，积极打造"阳光校园"。这体现了"和谐愉悦发展"的培育思想，通过调控办学过程诸要素之间的协同关系，做到师生、师师、生生之间相互协调，综合渗透，整体优化，从而使学校中的每一个人处于和谐发展的、愉悦的状态，打造一个让师生人人温暖的阳光校园。

在笔者"阳光教育"理念的影响下，该校教育工作者将"阳光校园"实现的具体目标定为以下三方面。①学校发展目标：突出"和谐"、"发展"、"阳光"、"幸福"的"人本化"教育，以人为本，实现综合效益成倍增长，使办学水平提高，凝聚力和亲和力加强，营造团结、和谐、乐观、奋进的内部环境和友好、协调、互利、互让的外部环境，形成"教师发展，学生成长，家长放心，社会满意，校友扬眉"的浓厚氛围，创建以良好的师生关系为核心的现代学校文化，建设高品位、有特色的新型农村小学。②学生发展目标：德、智、体、美、劳、合各种品格协调发展，学生个体健康成长，具有扎实的文化基础、健康的心理品格和良好的合作能力，成为"合格＋特色"的新型少年。真正体现该校"做正直文明、乐观向上的现代中国少年"的学生精神。③教师发展目标：人格健全，精神面貌乐观向上，业务精良，一专多能，成长迅速。真正体现"享受课堂，点燃生命，追求卓越，完善人生"的教师精神。

在学校管理上，用"以人为本"的理念，实施阳光管理。总体要求是：学校管理从刚性管理走向刚柔并济、以柔为主的策略；构建学校"以人为和，追求人和"的学校管理模式，建立民主、平等、和谐的干群关系，充分发挥教师在学校的主人翁地位，调动他们教学的积极性和创造性，让他们在工作中得到人生价值的升华。从学校的实际情况出发，向全体教职工提出和谐发展的教育目标和工作目标，在学校内部创造一种和谐真诚的人际关系，使领导和教师之间、教师和学生之间以及教师与教师之间，能够相互尊重、相互信任、相互支持，消除彼此间的意义障碍、情感障碍和行为障碍。创造机会和条件，让每个人的智慧和才能得到充分的发挥和施展。对各种办学资源进行合理配置，完善各种规章制度，达到办学条件和教育效果的和谐。不断加强学校内教师领导的学习，使学校组织成为学习型组织，具有自我评价、自我调节、自我完善的功能。完善学校内部对教师的评价制度，以科学的评价引领教师发展的方向。

在课堂教学上，实施阳光教育，使课堂成为学生快乐、和谐成长的殿堂。总体目标是：课堂教学从"以教师为主"向"以师生共同活动为主"转变，用新课程理念指导教师角色的转变，使学生的课堂主体地位得到充分发挥，优化教师在课堂上的引领、参与、组织行为，使之与学生在课堂上的学习活动达到和谐的统一，形成师生双方互动。让每一个学生在课堂上都能得到快乐成长的体验。以科学发展观的理念指导教师对学生的评价，努力探索如何将对教师的评价引入课堂，实现人人评我、我评人人的真正意义上的师生共同创造的课堂。保证学生有差异地、充分地发展，真正做到和谐地、富有个性地全面发展而不是平均发展。

在学校的团队建设上，努力形成阳光团队。总体要求是：让"团员"在健康的集体氛围与集体舆论、和谐舒畅的心理中进行多种多样的人际交往，在丰富多彩的活动中自觉主动地进行陶冶与合作，创设一个友善、民主、平等、互相理解、积极进取的各类团队（班集体、队集体、教师的各类群团组织等），使每个人的个性获得健全、充分、全面的展现与发展，使师生在体验中得到自我教育，学会自我管理，得到自我发展，成为一个个阳光少年与阳光教师。不但要充分利用正式团体（如工会、团支部、妇委会等）开展丰富多彩的活动，还要利用好非正式团体的力量，使教师之间亲和一致。

在师资专业培训上，千方百计引领教师专业成长，让工作成为一种幸福、积极的生活状态。体现"充实提高教师素养，搭建平台发展专业"等功能，让教师对学校有心理上的归属感，对工作产生幸福感，对自身未来有期待，对专业发展有激情。学校要在舞台的搭建、环境的创设上下功夫，使发展成为组织中每一个人的共同愿望，使每个教职工在学校这个组织中获得健康的身心、幸福的体验和发展的动力。全体教职工能够充满激情地、循序渐进地、富有个性地发展，成为"阳光教师"。

总之，阳光校园是学校的整体文化的概括，包括实施阳光管理操作策略、培育阳光教师操作策略和养育阳光少年操作策略。开展"阳光教育"实验，正是通过前述阳光教育的理论和方法来具体实现的：提供一种适宜的成长环境；给予理解和信任两种关爱；培养孩子智商、情商和意商三种品质；做到学会做事、学会学习、学会共同生活、学会生存"四个学会"；实施德、智、体、美、劳五育并举；实践陶行知先生的"六大解放"；通过校园文化的建设，校本课程的开发营造校园七彩生活。在阳光管理下去形成一个阳光教师集体，以阳光堂、阳光团体开展阳光教育教学活动，培育阳光少年与阳光教师，达成师生共同和谐发展的学校整体态势，最终形成阳光校园。该校的"阳光教育"实验作为学校办学的重要安排，正分阶段有序进行，且初步取得成效。①

（二）武汉市傅家坡小学开展"阳光教育"活动

今天，新世纪正以某种无限的希望召唤着人类的进步，召唤着人、社会、自然与历史文化的和谐统一，一个"以知识为基础的经济"时代已经来临。知识经济的推动因素是知识创新，而知识创新的根本因素是人，以人为本、以人为中心是知识创新的必然要求，在培育创新型人才上，对我们提出了严峻的挑战。阳光教育论特别重视个体生命的健康成长，特别是个体生命在基本整体和谐发展基础上的精神性生命的成长，把个体生命质量的提升视作社会发展的动力和社会发展的标识。因此，阳光教育论关注个体生命潜能的实现，生命需要的健康满足，尊重个体生命的多样性、独特性，强调学生在教育中的积极主动作用；目标是使每个人都能掌握自己的命运，以便为社会进步作贡献。

在"阳光教育理论"的影响下，武汉市傅家坡小学从2004年起，开展了"阳光教育实验"，该校确定实验的目标是：（1）促进学生全面健康成长，使之获得受教育和生活的幸福感；（2）促进教师自身的发展，使其获得教育生活的成就感；（3）构建阳光教育理论体系与操作方式，使之成为实践素质教育的有效

---

① 本节内容采用了浙江省崇福镇芝村小学课题组成员提供的材料。

途径。

实验展开的主要内容包括以下两方面。(1) 通过阳光教育的五大行动和五大法则的研究和实践,构建阳光教育的理论体系与操作方式。(2) 将学生的学校生活分为课堂生活和其他校园生活两大块。促进学生感悟生命的成长与引领学生在实践活动中认同并接受社会性规则作为两大目标,始终贯穿于学生的学习生活中。①改善教育环境,为学生营造一个值得生活于其间的世界。②改善活动过程,让学生在他们自己的世界中亲历与实践。③改革教育评价,使评价的激励作用对学生健康有序的学习和生活发挥积极作用。

实验的开展按阶段进行,分准备阶段(2004年10月至2004年11月)、实施阶段(2004年12月至2005年12月)、总结阶段(2006年1~6月)。实验结束后,学校实验者通过问卷调查、观察记录、案例分析、活动展示对实验成果进行了检测,认为实验的目标圆满完成。实践证实,阳光教育理论体系与操作方式是实践素质教育的有效途径。

三、阳光教育在初中的实施

(一) 武汉市第25中学实施"阳光教育评价体系"

传统的、以奖惩为目的的教师评价制度是一种面向过去的终结性评价,它在保证学校正常的教学秩序和基本的、稳定的教学质量方面具有重要作用。但同时,由于其强烈的功利主义色彩,促使教师只关心自己所教学科的学生学习成绩,不去关心学生的全面发展,甚至把学生当做实现自己功利目的的工具,导致师生关系紧张,甚至影响到了教师与领导之间、教师与教师之间、教师与家长之间的关系,同时,也造成了教师沉重的心理负担,不利于教师业务水平的发展和提高。对学生素质发展评价,评价功能过于强调甄别与选拔,评价指标单一,过于关注学业成绩的结果，忽视对学生学习过程和素质全面发展的考察；评价主体和评价方法单一，过于强调量化评价，对质性评价不够重视；在评价过程中学生基本处于被动地位，自尊心、自信心得不到很好的保护，主观能动性得不到很好的发挥。这些情况严重制约了素质教育的推进，影响着一代青少年的身心健康发展。

针对当前我国学校教育和家庭教育中存在的某些缺陷和弊端，根据阳光教育的以人为本的思想内核，及关注人的全面个性化发展的思想，武汉市第25中的教育工作者感到有必要提出一套切实可行而且卓有成效的新的评价体系。这种新的评价体系在评价对象上必须要面向全体；在评价内容上要紧扣时代脉搏，全面而又个性化；在评价方式上采取以自我评价为主的多元评价方式；在评价策略上要重设计、重过程、重发展。

因此，武汉市第25中的教育工作者希望通过对阳光教育的研究和实践，在武汉市第25中学实施"阳光教育评价体系"，探索阳光课堂的建设，树立全方位育人观，革新评价内容，树立新世纪的育人观。重视个性设计，树立自主发展的人才观。创新评价策略，树立全体发展的人才观。在实践中不断完善阳光教育的评价体系，包括阳光教师发展性评价、阳光少年发展性评价、阳光家长发展性评价、阳光学校发展性评价、阳光课堂综合性评价和阳光家庭教育和谐性评价。

学校教育工作者将实验的目标定为：（1）促进学生全面健康成长，使之获得受教育和生活的幸福感；（2）促进教师自身的发展，使其获得教育生活的成就感；（3）促进学校行政管理水平的提高，努力建设阳光教育的校园文化；（4）构建阳光教育理论体系和运行模式，使之成为实践素质教育的有效途径。

此次实验分阶段进行。第一阶段（2001年7月至2003年9月）为探索阶段：设计阳光少年申报评选方案（试行），在学校内部试行。在试行过程中发现问题，进一步完善阳光少年申报评选参考办法。探讨阳光教师发展性评价，确定阳光教师发展评价的基本原则，制定阳光教师自我评价制度，研究教师评价方案的指标体系、教师专业发展评价的形式与方法，制定教师发展性评价表。探讨阳光课堂综合性评价，制定阳光课堂教学评价表。探讨阳光学校发展性评价，包括学校管理制度、阳光教育校园文化的建设。探讨阳光家长发展性评价，包括阳光家长评选方案（试行）、家长教育行为规范；探讨阳光家庭教育和谐性评价。第二阶段（2003年10月至2004年1月）为成果形成阶段：收集、分析、整理资料，提炼实验成果，形成阳光评价方案，撰写报告。最终成果形成了阳光评价方案，包括阳光学校发展性评价、阳光教师发展性评价、阳光少年申报评选方案（试行）、阳光课堂综合性评价、阳光家长发展性评价、阳光家庭教育和谐性评价，及学生自省手册、实验报告、论文集、学生作品集、案例集等。实验开展以来收到了较好的成效。

（二）武汉市第25中学阳光教育实践

武汉市第25中学是武昌名校，历史悠久，人文丰厚，桃李芬芳，人才辈出，曾经为国家培养了成千上万的优秀人才，一直坚持"求真、致善、集美、力行"的办学思想，形成了自己独具特色的友善、关爱的文化氛围。从2004年1月起，该校正式开展了"阳光教育实践活动"。逐步开展体现阳光理念的系列教育活动。

学校教育工作者希望通过发扬阳光无私奉献、公平公正、温馨关爱、正大永恒的精神，用生命培育生命，用爱心滋养爱心，用温暖传递温暖，用尊重播撒尊重，用智慧启迪智慧，在阳光教育者的引导下使每位学生成长为人格健全、身心健康、个性鲜明、品德优良、学有所长的阳光少年，使学校成为师生共建、充满成功与快乐的阳光学校。

首先学校通过孝亲活动拉开实践序幕。孝亲教育是该校阳教育实践的一道亮丽的风景线，是阳光行动的一项卓有成效的活动。学校在总结和发扬中华民族传统美德的基础上，与时俱进，推陈出新，赋予"孝亲"鲜活的时代内容，凝练成为"孝亲三字经"，并构成"孝亲八心"教育模式，为阳光教育的探索拉开了帷幕。

重孝是中国人的一个传统，素有"孝为人之本"之说。尽管我国几千年来社会发生了这样那样的变革和发展，但以孝敬父母为核心的处理人际关系的最基本的道德始终没有变。孝敬父母已成为中华民族的传统美德。学校是传播人类文明的重要阵地，理应把中华传统道德中的孝道教育纳入学校德育体系并加以强化，对孝道剔除其封建糟粕、弘扬其传统精华，赋予"孝"字以全新的时代内涵。新的孝亲教育模式的提出就是要跳出家庭私情的小圈子，教育学生要从小学好本领，将来在社会主义现代化建设事业中去建功立业，为父母家庭带来荣誉和自豪，以此为最大的孝。鉴于此，第25中学提出以"八心"为主的孝亲教育模式，抓爱心培养，把学生爱父母、爱家庭的感情扩大到爱他人、爱学校、爱社会、爱祖国的崇高境界，从而把提高学校的思想道德素质作为思想教育课的指导思想和教育目标，把教育学生"在家尽孝心，在社会献爱心"和要求学生"在家做个好子女，在校做个好学生，校外做个好公民"作为孝亲教育的出发点和归宿，学生从"孝"的局限中走出来，真正担负起家庭责任和社会责任，从而赋予孝亲教育以全新的内涵和时代意义。

孝亲教育从大处着眼，小处着手，从"为父母洗脚"开始。为父母洗脚这一小小的举措感动了父母，感动了社会，引起了全国各大媒体的关注，争相报道。对学生本身来说是一次真实丰富的情感体验，改变了他们被动接受关心的心理常态，培养了他们主动关心他人的积极情感，从而激励他们为父母、为他人做更多的事情，学生的情商和意商自然得到提升，合作的意识也不断加强。

　　从日常琐事中，从亲近的人际关系中，寻找德育素质内化的切入点，"孝亲"教育就是这样由点到线、由浅入深，逐渐延伸。第25中学在"洗脚"的基础上进一步开展了孝亲"五个一"工程：为家庭做一件实事，感受父母的辛劳；与家人聊一次天，增进长幼的情感；为家人送去一份祝福，表达美好心愿；为家人表演一个节目，使亲情得到升华；与家人一起出游，了解祖国的变化。平时规定在每周必有一个"孝敬日"，至少用一个课时的时间，做一些力所能及的家务和社会公益劳动，能记住父母的生日，并向父母表达自己美好的祝福。每学期末学校开展评选"孝子"、"孝星"活动，校长亲自授奖并讲话。这些活动大大丰富了"孝亲"教育的内涵。

　　第25中学在系列孝亲活动基础上，提炼出"孝亲三字经"，通俗易懂，耳熟能详。在不断深化的过程中提出了"八心"孝敬模式，其核心内容是：常问好，讲礼貌，让父母舒心；少空谈，多帮忙，让父母省心；求上进，走正道，让父母放心；勤学习，苦钻研，让父母开心；遇难事，勤商量，让父母称心；遇矛盾，能宽容，让父母顺心；忌盲从，不迁就，谏父母真心；重推恩，能迁移，献社会爱心。孝亲教育是爱心教育的基础，也是合作合群、争做阳光少年的基本条件。该校孝亲教育引发了社会的兴奋点，在全社会引起广泛而热烈的反响。

　　阳光教育的本质特点是温馨关爱，使自己阳光，给别人阳光，让大家共同阳光。该校的具体做法如下。(1)迎送仪式：每学期开学第一天，学校全体管理干部守候在校门口迎接教师上班，互致问候。学生会和团委干部在学校门口迎接同学的到来。班主任和科任教师在本班教室迎接学生报到，问候学生并致祝词。每学期散学式后，学校领导、班主任老师在校门口欢送学生离校。(2)倾诉日活动：每月末的班会定为学生的倾诉日，在班会上学生之间、学生与老师之间交流思想、倾诉心思，释放心理压力，促进同学、师生之间的情感交流，形成和谐关爱的氛围。(3) 亲子日活动：该校每学期安排一次父子（母子）同乐的亲子活动，通过亲子游戏、演讲、互动体育活动、家庭表演、亲子经验交流会等形式促进家庭教育的科学化、阳光化，增强阳光教育的网络效果。(4) 无伤害性批评：阳光教育倡导尊重和赏识每一位学生，发现和发掘每一位学生自己独特的潜能，彰显个性，使之得到自由和谐的发展。同时不排除有效的警示性的批评，这种批评必须以尊重学生的人格为前提，还必须考虑到学生的理解和承受能力，起到鞭策的作用。教师在任何场合、任何时间不得居高临下训斥和责骂学生，把保护学生心理健康作为批评教育的最高准则。这种以某个主题为主导的活动，由点及面，持续开发，使阳光教育的理念不断内化为阳光行动。

学校阳光化教育主要包含：学校管理阳光化，德育教育阳光化，教学活动阳光化。并由此衍生出阳光管理、阳光课堂、阳光行动，在培养和发展目标上就形成了阳光干部、阳光教师和阳光少年。这是一个系统化的工程，管理、德育、教学是相互依赖、相互支持的整体。在这个系统中必须真正实现阳光管理，创建阳光文化，营造阳光氛围，使学生在学校教育中，获得终身学习的能力，树立终身发展的信心，感受生活和学习的快乐，引领学生走向幸福的人生。

通过把阳光教育作为学校的科研课题，第25中学将阳光教育定位在校园文化的重建上，营造阳光氛围，培育阳光少年，促进了教学思想和教学行为的转变，全面推动新课程改革的实施。在操作策略上，从小处着手，找准切入点，引发兴奋点，循序渐进，不断拓展，逐渐使学校教育成为阳光化教育孝亲教育，传扬美德；学农学军，体验生活；认养树木，热爱生活；知我校史，爱我学校；交通值勤，增强责任；分类推进，因材施教；体艺信劳，扬其特长；心理咨询，引导健康；救困扶贫，防流控辍；帮残助学，随班就读。该校的阳光教育实践犹如教育改革园地中的一株幼芽，不断茁壮成长，灼灼其华。

四、阳光教育在高中的实践

（一）武汉市关山中学阳光教育实践

武汉市关山中学是一所区属公办高中。1997年前，学校高中教育处于萎缩状态，生源差，师生丧失信心，高中办学规模小，教学质量低，是名副其实的差校。面对学校的实际情况，关山中学教育工作者借鉴"阳光教育理论"，针对学生实际，促使学校走出了一条新路。

阳光教育旨在通过实施以人为本、一切为了学生的教育理念，使教师用爱心来关怀、理解、尊重激励学生，让他们成为人格健全、性格活泼、自立自强、合群合作的一代新人。通过学习阳光教育理论，学校引导教师转变教育观念，统一思想：树干是材，树根也是材，能否最终成为社会有用之才，关键在于教师的培养和教育。学校魏玉清校长提出了"根雕艺术"的教育思念，创建了"非精英教育"的办学模式，就是促成普通中学的每个学生成人成才，把他们培养成在德行、智力、心态、体质、审美情趣以及社会实践能力各方面都具备较高素质、都可能接受高一级教育、都有可能成为"精英"的可造之才。学校尽可能创造使不同发展水平和层次的学生都能得到发展的条件和机会，既注重全面发展，又注重激活个性，既致力于提高全体学生的质量，又鼓励超前，培养有个性特长的学生，因材施教，走多元化教育办学之路。在教育过程中成功地把一些毫不起眼的"树根"，依靠耐心和爱心打造成光彩夺目的艺术品，使师生们在实践"非精英教育"办学模式过程中，感受到了阳光教育的强大生命力，也深刻领会了阳光教育的真正内涵。

关山中学以激活学生奋发向上作为着手点，寻找学生的自信心，具体做法如下。(1) 给每个学生营造一个和谐的学习、生活环境。在教师和同学的眼中没有好生与差生之分，只有个性各异、各有所长之别，人人都是可塑之材，尊重每名学生，让每名学生都感受到自己是这个大家庭中不可或缺的一分子。(2) 理解和信任学生，帮助他们找回自信。学校和教师调动一切力量，引导学生走出中考失利的阴影，通过多种渠道鼓励学生，帮助他们找回自信，让他们充分发掘自身闪光点，看到自己的长处和希望。(3) 关爱学生，扶贫爱生，激发他们奋发向上的情感。该校大部分学生来自工人和农民家庭，经济条件差，一部分学生生活困难，思想包袱重。学校针对学生家庭困难的实际情况，主动为他们减免学杂费，在生活上关心他们，使他们奋发向上，立志成才。从校长开始，每个干部、党员帮助一个贫困学生。(4) 让阳光沐浴每一名学生，不让任何一个学生掉队。对生活、学习特别困难，心理问题较大的学生，教师和学生结对帮困，经常交心谈心，随时了解他们思想、生活和学习情况，帮助他们解决实际问题，让每名学生都能感受到阳光教育的温暖。几年来，有数百名所谓的"差生"成功进入高校深造。

关山中学除了用阳光教育理论指导实践，同时也在实践中不断摸索阳光教育实施的途径，找准切入点，不断拓展之外，还做了两件工作。(1) 建立学生情况卡：开学之初，学校给每名学生建立起学生情况卡，详细记载了学生生日、健康状况、家庭情况、兴趣、爱好、特长，有利于师生之间了解与交流。它是完成阳光教育的重要前提和基础。(2) 推行导师制：在班主任工作的基础上把全班所有学生分给各科任教师（称之为导师），推行导师负责制，并签订目标责任书，导师要对所负责的学生的家庭、生活、身体、学习、特长、心理状况了如指掌，关心他们的学习，关爱他们的生活，关注他们的心理，使他们健康成长。导师制是开展阳光教育实践的重要途径。

阳光教育的最终目的是为了使每一个学生获得自由、和谐、健康的发展，人人成为社会有用之才。让每个学生都真正体验到阳光的温暖，让阳光洒在每一个学生身上，关山中学对非精英教学办学模式探索，使阳光教育得以很好体现。作为一个系统工程，阳光教育理论要真正付诸实践，还要在大家的共同努力下探索，从点滴做起，从细小入手，在实践中不断领会阳光教育的精髓，真正做到让每个学生都感到阳光的温暖，让阳光下的教育更加辉煌。

（二）武汉市第4中学阳光教育实践

武汉市第4中学针对学校德育工作繁冗细琐，极易流于形式，泛于琐碎，落于老套，难见成效的怪圈，找准突破口，引入阳光教育理念，进行了学校德育管理的创新，取得了明显的实效。武汉市第4中学是武汉市第一批被评为德育"六有"建设的先进学校之一。德育实效重要表现之一便是良好的校风。

1. 在德育管理上实现了两大创新

第一个创新是"以生为本"，对班主任队伍实行条例管理，打造一支"心中充满阳光"的专业化的班主任队伍。班主任的教育劳动是一种专业性的劳动，要胜任班主任的教育劳动，就需要逐渐地走向专业化。只有经过努力，发挥了自己的教育智慧，创造性地劳动，感受到自己劳动的价值，感受到它的神圣性，才能享受班主任劳动的快乐和幸福，才能真正体验到人生的意义。法国文学家罗曼·罗兰说过一个美丽的句子："要想往别人心里撒播阳光，首先自己心里要有阳光。"专业化的班主任队伍，应当是一个心里充满阳光的队伍。而这支队伍必须明白：精神关怀是班主任专业劳动的核心内容。

哲学家雅斯贝尔斯认为："教育过程首先是一个精神成长过程。"班主任主要是从事以心育心、以德育德、以人格育人格的精神劳动。"精神关怀"更深刻、更准确地反映了班主任以人为本的教育精神,表达了对学生的情感和态度。因此,班主任专业化成为一种特殊类型的教师专业化。从外在的、日常教育活动的层次看,班主任的工作是组织、教育、管理班级学生,班主任是学生班级的组织者、教育者、管理者;从内在的深层次看,班主任教育劳动是促进学生精神发展的育人育德的精神劳动,班主任是学生的精神关怀者。班主任关心学生的全面发展,而关心学生的精神生活和精神发展,是其职责的核心部分。

班主任专业化是一种认识,更是一种自觉追求的目标。在阳光教育理论的影响下,它首先关注一切学生的成长而非少数尖子学生的成长,关注学生一切方面的发展而非个别方面的发展,关注学生发展的整个过程而非发展的最终结果。其次,它强调班主任要用爱心来关怀、理解、尊重激励学生,使自己阳光,给别人阳光,大家共同阳光,强调年轻一代要自强自立、合群、合作、合享,使他们成为人格健全、性格活泼、身心健康、自立自强、合群合作的一代新人。还要使班主任们认识到,专业化的班主任要有强烈的人权意识,尊重学生、关爱学生,理解学生,体谅学生,信任学生;要具有健康的身心状态;专业化的班主任要有强烈的职业精神,视班主任职业为自豪、为骄傲,把对学生的精神关爱视作自己职业的灵魂。

第二个创新是实践阳光教育理论,变"垂直管理"为"网络管理",管理更加民主、科学。

①实施"网络管理"。管理过程是一个计划、组织、监督、调控的过程。过去的德育管理"政出一室"——政教处是一个垂直式的格局,以上临下,无互相监督机制,无实效检查验证。该校借鉴现代教育管理的理论,建立了德育"网络管理"机制,成立了由德育校长、政教主任、团委书记和优秀班主任组成的德育工作指导小组,构建了"三线一处"(班主任、科任老师、年级

组长和政教处)、"三员一岗"("三员"即班长、校值日生、校学生会轮值干部;"一岗"即校长监察岗)的管理网络。投资建设了现代化的教育监控系统,使优秀典型可作全校性实况展示,先进经验可及时实况传播,使问题不足可随时准确把握,正确解决,做到了真正意义上管理监督;完善了社区、家庭、学校相互沟通的德育体系,体系中有家长委员会、家长学校、六个校外精神文明共建单位、三处已经挂牌的校外德育基地、警民联防小组等系统;充分发挥了学生会、团委会干部的管理作用,发挥了学校社团(广播站、文学社、漫画社、爱心社等)的积极作用。通过把德育工作自觉置于社会监督的有效机制之中,做到事事有人落实,人人有法监督,时时有章可循,环环有标准可评估。既具有纵向的计划、组织、调控功能,又具有横向的监督、运行功能。

②实现"双主体互动"。教育者与受教育者是学校德育的双主体。在德育管理过程中,双主体实现互动管理监督,有助于营造民主科学的管理氛围。尤其是让学生直接参与德育管理,主持德育管理。这样可以建立管理中的民主意识,增强自律的自觉性,提高工作学习的协作效率,培养自理自治的能力,有利于学生向"社会人"的转化,有利于学生的发展,有利于校园德育管理的良性循环机制的完善。

第4中学的学生参与了《班主任工作管理条例》的检查、考评,主持学校德育过程中的考核任务。所有记载,都将作为文明班级评比和教师年度考核的一份原始依据。学校还定期按年级召开学生代表会议,学生可以对学校的制度、设施以及各方面的工作如绿化、食堂伙食、给排水设施等发表自己的看法,提出改进性的积极建议。学校教学楼还设有"学生信箱"、"青少年心理咨询中心"。在校长室,有每月一次的"学生访谈日",给学生参与学校管理创造了宽松的环境,提供了种种便利。学生受到尊重,主观能动性得到充分激发,更能注重是非判断能力的自我锻炼,从而更好地行使德育主体的权利。学生们也反映，在第 4 中学读书，最令人兴奋的是可以做学校的主人。

五、阳光教育在民办学校的实施

（一）阳光教育走进青岛南洋学校校园

阳光教育要求的是一种民主、平等、交流畅通、互动和谐、其乐融融的环境。有了这样一种环境，学生才能够无拘无束地成长，快快乐乐地生活。教师的期待与要求也易于变成学生内在驱动力。阳光教育要求给予学生理解和信任两种关爱。因为学生是最应该被理解的。他们往往面临来自学校、社会环境以及同伴的压力。如果教师不理解学生的处境，不设法给他们减压，而是提出一个又一个目标、一个又一个的要求，他们就会逐渐失去学习、生活的乐趣，影响教育效果。阳光教育是吸收了中国古代智慧并结合社会发展趋势提出的一种新的教育观，具有鲜明的现实针对性。阳光教育为学校教师的德育工作提出了新的要求，使青岛南洋学校的学生拥有了更加健康、科学、人文的成长空间。为了把学生培养成为人格健全、性格活泼、自主自强、合群合作的一代新人，让教师用爱心来关怀、理解、激励学生，在该校许进校长的倡导下，阳光教育走进青岛南洋学校的校园。他决心打造一个"亲和、人文、阳光、精品"的青岛南洋学校，并在学校管理工作中着重做了下面几项工作。

1. 用管理提升品质

解决领导问题，解决干部作风，狠抓管理落实。要求干部一要深入，二要务实，三要求真，四要为群，五要高效，六要亲和。打破常规做事，所有干部都要放下架子，低下身子，聆听意见，改进工作，向民主低头，向专制告别，面对面坦诚相见，心连心携手共进。无偏心，无偏爱，无偏见，建立一整套行之有效、科学简洁、公正公平的教职工、干部考核制度。在全体干部中，特别是非学部干部中扎扎实实开展"关注三学"活动，即关注学部，关注学生，关注学习。干部建立量化考核制度，实行打分制度、听课制度、生活区联系制度。确立人人为质量负责的态度。质量是学校的脊梁，要讲质量，牢固树立质量意识，"守住产品线"，守住"加工厂"。开展在教师中评选"十佳教学能手"、在员工中评选"十佳服务标兵"的"双十佳"评选活动，评选学科带头人，建立首席教师制。

2. 用关爱呵护学生

今天的教育，学校到底要给孩子们什么？这是每个教育工作者都要思考的问题，也是当今教育要解决的课题。既要形成具有人文理想的科学教育和科学精神的人文教育，培养全面发展的新人；又要让学生生活得幸福快乐，让他们热爱学习，热爱学校，热爱老师；全体教职员工要发自内心地热爱学生，真心爱学生，拒绝冷漠，呼唤关爱。爱孩子的前提是尊重，尊重与爱是教育的翅膀。每一个教育工作者都要深入课堂、深入生活区，倾听学生的意见，对不同层次、不同年龄、不同背景的孩子，给予恰当的教育。我们现在讲素质教育、全人教育，要先成人后成才。现在的教育提倡人性化、人文化、人法化，人文化就是教育孩子成为一个文明、心理健康的人，人法化就是教育孩子具备公民素质，懂得法制社会的游戏规则。我们讲培养听话的人，关键是听法律的话的人。对于今天的孩子，尤其是像南洋学校里这些特殊群体的孩子，要相信教育的力量。既要尊重学生，又要严格要求，两者不矛盾。严格要求的前提是尊重，得当的严格要求本身就是尊重。并针对学生实际积极探索并构建了以班级管理为核心的"自主管理，自我教育"的学生管理模式。

3. 用民主凝聚人气

精诚团结，保持一贯的协调一致，以人为本，加大情感投入，加强交流沟通，建立利益共同体，增加大家归属感。建立民间监督组织：学校管理监督委员会。充分发挥党总支、工会的作用，积极开展丰富多彩的文化生活。增加各项工作的透明度，行政例会公示、重大奖惩公示、家长意见公示。建立校长意见箱，校长应做到：(1) 在上班的第一时间批阅来信内容；(2) 来信可署名，也可不署名，校长保证为之保密，并落实反馈；(3) 如果与校长面谈，可注明相约时间，校长保证尽快与之见面。

为遵循以人为本、民主理校、弘扬正气、提升管理品质的方针，全面建设一个人文的、亲和的、阳光的、精品的青岛南洋学校，在该校许进校长的倡导下，青岛南洋学校正在全校营造一种民主的管理文化，依照"大家的事大家想、大家的事大家说、大家的事大家办"的原则，在广泛听取师生意见的基础上，为老师们办实事。(1) 成立教师评价委员会。为进一步端正学校的管理风气，加强民主理校，成立以骨干教师、学科带头人和主要干部共同组成的教师评价委员会，教师的任用与否以及评优晋级等，都以教师评价委员会的意见为主。(2) 建立民主监督委员会。为进一步增加管理透明度，弘扬民主作风，加强民主监督职能，成立由教师、职工组成的学校管理民主监督委员会，对学校管理的行为和干部履职情况予以民主监督。遵循"鱼缸法则"，让管理更加透明。(3) 调整住房。由工会和教职工代表组成的房管委员会依据房管政策制订住房调整方案。(4) 设立校长信箱。在学生中推选校长助理，唤醒了学生的民主意识，让学生参与学校的管理，听取学生的意见，帮助学生解决实际困难和问题。民主的管理文化让每一位教师和学生当家做主，大大调动了教师、学生主动参与学校管理的工作热情。所有的干部都称老师，改变干部一个人说了算，淡化了官本位，营造人人是学校的主人的民主理校氛围，进一步提升了学校的管理品质。①

---

① 本节内容采用了青岛南洋学校提供的材料。

(二)广州信孚康乐小学阳光教育校本课程的开发

课程,这个名字对于每一个教育工作者来说并不陌生,因为它是教育工作者进行知识传授的管理中枢。文史地、数理化、美音体……这是沿袭了几百年乃至上千年来中国课程的基本内涵。从古到今,破旧立新,历尽沧桑,仍然岿然不动。课程改革,谈何容易?课程改革,路在何方?

历史的重任责无旁贷地摆在广州信孚康乐小学教育工作者面前。信孚人最大的特点就是敢于创新。它以阳光普照大地的广阔胸襟,大胆地拉开了课程改革的帷幕。秉承培养"人格健全、多才多艺的真人"这一教育思想,扬起了"教育要源于生活、用于生活"的风帆,信孚人敢于创新,勇敢地向传统课程挑战。形式多样、别具一格的校本课程犹如雨后春笋般涌现出来。

在阳光教育校本课程的创立中,学校强调以人为本,在课程中加入了自然生活、人类文化、生命科学、社会发展等方面的内容,形成了具有丰富延伸性和研究性的知识体系,充分呈现了知识的逻辑性与开放性。这种设计不仅让教师更新了教育观念,还要求教师大胆走出课堂,去吸纳最新信息,把学生带进社会的大课堂中去,让学生在学习活动中掌握各种实际生活的知识和技能,提高社会生存的能力。

"理财与生活"是该校校本课程的一课。"学会生活、学会理财",这是外来打工一族对子女的迫切期望。他们的父辈离乡背井,漂泊他乡,艰苦创业,希望能掘上一两桶金,好衣锦还乡;他们更希望自己的孩子学好知识、善于理财、继承父业,光宗耀祖。正是适应了社会和家长的需求,教师们以生活理财为素材,选取了储蓄、保险、投资、债券、股票、记账等内容,并帮助学生建立起自己生活的小账本,培养起他们从小会用财、管财,并通过参与家庭理财管理,提高学生对家庭和社会的责任感。

"国学基础教育"是信孚阳光教育校本课程的又一特色内容。

李白、杜甫、白居易……"唐宋八大家"优美的诗文成了孩子们每天必读的学习内容。"托物言志、借景抒情"的表达手法让孩子们耳目一新；言词精确、诗韵含蓄成了孩子们学习的楷模；国学的精髓、中华民族的优良传统，都在《国学基础教育》校本课程里熠熠生辉，得以淋漓尽致地表现。

"公民教育读本"是信孚学生道德规范的蓝本。它以各年级学生行为规范的养成作为教学的主要内容，通过选取学生日常生活中的一些案例，帮助学生明辨是非，健全人格，珍惜生命，热爱生活。

在现代信息迅猛发展的新时期，顺应历史的潮流，该校又及时地开设了"传媒信息课"。通过组织学生读报，指导学生学会从传媒中收集信息、运用信息，开阔视野、增长见闻，帮助学生养成关心国家和世界大事的良好习惯，进而提高学生的读写能力。

而主题特色更是信孚康乐小学独创的校本课程。近四十个主题的特色课，简直汇成了一个社会的小缩影。"生命的起源和终结"、"饮食与健康"、"三十六计"、"旅游天地"、"西医护理"、"民风民俗"、"插花艺术"……这些丰富多彩的主题特色课让学生受益匪浅。学生在学习文化科学知识的同时，又能更广泛地了解社会、了解生活、了解过去和未来，丰富了知识，充实了人生，激起了兴趣，启迪了思维。

影视欣赏是深受孩子们喜爱的一门校本课程。通过看一看（看影碟内容、了解故事情节）、想一想（自己从中受到什么教育，有哪些体会）、评一评（评编导的艺术构思、演员的表演艺术、影剧的社会影响等），让孩子们在娱乐中去感受真、善、美、爱、憎、慧。

让阳光洒遍校园的每一个角落，让学校的校本课程也充满阳光，让教师各尽其才，让学生个性特长都能得到充分的展示。信孚小学通过自己的努力,在阳光教育校本开发方面取得了骄人的成绩,一定也会拥有更加灿烂的明天。①

---

① 本节内容采用了广州信孚康乐小学提供的材料。

附录一
新中国教育公平大事记

1949 年

10 月 1 日，中华人民共和国成立。《中国人民政治协商会议共同纲领》规定：中华人民共和国的文化教育为新民主主义的，即民族的、科学的、大众的文化教育。人民政府的文化教育工作，应以提高人民文化水平，培养国家建设人才，肃清封建的、买办的法西斯思想，发展为人民服务的思想为主要任务。在知识分子中进行思想与政治教育，有计划、有步骤地改革旧的教育制度、教育内容、教育方法。新中国教育建设起步。

12 月 23～31 日，教育部召开第一次全国教育工作会议。会议提出教育必须为国家建设服务，学校必须向工农开门。建设新教育要以老解放区新教育经验为基础，吸收旧教育某些有用的经验，借助苏联教育的先进经验。教育工作的发展方针是普及与提高的正确结合。必须坚决正确地执行团结、教育、改造知识分子的政策。毛泽东等国家领导人接见了全体会议代表。这次会议对新中国教育产生了深远影响。

1950 年

6月1~9日，教育部召开第一次全国高等教育工作会议，讨论改造高等教育的方针和新中国高等教育的建设方向。毛泽东、周恩来等出席会议。会议提出，以理论与实际一致的方法，培养国家高级建设人才。

8月1日，教育部颁布新中国第一个《中学暂行教学计划（草案）》。这是新中国的第一个中学教学计划。《中学暂行教学计划（草案）》取消了旧中国的"党义"、"童子军"、"军事训练"等科目，规定中学设政治、语文、数学、自然、生物、化学、物理、历史、地理、外语、体育、音乐、美术、制图等14门课程。"计划"还单独设置了政治课程，加强了对学生的新民主主义教育。同时，"语文"替代了解放前的"国文"、"国语"，作为一门课程的称谓正式登上历史舞台。

1951 年

3月19日，教育部召开第一次全国中等教育会议，制订发展和建设中等教育的工作方针与措施。会议提出，要使青年一代在德育、智育、体育、美育等方面获得全面发展，成为新民主主义社会自觉的积极的成员。

8月27日至9月11日，教育部合并召开第一次全国初等教育会议和第一次全国师范教育会议，讨论制订发展、建设新中国初等教育和师范教育的方针、任务。会议提出，争取十年内基本普及小学教育，以正规师范教育与大量短期培训相结合，五年内培养百万小学教师。

10月1日，政务院颁布实施《关于改革学制的决定》。这是新中国第一个学制。它以法令形式确立和充分保障工农干部受教育的机会，明确规定了职业技术教育和业余教育在学制中的地位。

1952 年

本年教育部以培养工业建设人才和师资为重点，进行全国高校院系调整工作，相继新设钢铁、地质、航空、矿业、水利等专门学院和专业，并把私立大学全部改为公立。1955 年，又调整部分高等学校院系专业设置和分布，以改变高等学校过于集中大城市和沿海地区的状况。经过两次大调整，初步形成了新中国的高等教育基本框架格局。

1954 年

9 月 20 日，一届全国人大一次会议通过《中华人民共和国宪法》。这是新中国第一部宪法，其中规定：国家设立并且逐步扩大各种学校和其他文化教育机关，以保证公民享受教育权利；对从事科学、教育、文学、艺术和其他文化事业的公民的创造性工作，给以鼓励和帮助。

1956 年

3 月 29 日，中共中央、国务院发布《关于扫除文盲的决定》。

9 月 15～27 日，中国共产党第八次全国代表大会召开。会议指出文教事业在整个社会主义建设事业中占有重要地位。要根据"掌握重点、照顾其他"及需要与可能相结合的方针，进行全面教育规划，争取在 12 年内分期普及小学义务教育。

1960 年

4 月 10 日，二届全国人大二次会议通过《1956～1967 年全国农业发展纲要》，提出要大力提倡群众办学、集体办学，在 12 年内基本扫除青壮年文盲。

1963 年

10 月 18 日，周恩来召集教育部及有关部委、团中央、全国妇联负责人讨论中小学教育和职业教育问题，指出中小学教育和职业教育量大，关系也很大，绝不能忽视。教育部工作不能"大大、小小"，要"小大、大小"。要有一个规划，加强中小学教育，扩大职业教育。

1977 年

8 月 4~8 日，邓小平同志在重新走上党和国家领导人的岗位后，亲自主持召开了有 33 位来自全国各地的著名科学家、教授以及科学和教育部门负责人参加的科学和教育工作座谈会。会议气氛热烈，讨论激烈。来自武汉大学的查全性教授激动地站起来，向邓小平同志慷慨陈词："从今年起就改进招生办法，再也不能忽视新生质量了。招生是保证大学教育质量的第一关，它的作用，就像工厂原材料的检验一样，不合格的原材料就不可能生产出合格的产品。当前新生的质量没有保证，部分原因是因为中小学的教育质量不高，而主要矛盾还是招生制度。大学不是没有合格的人才可以招收，而是现行制度招不到合格的人才。"与会人士抑制不住心头的激动，都情绪激昂地讲出自己心里憋了多年的话。他们一致建议国务院下大决心，对现行招生制度进行改革。"既然大家要求，那就改过来，今年就恢复高考！"邓小平同志即向大家表态说："今年就要下决心恢复从高中毕业生中直接招考学生，不要再搞群众推荐。从高中直接招生，我看可能是早出人才、早出成果的一个好办法。"

10 月 12 日，国务院批转教育部《关于 1977 年高等学校招生工作的意见》，从此恢复了高等学校招生统一考试的制度。

1978 年

4月22日至5月16日，教育部在北京召开全国教育工作会议。22日，邓小平同志发表重要讲话，强调提高教育质量，提高科学文化的教学水平，更好地为社会主义建设服务；学校要大力加强革命秩序和革命纪律，促进整个社会风气的革命化；教育事业必须同国民经济发展的要求相适应，培养社会主义建设需要的合格人才；尊重教师的劳动，提高教师的质量。

8月26日，教育部发出通知，决定从9月1日起在全国中小学执行《小学生守则》和《中学生守则》，以后又相继发布了《高等学校学生守则（试行草案）》、《中等专业学校学生守则（试行草案）》和《中等师范学校学生守则（试行草案）》，成为新时期各级各类学校学生行为准则。

1980 年

12月3日，中共中央、国务院发出《关于普及小学教育若干问题的决定》。《决定》提出"在20世纪80年代全国应基本实现普及小学教育的历史任务，有条件的地区还可以进而普及初中教育。""除极少数经济特别困难、山高林深、人口稀少的地区外，经济比较发达、教育基础较好的地区，应在1985年前普及小学教育，其他地区一般应在1990年基本普及。""最贫困的地区要由国家包下来，实行免费教育。"

1982 年

12月4日，五届全国人大五次会议通过《中华人民共和国宪法》。其中规定：国家发展社会主义的教育事业，提高全国人民的科学文化水平。国家举办各种学校，普及初等义务教育，发展中等教育、职业教育和高等教育，并且发展学前教育。

1985 年

1985 年 1 月 21 日，第六届全国人大常委会第九次会议作出决议，将每年的 9 月 10 日定为我国的教师节。

5 月 15～19 日，中共中央、国务院在北京召开改革开放以来第一次全国教育工作会议。会议的主要议题是：讨论《中共中央关于教育体制改革的决定（草案）》，并结合各地各部门实际情况，研究贯穿执行的步骤和措施。5 月 27 日，中央政治局讨论通过了《中共中央关于教育体制改革的决定》，其中明确地提出了在全国有计划、有步骤地普及九年义务教育的任务。

1986 年

4 月 12 日，六届人大四次会议通过《中华人民共和国义务教育法》。7 月 1 日起施行。其中规定，国家实行九年制义务教育。义务教育事业，在国务院领导下，实行地方负责，分级管理。它的颁布和实施开创了中国教育史的新纪元，不但结束了中国教育长期以来无法的历史，使我国普及义务教育有了法律的保障，而且使我国教育事业从此走上了依法治教的轨道。

1988 年

2 月 5 日，国务院颁布《扫除文盲工作条例》。

1989 年

9 月 29 日，江泽民同志在庆祝新中国成立 40 周年大会上发表重要讲话，指出要大力发展教育和科学，要继续贯彻"尊重人才"的方针，努力为知识分子创造提供良好的工作条件和生活条件，要关心青年知识分子的成长。

1991 年

6月6日,国家教委发出《关于大力发展乡(镇)、村农民文化技术学校的意见》。

10月17日,国务院发出《关于大力发展职业技术教育的决定》。它根据20世纪90年代我国经济社会发展需要,明确了职业技术教育的发展任务。

1992 年

10月12~18日,中国共产党第十四次全国代表大会召开。江泽民同志代表第十三届中央委员会向大会作了《加快改革开放和现代化建设步伐,夺取有中国特色社会主义事业的更大胜利》的报告。它提出科技进步、经济繁荣和社会发展,主要取决于劳动者的素质、培养大批人才;必须把教育放在优先发展的战略地位,努力提高全民族的思想道德和科学文化水平;到本世纪末,基本普及九年义务教育,基本扫除青壮年文盲。

1993 年

1月7日,国务院办公厅转发国家教委《关于进一步改革和发展成人高等教育的意见》,提出了成人高等教育发展的方针及任务。

1月12日,国务院批转国家教委《关于加快改革和积极发展普通高等教育的意见》,要求高等教育必须面向经济建设主战场,改革办学体制,积极发展以高新技术产业为主的校办产业。

2月13日,中共中央、国务院制定了我国教育20世纪90年代发展的目标、战略和指导方针,印发《中国教育改革和发展纲要》。这是我国改革开放时期最有指导意义的教育改革与发展决策性文件。它指出,到2000年我国教育事业发展的目标和任务是:全国基本普及九年义务教育,即以县统计占全国总人口

85％的地区普及九年义务教育；初中阶段的入学率达到85％左右，全国小学适龄儿童入学率达到99％以上；全国基本扫除青壮年文盲，使青壮年非文盲率达到95％以上。它明确提出，要逐步提高国家财政性教育经费支出占国民生产总值的比例，本世纪末达到4％，为逐步解决教育经费不足问题提供了明确指导。

3月1～4日，中国全民教育国家级大会召开。会议通过《中国全民教育行动纲领》，提出了全民教育目标及措施。

8月1日，国务院发布《关于修改〈扫除文盲工作条例〉的决定》。对扫盲的组织工作、基本扫除文盲单位标准、巩固扫盲成果等条款作出修订。

1994年

6月14～17日，党中央、国务院召开改革开放以来第二次全国教育工作会议。会议提出要进一步落实教育优先发展的战略，动员全党全社会认真实施《中国教育改革和发展纲要》，为实现20世纪90年代我国教育改革和发展的任务而奋斗。

7月3日，国务院发出《关于〈中国教育改革和发展纲要〉的实施意见》，要求各级党和政府、各级教育行政部门和各级各类学校认真贯彻实施《中国教育改革和发展纲要》。

9月1日，国家教委发出《关于在九十年代基本普及九年义务教育和基本扫除青壮年文盲的实施意见》。

1995年

3月18日，八届全国人大三次会议通过《中华人民共和国教育法》。自1995年9月起施行。《教育法》以宪法为依据，规定了我国教育的基本性质、地位、任务、基本法律原则和基本教育制度。

9月14日，国家教委、财政部发出《关于进行〈国家贫困地区义务教育工程〉项目规划和可行性研究的通知》，启动了"国家贫困地区义务教育工程"。从1995年至"十五"期间，中央财政拨出89亿元支持贫困地区义务教育的发展，加上地方各级政府的配套资金等，工程资金投入总量共计198亿元。这是新中国成立以来中央财政教育专项资金投入规模最大的全国性教育工程。

1996年

3月5~17日，八届全国人大第四次会议召开。会议听取并审议了《关于国民经济和社会发展"九五"计划和2010年远景目标纲要的报告》，通过了《关于国民经济和社会发展"九五"计划和2010年远景目标纲要及关于〈纲要〉报告的决议》。它明确将"2000年全国基本普及九年义务教育，基本扫除青壮年文盲"作为社会发展的主要指标，列入"九五"规划。

5月15日，八届全国人大常委会第十九次会议通过《中华人民共和国职业教育法》，自1996年9月1日起施行。它的颁行确认了职业教育的地位，促进了我国教育体系结构的调整。

1997年

9月12~18日，中国共产党第十五次全国代表大会召开。江泽民同志作了《高举邓小平理论伟大旗帜，把建设有中国特色社会主义事业全面推向21世纪》的报告，指出：要切实把教育摆在优先发展的战略地位，尊师重教，加强师资队伍建设。发挥各方面的积极性，大力普及九年义务教育，扫除青壮年文盲，积极发展各种形式的职业教育和成人教育，稳步发展高等教育。优化教育结构，加快高等教育管理体制改革步伐，合理配置教育资源，提高教学质量和办学效益。

10月14日,教育部在深圳召开全国高等职业教育教学改革研讨会。会议的主要内容是:总结高等职业教育发展的经验,研究加快发展高等职业教育的步伐和办学特色。

1998 年

8月29日,九届全国人大常委会第四次会议通过《中华人民共和国高等教育法》,于1999年1月1日起开始实施。该法的颁布标志着中国教育法律法规体系的基本框架已经形成。

1999 年

1月13日,国务院批转教育部《面向21世纪教育振兴行动计划》。它是在贯彻落实《教育法》及《中国教育改革和发展纲要》的基础上提出的跨世纪教育改革和发展的施工蓝图,明确提出了到2000年和2010年我国教育发展的目标。

6月13日,印发《中共中央国务院关于深化教育改革全面推进素质教育的决定》。

6月15~18日,中共中央、国务院召开改革开放以来第三次全国教育工作会议。会议的主题是:动员全党同志和全国人民,以提高民族素质和创新能力为重点,深化教育体制和结构改革,全面推进素质教育,振兴教育事业,实施科教兴国战略,为实现党的十五大确定的社会主义现代化建设宏伟目标而奋斗。这次会议和《决定》赋予素质教育以时代的特征和新的内涵,并紧紧围绕全面推进素质教育,培养适应21世纪现代化建设社会主义新人提出了一系列教育改革和发展的重大决策,取得了一系列突破性进展。会后教育部根据会议精神,进一步扩大了当年全国高校的招生规模。

6月16日,国家计划发展委员会和教育部联合发出紧急通知,决定高等教育在年初扩招23万人的基础上,再扩招33.1万人，这样当年普通高校招生人数达到 153 万，招生增幅达到 42%。这引起了社会各界的强烈反响，高校扩招成为当年最受老百姓欢迎的教育政策之一。

6月17日，国务院办公厅转发中国人民银行、教育部、财政部《关于国家助学贷款的管理规定（试行）》。国家助学贷款的目的是通过银行贷款帮助高等学校中经济确实困难的学生支付在校期间的学费和日常生活费。国家助学贷款利息由国家财政予以补贴。

2000 年

1月14日，国务院办公厅发出《关于国务院授权省、自治区、直辖市人民政府审批设立高等职业学校有关问题的通知》。

1月17日，教育部印发《关于加强高职高专教育人才培养工作的意见》。教育部发出《关于组织实施〈新世纪高职高专教育人才培养模式和教学内容体系改革建设项目计划〉的通知》。

4月7日，中共中央办公厅、国务院办公厅发出《关于推动东西部地区学校对口支援工作的通知》，动员各方面的力量，大力支持西部贫困地区的教育事业。

2001 年

1月1日，江泽民同志在全国政协举行的新年茶话会上发表讲话，宣布在过去的一年中，科技、教育、文化和其他各项社会事业取得重要进展，我国如期实现了基本普及九年义务教育和基本扫除青壮年文盲的战略目标。

5月29日，国务院作出《关于基础教育改革与发展的决定》，提出农村义务教育实行在国务院领导下，由地方政府负责、分级管理、以县为主的体制。它明确规定："要重视解决流动人口子女接受义务教育问题，以流入地区政府管理为主，以全日制公办中小学为主，采取多种形式，依法保障流动人口子女接受义务教育的权利。"这一政策被简称为"两为主"政策，它表明了国家对流动人口子女（包括农民工子女）接受义务教育的态度，它为流动人口子女（包括农民工子女）公平接受教育、享受教育权利提供了保障。

6月11～12日，国务院召开全国基础教育工作会议，研究部署了进一步加快基础教育改革与发展的有关工作，明确提出举办基础教育特别是义务教育，主要是政府的责任。

7月27日，中国人民银行、财政部、教育部、国家税务总局发出《关于进一步推进国家助学贷款业务发展的通知》。

2002年

3月27日，教育部印发《关于进一步办好五年制高等职业技术教育的几点意见》。

7月8日，国务院作出《关于深化改革加快发展民族教育的决定》。

8月24日，国务院作出《关于大力推进职业教育改革与发展的决定》。

9月4日，教育部办公厅发出《关于高等学校积极配合经办银行大力推进国家助学贷款工作的通知》。

11月8～14日，中国共产党第十六次全国代表大会召开。江泽民同志代表中国共产党第十五届中央委员会向大会作报告。他强调，要大力发展教育和科学事业。教育是发展科学技术和培养人才的基础，在现代化建设中具有先导性全局性作用，必须摆在优先发展的战略地位。全面贯彻党的教育方针，坚持教育创新，深化教育改革，全面推进素质教育，造就数以亿计的高素质劳动者、数以千万计的专门人才和一大批拔尖创新人才。

12月28日,九届全国人大常委会第三十一次会议通过了《中华人民共和国民办教育促进法》。自2003年9月1日起施行。

2003年

1月14～15日,全国基础教育工作会议召开。会议确定了当年基础教育工作的总体要求,提出要坚持基础教育积极、均衡、持续、协调发展,深化教育改革,大力推进教育创新,全面推进素质教育,切实加强管理,不断提高教育质量,努力开创基础教育工作的新局面。

1月20～21日,全国职业教育与成人教育工作会议召开。会议要求全面落实全国职业教育工作会议和《国务院关于大力推进职业教育改革与发展的决定》精神,促进职业教育与成人教育持续健康发展。

3月5日,十届全国人大第一次会议在北京开幕。国务院总理朱镕基同志在《政府工作报告》中强调,要继续加大对科技、教育的投入。深化教育体制改革,坚持教育创新,全面推进素质教育。加快发展各级各类教育,提高教育质量。完善农村义务教育以县为主的管理体制。继续做好助学贷款和设立国家奖学金工作。加强职业教育和培训。依法规范和积极支持民办教育发展。继续实施人才强国战略,培养和吸引各类人才特别是高层次急需人才,为他们充分发挥聪明才智和干成事业创造良好条件。

9月15日,教育部举行新闻通气会,教育部部长周济同志畅谈了我国农村教育发展与改革取得的巨大成就,并提出今后进一步发展和改革农村教育的主要思路和措施。

9月17日,国务院印发《关于进一步加强农村教育工作的决定》。《决定》提出力争用五年时间完成西部地区"两基"攻坚任务。要发展农村高中阶段教育和幼儿教育。要建立和完善教育对口支援制度。要大力发展职业教育和成人教育,深化农村教育改革。

9月19~20日，国务院召开了新中国建立以来第一次全国农村教育工作会议。会议提出要把农村教育摆在教育工作重中之重的战略地位，作出了新增教育经费主要用于农村的重大决策。

9月30日，国务院办公厅转发教育部等部门《关于进一步做好进城务工就业农民子女义务教育工作的意见》。

12月30日，国家科技教育领导小组召开第二次全体会议。会议听取了教育部关于制定《2003~2007年教育振兴行动计划》和《国家西部地区"两基"攻坚计划》的汇报。会议认为，《2003~2007年教育振兴行动计划》明确了近五年我国教育工作的方向、任务和目标，对教育改革和发展提出了具体要求。《国家西部地区"两基"攻坚计划》，对实现西部地区基本普及九年义务教育、基本扫除青壮年文盲作出了具体部署。实施这两个计划，对于提高全民族的素质，对于经济和社会的全面、协调和可持续发展，具有重大意义。

2004年

2月16日，国务院办公厅转发教育部、国家发展改革委、财政部和国务院西部开发办《国家西部地区"两基"攻坚计划（2004~2007年）》。

3月5日，国务院公布《中华人民共和国民办教育促进法实施条例》，自2004年4月1日起施行。

3月5日，国务院总理温家宝在十届全国人大二次会议上所作的《政府工作报告》中提出，中央财政将投入100亿元专项用于农村寄宿制学校工程建设，到2007年我国西部地区将基本普及九年义务教育，基本扫除青壮年文盲。

6月12日，国务院办公厅转发《教育部、财政部、中国人民银行、银监会关于进一步完善国家助学贷款工作的若干意见》。

9月14日，教育部等七部门印发《关于进一步加强职业教育工作的若干意见》。

2005年

5月25日，教育部印发《关于进一步推进义务教育均衡发展的若干意见》。《意见》提出要切实贯彻落实"巩固、深化、提高、发展"的工作方针，把义务教育工作重心进一步落实到办好每一所学校和关注每一个孩子健康成长上来，有效遏制城乡之间、地区之间和学校之间教育差距扩大的势头，积极改善农村学校和城镇薄弱学校的办学条件，逐步实现义务教育的均衡发展。

10月28日，国务院印发《关于大力发展职业教育的决定》。

11月7～8日，全国职业教育工作会议召开。国务院总理温家宝在会上指出，做好职业教育工作，对于把巨大的人口压力转化为人力资源优势，使我国经济建设切实转到依靠科技进步和提高劳动者素质的轨道上来，具有重大意义。大力发展职业教育，是推进我国工业化、现代化的迫切需要，是促进社会就业和解决"三农"问题的重要途径，也是完善现代国民教育体系的必然要求。

11月28日，联合国教科文组织第五届全民教育高层会议在北京召开，国务院总理温家宝出席会议并致词。他指出，中国政府致力于保障所有儿童少年平等接受教育的权利，推进义务教育均衡发展，努力缩小城乡之间、地区之间教育发展的差距。他强调，我们为城乡经济困难家庭学生建立了助学制度。对农村贫困家庭学生免收学杂费、书本费，并补助寄宿生生活费，这一政策也惠及全国3 600多万中小学生。从2006年开始，中国将用两年时间在农村全面免除义务教育阶段的所有的学杂费。同时，积极解决成千上万进城就业务工农民子女的上学问题，保障适龄女童接受教育的权利，发展残疾儿童少年教育。要使所有的孩子在同一片蓝天下，共同成长进步。

12月24日，国务院发出《关于深化农村义务教育经费保障机制改革的通知》。《通知》要求逐步将农村义务教育全面纳入公共财政保障范围，建立中央和地方分项目、按比例分担的农村义务教育经费保障新机制，并于2006年春季学期开始农村义务教育经费保障机制改革率先在西部实施。

12月26日，全国农村义务教育经费保障机制改革工作会议召开，对深化农村义务教育经费保障机制改革工作进行了全面部署。

2006年

6月29日，十届全国人大常委会第二十二次会议通过了修订后的《义务教育法》。自2006年9月1日起施行。新修订的《义务教育法》第二条明确规定："义务教育是国家统一实施的所有适龄儿童、少年必须接受的教育，是国家必须予以保障的公益性事业。实施义务教育，不收学费、杂费。国家建立义务教育经费保障机制，保证义务教育制度实施。"它同时进一步明确了各级政府举办义务教育的责任，将义务教育所需经费全面纳入财政保障范围，同时对全面实施素质教育、促进义务教育均衡发展、提高义务教育质量等重大问题作出了法律规定，为推动我国义务教育持续发展提供了有力的制度保障。

8月17日，中央决定在"十一五"期间安排40亿元中央财政资金，设立中等职业教育贫困家庭学生助学金，标志着中等职业教育贫困家庭学生资助体系正式形成。

8月24日，全国农村义务教育经费保障机制改革领导小组召开电视电话会议，总结西部地区农村义务教育经费保障机制改革工作经验，动员和部署中东部地区农村义务教育经费保障机制改革工作，全面推进农村义务教育经费保障机制改革。

9月1～2日，国务院召开全国农村综合改革工作会议。国务院总理温家宝在讲话中强调，要贯彻把义务教育工作的重点放在农村的方针，通过农村义务教育体制改革，保障办学经费，提高教育质量，促进教育公平，加快农村义务教育发展，实现让每一个农村孩子都有学上，都能上得起学的目标。

10月8日和11月3日，财政部、教育部分两次下达2006年中西部地区农村中小学校舍维修改造中央专项资金预算。第一批涉及中西部19个省份，下达校舍维修改造中央专项资金预算25.93亿元；第二批涉及5个省份，下达中央资金预算3.35亿元。

10月11日，中国共产党第十六届中央委员会第六次全体会议通过《中共中央关于构建社会主义和谐社会若干重大问题的决定》。《决定》提出：要坚持教育优先发展，促进教育公平；全面实施素质教育，深化教育改革，提高教育质量，建设现代国民教育体系和终身教育体系，保障人民享有接受良好教育的机会；坚持公共教育资源向农村、中西部地区、贫困地区、边疆地区、民族地区倾斜，逐步缩小城乡、区域教育发展差距，推动公共教育协调发展；明确各级政府提供教育公共服务的职责，保证财政性教育经费增长幅度明显高于财政经常性收入增长幅度，逐步使财政性教育经费占国内生产总值的比例达到4%。

2007年

1月23日，中央财政预拨了92亿元的2007年春季学期免除杂费和提高公用经费保障水平资金给全国27个省（自治区、直辖市）、3个计划单列市和新疆生产建设兵团。其中，免学杂费补助资金75亿元，提高公用经费保障水平资金17亿元。

2月16日，中央财政预拨了14.3亿元的2007年春季学期免费教科书专项资金，为22个省（自治区、直辖市）和新疆生产建设兵团3000多万农村义务教育阶段贫困家庭中小学学生免费提供教科书。

9月1日，全面实施对国家普通本科高校、高等职业学校和中等职业学校家庭经济困难学生的资助政策。新资助政策形成了国家奖学金、国家励志奖学金、国家助学金、国家助学贷款和勤工助学等多种方式的资助体系。

10月15~21日，中国共产党第十七次全国代表大会在北京举行。胡锦涛同志在开幕式上作报告，强调要优先发展教育，建设人力资源强国。要优化教育结构，促进义务教育均衡发展，加快普及高中阶段教育，大力发展职业教育，提高高等教育质量。

年底，西部地区"两基"攻坚目标如期实现："两基"人口覆盖率达到98%，比攻坚计划实施前的77%提高了21个百分点，超出计划提出的85%的目标13个百分点；初中毛入学率达到了90%以上，青壮年文盲率降到5%以下。长期以来西部地区农村孩子"上学难、留不住"的问题基本得到解决，西部农村学校面貌发生了根本变化。

2008年

3月5日，国务院总理温家宝在十一届全国人大一次会议上所作的政府工作报告中提出要坚持优先发展教育。要在全国城乡普遍实行免费义务教育。继续增加农村义务教育公用经费，提高保障水平。认真落实保障经济困难家庭、进城务工人员子女平等接受义务教育的措施。要让孩子们上好学，办好人民满意的教育，提高全民族的素质。

8月，为保证秋季学期开学后，全国农村中小学生能够拿到国家规定课程的免费教科书，中央财政下拨秋季学期中央免费教科书专项资金86.4亿元。加上中央财政此前已拨付的春季学期免费教科书资金86.4亿元，2008年中央财政共安排免费教科书资金达172.8亿元，比上年增加91.5亿元，增长112.5%。

8月29日，国务院总理温家宝主持召开国家科技教育领导小组第一次会议，审议并原则通过《国家中长期教育改革和发展规划纲要》（以下简称《规划纲要》）制定工作方案，正式启动了《规划纲要》研究制定工作。这是进入21世纪以来我国第一个教育规划纲要，是指导未来12年教育改革和发展的纲领性文件。党中央、国务院高度重视《规划纲要》制定工作，强调这是本届政府必须做好的一件大事，要求在制定过程中广纳群言、广集众智，充分听取社会各界意见，努力制定一个让人民群众满意、符合中国国情和时代特点的高质量的《规划纲要》。

9月1日，继2007年全面推行农村义务教育免除学杂费政策后，国家在全国范围内全部免除城乡义务教育学杂费。至此，全国城乡义务教育阶段1.6亿多名学生的学杂费全部免除，城乡免费义务教育全面实现。这是我国教育发展史上的一个重要里程碑，必将对提高全民族素质产生重大而深远的影响。

10月12日，中国共产党第十七届中央委员会第三次全体会议通过《中共中央关于推进农村改革发展若干重大问题的决定》。文件中提出，重点加快发展农村中等职业教育并逐步实行免费。文件提出，大力办好农村教育事业。加快普及农村高中阶段教育，重点加快发展农村中等职业教育并逐步实行免费。保障和改善农村教师工资待遇和工作条件，健全农村教师培养培训制度，提高教师素质。健全城乡教师交流机制，继续选派城市教师下乡支教。发展农村学前教育、特殊教育、继续教育。加强远程教育，及时把优质教育资源送到农村。

2008年11月，教育部公布的《2007年全国教育经费执行情况统计公告》显示，2007年GDP为249 529.9亿元（2009年1月14日，国家统计局核定2007年GDP现价总量为257 306亿元），国家财政性教育经费占 GDP 比例为 3.22%，比上年的 3%增加了 0.22 个百分点，改变了国家财政性教育经费占 GDP 的比例长期保持在 3%以下的状况，为实现教育公平提供了财政保障。

2009 年

1 月 7 日,《国家中长期教育改革和发展规划纲要》（以下简称《规划纲要》）工作小组办公室正式启动公开征求意见工作。同日，教育部下发《教育部关于做好〈国家中长期教育改革和发展规划纲要〉公开征求意见工作的通知》，要求广泛动员，积极组织广大干部和师生员工围绕《规划纲要》建言献策，以便集中人民群众和专家学者，特别是一线教师的意见，按照国务院总理温家宝的要求，要制定出一个人民群众满意、符合中国国情及时代发展要求的《规划纲要》。这是教育政策问计于民，教育决策民主化、科学化的生动体现。

3 月 5 日，国务院总理温家宝在十一届全国人大二次会议上所作的政府工作报告中提出，要坚持优先发展教育事业；促进教育公平；落实好城乡免费义务教育政策；提高农村义务教育公用经费标准，把小学生、初中生人均公用经费分别提高到 300 元和 500 元；逐步解决农民工子女在输入地免费接受义务教育问题；增加农村义务教育阶段家庭经济困难寄宿生的生活补助；争取三年内基本解决农村"普九"债务问题；完善国家助学制度，加大对中等职业学校和高等院校家庭经济困难学生的资助，确保人人享有平等的受教育机会，不让一个孩子因家庭经济困难而失学；要大力发展职业教育，特别要重点支持农村中等职业教育；逐步实行中等职业教育免费，今年先从农村家庭经济困难学生和涉农专业做起。

11 月，教育部、国家统计局、财政部发布了《2008 年全国教育经费执行情况统计公告》。据统计，2008年全国教育经费为14 500.74亿元，比上年的12 148.07亿元增长19.37%。2008年全国国内生产总值为300 670亿元，国家财政性教育经费占国内生产总值比例为3.48%，比上年的3.22%提高了0.26个百分点。

2009年，全国普通高校本专科计划招生629万人，在历史上首次突破600万大关，预计平均录取率将接近62%。而2009年全国高校毕业生也达到610万人。这一系列的数字表明，我国高等教育进入了一个高速发展时期，高等教育已不再是少数人才拥有的"奢侈品"。

（张云芳执笔）

附录二
中国全民教育国家报告

一

2000年达喀尔会议以来，中国全民教育实现了新的突破：义务教育发展取得历史性进步，"两基"（基本普及九年义务教育、基本扫除青壮年文盲）攻坚取得显著进展，成人识字率有较大提高，教育的性别差异明显缩小；农村义务教育得到空前的重视和推进，投入水平、教师素质、办学条件得到明显改善。教育发展有力地支撑了中国经济和社会的快速发展。

目前，中国6～14岁儿童约有1.8亿人，在2000年中国基本普及九年义务教育、基本扫除青壮年文盲之后，这几年中国政府又实施西部"两基"攻坚，特别是对贫困地区家庭学生提供资助政策的出台，对提高农村学生的巩固率、降低辍学率以及保证适龄儿童按时入学等方面，发挥了巨大作用，有利地促进了农村义务教育发展。2004年全国通过"两基"验收的县（市、区）达到2 774个（含其他县级行政区划单位199个），"两基"人口覆盖率由2000年的85%提高到93.6%。西部12个省（直辖市）

已按要求全面推进"两基"的实现。2004 年全国小学在校生 1.12 亿人,学龄儿童净入学率达到 98.95%,小学毕业生的升学率达到 98.1%,比 2000 年提高 3.2 个百分点,农村与城市的差距进一步缩小;初中阶段在校生 6 528 万人,毛入学率达到 94.1%,比 2000 年提高 5.5 个百分点。成人扫盲取得巨大成就。2001~2004 年全国共扫除文盲 803 万人,年均扫除文盲 200 多万人,青壮年文盲率控制在 4% 左右,成人识字率居发展中人口大国前列。2000 年成人识字率已达到 90.9%。1984~2004 年,中国在联合国教科文组织颁发的"国际扫盲奖"中,荣获"野间扫盲奖"及"野间扫盲奖"荣誉奖、"娜杰达·克·克鲁普斯卡娅奖"、"国际阅读协会扫盲奖"、"世宗王奖"及"世宗王奖"表扬奖、"国际扫盲奖"表扬奖等共 14 个奖项。其中,中国的四川省巴中县、山东省五莲县、河南省西平县、新疆、全国妇女联合会、甘肃省天水市和青海省等获得了国际扫盲大奖并颁发了奖金;农村职业教育和成人技术培训得到进一步发展;广泛开展农村实用技术培训和劳动力转移培训。

目前,中国小学适龄女童基本都能接受教育。2004 年女童小学入学率为 98.93%,男女性别差异进一步缩小,从 1995 年的 0.70% 缩小到 0.04%,初中入学的性别差异显著缩小,女童入学难的问题得到基本解决。

少数民族教育与特殊教育进一步发展。民族地区"两基"攻坚取得新进展,到 2004 年底,全国民族自治地方共 699 个县级行政区划单位中,已有 474 个县实现了"两基"目标,占总数的 67.8%。中国的残疾儿童受到了政府和社会的特别关爱。2004 年,全国特殊教育学校达 1 560 所,比 2000 年增加了 29 所;在校残疾学生 37.2 万人,与 2000 年基本持平。其中在普通学校随班就读的残疾儿童达到 24.3 万人,占特殊教育在校生总数的 65.3%。中国政府始终把全民教育摆在优先发展的战略地位。为了更好地落实《达喀尔行动纲领》确定的各项目标，中国政府对21世纪初的教育发展进行了全面部署，从加快农村教育发展、推进成人扫盲工作以及消除性别差异等三个方面切实推进了全民教育的发展。同时，探索出一条中国农村教育的发展道路。中国政府从国情出发，实施分区规划与分类指导，为农村九年义务教育提供了条件保障；中国政府将加强农村中小学师资队伍建设作为普及九年义务教育的关键，并充分利用远程教育来提高教育质量；坚持农业、科技、教育相结合和基础教育、职业教育与成人教育统筹与协调发展，有力地推动了农村经济和社会的发展。中国政府加大对农村和贫困地区的投入力度，建立发达地区对欠发达地区、城市对农村的对口支援制度，广泛动员和鼓励民间捐资助学，积极开展国际合作，充分利用国际援助，推进了全民教育的均衡发展。

二

在联合国教科文组织的推动下，第五届全民教育高层会议于2005年11月28日在中国北京隆重开幕。第五届全民教育高层会议是中国教育部与联合国教科文组织联合承办的国际会议，它是在中国召开的第一次规模较大的、规格很高的政府间国际教育盛会，若干位国家首脑、近40位教育部长或国际援助部长以及重要国际组织（包括非政府组织和民间团体）的首席执行官汇聚北京，将在今后几天的会议中围绕全民教育，特别是农村教育和扫盲教育问题进行广泛地交流与探讨，共同促进世界各国全民教育事业的发展。本届大会的特点是：在延续以往几届会议的基础上，本届大会在向社会作出有关全民教育发展的庄重承诺的同时，务求实效，在推动全民教育发展方面力争出台切实可行的措施和行动。将要发表的《北京公报》不仅是国际社会特别是发展中国家重申实现六大目标的庄严承诺，也将包含推动全民教育优先发展的重要途径，为此，期望本届大会将成为推动全民教育发展历史上的一座新的里程碑。1990年，在泰国宗滴恩召开的世界全民教育大会上，联合国教科文等国际组织首次提出了"全民教育"的概念，其基本内涵是：扫除成人文盲、普及初等教育以及消除男女受教育之间的差别。自世界全民教育大会以来，世界各国采取了一系列措施，诸如每年有1 000万儿童入学；具有读写能力的成年男性比率提高到85%，女性提高到74%，基础教育入学的儿童从1990年的59 900万提高到1998年的68 100万；失学儿童由12 700万下降到11 300万。同时，仍有1亿儿童失学，仍有87 500万成人文盲。2000年，联合国教科文组织世界教育论坛通过了《达喀尔行动纲领》，确认了为每个公民和社会实现全民教育的六项目标，从而使全民教育的目标更为具体化并确定了时间表。从此每年召开世界全民教育高层会议，讨论全民教育六项目标中的一项。高层会议被视为监督和指导全民教育目标的实现和发展的最主要的机制。第一至四届高层会议分别于2001年、2002年、2003年和2004年在法国、尼日利亚、印度和巴西召开，第五届全民教育高层会议由中国来承办。本次会议主题是："扫盲工作与农村教育"。会议主要内容是：总结实现全民教育目标过程中取得的成绩；教育在农村人口实现千年目标中的作用；实行教育的性别平等以确保千年发展目标与达喀尔目标的协调；为全民教育筹集资金，发布联合公报。全民教育是联合国教科文组织五大部门计划活动的重中之重，也是联合国系统包括世界银行、儿童基金会、开发计划署、人口基金、粮农组织艾滋病署等专门机构共同参与的重大活动。全民教育不仅是教育问题，首先是发展问题。全民教育六大目标（扫盲、发展幼儿教育、普及初等教育、促进男女教育机会平等、生活技能培训、全面提高教育质量）中，有三项（扫盲、普及初等教育、男女教育机会平等）已列入联合国大会通过的"千年发展目标"。推动全民教育的发展与推动"消除贫困、男女平等"的千年发展目标密不可分地结合在一起。

三

11月27日举办的"中非教育部长论坛",是中国政府在推动中国全民教育发展的同时,加强同其他国家、组织的交流与合作,以共同推进世界全民教育事业的健康发展的举措。这个论坛是中国教育部与中国外交部、商务部联合举办的,是"中非合作论坛"的重要后续行动之一,是在"中非合作论坛"框架内开展教育多边合作的一种新尝试。

"中非教育部长论坛"将邀请来自贝宁、刚果、埃及、马里、肯尼亚、南非、尼日利亚、几内亚、毛里求斯、苏丹、埃塞俄比亚、卢旺达、阿尔及利亚、莫桑比克、坦桑尼亚、吉布提、毛里塔尼亚、塞内加尔、喀麦隆等19个非洲国家的19位教育部长和中国教育部、外交部、商务部、财政部和发展改革委员会的领导参加此次论坛。论坛将围绕"中非国家教育发展战略与国际交流与合作"这一主题,就发展中国家普及义务教育的战略规划与基本政策、职业技术教育的发展方向与模式、中小学教师的培训与专业发展、高等教育质量的保障机制与措施、中非教育交流与合作的主要领域与成功模式等多方面内容展开对话与交流。论坛期间,中方还将举办教学仪器展、远程教育展和农村教育展。中非教育部长论坛是为发展中国家教育发展作出的贡献。中国是最大的发展中国家,非洲是发展中国家最集中的大陆,中国和非洲大部分国家同为发展中国家,有着相似的历史发展历程和广泛的共同利益。尤其是在教育领域,由于中国和非洲大部分国家的教育发展总体水平仍然比较落后,在谋求教育发展的过程中,存在着相似的困难和问题,肩负着共同的发展任务,也面临着共同的挑战,有很多地方值得相互学习、交流与合作,中国在全民教育领域积累的经验可供非洲国家参考和借鉴。此次论坛的举办，将会给中非国家的教育发展带来新的思路，为中非国家在各个教育领域的交流合作开拓出新空间，并将进一步为广大发展中国家教育发展问题的解决提供更为广阔的视野。

四

20世纪90年代以来，作为联合国教科文组织会员国，中国政府率先承诺在中国普及"全民教育"，为此，中国政府始终把教育放在优先发展的战略地位，积极推进普及九年义务教育和扫除青壮年文盲，大力发展农村教育，使中国人口的整体素质得到进一步提高，为世界全民教育的发展作出了积极贡献。

近十年来，中国政府和广大人民群众为基本普及九年义务教育进行了不懈的努力，2000年，中国普及九年义务教育地区人口覆盖率达到85%以上，基本实现了普及九年制义务教育的目标，这是一个伟大的历史性成就。目前在发展中人口大国里，中国成为世界上唯一同时实现"文盲人口减半"和"贫困人口减半"的国家。中国在全民教育领域取得的成就世界瞩目，得到了国际社会的认可和广泛好评。

但是也要看到，随着社会经济的发展和不断进步，中国的农村教育事业和扫盲教育工作也面临着许多新的问题。由于人口众多、国力相对落后，中国内地仍有8 700万成人文盲，其中青壮年文盲2 300万人，全国8%的地区还没有普及九年制义务教育，全部集中在西部地区，这些地区又是非常困难的地区。在农村教育方面，最重要的任务还是大力推动西部"两基"攻坚任务，本届政府决心要在任期内完成这项任务。

中国不仅要保持已经取得的成果，还要面对和解决不断出现的新问题。而此次高层会议恰恰为各国代表提供了这样一个交流和探讨的平台。虽然我们各有自己的文化传统和社会制度，有自己的国情,各国之间也存在着明显的教育差异,但我们都有着共同的全民教育发展的奋斗目标,相信此次会议将有力地促进全民教育有关问题的解决。相信这次高层会议的召开,必将为世界全民教育的可持续发展带来新的生机和活力!

(2005 年 11 月)

附录三
《不让一个孩子掉队》法案[①]

一、前言

联邦政府在教育中的作用不是为体系服务,而是为孩子们服务。

——G. W. 布什总统

两党合作的教育改革将成为我在任职期间的基石。

公立学校的质量直接影响到我们每一个人——不论是家长、学生还是公民。但是,美国有太多的孩子因期望值低、识字少和缺乏自信而被隔离开来。在劳动力技能要求日益复杂化而且不断变化的世界里,仅就识字而言,孩子们正落在后面。

情况不应该是这样的。

两党合作的解决办法就在眼前。如果我们的国家不能承担起

[①] 选自国家教育发展研究中心组译:《发达国家教育改革的动向和趋势》第七集,人民教育出版社2004年版。

教育每个孩子的责任，我们就有可能在其他领域遭遇挫折。但是，如果我们成功地教育了我们的年轻人，在全国和公民生活中将会有许多其他的成功接踵而来。

本计划只是我的教育改革的部分日程。虽然它并未超越我计划提出的教育改革的方方面面，但是，它将作为我们民主党、共和党和独立党派——共同工作的框架，以加强我们的中小学校。总而言之，这些改革表达了我对公立学校及其肩负使命的坚强信念，公立学校的使命就是塑造来自不同背景、不同地区的每个孩子的思想与品格。同时，我与那些为达到我们共同目标而贡献聪明才智的国会议员们一道工作的大门是永远敞开的。

我期望与国会一道工作以保证不让一个孩子掉队。

二、实施要点

> 在文明状态下，没有一个国家可以既愚昧无知又自由自在，过去没有，将来也不会有。
>
> ——托马斯·杰斐逊，1816

转变联邦政府在教育中的作用，不让一个孩子掉队。当美国进入了充满希望与光明的21世纪时，却有许许多多儿童仍生活在贫困的过去。

今天，将近70%的城区四年级学生在国家阅读测验中未达到基本的阅读水平。在国际数学测验中我们的高中学生落后于塞浦路斯和南非的学生。将近1/3的大学新生在他们能够开始正常的大学课程前却不得不参加补习课程。

虽然教育首先是一个州和当地政府的责任，联邦政府在容忍上述无知的后果方面也难辞其咎。联邦政府在我们的教育体系中奖励成功和处罚失败做得很不够。

1965年联邦政府启动第一个重要的初等教育和中等教育计

划以来，联邦政策一直强烈地影响着美国的学校。多年来，国会发起了数百项强调教育问题的项目，但对这些项目产生的结果或对当地需要产生的影响一无所知。

这类"一个问题一个项目"的解决方式愈演愈烈直至发展到有39家之多的联邦机构操持着数百个教育项目，其支出每年高达1 200亿美元。然而，在给教育投入了上千亿美元后，我们并未达到优质教育的目标。贫民和富人之间、英裔与少数民族（学生）之间的学业成绩的差距不仅很大，且在有些情况下还正在加大。

我们国家正逐渐地被分为两个"国家"：一个"国家"的公民具备阅读能力，而另一个"国家"的公民则不具备这种能力；一个"国家"的公民心怀理想，而另一个"国家"的公民则没有理想。

对这些令人失望的结果引起的反应是，有些人认为联邦政府不应该介入教育。另外一些人建议我们仅仅给旧的体系注入一些新项目即可。当然，还应该有另外的出路，即为更加有效的联邦作用定位。下述优先领域是建立在一个基本理念基础上的：当责任与企业最重要的活动结合最紧密的时候，当被赋予最大的选择自由和支持条件的时候，当这些责任可以用产出效果来衡量的时候，即是这个企业工作最出色的时候。

本教育计划将要：

增强对学生业绩的责任制。提高成绩的州、地区和学校将获得奖励，失败将受到处罚。家长将了解其子女在学校的学习情况。此外，三到八年级学生在州年度阅读和数学评估中的表现将与评判学校效率好坏紧密结合起来。

注重可行的项目。联邦政府的钱将投放在有效的、以研究为基础的项目和实践上。经费将以改善学校和提高教师质量为目标。

减少官僚主义,增加灵活性。拟给州及学区以更大的灵活性,同时增加当地一级的机动拨款。

加强家长的作用。家长将获得更多有关其子女所在学校质量的信息。依旧表现差的学校的学生将给予另行择校的机会。

虽然这些优先领域没有强调对所有的联邦教育项目进行改革,但是对《初等教育和中等教育法案》(ESEA)的改革,将联邦经费与特定业绩目标挂钩以保证改进成效,提出了总的思路。有关其他项目和优先领域的详细情况将在以后提出。

我们在本计划中提出的优先领域包括基于业绩的七个标题:

1. 提高处境不利学生的学业成绩;
2. 提高教师质量;
3. 将英语熟练程度有限的学生转化成英语熟练的学生;
4. 促使掌握情况的家长作出选择和革新项目;
5. 鼓励建设21世纪的安全学校;
6. 增加对有影响的资助项目的拨款;
7. 鼓励自由和成绩责任制。

对有迫切需求的学校和学区将增拨经费。州和学区将具有取得成效的灵活性,若未达到业绩目标,那么有可能失去经费支持。

在美国,不能让一个孩子掉队。每个孩子都应该受到发挥其全部潜能的教育。总统建议的框架中提出的这一建议即是为了达到目标,本届政府将与国会以两党合作的方式一道工作以保证该目标尽快实现。

政 策

本届政府教育改革的日程由以下几个主要内容组成,其中有许多是在ESEA获得重新批准过程中实施的。

缩小成绩差距

成绩责任制与高标准。州、学区和学校必须负责保证所有学生，包括处境不利学生达到较高的学业标准。各州必须建立一套奖罚制度以使学区和学校在提高学业成绩方面承担起责任。

年度学业评估。年度阅读和数学评估将使家长得到他们需要了解的信息，让他们掌握孩子在学校的表现以及了解学校的教育水平。进一步讲，年度的统计数据是衡量学校是否得到不断改善的重要工具。在充分规划和实施的情况下，每个州可以选择和设计它们需要的科目进行评估。此外，将由四年级和八年级学生阅读和数学测验"国家教育成效评估项目"（NAEP）对各州抽样学生进行年度评估。

未能成功地教育处境不利学生的学校的结局。未能使处境不利学生每年取得必要进步的学校将首先获得帮助，之后若再没有起色，那么将对这些学校采取适当行动。如果学校连续三年仍未取得进展，处境不利的学生可使用"第一条款基金（Title I 为政府专项）"转到一个水平更高的公立或私立学校学习，或有目标地选择补习教育。

通过把阅读放在首位来提高读写能力

注重最初年级的阅读教育。如果州实施定位于幼儿园到二年级科学研究的综合阅读项目，那么在新的"阅读第一"（reading first）项目下可以获得资助。

学前儿童阅读指导。参加"阅读第一"项目的州将可能选择获得另一个项目的资助，即新的"早期阅读第一"（early reading first）项目，在学前教育包括先期教育中心（head start centers）中，开展以研究为主的"阅读前方法"（pre-reading methods）的实验。

我们太多的儿童不能阅读。对于教育改革而言，阅读是基石，是基础。

增加灵活性，减少官僚主义

第一条款（Title I）的灵活性。更多的学校将可能参与"第一条款"学校范围的项目,并将联邦经费与当地和州立基金相结合以提高整个学校的质量。

增加教学技术投入。加强 E-rate 基金和技术援助基金,并通过州和所在区根据需要对学校进行分配。这一举措意味着学校无须再提交多项资助申请并将避免为争取教育技术资助而带来的行政负担。

减少官僚主义。对重复设置和得到不同方面重复拨款的项目加以整顿,并上报学区与州政府。

州及地方新的灵活选择。拟建立一种对肩负改革和责任制的州和区予以特许选择的制度。在本计划下,特许州和区将不受到分级项目要求的约束,替代措施是向教育部长提交一份五年的业绩协议,该协议将特别依照责任制的严格标准拟订。

联邦政府必须足够明智,赋予州和学区更多的权利和自由;同时,联邦政府又必须足够有力地检验其成效。

奖励成功和处罚失败

对缩小学业差距进行奖励。所有在缩小成绩差距并提高所有学生成绩方面成绩卓著的州将得到奖励。

州责任制奖金。任何州在本计划实施两年内达到责任制要求(包括建立三到八年级年度评估制度),都将获得一次性奖金。

"不让一个孩子掉队"学校奖。所有在提高处境不利学生成绩方面取得最大进步的成功学校,将获得承认并授予"不让一个孩子掉队"奖金。

失败的结局。如果某州未能达到业绩目标以及未能展示学业成绩的成果,那么,教育部长将有权减少该州从联邦得到的行政开支经费。

帮助家长作出明智选择

学校对家长的报告制度。家长可以通过查询一所学校的各类学生群体的学生成绩报告卡,来了解自己孩子的情况以作出明智的选择。

特许学校（charter schools）。拟向特许学校提供启动资金、设备以建立更为安全的 21 世纪的学校。

保护教师。拟赋予教师更大的权利，以解决课堂暴力问题或做好问题学生的工作。

改进学校安全。增加对学校的资助，以促进校内外的安全以及毒品预防工作。在对校外项目给予资助金时，将允许州政府对宗教组织予以与其他非政府组织同等的考虑。

把学生从不安全学校拯救出来。拟向校内犯罪的受害人或陷入持续危险状态的学校的学生提供安全的选择。州政府必须向家长和公众报告学校的安全状况。

加强品格教育。附加经费将用于向州和区提供品格教育资助金，其目的旨在培训教师掌握将品格培养的内容和活动融入课堂的方法。

三、立法条款

通过高标准和教学效能核定来实现平等
第一条款（A 部分：为处境不利学生弥补成绩差距）

引言

联邦政府能够、而且必须帮助缩小处境不利学生与同龄人之间的成绩差距。

为达到这一目标，在第一条款中的联邦投资必须花费得更有效，取得更大的教学效能。这一条款改变了现行法律，要求接受第一条款经费的州、学区和学校要保证所有学生都达到高标准。学校的目标必须明确，便于测评，并以基本技能和必要知识为重点。要求每年对三到八年级学生进行州级测验，要保证每个孩子每年都能达到目标。对每一年级进行的年度测验将为教师、家长和决策者提供所需要的信息，以保证孩子们学有所成。

没有取得应有进步的学校将受到特殊帮助。学生不会被迫就读于持续落后的学校，他们必须在一定程度上可以自由就读于教学水平正常的学校。在这一计划之下，不会有人要求处境不利学生只是为了保持现状的缘故而牺牲他们的教育和未来。

在学生成绩的教学效能方面必须辅之于地方控制和灵活性。如果学校要实行高标准，它们必须拥有自由以达到这些标准。

方案概要

作为对实施严格的教学效能核定的奖励，各州通过提供额外的支持和灵活性，帮助处境不利学生弥补成绩差距。

设立高标准。大多数州都制定了学生应该掌握的阅读和数学标准。该方案要求各州也要为历史和科学学科制定富有挑战性的内容标准。

对三到八年级的每一个学生进行年度测评。每年的阅读和数学测验将为父母提供需要的信息，让他们了解孩子在学校的学习情况，以及学校对孩子进行教育的情况。各州可以有充分的时间规划、实施选择和设计适当的测验。唯一的要求是对学生成绩进行逐年比较。各州将用三年时间开发和实施测验。联邦经费将支付开发测验的全部费用。

要求报告所有学生的成绩。配合目前的法律，各州要求向家长报告学生的成绩评价结果。为了履行学校提高所有学生成绩的责任，这些结果必须按照种族、民族、英语能力、能力和社会经济地位等分类公之于众。

期望处境不利学生每年获得足够的进步。在目前的法律下，学区必须根据学生是否达到了州设定的内容和成绩标准，判断每所第一条款要求的学校是否在每年取得了足够的进步。然而现状不能保证每所学校里的处境不利学生都有进步。在该方案下，各州关于"每年获得足够进步"的定义必须既特别适合于处境不利学生,也适合所有学生。这种期望将促使学校和学区担负起提高处境不利学生学习成绩的责任,并帮助教育工作者、家长和其他人观察是否弥补了成绩差距。

用技术援助经费帮助各州扭转低成绩学校。向需要改进的学校提供能力建设和技术援助的州和学区将获得联邦加大力度的经费。以此类经费形式提供的州技术援助必须根植于以科学为基础的研究。

增加学校的灵活性。可以通过把全校的贫困门槛从50%降到40%的方法来增加灵活性,以便更多的学校能把来自联邦的钱合并起来提高学校的质量。

为低成绩学校和学区提供矫正行动。一个学年中没有取得足够年度进步的学校和学区将被学区或州认定为需要改进。被认定后,这些学校将立即得到帮助来提高成绩。

如果被认定的学校两年后仍然没有取得足够的年度进步,学区必须采取矫正行动,为落后学校的所有学生提供进入公立学校的选择机会。

如果学校三年之后还没有取得足够的进步,学校中的处境不利学生可以利用第一条款的经费转到成绩更好的公立或私立学校,或择校接受额外的教育服务。所有接受联邦经费的非公立办学者将遵守相应的教学效能核定标准。

学生可以在差校学习期间继续择校学习。择校选择的权利可以保持到学校不再被认为需要改进之后两年。

已被现行法律认定为需要改进的学校,可以享有一定时期的过渡期。

对缩小成绩差距的学校和州给予奖励。在缩小成绩差距方面成绩显著的学校和州将被授予"不让一个孩子掉队"学校额外津贴奖金和州"教育成绩"额外津贴奖金。

列出失败的后果。未能取得足够成绩的各州将失去一定比例的管理经费。将依据一个州未能达到三年级和八年级的数学和阅读要求、未能取得足够的进步、未能缩小成绩差距的程度实施惩罚。各州将根据"全国教育成绩评价"数学和阅读测验对四年级和八年级学生进行年度抽样的结果,作出成绩评价。

保护家庭学校和私立学校。联邦要求不适用于家庭学校或私立学校。将保留现行法律的保护条款。

通过把阅读放在首位来提高读写能力
(B 部分:阅读第一)

引言

政府承诺要保证每个孩子在三年级时能够阅读。为帮助达到这一目标,一项名为"阅读第一"行动的新项目即将付诸实施。

"阅读第一"行动为各州提供了消灭阅读障碍所需的经费和工具。进行多年的有关阅读的科学研究成果现在也与大家见面了,美国所有学校的每个教室都能应用这项研究。"全国阅读小组"在研究了10万名学生如何学习阅读之后,于2000年4月发表了研究报告。报告概括道:

"……有效的阅读教学包括教会孩子们区分和掌握单词的发音(音素意识),教会他们这些发音由字母表示,并能混合形成单词(基础语音教授法),让学生通过阅读练习学到的知识并给予指导和反馈(指导口头阅读),运用阅读理解的方式来指导和提高阅读能力。"

"阅读第一"行动建立在研究成果之上,对低年级以科学为基础的阅读教学计划进行投资。保证更多的孩子接受有效的阅读教学,这意味着更多的孩子能在落后太远之前得到帮助。随着由于在关键的早期没有接受适当的阅读教学而被诊断为需要接受

IDEA服务的学生人数不断减少,这项行动还将减少各级政府的支出负担。

方案概要

创设广泛的、全州范围内的阅读计划,确保每个孩子在三年级时学会阅读。各州和学区将从新"阅读第一"计划中获得经费,在从幼儿园到二年级实施全面的、以科学为基础的阅读计划。"出色阅读法案"将被放在"阅读第一"之下,"平等开端家庭读写能力计划"(第一条款 B 部分)在继续为全国家庭读写能力计划提供经费的同时,也将成为这项大行动的一部分。

以"儿童早期阅读行动"作为"阅读第一"的补充。参与"阅读第一"计划的各州将能选择接受"早期阅读第一"的经费,在现有的学前计划和"领先"计划中,为参加的小学提供实施以研究为基础的阅读计划。该计划的目的是在更广的范围内说明研究成果:在学前阶段学过早期阅读和数学技能的孩子,上学时已作好了学习阅读和数学的准备。

提高教师质量 第二条款
(A 部分:为提高教师质量提供奖励)

引言

政府培养、培训和招聘教师方案的基本理念是:出色的教师是提高学生成绩的关键。

该方案对学校建立和支持高质量教师队伍的努力而言是巨大的鼓舞。根据美国总会计署的资料,教育部之下有 28 个教师培训项目,花去了大部分经费。87 个有关教师培训的项目由 13 个不同的联邦机构管理。

该方案把联邦教育项目,包括"缩减班额计划"和"艾森豪威尔专业发展计划"的资金,合并为对州和地方实行绩效拨款。

利用这些经费，学校将获得支持和具有必要的灵活性，通过为教师提供高质量培训，使之打下科学研究的基础，提高学术成绩。反之，各州也将为改进教师质量承担责任。

方案概要

在有效的专业发展方面给予各州和学区更大的灵活性。每个美国儿童应该有一个高素质的教师。现有的联邦计划体制不能实现这一承诺。为了帮助各州培养、招聘和培训高质量的教师，"艾森豪威尔专业发展计划"和"缩减班额计划"将被合并，成为给予各州和当地学区的更加灵活的教师素质奖励。

建立专业发展高标准。各州和当地学区将被允许使用该项经费满足其特殊需要，并强化技能，提高公立学校教师、校长和管理人员的知识水平。反过来，也要求各州和学区保证联邦经费能推动在教室里利用科学的、以研究为基础的、有效的实践活动。

推动师范教育改革计划。除了为专业发展提供经费，各州和学区将能自由使用其经费推动改革计划，诸如改革教师资格或证书要求；资格选择；终身制改革和教师教学效能评定系统；区别并奖励在阅读、数学和科学等急需学科和在贫困学校和地区任教的教师；督导计划。

期望教师质量得到改进。各州将负责保证所有孩子都有好教师教，并制订一项计划确保实现这一目标。

为出色的教学提供奖励经费。该计划经费的1％划归教育部长，用来奖励开发教师评价系统的各州。该系统使用学生学术成绩来评价教师的成绩。

保护教师。行使官方职责权利的教师、校长和学校董事会成员将受到联邦的保护来维持教室的纪律，只要他们没有轻率的或违反法律的不端行为。

为教师提供税收减免。教师将能获得最高为400美元的税收减免，以应付与教学有关的现款支付开销，如书本、学具、专业丰富计划和其他培训。

为家长提供教师质量的有关信息。家长有权知道他们的孩子是否有个好教师。应家长要求，当地学区将按照州的规定，把有关教师质量的信息印发给家长。

改进数学和科学（B部分：数学和科学合作团体）

引言

在造成美国学生数学和科学领域成绩差的根本原因中，有三个问题是我们必须提出的：太多教师的教学超出范围；太少学生学习高级课程；太少学校提供具有挑战性的课程和教材。

高等教育团体（The Higher Education Community）意识到它有一种致力于提高小学和中学的数学和科学成就的既定的嗜好，有二十多个州已开始与大学和学院组成合作团体，旨在提高学生的数学和科学水平，为教师提供数学和科学方面的培训，并引进新的教学方法来影响服务差的学校。

数学和科学合作团体计划为各州提供资金，资助各州与高等教育协会联合，以加强K-12的数学和科学教育。得到这些资金的各州将必须以加强数学和学科教育为目的，与州学院、大学和社区建立合作伙伴关系，这些资金可以被各州用来支付合作团体的费用，并支付让其他学院和社区学院参与数学和科学改革的费用。

各州和高等教育机构合作团体的成功，将以测量重要指标的成绩责任制目标是否达到为准，这些指标有：学生在州评估上的成绩表现，参加数学和科学高级课程的学生人数的增加，通过高级就业考试的学生人数的增加，以及数学或科学专业教师的增加等。

方案概要

建立数学和科学合作团体。各州和当地社区将有资格接受联邦资助，用来建立与高等教育机构的数学和科学系的合作伙伴关系。合作将旨在提高小学和中学的数学与科学的教学质量，并进行各种活动，以提高数学和科学课程的严密性，促进数学和科学专业的发展，吸引数学和科学专业的人从事教学，以及调整高中数学与科学的标准以兼顾大学的招生安置。

引入专业研究机构。将鼓励研究性大学充分参与到这些州合作团体中，以加强数学和科学教育。

激励英语熟练程度有限的学生达到英语流利水平
第三条款

引言

美国最大的特点之一，是我们的多样性。确保所有的儿童，无论其背景如何，都有机会获得成功，是联邦政府在教育中的主要责任。过去十年来目睹我们学校所经历的变化，已给教学带来新的挑战。所有的家长都希望他们的孩子在毕业时掌握应对今天全球化经济的工作，并取得成功所必须的基本能力。对二百多万英语熟练程度有限（英语熟练程度有限的学生经常在较低年纪就读）的学生来说，这意味着在学校学会英语。

遗憾的是，有迹象表明，英语熟练程度有限的学生并没有得到实现这种转变所需要的服务。例如，研究表明，与那些英语流利的同伴相比，在标准化的数学与阅读评估中，他们的分数也常常低于平均分。其中部分原因来自于目前联邦政府为双语教学提供资金还没有附加学绩测量，我们的建议将在使用双语基金上给学区以更大的弹性，以便更有效地促成英语熟练程度有限的学生向英语流利者转化，并提高他们的成绩。

方案概要

简化 ESEA 双语教育计划。这些计划将简化为在学生的学业成绩的基础上来决定是否给各州和当地学区提供资助以及资助力度有多大等。

为提高英语流利水平设立成绩目标。作为资金的申请表的一部分，各州将设立成绩目标，以确保英语熟练程度有限的学生在三年内达到英语流利水平。各州也要确保英语熟练程度有限的学生至少在校内严格讲授的英语核心内容课程要达到标准。

给成绩差的州以处罚。那些没有达到它们自己设定的英语熟练程度有限的学生成绩目标的州，将失去州负责批准的全部ESEA项目资金的管理费用中的10%。

给学区选择符合学生需要的教学方法的自由。基金管理的法令将禁止强制各州采用某种教育英语熟练程度有限的学生的教学方法。

促进家长的选择和革新计划

第四条款

引言

第四条的目的是促进家长的选择，并增加各州和学区可得到的用于改革教育项目的有弹性的基金的数量。

组织机构常常抵制变革，无论领导这场变革的人的意图有多好。但竞争能刺激官僚系统变革的需要。因此，政府（管理部门）寻求增加家长们的选择权和影响力。在掌握信息的情况下，家长是教育责任制最重要的力量，在选择权的帮助下，家长能保证其子女尽可能得到最好、最有效的教育。

方案概要

创设特许学校。将给特许学校提供协助其启动计划，购买设施和创设高质量的学校所需要的其他方面的资金。

提高教育储蓄金账户额。每年用于资助这些账户的资金量将增加到5 000美元，资金的使用范围将扩大到包括幼儿园到十二年级在内的与教育有关的花费。

扩大择校。由教育部长负责建立和管理择校资金，用以对择校改革方面的措施进行说明、实施、评估和对有关信息进行传播。

整顿同类拨款项目以把更多的资金投入课堂。重复设置和得到不同方面重复拨款的项目将被并入一个有灵活拨款的革新项目中，资金下拨到各州和学区去，用于当地的革新项目，并用于为那些在持续失败或危险学校就读的学生提供择校费，以便他们能够选择到适合自己的、安全的学校。

在学校建设方面扩大公私合作。目前，允许各州发给私人承建者一定数量的免税债券，用于公共设施的建设，如小型飞机场和低收入住宅。公立学校的建设目前不允许使用这种债券。通过允许把私营活动债券用于公立学校的建设上，全美的地方社区将能够采用额外的资金用于学校的建设与维修。各州发行的用于学校建设的公私合作的资金数量将以各州的人口数量为基数。

建设21世纪的安全学校
第五条款（A部分：支持对学生和社区开展反毒品与暴力的教育）

引言

第五条款的目的是通过提供安全并远离毒品的、高质量的教育，帮助学生达到所要求的学习标准。

这样做是要减少管理两个分离但又相似的计划的负担，这两个计划在实践上互相重叠。学校安全与远离毒品计划和21世纪教育计划，这两个计划将得到以绩效为基础的补助，用于增加课上与课后的教育机会，也用于预防暴力与毒品的行动。政府有责任来帮助提高学术成绩，改善学校安全，以及减少毒品的使用。另外，第五条款也将确保父母可以知道他们的孩子是否进入了安全的学校去学习，同时也将使学生可以脱离那些危险的学校。

方案概要

巩固并且简化对学校安全与远离毒品计划和 21 世纪教育计划的拨款。学校可以将联邦拨款用于增加课后的教育机会以及用于预防暴力与毒品的行动。

为学校的安全与成绩进行核定。为得到拨款，政府必须定义出什么是"长期危险性的学校"，并且通过校与校的对比来作出学校安全性的报告。严重的校园犯罪的受害者，以及在长期危险性学校上学的学生，都有机会转移到安全的学校去。

给教师控制班级的权利。政府将赋予教师权利，使他们可以将危险的学生逐出教室。要接受拨款，政府必须对危险的学生采取零容忍度的政策。

强调有效性。要重视对青少年滥用毒品和暴力行为的预防，也要确保学校使用拨款的效率。拨款可以用于课后教育，要保证教育的安全性，不管是课前、课上还是课后。要教育学生知道毒品的危害性，特别是新近出现的毒品。

允许社团组织接收拨款用于课后教育。可以通过给社团组织拨款的方式，来增加课前和课后的学习机会。

使犯罪预防与检举更加便利。联邦教育权利法案将被修订，以使公立学校和地方执法机构更容易获得学生犯错甚至违法的信息。

强化实施枪支管制法案。联邦和州将合作建立一个 sentry 项目，查证、检举、惩罚并且监督那些触犯武器法案的青少年。

增加用于品德教育的拨款。要增加用于品德教育的拨款，培训教师，增加品德教育方面的课程与活动。

通过教育技术手段提高教育水平
（B 部分：用于教育技术方面的拨款）

引言

管理当局认为学校应当使用科技手段来提高其学术成绩，并且可以在教室里使用最新的科技。

科技拨款计划要以绩效为基础，增加对学校的拨款。要强化科技拨款计划和 E-rate 资金，通过公式计算来拨款，以确保学校不会递交多份拨款申请和以承担辅助性的行政工作来得到教育技术的资金。换言之，每个项目要针对每所学校的专门需求，促进教育技术综合整体的发展。

方案概要

给学校更多的拨款用于其改进技术。调整过的拨款项目 E-rate 资金要通过公式来拨付到各州和各学区，以确保更多的科技资金用于班级。资金要拨到那些最需要它的学校，包括乡村学校和低收入家庭学生较多的学校。

减少申请拨款的公文并增强资金使用的灵活性。通过公式来拨款给学校，而不是通过目前所采用的申请程序，可以使纷繁的公文大大减少。资金使用的灵活性也增加了，允许用资金购买与开发软件，用于购买有线设备，以及用于对教师进行科技使用方面的培训。

允许把拨款用于过滤互联网信息。为实施《2000 年儿童互联网保护法案》，可以将拨款用于购买互联网过滤器，以保护儿童远离互联网上的成人内容。

将拨款用于实施先进技术以加强教育。政府鼓励为学校设置绩效目标，来测量联邦科技拨款是如何提高学生成绩的。

拨款给社区科技中心。通过住房与城市发展部实施的社区发展资助计划来给社区提供联邦拨款,在贫困区域建立社区科技中心。

特批资助

第六条款　为土著美国人和军人家庭的孩子重建学校

引言

对于那些为美国军人家庭的孩子和土著美国人的孩子提供教育的学校来说,联邦政府负有特定的义务。

然而,联邦政府并没有很好地履行这些义务,尤其是在学校建设方面。联邦政府打算通过增加对特批资助项目和印第安人事务局的拨款来加强学校建设。

大约有70万军人的孩子在公立学校上学。这些学生中有超过75%的人在位于军事基地或军事基地附近的600所学校接受教育。由教育部拨款的这些军事学校遍布全国。这些军人子弟一般也从国防部军事设施内的学校项目中接受学校建设拨款,位于军事基地或军事基地附近的其他公立学校从教育部的特批资助项目中接受拨款。

在1999学年中,有五万多名儿童进入了位于23个州的185所土著人学校学习。大部分这样的学校由印第安人事务局来管理,主要集中于亚利桑那、新墨西哥、北达科他、南达科他、华盛顿等州。印第安人事务局所属学校的上学人数逐年增多,从1987年以来已经增加了25%。越来越多的儿童进入印第安人事务局所属学校来学习,而这些学校的物质条件是全国最差的。

方案概要

增加拨款,用于学校建设。拨款的资金将被用来改善军人子弟和土著人所在公立学校的建筑物质量。

为土著人建立一个基金。基金将用于改善印第安人事务局所属学校建筑物的质量,完成积压在军事基地内或军事基地附近学校的待修理和建设项目。

自由度与绩效核定
第七条款

引言
第七部分的目的是要为政府和学校在提高学生成绩方面所做的工作进行绩效核定而建立一个相应的体系。

政府和学校在使用联邦教育拨款方面将被赋予空前的自由，但反过来也要承担对学生相应的责任。政府将确定出所应承担的特别责任。取得显著成绩的地方政府和学校将被给予奖励。教育部长被授权可以从成绩较差的地方政府那里收回行政拨款。

奖励还是惩罚是根据一定的评估结果来进行的，评估结果由各州每年一次的依据国家教育绩效评估对学生抽样在阅读与教学方面的四级与八级测验而得来。

方案概要
给各地的政府和学校更多的自由与灵活度。

在绩效评估与消除边缘状况方面为各州和各学区提供特许学校的选择权。地方政府和学校如果愿意的话，可以和教育部签订一个协议，它们会在获得拨款方面享有一定的便利，同时也要向教育部递交一份为期五年的协议，在提高学生成绩方面协议设定有具体的目标。在协议有效期间，地方政府和学校负有提高学生成绩的责任，如果不能达到协议所要求的标准会受到惩罚。如果学生的成绩和其他一些指标不能达到相应的标准，地方政府和学校将失去在协议中所确立的"特许"地位。

根据残疾人教育法案，为残疾学生增加拨款。这类拨款要增加，以减少地方政府和学校在满足残疾学生特殊需要方面的负担。

在提高学生成绩方面进行绩效核定。

希望各州提高学习成绩。与目前的法规相似,在一个合理的过渡期内,各州将向教育部递交一份关于使用所有 ESEA 资金的计划,在计划中要有如下的保证:

各州要制订出相应的标准,对三到八年级的学生进行数学和阅读的年度测验,报告各学区和各学校的学习成绩。联邦政府拨付测验和建立州教学效能核定系统的资金。这种评估可以获得联邦的拨款;

要根据各学区业绩情况建立奖优罚劣的机制;

要为家长们提供学校之间相比较的报告,并且在互联网上公布。这些报告应包括数学和阅读的成绩,并且区分民族、性别、贫富、残疾与非残疾以及英语熟练与否的不同情况。这些报告应尽可能与现有的州和地方的报告综合在一起;

同意让四到八年级的学生参加阅读与数学方面的全国教育进展评估,由国会为评估拨付资金。

要对工作较差的地方政府进行惩罚。如果某个地方政府工作不得力,不能实现既定的工作目标,那么教育部将有权减少其用于 ESEA 项目的拨款。惩罚将以处境不利学生的成绩是否达到了要求和是否提高了学生的英语熟练程度的目标为基准。

对工作成绩突出的地方政府和学校给予奖励。

要建立一个教育业绩基金。这一基金将奖励那些在减少学生之间成绩的差距和提高学生英语熟练程度方面成绩卓著的地方政府,奖励是以政府的业绩评估结果为基础的,而这一结果也要得到其他一些指标,比如学术成绩和全国教育进展评估等的认同。

对较早开展年度测验的地方政府给予奖励。在计划颁布的第二年年底以前对三到八年级的学生进行阅读和数学年度测验的州将有资格获得一项一次性的奖励。

给"不让一个孩子掉队"的学校以奖励。这一方案是对目前的（蓝缎带学校）项目的改革。教育部将建立"不让一个孩子掉队"的奖励基金，以奖励那些在缩小学生成绩差距方面成绩显著的不让一个孩子掉队的学校。

（董建红 李韧竹 孙洪涛 蔡永红 译　　周满生 校）

附录四

《不让一个孩子掉队》：
美国 NCLB 法案修订意见出台
◆David J. Hoff

修订法律条文

2007 年 2 月中旬，声望显著并且颇具影响力的 Aspen 学院小组发布了《不让一个孩子掉队》法案（NCLB）的具体修订计划。布什政府和教育部正在等待国会的最后决定。

Aspen 学院《不让一个孩子掉队》法案委员会上个星期透露了 75 条修改这项五年制联邦法律的建议。委员会的报告概述了用学生考试成绩作为考察教师效率等方法，同时规划了一个 400 万美元的技术投资，以便国家能够跟踪每个学生的学业进步。如果某个地区没有切实地实施这项法律，学生家长有权起诉它们。

观察员评论，"这项报告也能为国家标准化考试提供新的推动力。"

当白宫和参议院的教育委员会官员们宽泛地描述了重新启动 NCLB 法案的目标时，Aspen 学院小组则提供了修订法律的具体计划。

健康、教育、劳动、养老金委员会主席 Sen. Edward M.

Kennedy，D-Mass 在 2 月 12 日的新闻发布会上说，"国会的所有成员正在等待研究这些提案，并考虑如何实施它们。"

"Aspen 学院小组由两党组成，它的领导是两个著名的前任州长，他们为在座的国会议员提供了报告的可信度，"一位教育观察员说。

南佛罗里达大学教育学副教授 Sherman Dorn 说："如果国会议员倾向于批准重新启动 NCLB 法案，两党合作也为此提供加分。"

制造争论焦点

Aspen 学院小组提供了一系列修改 NCLB 法案的建议：彻底改革 1965 年通过的中小学教育法以及布什总统 K—12 计划的核心部分。但是它没有对该项法案的基本宗旨提出改变意见，尽管很多批评家对其可行性向来颇有微词。小组报告依然号召到 2013～2014 学年所有学生在阅读和数学科目上要达到精通的程度。学生的学业进步在三到八年级中每年一测，高中阶段两年一测。

长达 230 页的报告提供了一系列的建议，从小问题到大变化，这些提议能从根本上改变传统的教师教学和学生评价。

这些建议提出的很多方案都有针对性地解决布什政府及其团队提出的问题（见附表 1）。

委员会另外提出了其他未被议及的问题，例如允许学生家长到国家法庭起诉那些没能遵守联邦法律的州和地区。根据这项提议，家长有权首先向所在州或联邦教育部投诉。如果教育部拒绝受理，家长可以诉诸法院。法官有权力强迫州和地区采取具体措施去遵守这项法律。但法院不能命令州和地区花钱去这样做。

"起诉的权力对那些不能给孩子提供足够的教育机会的地区的家长来说是一件重要的工具。"Aspen 学院小组的联合主席之一，威斯康星前任州长 Tommy G. Thompson 说。身为共和党人的 Thompson 先生曾经是布什总统健康和人力资源的首任秘书。

Aspen 学院委员会最有争议和雄心的提案可能就是把联邦法律的教师资格认证直接和学生考试成绩联系在一起。

委员会说国会将在 4 年内拨款 400 万美元去帮助各州建立起跟踪学生学业进步的资料系统，作为衡量国家考试结果的依据。

得分低于 25% 的教师将参加专业进修，以此来提高他们的教学水平。

连续 7 年得分最低的教师不再允许参加一年 127 亿美元的援助计划。这项计划是 NCLB 法案最大的援助计划，也是 K-12 教育的联邦成就，它为贫困学生提供补偿教育。

"惩罚不是目的，"共同主持委员会的民主党人、前任佐治亚州州长 Roy E. Barnes 说。"目的是加强教师的专业进修和培训。"

尽管其他的提案得到了委员会成员的一致支持，一个与会的前任教师联合会官员对此项教师责任提案表示了不满。

"我们试图把所有问题推给教师，这是不公平的。"前任纽约州教师联合会（国家教育协会和美国教师同盟会的附属成员）总裁，Thomas Y. Hobart Jr. 说。

教育政策和国家教育协会理事 Joel Packer 上周说，"最不公平的是不顾学生学业进步的事实，每年至少有 25% 的教师仍被归为需要进修的。这种教师评估体系应依据地区水平来决定。"

"而且这种提案会促使教师限制他们的教学素材使用广度，更倾向于紧跟考试的导向，肯定会导致家长和教育者的谴责，"南佛罗里达大学教授 Dom 先生说，"这项法案走得太远了。"

"如果教师和校长的薪水靠考试分数来决定，"Dorn 先生说，"5 年后我们就会陷于应试教育。"

回归国家统考

委员会报告使得关于国家学业标准化考试的讨论升温。这是个争论了很长时间的话题。

Aspen 委员会的提案建议在国家评估管理理事会（NAGB）条例里增加新的标准，把国家统考的精通标准从幼儿园延续到十二年级，由 NAGB 监督执行。各州可以采用这种考试，但并不强迫。联邦教育部将定期发布报告比较各州标准化考试的执行情况。

"尽管以前关于国家学业标准化的提案失败了，但国会现在准备重新制定。"教育劳动委员会主席 Rep. George Miller，D-Calif 说。

"有越来越多的国人认为国家学业标准反映出了学生应该掌握的知识水平，"Rep. Miller 先生在新闻发布会后接受采访中说。"国家渐渐清楚地意识到教育是事关民族的大事，就如同体育和经济……让人无法承受的是低标准使孩子丧失了未来。"

"但是许多阻碍国家学业标准制定的问题仍然存在。"一位专家说。

"任何学术课题争论后就会被政治化。例如，教数学最好的方法、进化论是否可以作为科学理论来讲授，等等。"《关于教育标准的联邦政见》一书的作者 Kevin R. Kosar 说。

"假设人们不打算争执或试图去游说国家评估管理理事会（NAGB），"Kosar 先生说，"想获得成功就会面临政治挑战。"

Rep. Miller 先生说他不知道 Aspen 委员会的提案在国会看来是否政治上切实可行，他还没决定如何评论这些标准。但是他希望议会年底能通过一项重新授权的法案。

参议院教育委员会本月举办了首次 NCLB 的听证会。但是 Kennedy 先生没有宣布议会公开法案的时间表。

《不让一个孩子掉队》法案的修订蓝图

Aspen学院NCLB法案委员会是发布重新授权的联邦K—12教育法律提案的最新的组织。下表是该委员会和布什政府、国会议员的提案的比较。

NCLB与布什政府、国会议员的教育法律提要比较

	NCLB法案委员会	布什政府	其他建议
学业标准	委员会指定NAGB负有改进国家学业标准的责任,并确保这些标准以国家统一的教育进步评估为基础。	布什政府对国家学业标准没有建议。	国会的法案将用NAEP指导国家学业标准,获得40多个教育团体的支持。
教师资质	委员会建议由学生综合成绩来决定教师资质。根据学生考试成绩的进步来评价教师。	计划扩充教师奖励基金,用增加工资和奖金的方法奖励那些使学生取得学业进步的教师。对于选择去师资缺乏学校任教的教师和校长也将给予奖赏。	法案将奖励经验丰富的教师,以此来增进他们的教学水平并且培养新教师。参议院教育委员会主席为这项法案提供了赞助。
选择和补充服务	委员会要求各地区保证至少有10%因不能取得年度学业进步而离校的学生,可以进入该地区的另一所公立学校就读。	在连续5年AYP不达标学校就读的学生可以享受2 500美元的联邦票券,并就读于公立或私立学校。票券额根据学生人数增加。	国会的民主党人反对布什政府的该项提案。
高中考试	委员会安排一次十二年级的考试,各州用考试成绩决定学校和地区的AYP地位。	布什政府要求各州设计新的高中考试题目,考查学生为考大学或参加工作所作的准备。这个考试结果不用作AYP的评估。	美国商贸圆桌会议组织建议,安排一次考试检查学生参加工作的准备情况。

资料来源:《教育周刊》2007年第2期,夏玫译,卢慧文校。

附录五
《反就业歧视法》立法建议稿

第一章 总 则

第一条 立法宗旨

为了保障公民享有平等劳动权,依据宪法,制定本法。

第二条 基本原则

禁止因为种族、民族、肤色、地域、户籍、年龄、性别、性倾向、婚姻状况、怀孕、分娩、育儿、身高、容貌、语言、宗教信仰、政治观点、财产状况、家庭出身、残疾或者疾病、基因等方面的不同,直接损害或者间接损害平等劳动权,除法律所规定的特殊保护外。

第三条 不视为歧视

法律和我国参加的国际条约所规定特殊保护措施不应视为歧视。

对任何特定职业基于其性质而采取的差别待遇不应视为歧视。

为满足某些公民特殊需要,因为性别、年龄、残疾、家庭负担、社会或文化地位等原因而适用的特殊保护措施不应视为歧视。

宗教组织对求职者或者雇员因为宗教信仰的不同而有差别待遇。

国家武装力量为了维护国家安全所采取的合理措施，不应视为歧视，但是相关公民有权向国家机关申诉。

第四条 术语解释

本法术语定义如下。

一、雇员是指受雇主雇用、从事工作获得工资的人，包括见习人员和实习人员。

二、求职者是指向雇主申请工作的人。

三、雇主是指雇用雇员的个体工商户、个人独资企业、合伙企业、法人和其他组织、社会团体、政党、国家机关、武装力量等。代表雇主行使管理权的人或代表雇主处理有关雇员事务的人，视同雇主。

四、薪资是指雇员因工作而获得的报酬，包括工资以及按计时、计日、计月、计件以现金或实物等方式给付的奖金、津贴以及其他任何名义的经常性给付。

五、婚姻状况指未婚、已婚、已婚但与配偶分开居住、已离婚或已丧偶等状况。

六、职业介绍所是指提供服务以帮助求职者获得雇用或者向雇主提供雇员的组织，不论其是否以营利为目的。

七、差别待遇是指不利待遇。

第五条 适用对象

雇主与雇员的约定优于本法者，从其约定。

本法适用于公务员、教师、律师、医师、军人，法律另有规定者除外。

第六条 劳动和社会保障行政机关的职权

劳动和社会保障行政机关应当采取措施减少、消除、阻止、纠正和制裁劳动歧视。

第七条 劳动平等委员会

为了促进劳动权平等和消除劳动歧视，各级劳动和社会保障行政机关应当设立劳动平等委员会。

劳动平等委员会应设置委员五至十一人，任期五年，由具备相关学识经验或法律专业人士担任。劳动和社会保障行政机关在确定委员时，应当征询相关社会团体意见、考虑相关社会团体推荐的人选。

劳动平等委员会的组织、会议及其他相关事项，由国务院制定。

第二章 禁止就业歧视

第八条 招聘、体检、试用、任职等

雇主对求职者或雇员的招聘、体检、试用、任职、调职、纪律、考核、晋级、评定专业技术职务、工作时间、休息休假的权利和获得劳动安全卫生保护的权利等，不得因为种族、民族、肤色、地域、户籍、年龄、性别、性倾向、婚姻状况、怀孕、分娩、育儿、身高、容貌、语言、宗教信仰、政治观点、财产状况、家庭出身、残疾或者疾病、基因等方面不同而有差别待遇，法律另有保护规定除外。

第九条 劳动合同和集体合同

雇主与雇员、雇员组织签订、变更、履行、解除劳动合同和集体合同以及劳动合同和集体合同条款，不得因为种族、民族、肤色、地域、户籍、年龄、性别、性倾向、婚姻状况、怀孕、分娩、育儿、身高、容貌、语言、宗教信仰、政治观点、财产状况、家庭出身、残疾或者疾病、基因等方面不同而有差别待遇。

违反前款规定的劳动合同和集体合同无效；违反前款规定的

劳动合同和集体合同条款无效，如果不影响其余部分的效力，其余部分仍然有效。

第十条 职业培训

雇主为雇员举办或提供职业教育、培训或者其他类似活动，不得因为种族、民族、肤色、地域、户籍、年龄、性别、性倾向、婚姻状况、怀孕、分娩、育儿、身高、容貌、语言、宗教信仰、政治观点、财产状况、家庭出身、残疾或者疾病、基因等方面不同而有差别待遇，除法律另有规定除外。

第十一条 社会保险和福利待遇

雇主为雇员提供的社会保险和福利待遇，不得因为种族、民族、肤色、地域、户籍、年龄、性别、性倾向、婚姻状况、怀孕、分娩、育儿、身高、容貌、语言、宗教信仰、政治观点、财产状况、家庭出身、残疾或者疾病、基因等方面不同而有差别待遇。

第十二条 工资给付

雇主对雇员工资的给付，不得因为种族、民族、肤色、地域、户籍、年龄、性别、性倾向、婚姻状况、怀孕、分娩、育儿、身高、容貌、语言、宗教信仰、政治观点、财产状况、家庭出身、残疾或者疾病、基因等方面不同而有差别待遇；其工作或价值相同者，应给付同等薪资。但基于资历、工龄、奖惩、绩效或其他正当理由者，不在此限。

雇主不得以降低其他雇员薪资的方式，规避前款的规定。

第十三条 退休、离职、解雇

雇主对雇员的退休、离职及解雇，不得因为种族、民族、肤色、地域、户籍、年龄、性别、性倾向、婚姻状况、怀孕、分娩、育儿、身高、容貌、语言、宗教信仰、政治观点、财产状况、家庭出身、残疾或者疾病、基因等方面不同而有差别待遇。

第十四条 禁止性骚扰

禁止下列行为。

一、雇员在执行职务时,任何人以性要求、具有性意味或性别歧视的言语或行为,对其造成敌意性、胁迫性或冒犯性的工作环境,导致侵犯其人格尊严、人身自由或影响其工作表现。

二、雇主对雇员或求职者为明示或暗示的性要求、具有性意味或性别歧视的言语或行为,作为劳动合同成立、存续、变更或调职、报酬、考绩、升迁、降级、奖惩等方面的交换条件。

第十五条 合伙

合伙企业对待正在要求成为该企业的合伙人或者已是该企业的合伙人,不得因为种族、民族、肤色、地域、户籍、年龄、性别、性倾向、婚姻状况、怀孕、分娩、育儿、身高、容貌、语言、宗教信仰、政治观点、财产状况、家庭出身、残疾或者疾病、基因等方面不同而有差别待遇。

第十六条 职业介绍机构

职业介绍机构为求职者提供服务,不得因为种族、民族、肤色、地域、户籍、年龄、性别、性倾向、婚姻状况、怀孕、分娩、育儿、身高、容貌、语言、宗教信仰、政治观点、财产状况、家庭出身、残疾或者疾病、基因等方面不同而有差别待遇。

第十七条 雇员组织、雇主组织、专业和行业组织

雇员组织、雇主组织、专业和行业组织对待申请人或者其会员,不得因为种族、民族、肤色、地域、户籍、年龄、性别、性倾向、婚姻状况、怀孕、分娩、育儿、身高、容貌、语言、宗教信仰、政治观点、财产状况、家庭出身、残疾或者疾病、基因等方面不同而有差别待遇。

第十八条 广告

广告不得因为种族、民族、肤色、地域、户籍、年龄、性别、性倾向、婚姻状况、怀孕、分娩、育儿、身高、容貌、语

言、宗教信仰、政治观点、财产状况、家庭出身、残疾或者疾病、基因等方面不同而有差别待遇，不论广告是否公开，不论广告采用何种形式。

第十九条 职业资格和执业资格的许可

职业资格和执业资格的许可对待申请人或者被许可人，不得因为种族、民族、肤色、地域、户籍、年龄、性别、性倾向、婚姻状况、怀孕、分娩、育儿、身高、容貌、语言、宗教信仰、政治观点、财产状况、家庭出身、残疾或者疾病、基因等方面不同而有差别待遇。

第二十条 创业

任何人、任何组织对待依法创业的公民不得因为种族、民族、肤色、地域、户籍、年龄、性别、性倾向、婚姻状况、怀孕、分娩、育儿、身高、容貌、语言、宗教信仰、政治观点、财产状况、家庭出身、残疾或者疾病、基因等方面不同而有差别待遇。

第二十一条 视为歧视

对于依本法提出证据、申诉、控告、检举或者参与相关调查、行政程序、诉讼程序的雇员或者求职者，给予差于在相同情况下给予或可能给予其他人的待遇，视为歧视。

第三章 法律责任

第二十二条 法律责任

违反本法规定，侵害公民的平等劳动权，应当承担恢复名誉、赔礼道歉、赔偿损失等民事责任；造成精神损害的，应当承担精神损害赔偿民事责任。

违反本法规定，严重侵害公民的平等劳动权，损害社会公共利益，应当承担行政处罚责任。

违反本法规定，严重侵害公民的平等劳动权，触犯刑法，应当承担刑事责任。

第二十三条 雇主的赔偿责任

雇员执行职务违反本法第七条至第十三条、第二十条的规定，侵害求职者或者雇员平等劳动权，雇主应当承担赔偿责任，不论雇主是否知道或者批准。

雇主在承担损害赔偿责任后，对造成损害有过错的雇员享有求偿权。

雇主能证明自己已经采取合理措施，防止歧视违法行为，可以不承担法律责任。

第二十四条 性骚扰防治措施

雇主应防治性骚扰行为的发生。其雇用受雇者三十人以上者，应制定性骚扰防治措施、申诉及惩戒办法，并在工作场所公示。

雇主知道或者应当知道违反本法第十四条的性骚扰，应立即采取有效的纠正及补救措施。雇主未能立即采取有效的纠正及补救措施，应负赔偿责任。

第二十五条 性骚扰的损害赔偿责任

违反本法第十四条的规定，损害求职者或者雇员的合法权利，由雇主和行为人负连带损害赔偿责任。但雇主遵守本法防治性骚扰规定，合理地履行注意义务，雇主不负赔偿责任。

雇主在承担赔偿损害责任后，对性骚扰的行为人享有求偿权。

第二十六条 自然人、法人和其他组织的赔偿责任

自然人、法人和其他组织违反本法第十五条至第二十条的规定可以比照二十二条的规定承担赔偿责任。

第二十七条 诉讼时效

向人民法院请求保护平等劳动权的诉讼时效期间为二年。诉讼时效期间从知道或者应当知道平等劳动权被侵害时起计算。

第二十八条 举证责任

雇员或者受害人对差别待遇的事实负举证责任，雇主以及相应的自然人、法人和其他组织对差别待遇的合法性负举证责任。

第二十九条 投诉

雇主为了处理雇员投诉，可以建立投诉制度调解处理。

第三十条 申诉

雇员发现雇主违反第七条至第十四条的规定，在一年内可以向县级劳动和社会保障行政机关申诉。

县级劳动和社会保障行政机关应于接到申诉后七日内展开调查，并可以依职权对双方当事人进行调解。

第三十一条 行政处理

求职者或者雇员发现雇主违反第七条至第十四条规定时，应当向劳动和社会保障行政机关申诉。雇主、受雇者或求职者不服行政处理决定，可以在十日内向本级劳动平等委员会申请复议或者直接向法院提起民事诉讼。

第三十二条 公益诉讼

相关社会团体可以依据本法提出法律程序反对歧视行为，但是，没有权利获得损害赔偿。在胜诉之后，相关社会团体可以获得相关调查费用和法律服务费用。

第三十三条 法律援助

公民和相关社会团体依照本法的规定，向法院提出诉讼，可以获得法律援助。

第三十四条 行政处罚

自然人、法人和其他组织严重违反第七条至第十四条的规定，劳动和社会保障行政机关可以处以一万元以上十万元以下的罚款。

第四章 附 则

第三十五条 授权立法
国务院可以依据本法,制定相关实施条例。
第三十六条 生效日期
本法自　年　月　日起施行。

主要参考文献

一、著作

1. 陈奎喜著：《教育社会学研究》，台湾师大书苑有限公司 1980 年版。

2. 程天君、吴康宁主编：《中国高校哲学社会科学发展报告 1978～2008》（教育学），广西师范大学出版社 2008 年版。

3. 龚自珍著：《龚自珍全集》，上海人民出版社 1975 年版。

4. 顾明远、梁忠义著：《世界教育大系·美国教育》，吉林教育出版社 2000 年版。

5. 顾明远、孟繁华编：《国际教育新理念》，海南出版社 2001 年版。

6. 黄家泉等著：《教育区域化发展研究》，山西人民出版社 2002 年版。

7. 联合国教科文组织国际发展委员会编著，华东师范大学比较研究所译：《学会生存——教育世界的今天和明天》，教育科学出版社 1996 年版。

8. 联合国教科文组织国际发展委员会编著，联合国教育科科文组织总部中文科译：《教育——财富蕴藏其中》，教育科学出版社 1996 年版。

9. 联合国开发计划署编：《人类发展报告：当今多样化世界中的文化自由》，中国财政经济出版社 2004 年版。

10. 单中惠、杨汉麟主编：《西方教育学名著提要》，江西人民出版社 2004 年版。

11. 世界银行编：《2001 年世界发展指标》，中国财政经济出版社

2002年版。

12. 滕大春著：《美国教育史》，人民教育出版社2001年版。

13. 玄奘、辩机著，季羡林等注释：《大唐西域记校注》，中华书局1985年版。

14. 杨东平主撰：《艰难的日出——中国现代教育的20世纪》，文汇出版社2003年版。

15. 杨莹著：《教育机会均等——教育社会学探究》，台湾师大书苑有限公司1995年版。

16. 吴忠民著：《社会公正论》，山东人民出版社2004年版。

17. 曾昭耀、石瑞元、焦震衡著：《战后拉丁美洲教育研究》，江西教育出版社1994年版。

18. 张人杰主编：《国外教育社会学基本文选》，华东师范大学出版社1989年版。

19. 郑也夫著：《走出囚徒困境》，光明日报出版社1995年版。

20. 中国教育与人力资源问题报告课题组著：《从人口大国迈向人力资源强国》，高等教育出版社2003年版。

21. 中国现代化战略研究课题组、中国科学院中国现代化研究中心编：《中国现代化报告 2003现代化理论、进程与展望》，北京大学出版社2003年版。

22. 国家教育发展研究中心著：《2001年中国教育绿皮书》（中国教育政策制度分析报告），教育科学出版社2001年版。

23. 中华人民共和国国家统计局：《中国统计年鉴2006》，中国统计出版社2007年版。

24. 周洪宇主编：《千年梦想圆于建国百年——小康社会与教育新使命》，湖北教育出版社2003年版。

25. 周洪宇著：《教育公平是和谐社会的基石》，安徽教育出版社2007年版。

26. 周洪宇著：《中部教育论》，湖北教育出版社2007年版。

27. 周洪宇著：《乐为教育鼓与呼——周洪宇教授访谈录》，中国人民大学出版社2007年版。

28. 周洪宇著：《教育的信念与追求》，武汉出版社 2008 年版。

29. ［古希腊］亚里士多德著，苗力田译：《尼各马科伦理学》，中国人民大学出版社 2003 年版。

30. ［美］艾德勒著，郗庆华译：《六大观念》，北京三联书店 1998 年版。

31. ［美］费正清著，张沛译：《中国：传统与变迁》，世界知识出版社 2002 年版。

32. ［美］Linda Campbell 等著，王成全译：《多元智能教与学的策略》，中国轻工业出版社 2001 年版。

33. ［美］约翰·罗尔斯著，何怀宏译：《正义论》，中国社会科学出版社 2003 年版。

34. ［瑞典］T. 胡森、［德］T. N. 波斯尔斯韦特主编：《国际教育百科全书》第 3 卷，贵州教育出版社 1990 年版。

35. ［瑞典］T. 胡森、［德］T. N. 波斯尔斯韦特主编，张斌贤等译：《教育大百科全书》第 1、3、5 卷，西南师范大学出版社 2006 年版。

36. ［英］穆尔著，刘贵杰译：《教育哲学导论》，台湾师大书苑有限公司 1989 年版。

二、论文

1. 安全宏：《印度落后阶级受高等教育的机会》，载《比较教育研究》2002 年第 4 期。

2. 岑艺璇：《教育资源分配中的不平等问题——战后越南教育带给我们的启示》，载《情报教学》2006 年第 4 期。

3. 褚宏启：《关于教育公平的几个基本理论问题》，载《中国教育学刊》2006 年第 12 期。

4. 崔国欣：《发展中部地区农村教育的思考》，载《中国发展观察》2006 年第 3 期。

5. 丁小浩：《中日高等教育成本补偿相关问题的比较研究》，载《教育与经济》2002 年第 2 期。

6. 董泽芳、张国强：《社会公平与教育机会均等》，载《教育与经济》2007 年第 2 期。

7. 范若兰：《试论东南亚妇女参与高等教育的前提和背景》，载《东南亚》2001年第4期。

8. 高峡：《日本义务教育改革新动向——日本中央教育审议会2005年咨询报告的主旨及其启示》，载《教育科学研究》2006年第5期。

9. 韩俊：《工业反哺农业，城市支持农村——谈在新形势下如何推进新农村建设》，载《政策》2006年4月8日。

10. 淮生：《中国与朝鲜、伊拉克、古巴教育之比较》，载《教师博览》2003年第12期。

11. 胡乐乐：《推进教育公平——英国〈青少年事务〉绿皮书和学生财政改革计划出台》，载《上海教育》2005年第9期。

12. 黄福涛：《日本国立大学结构改革的现状与趋势》，载《比较教育研究》2002年第10期。

13. 李琳琳：《日本国立大学法人化之我见》，载《河南职业技术师范学报》2005年第1期。

14. 刘理、涂艳国：《中部地区农村中小学教师队伍现状问题调研报告》，载《教育发展研究》2005年第4期。

15. 刘艳华：《印度20世纪50年代以来的义务教育普及与保障情况》，载《经济研究参考》2005年第46期。

16. 卢彩晨：《日本私立大学在高等教育机会平等中的作用》，载《民办教育研究》2006年第2期。

17. 毛相麟：《古巴教育是如何成为世界第一的》，载《拉丁美洲研究》2004年第5期。

18. 欧以克：《革新时期的越南民族教育政策》，载《民族教育研究》2005年第3期。

19. 曲恒昌：《经济大国为何没有普及义务教育》，载《比较教育研究》2002年第5期。

20. 盛冰：《日本教师"定期流动制"的启示》，载《人民教育》2005年第9期。

21. 孙启林：《朝鲜新的"秀才—精英"教育体系述评》，载《外国教育研究》1999年第6期。

22. 王敏：《巴西 20 世纪中叶以后的义务教育普及与保障情况》，载《经济研究参考》2005 年第 46 期。

23. 王坦：《论合作学习的基本理念》，载《教育研究》2002 年第 2 期。

24. 温家宝：《政府工作报告》，2005 年 3 月 5 日。

25. 翁文艳：《美国与日本教育公平的理论与实践》，载《教育评论》2002 年第 4 期。

26. 吴忠民：《关于公正、公平、平等的差异之辨析》，载《中共中央党校学报》2003 年第 4 期。

27. 杨春梅：《国外高等教育公平问题与改革趋势》，载《外国教育研究》2006 年第 1 期。

28. 杨东平：《试论教育公平的教育公共政策》，载《人民教育》2005 年第 7 期。

29. 杨会良、梁巍：《日本农村义务教育财政制度变迁与启示》，载《日本问题研究》2006 年第 6 期。

30. 曾诗国：《地理环境与社会发展》，载《云南地理环境研究》1994 年第 6 期。

31. 张和平：《中部地区农村农村教师流失情况的调查与思考》，载《江西教育科研》2005 年第 9 期。

32. 张文和：《日本国立、私立大学学费研究》，载《比较教育研究》2000 年第 5 期。

33. 中国少数民族双语教育考察团：《南非、肯尼亚教育考察及其启示》，载《中国民族教育》2006 年第 1 期。

34. 中华人民共和国国家统计局：《2005 年全国 1‰人口抽样调查主要数据公报》，2006 年 3 月 16 日。

35. 中华人民共和国国家统计局：《2000 年第五次全国人口普查主要数据公报》，2002 年 2 月 17 日。

36. 周洪宇：《完全免费制应自农村始》，载《中国教育报》2003 年 3 月 4 日。

37. 周洪宇：《农村九年义务教育应免费》，载《人民日报》2003 年 3 月 28 日。

38. 周洪宇：《终身教育是全面建设小康社会的必然要求》，载《教育研究》2003 年第 3 期。

39. 周洪宇：《应实行农村九年义务教育完全免费制》，载《教育研究》2003 年第 4 期。

40. 周洪宇：《农村教育：最大的扶贫工程》，载《人民日报》2003 年 9 月 17 日。

41. 周洪宇：《高教改革：还有多大空间》，载《中国教育报》2004 年 5 月 7 日。

42. 周洪宇：《农村、农民与农村教育》，载《当代教育论坛》2005 年第 1 期。

43. 周洪宇：《教育公平：和谐社会的重要内容、基础和实现途径》，载《人民教育》2005 年第 7 期。

44. 周洪宇：《怎样实现教育公平》，载《光明日报》2005 年 7 月 27 日。

45. 周洪宇、申国昌：《我国考选历史的回顾与思考——兼谈我国重点高校录取名额投放问题》，载《教育研究》2006 年第 4 期。

46. 周洪宇：《高考改革是个系统工程》，载《人民日报》2006 年 6 月 8 日。

47. 周洪宇：《加强宏观调控，实现考选公平——高考录取名额投放方法需要改革》，载《今日中国论坛》2006 年第 8 期。

48. 周洪宇：《高考公平：从招生指标投放开始》，载《光明时报》2006 年 8 月 9 日。

49. 周洪宇：《应尽快设立教育公平委员会》，载《教育与职业》2007 年第 22 期。

50. 周洪宇：《区域教育协调是教育事业发展的重要选择》，载《中国教育报》2007 年 12 月 22 日。

51. 周洪宇：《加强教师队伍建设的制度保障》，载《教育研究》2008 年第 5 期。

52. 周洪宇：《建立更加完善的教育决策咨询机制》，载《教育研究》2009 年第 11 期。